Nicolaus Copernicus

On the Revolutions of the Celestial Spheres

Nicolaus Copernicus

On the Revolutions of the Celestial Spheres

ISBN/EAN: 9783743392137

Manufactured in Europe, USA, Canada, Australia, Japa

Cover: Foto ©ninafisch / pixelio.de

Manufactured and distributed by brebook publishing software (www.brebook.com)

Nicolaus Copernicus

On the Revolutions of the Celestial Spheres

NICOLAI CO
PERNICI TORINENSIS
DE REVOLVTIONIBVS ORBI-
um cœlestium, Libri VI.

Habes in hoc opere iam recens nato, & ædito, studiose lector, Motus stellarum, tam fixarum, quàm erraticarum, cum ex ueteribus, tum etiam ex recentibus obseruationibus restitutos: & nouis insuper ac admirabilibus hypothesibus ornatos. Habes etiam Tabulas expeditissimas, ex quibus eosdem ad quoduis tempus quàm facillime calculare poteris. Igitur eme, lege, fruere.

Ἀγεωμέτρητος οὐδεὶς εἰσίτω.

Norimbergæ apud Ioh. Petreium,
Anno M. D. XLIII.

AD LECTOREM DE HYPOTHESIBVS HVIVS OPERIS.

Non dubito, quin eruditi quidam, uulgata iam de nouitate hypotheseon huius operis fama, quòd terram mobilem, Solem uero in medio uniuersi immobilē constituit, uehementer sint offensi, putétq; disciplinas liberales rectè iam olim constitutas, turbari nō oportere. Verum si rem exactè perpendere uolent, inuenient authorem huius operis, nihil quod reprehendi mereatur cōmisisse. Est enim Astronomi proprium, historiam motuum coelestium diligenti & artificiosa obseruatione colligere. Deinde causas earundem, seu hypotheses, cum ueras assequi nulla ratione possit, qualescunq; excogitare & confingere, quibus suppositis, iidem motus, ex Geometriæ principiis, tam in futurū, quàm in præteritū rectè possint calculari. Horū autē utrunq; egregie præstitit hic artifex. Neq; enim necesse est, eas hypotheses esse ueras, imò ne uerisimiles quidem, sed sufficit hoc unum, si calculum obseruationibus congruentem exhibeant. nisi forte quis Geometriæ & Optices usq;adeo sit ignarus, ut epicyclium Veneris pro uerisimili habeat, seu in causa esse credat, quod ea quadraginta partibus, & eo amplius, Solē interdum præcedat, interdū sequatur. Quis enim nō uidet, hoc posito, necessario sequi, diametrum stellæ in περιγείῳ plusq; quadruplo, corpus autem ipsum plusq; sedecuplo, maiora, quàm in ἀπογείῳ apparere, cui tamen omnis æui experientia refragatur? Sunt & alia in hac disciplina non minus absurda, quæ in præsentiarum excutere, nihil est necesse. Satis enim patet, apparentiū inæqualium motuū causas, hanc artē penitus & simpliciter ignorare. Et si quas fingēdo excogitat, ut certe quāplurimas excogitat, nequaquā tamen in hoc excogitat, ut ita esse cuiquam persuadeat, sed tantum, ut calculum rectè instituant. Cum autem unius & eiusdem motus, uariæ interdum hypotheses sese offerant (ut in motu Solis, eccentricitas, & epicyclium) Astronomus eam potissimum arripiet, quæ compræhensu sit quàm facillima. Philosophus fortasse, ueri similitudinem ma-

gis regis requiret, neuter tamē quicquam certi comprahēdet, aut tradet, nisi diuinitus illi reuelatum fuerit. Sinamus igitur & has nouas hypotheses, inter ueteres, nihilo uerisimiliores innotescere, præsertim cum admirabiles simul, & faciles sint, ingentemq; thesaurum, doctissimarum obseruationum secum aduehant. Neq; quisquam, quod ad hypotheses attinet, quicquā certi ab Astronomia expectet, cum ipsa nihil tale præstare queat, ne si in alium usum conficta pro ueris arripiat, stultior ab hac disciplina discedat, quàm accesserit. Vale.

NICOLAVS SCHONBERGIVS CARdinalis Capuanus, Nicolao Copernico, S.

CVm mihi de uirtute tua, cōstanti omniū sermone ante annos aliquot allatū esset, cœpi tum maiorem in modū te animo cōplecti, atq; gratulari etiā nostris hominibus, apud q̃s tāta gloria floreres. Intellexerā enim te nō modo ueterū Mathematicorū inuēta egregie callere, sed etiā nouā Mūdi rationē cōstituisse. Qua doceas terrā moueri: Solem imū mūdi, adeoq; mediū locū obtinere: Cœlū octauū immotū, atq; fixū ꝑpetuo manere: Lunā se unā cū inclusis suæ sphæræ elementis, inter Martis & Veneris cœlū sitam, anniuersario cursu circū Solem cōuertere. Atq; de hac tota Astronomiæ ratione cōmentarios à te cōfectos esse, ac erraticarum stellarū motus calculis subductos in tabulas te cōtulisse, maxima omniū cum admiratione. Quamobrem uir doctissime, nisi tibi molestus sum, te etiā atq; etiā oro uehementer, ut hoc tuū inuentū studiosis cōmunices, & tuas de mundi sphæra lucubrationes unà cū Tabulis, & si quid habes præterea, q̃d ad eandem rem pertineat, primo quoq; tempore ad me mittas. Dedi autem negotiū Theodorico à Reden, ut istic meis sumptibus omnia describantur, atq; ad me transferantur. Quod si mihi morem in hac re gesseris, intelliges te cum homine nominis tui studioso, & tantæ uirtuti satisfacere cupiente rem habuisse. Vale, Romæ, Calend. Nouembris, anno M. D. XXXVI.

AD SANCTISSIMUM DOMINUM PAVLUM III. PONTIFICEM MAXIMUM,

Nicolai Copernici Præfatio in libros Reuolutionum.

SATIS equidem, Sanctissime Pater, æstimare possum, futurum esse, ut simul atq; quidam acceperint, me hisce meis libris, quos de Reuolutionibus sphærarũ mundi scripsi, terræ globo tribuere quosdam motus, statim me explodendum cum tali opinione clamitent. Neq; enim ita mihi mea placent, ut nõ perpendam, quid alij de illis iudicaturi sint. Et quamuis sciam, hominis philosophi cogitationes esse remotas à iudicio uulgi, propterea quòd illius studium sit ueritatem omnibus in rebus, quatenus id à Deo rationi humanę permissum est, inquirere, tamen alienas prorsus à rectitudine opiniones fugiendas censeo. Itaq; cũ mecum ipse cogitarem, quàm absurdum ἀκρόαμα existimaturi essent illi, qui multorum seculorum iudicijs hanc opinionẽ confirmatam norũt, quòd terra immobilis in medio cœli, tanquam centrum illius posita sit, si ego contra assererem terram moueri, diu mecum hæsi, an meos cõmentarios in eius motus demonstrationem conscriptos in lucem darem, an uero satius esset, Pythagoreorum & quorundam aliorum sequi exemplũ, qui non per literas, sed per manus tradere soliti sunt mysteria philosophiæ propinquis & amicis dumtaxat. Sicut Lysidis ad Hipparchum epistola testatur. Ac mihi quidem uidentur id fecisse: non ut quidam arbitrantur ex quadam inuidentia communicandarum doctrinarum, Sed ne res pulcherrimæ, & multo studio magnorum uirorum inuestigatę, ab illis contemnerentur, quos aut piget ullis literis bonam operam impendere, nisi quæstuosis, aut si exhortationibus & exemplo aliorum ad liberale studium philosophiæ excitentur, tamen propter

stupidita

stupiditatem ingenij inter philosophos, tanquam fuci inter apes uersantur. Cum igitur hæc mecũ perpenderem, contemptus, qui mihi propter nouitatem & absurditatẽ opinionis metuendus erat, propemodum impulerat me, ut institutum opus prorsus intermitterem.

Verum amici me diu cunctantem atque etiã reluctantem retraxerũt, inter quos primus fuit Nicolaus Schonbergius Cardinalis Capuanus, in omni genere doctrinarũ celebris. Proximus illi uir mei amantissimus Tidemannus Gisius, episcopus Culmensis, sacrarum ut est, & omnium bonarũ literarum studiosissimus. Is etenim sæpenumero me adhortatus est, & conuitijs interdum additis efflagitauit, ut librum hunc æderem, & in lucem tandem prodire sinerem, qui apud me pressus non in nonum annũ solum, sed iam in quartum nouenniũ, latitasset. Idem apud me egerunt alij non pauci uiri eminentissimi & doctissimi, adhortantes ut meam operam ad communem studiosorum Mathematices utilitatem, propter conceptum metum, conferre non recusarem diutius. Fore ut quanto absurdior plęrisque nunc hæc mea doctrina de terræ motu uideretur, tanto plus admirationis atque gratiæ habitura esset, postquam per æditionem cõmentariorum meorum caliginem absurditatis sublatã uiderent liquidissimis demonstrationibus. His igitur persuasoribus, eaque spe adductus, tandem amicis permisi, ut æditionẽ operis, quam diu à me petiissent, facerent.

At nõ tam mirabitur fortasse Sanctitas tua, quòd has meas lucubratiões ædere in lucem ausus sim, postea quam tantum operæ in illis elaborandis, mihi sumpsi, ut meas cogitationes de terrę motu etiam literis cõmittere non dubitauerim, sed quod magis ex me audire expectat, qui mihi in mentem uenerit, ut contra receptam opinionem Mathematicorum, ac propemodum contra communem sensum, ausus fuerim imaginari aliquẽ motum terræ. Itaque nolo Sanctitatem tuã latere, me nihil aliud mouisse, ad cogitandum de alia ratione subducendorum motuum sphærarum mundi, quàm quod intellexi, Mathematicos sibi ipsis non constare in illis perquirendis. Primũ enim usque adeo incerti sunt de motu Solis & Lunæ, ut nec uertentis anni perpe tuam magnitudinem demonstrare & obseruare possint. Deinde in cõstituendis motibus, cum illarum, tum aliarum quinque errantium stellarum, neq; ijsdem principijs & assumptionibus, ac apparentium reuolutionum motuumq; demonstrationibus, utuntur. Alij nanq; circulis homocentris solum, alij eccentris & epicyclis, quibus tamen quæsita ad plenum non assequuntur. Nam qui homocentris confisi sunt, etsi motus aliquos diuersos ex eis componi posse demonstrauerint, nihil tamen certi, quod nimirum phænomenis responderet, inde statuere potuerunt. Qui uero excogitauerunt eccentrica, etsi magna ex parte apparentes motus, congruentibus per ea numeris absoluisse uideantur: plæraq; tamen interim admiserunt, quæ primis principijs, de motus æqualitate, uidentur contrauenire. Rem quoq; præcipuam, hoc est mundi formam, ac partiũ eius certam symmetriam nõ potuerũt inuenire, uel ex illis colligere. Sed accidit eis perinde, ac si quis é diuersis locis, manus, pedes, caput, aliaq; membra, optime quidem, sed nõ unius corporis comparatione, depicta sumeret, nullatenus inuicem sibi respondentibus, ut monstrum potius quàm homo ex illis componeretur. Itaq; in processu demonstrationis, quam μέθοδον uocant, uel præterijsse aliquid necessariorum, uel alienum quid, & ad rem minime pertinens, admisisse inueniuntur. Id quod illis minime accidisset, si certa principia sequuti essent. Nam si assumptæ illorum hypotheses non essent fallaces, omnia quæ ex illis sequuntur, uerificarentur proculdubio. Obscura autẽ licet hæc sint, quæ nunc dico, tamen suo loco fient apertiora.

Hanc igitur incertitudinem Mathematicarum traditionum, de colligendis motibus sphærarum orbis, cum diu mecum reuoluerem, cœpit me tædere, quòd nulla certior ratio motuum machinæ mundi, qui propter nos, ab optimo & regularissi. omnium opifice, conditus esset, philosophis constaret, qui alioqui rerum minutissis, respectu eius orbis, tam exquisite scrutarentur. Quare hanc mihi operam sumpsi, ut omnium philosophorum, quos habere possem, libros relegerem, indagaturus, an ne ullus unquã opinatus esset, alios esse motus sphærarum mundi, quàm illi ponerent, qui in scholis Mathemata profiterentur. Ac reperi quidem apud Ciceronem primum, Nicetum sensisse terram moueri. Postea & apud Plutarchum inueni quosdam alios in ea fuisse opinione, cuius uerba, ut sint omnibus obuia, placuit hic ascribere: οἱ μὲν ἄλλοι μένειν τὴν γῆν. Φιλόλαος δὲ ὁ Πυθαγόρειος κύκλῳ περιφέρεσθαι περὶ τὸ πῦρ κατὰ κύκλον λοξὸν ὁμοιοτρόπως ἡλίῳ καὶ σελήνῃ. Ἡρακλείδης ὁ Ποντικὸς καὶ Ἔκφαντος ὁ Πυθαγόρειος κινοῦσι μὲν τὴν γῆν, οὐ μήν γε μεταβατικῶς, τροχοῦ δίκην ἐνηξονισμένην, ἀπὸ δυσμῶν ἐπ' ἀνατολὰς, περὶ τὸ ἴδιον αὐτῆς κέντρον.

Inde igitur occasionem nactus, cœpi & ego de terræ mobilitate cogitare. Et quamuis absurda opinio uidebatur, tamen quia sciebam alijs ante me hanc concessam libertatem, ut quoslibet fingerent circulos ad demonstrandum phænomena astrorum. Existimaui mihi quoque facile permitti, ut experirem, an posito terræ aliquo motu firmiores demonstrationes, quàm illorum essent, inueniri in reuolutione orbium cœlestium possent.

Atq; ita ego positis motibus, quos terræ infra in opere tribuo, multa & longa obseruatione tandem reperi, quòd si reliquorum syderum errantium motus, ad terræ circulationem conferantur, & supputentur pro cuiusq; syderis reuolutione, non modo illorum phænomena inde sequãtur, sed & syderum atq; orbium omnium ordines, magnitudines, & cœlum ipsum ita connectat, ut in nulla sui parte possit transponi aliquid, sine reliquarum partiũ, ac totius uniuersitatis confusione. Proinde quoque & in progressu operis hunc sequutus sum ordinem, ut in primo libro describam omnes positiones orbium, cum terræ, quos ei tribuo, motibus, ut is liber contineat communem quasi constitutionem uniuersi. In reliquis uero libris postea confero reliquorum syderum atq; omnium orbium motus, cũ terræ mobilitate, ut inde colligi possit, quatenus reliquorũ syderum atq; orbiũ motus & apparentiæ saluari possint, si ad terræ motus conferãtur. Neq; dubito, quin ingeniosi atq; docti Mathematici mihi astipulaturi sint, si quod hæc

iiij philoso

philosophis in primis exigit, nō obiter, sed penitus, ea quae ad harum rerum demonstrationē à me in hoc opere, adferuntur, cognoscere atq; expēdere uoluerint. Vt uero pariter docti atq; indocti uiderent, me nullius omnino subterfugere iudiciū, malui tuae Sanctitati, quàm cuiq; alteri has meas lucubrationes dedicare, propterea quòd & in hoc remotiss. angulo terrę, in quo ego ago, ordinis dignitate, & literarum omniū atq; Mathematices etiam amore, eminentiss. habearis, ut facile tua authoritate & iudicio calumniantium morsus reprimere possis, etsi in ꝓuerbio sit, non esse remedium aduersus sycophantae morsum.

Si fortasse erunt ματαιολόγοι, qui cum omnium Mathematum ignari sint, tamen de illis iudicium sibi sumunt, propter aliquem locum scripturae, male ad suum propositum detortū, ausi fuerint meum hoc institutum reprehendere ac insectari: illos nihil moror, adeo ut etiam illorum iudicium tanq; temerarium contemnam. Non enim obscurum est Lactantium, celebrem alioqui scriptorem, sed Mathematicum parum, admodū pueriliter de forma terrae loqui, cum deridet eos, qui terrā globi formam habere prodiderunt. Itaq; nō debet mirum uideri studiosis, si qui tales nos etiam ridebunt. Mathemata mathematicis scribuntur, quibus & hi nostri labores, si me non fallit opinio, uidebuntur etiam Reipub. ecclesiasticae conducere aliquid, cuius principatum tua Sanctitas nunc tenet. Nam non ita multo ante sub Leone x. cum in Concilio Lateranensi uertebatur quaestio de emendando Calendario Ecclesiastico, quae tum indecisa hanc solummodo ob causam mansit, quòd annorum & mensium magnitudines, atq; Solis & Lunae motus nondum satis dimensi haberentur. Ex quo equidem tempore, his accuratius obseruandis, animum intendi, admonitus à praeclariss. uiro D. Paulo episcopo Semproniensi, qui tum isti negotio praeerat. Quid autem praestiterim ea in re, tuae Sanctitatis praecipue, atq; omnium aliorum doctorum Mathematicorum iudicio relinquo, & ne plura de utilitate operis promittere tuae Sanctitati uidear, quàm praestare possim, nunc ad institutum transeo.

INDEX

INDEX EORVM

QVAE IN SINGVLIS CAPITIBVS, SEX librorum Nicolai Copernici, de reuolutionibus orbium cœlestium, continentur.

LIBER PRIMVS.

LIBER SECVNDVS.

De ortu

LIBER TERTIVS.

LIBER QVARTVS.

Eorum

LIBER SEXTVS.

FINIS.

NICOLAI

NICOLAI COPERNICI REVOLVTIONVM

LIBER PRIMVS.

Quód mundus sit sphæricus. Cap. I.

PRINCIPIO aduertendum nobis est, globosum esse mundum, siue quód ipsa forma perfectissima sit omnium, nulla indigens compagine, tota integra: siue quód ipsa capacissima sit figurarum, quæ comprehensurũ omnia, & conseruaturũ maxime decet: siue etiam quód absolutissimæ quæq; mundi partes, Solem dico, Lunam & stellas, tali forma conspiciantur: siue quód hac uniuersa appetãt terminari, quod in aquæ guttis cæterisq; liquidis corporibus apparet, dum per se terminari cupiunt. Quo minus talem formam cœlestibus corporibus attributam quisquam dubitauerit.

Quód terra quoq; sphærica sit. Cap. II.

TErram quoq; globosam esse, quoniam ab omni parte centro suo innititur. Tametsi absolutus orbis non statim uideatur, in tanta montiũ excelsitate, descensuq; uallium, quæ tamen uniuersam terræ rotunditatem minime uariant. Quod ita manifestũ est. Nam ad Septentrionem undequaq; commeantibus, uertex ille diurnæ reuolutionis paulatim attollitur, altero tantundem ex aduerso subeunte, pluresq; stellæ circum Septentriones uidentur nõ occidere, & in Austro quædam amplius non oriri. Ita Canopum non cernit Italia, Ægypto patentem. Et Italia postremam fluuij stellam uidet, quam regio nostra plagæ rigentioris ignorat. E contrario in Austrum transeuntibus attolluntur illa, residentibus ijs, quæ nobis excelsa sunt. Interea & ipsæ polorum inclinationes ad emensa terrarum spacia eandem ubiq; rationem habent, quod in nulla alia quàm sphærica figura contingit. Vnde manifestū est, terram quoq; uerticibus includi, & propter hoc globosam esse. Adde etiā, quòd defectus Solis & Lunæ uespertinos Orientis incolæ non sentiūt, neq; matutinos ad occasum habitantes: Medios autem, illi quidē tardius, hi uero citius uidēt. Eidem quoq; formæ aquas inniti à nauigātibus deprehēditur: quoniā quæ è naui terra nō cernitur, ex summitate mali plerūq; spectatur. At uicissim si quid in summitate mali fulgens adhibeatur, à terra promoto nauigio, paulatim descendere uidetur in littore manentibus, donec postremo quasi occiduum occultetur. Constat etiam aquas sua natura fluentes, inferiora semper petere, eadem quæ terra, nec à littore ad ulteriora niti, quàm conuexitas ipsius patiatur. Quamobrem tanto excelsiorem terram esse conuenit, quæcunq; ex Oceano assurgit.

Quomodo terra cū aqua unum globū perficiat. Cap. III.

HVic ergo circumfusus Oceanus maria passim ꝓfundens, decliuiores eius descensus implet. Itaq; minus esse aquarum quàm terræ oportebat, ne totā absorberet aqua tellurem, ambabus in idem centrum contendentibus grauitate sua, sed ut aliquas terræ partes animantium saluti relinqueret, atq; tot hincinde patentes insulas. Nam & ipsa continens, terrarumq; orbis, quid aliud est q̄ insula maior cæteris? Nec audiendi sunt Peripateticorum quidā, qui uniuersam aquam decies tota terra maiorem prodiderūt. Quòd scilicet in transmutatione elementorū ex aliqua parte terræ, decem aquarum in resolutione fiant, coniecturam accipientes, aiuntq; terram quadantenus sic prominere, quod nō undequaq; secundum grauitatem æquilibret cauernosa existens, atq; aliud esse centrum grauitatis, aliud magnitudinis. Sed falluntur Geometricæ artis ignorantia, nescientes quòd neq; septies aqua potest esse maior, ut aliqua pars terræ siccaretur, nisi tota centrum grauitatis euacuaret, daretq; locum aquis, tanquam se grauioribus. Quoniam sphæræ ad se inuicem in tripla ratione sunt suorum dimetientium. Si igitur septem partibus aquarum terra es-

set

set octaua, diameter eius nō posset esse maior, quàm quæ ex centro ad circumferentiam aquarum: tantū abest, ut etiā decies maior sit aqua. Quòd etiam nihil intersit inter centrum grauitatis terræ, & centrum magnitudinis eius: hinc accipi potest, quòd conuexitas terræ ab oceano expaciata, non continuo semper intumescit abscessu, alioq; arceret quàm maxime aquas marinas, nec aliquo modo fineret interna maria, tamq; uastos sinus irrumpere. Rursum à littore oceani non cessaret aucta semper profunditas abyssi, quapropter nec insula, nec scopulus, nec terrenum quidpiam occurreret nauigantibus longius progressis. Iam uero constat inter Ægyptium mare Arabicumq; sinum uix quindecim superesse stadia in medio ferè orbis terrarum. Et uicissim Ptolemæus in sua Cosmographia ad medium usq; circulum terram habitabilem extendit, relicta insuper incognita terra, ubi recētiores Cathagyam & amplissimas regiones, usq; ad lx. longitudinis gradus adiecerunt: ut iam maiori longitudine terra habitetur, quàm sit reliquum oceani. Magis id erit clarum, si addantur insulæ ætate nostra sub Hispaniarum Lusitaniæq; Principibus repertæ, & præsertim America ab inuentore denominata nauium præfecto, quam ob incompertam eius adhuc magnitudinem, alterū orbem terrarum putant, præter multas alias insulas antea incognitas, quo minus etiā miremur Antipodes siue Antichthones esse. Ipsam enim Americam Geometrica ratio ex illius situ Indiæ Gangeticæ è diametro oppositam credi cogit. Ex his demum omnibus puto manifestum, terrā simul & aquā uni centro grauitatis inniti, nec esse aliud magnitudinis terræ, quæ cū sit grauior, dehiscētes eius partes aqua expleri, & idcirco modicam esse cōparatione terræ aquam, etsi superficietenus plus forsitan aquæ appareat. Talem quippe figurā habere terram cum circumfluentibus aquis necesse est, qualem umbra ipsius ostendit: absoluti enim circuli circumferentijs Lunā deficiētem efficit. Non igitur plana est terra, ut Empedocles & Anaximenes opinati sunt: neq; Tympanoides, ut Leucippus: neq; Scaphoides, ut Heraclitus: nec alio modo caua, ut Democritus. Neq; rursus Cylindroides ut Anaximāder: neq; ex inferna parte infinita radicitus crassitudine submissa, ut Xenophanes: sed rotūditate absoluta, ut Philosophi sentiūt.

Quod motus corporum cœlestium sit æqualis ac circularis, perpetuus, uel ex circularibus compositus. Cap. IIII.

Post hæc memorabimus corporum cœlestium motum esse circularem. Mobilitas enim Sphæræ, est in circulum uolui, ipso actu formam suam exprimentis, in simplicissimo corpore, ubi non est reperire principium, nec finem, nec unum ab altero secernere, dum per eadem in seipsam mouetur. Sunt autem plures penes orbium multitudinem motus. Apertissima omnium est cotidiana reuolutio, quam Græci νυχθήμερον uocant, hoc est, diurni nocturniq; temporis spacium. Hac totus mūdus labi putatur ab ortu in occasum, terra excepta. Hæc mensura communis omnium motuum intelligitur, cum etiam tempus ipsum numero potissimum dierum metimur. Deinde alias reuolutiones tanquā m contranitentes, hoc est, ab occasu in ortum uidemus, Solis inquam, Lunæ, & quinq; errantium. Ita Sol nobis annum dispensat, Luna menses, uulgatissima tempora: Sic alij quinq; planetæ suum quisq; circuitum facit. Sunt tamen in multiplici differentia: Primum, quod non in eisdem polis, quibus primus ille motus obuoluuntur, per obliquitatem signiferi currentes. Deinde, quod in suo ipso circuitu, nō uidentur æqualiter ferri, nam Sol & Luna, modo tardi, modo uelociores cursu deprehenduntur. Cæteras autem quinq; errantes stellas, quandoq; etiam repedare, & hinc inde stationes facere cernimus. Et cū Sol suo semper & directo itinere proficiscatur, illi uarijs modis errāt, modo in Austrum, modo in Septentrionem euagantes, unde planetæ dicti sunt. Adde etiam quod aliquando propinquiores terrę fiunt, & Perigæi uocātur, aliàs remotiores, & dicūtur Apogæi. Fateri nihilominus oportet circulares esse motus, uel ex pluribus circulis cōpositos, eo quod inæqualitates huiusmodi certa lege, statisq; obseruant restitutionibus, quod fieri non posset, si circulares non essent. Solus enim circulus est, qui potest peracta reducere, quemadmodum, uerbi gratia: Sol motu circulorum composito dierum & noctium inæqualitatem, & quatuor anni tempora no

bis re.

bis reductis, in quo plures motus intelliguntur. Quoniam fieri nequit, ut coeleste corpus simplex uno orbe inæqualiter moueatur. Id enim euenire oporteret, uel propter uirtutis mouẽtis inconstantiam, siue ascititia sit, siue intima natura, uel propter reuoluti corporis disparitatem. Cum uero ab utroq; abhorreat intellectus, sitq; indignum tale quiddam in illis existimari, quæ in optima sunt ordinatione constituta: consentaneum est æquales illorum motus apparere nobis inæquales, uel propter diuersos illorum polos circulorum, siue etiam quòd terra non sit in medio circulorum, in quibus illa uoluuntur, & nobis à terra spectantibus horum transitus syderum accidat ob inæquales distantias propinquiora seipsis remotioribus maiora uideri, (ut in opticis est demonstratum) sic in circumferentijs orbis æqualibus ob diuersam uisus distantiam apparebunt motus inæquales temporibus æqualibus. Quam ob causam ante omnia puto necessarium, ut diligenter animaduertamus, quæ sit ad coelum terræ habitudo, ne dum excelsissima scrutari uolumus, quæ nobis proxima sunt, ignoremus, ac eodem errore quæ telluris sunt attribuamus coelestibus.

An terræ competat motus circularis, & de loco eius. Cap. V.

NAm quia demonstratum est, terram quoq; globi formam habere, uidendum arbitror, an etiam formam eius sequatur motus, & quem locum uniuersitatis obtineat, sine quibus non est inuenire certam apparentium in coelo rationem. Quanquam in medio mundi terram quiescere inter autores plerunq; cõueniat, ut inopinabile putent, atq; adeo etiã ridiculũ contrariũ sentire. Si tamen attentius rem consideremus, uidebitur hęc quæstio nondum absoluta, & idcirco minime contemnenda. Omnis enim quæ uidetur secundum locum mutatio, aut est propter spectatæ rei motum, aut uidentis, aut certe disparem utriusq; mutationem. Nam inter mota æqualiter ad eadem, non percipitur motus, inter rem uisam dico, & uidentem. Terra aũt est unde coelestis ille circuitus aspicitur, & uisui reproducitur nostro. Si igitur motus aliquis terræ deputatur, ipse in uniuersis quæ extrinsecus sunt, idem apparebit, sed ad partem oppositam, tanquam prætereuntibus, qualis est reuolutio cotidiana in primis. Hæc enim totum mundum uidetur rapere, præterquàm terram, quæq; circa ipsam sunt. Atqui si cœlum nihil de hoc motu habere concesseris, terram uero ab occasu in ortum uolui, quantum ad apparentem in Sole, Luna, & Stellis ortum & occasum, si serio animaduertas, inuenies hæc sic se habere. Cumq; cœlum sit quod continet & cælat omnia, communis uniuersorum locus, non statim apparet, cur non magis contento quàm continenti, locato quàm locanti motus attribuatur. Erant sanè huius sententiæ Heraclides & Ephantus Pythagorici, ac Nicetas Syracusanus apud Ciceronem, in medio mundi terram uoluentes. Existimabant enim stellas obiectu terræ occidere, easq; cessione illius oriri. Quo assumpto sequitur & alia, nec minor de loco terræ dubitatio, quamuis iam ab omnibus ferè receptum creditumq; sit, medium mũdi esse terram. Quoniam si quis neget medium siue centrum mundi terrã obtinere, nec tamen fateatur tantam esse distantiam, quæ ad nõ errantiũ stellarum sphæram comparabilis fuerit, sed insignem ac euidentem ad Solis aliorumq; syderum orbes, putetq; propterea motum illorum apparere diuersum, tanquam ad aliud sint regulata centrum, quam sit centrum terræ, non ineptam forsitan poterit diuersi motus apparentis rationem afferre. Quod enim errantia sidera propinquiora terræ, & eadem remotiora cernuntur, necessario arguit centrum terræ, non esse illorum circulorũ centrum. Quo minus etiam constat, terra ne illis, an illa terræ annuant & abnuant. Nec adeo mirum fuerit, si quis præter illam cotidianam reuolutionem, alium quendam terræ motum opinaretur, nempe terram uolui, atq; etiam pluribus motibus uagantem, & unam esse ex astris Philolaus Pythagoricus sensisse fertur, Mathematicus non uulgaris, utpote cuius uisendi gratia Plato non distulit Italiam petere, quemadmodum qui uitam Platonis scripsere, tradunt. Multi uero existimauerũt Geometrica ratione demonstrari posse, terram esse in medio mundi, & ad immensitatem cœli instar puncti, centri uicem obtinere, ac eam ob causam immobilem esse, quòd moto uniuerso centrum

maneat

maneat immotum, & quæ proxima sunt centro tardissime ferantur.

De immensitate cæli ad magnitudinem terræ. Cap. VI.

QVód autem tanta terræ moles, nullam habeat æstimationem ad cæli magnitudinem ex eo potest intelligi. Quoniam finitores circuli (sic enim ὁρίζοντας apud Græcos interpretantur) totam cæli Sphæram bifariam secant, quod fieri non posset, si insignis esset terræ magnitudo ad cælum comparata, uel à centro mundi distantia. Circulus enim bifariam secans sphæram, per centrũ est sphæræ, & maximus circumscribilium circulus. Esto nanq; horizon circulus ABCD, terra uero à qua uisus noster sit E, & ipsum centrum horizontis in quo definiuntur apparentia, à non apparentibus. Aspiciatur autẽ per Diopteram siue Horoscopium, uel Chorobatem in E collocatum, principium Cancri orientis in C puncto, & eo momento apparere Capricorni principium occidere in A. Cum igitur AEC fuerint in linea recta per Diopteram, constat ipsam esse dimetientem signiferi, eo quod sex Signa semicirculum terminant, & E centrũ idem est quod horizontis. Rursus commutata reuolutione, qua principium Capricorni oriatur in B, uidebitur tunc quoq; Cancri occasus in D, eritq; BED linea recta & ipsa dimetiens signiferi. Iam uero apparuit etiam AEC dimetientem esse eiusdem circuli, patet ergo in sectione cõmuni illud E esse centrum. Sic igitur horizon circulus signiferum qui maximus est sphæræ circulus bifariam semper dispescit. Atqui in sphæra si circulus per mediũ aliquẽ maximorũ secat, ipse quoq; secãs maximus est. Maximorum ergo unus est horizon, & cẽtrum eius idem quod signiferi apparet, cũ tamẽ necesse sit aliam esse lineã quæ à superficie terræ, & quæ à centro, sed propter immensitatẽ respectu terræ fiunt quodammodo similes parallelis, quæ præ nimia distantia termini apparent esse linea una, quando mutuum quod continent

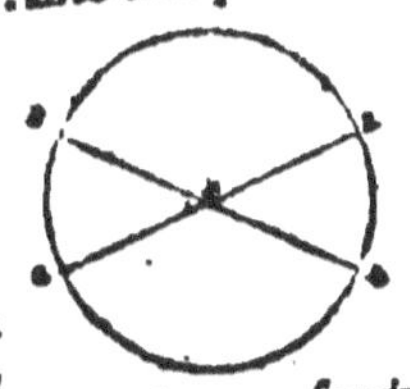

distet spacium ad earum longitudinem efficiatur incomparabile sensu, eo modo quo demonstratur in Opticis. Hoc nimirum argumento satis apparet, immensum esse caelum comparatione terrae, ac infinitae magnitudinis speciem prae se ferre, sed sensus aestimatione terram esse respectu caeli, ut punctum ad corpus, & finitum ad infinitum magnitudine, nec aliud demõstrasse uidetur. Neq; enim sequitur, in medio mundi terram quiescere oportere. Quin magis etiam miremur, si tanta mundi uastitas sub XXIIII. horarum spacio reuoluatur potius, quàm minimũ eius quod est terra. Nam quod aiunt centrũ immobile, & proxima centro minus moueri, non arguit terram in medio mundi quiescere: nec aliter quàm si dicas, caelum uolui, at polos quiescere, & quae proxima sunt polis minime moueri. Quemadmodũ Cynosura multo tardius moueri cernitur, quàm Aquila uel Canicula, quia circulũ describit minorem proxima polo, cũ ea omnia unius sint sphaerae, cuius mobilitas ad axem suum desinens, omnium suarum partium motum sibi inuicem non admittit aequalem, quas tamen paritate temporis non aequalitate spacij reuolutio totius reducat. Ad hoc ergo nititur ratio argumenti, quasi terra pars fuerit caelestis sphaerae, eiusdemq; speciei & motus, ut proxima centro parum moueatur. Mouebitur ergo & ipsa corpus existens, non centrum sub eodem tempore ad similes caelestis circuli circumferentias licet minores. Quod quàm falsum sit luce clarius est, oporteret enim uno in loco semp esse meridiem, alio semper mediam noctem, ut nec ortus nec occasus cotidiani possent accidere, cum unus & inseparabilis fuerit motus totius & partis. Eorum uero quae differẽtia rerum absoluit, longe diuersa ratio est, ut quae breuiori clauduntur ambitu, reuoluantur citius, iis quae maiorem circulum ambiunt. Sic Saturnus supremum errantium sydus trigesimo anno reuoluitur, & Luna quae procul dubio terrae proxima est, menstruum complet circuitum, & ipsa deniq; terra diurni nocturniq; temporis spacio circuire putabitur. Redarguet ergo eadẽ de cotidiana reuolutione dubitatio. Sed & locus eius adhuc quaeritur minus etiã ex supradictis certus. Nihil enim aliud habet illa demonstratio, quã indefinitam caeli ad terrã magnitudinẽ. At quousq; se extendat haec immensitas minime constat.

Cur

Cur antiqui arbitrati sint terram in medio mundi quiescere tanquam centrum. Cap. VII.

QVamobrem alijs quibusdam rationibus prisci Philosophi conati sunt astruere terram in medio mundi consistere. Potissimam uero causam allegant grauitatis & leuitatis. Quippe grauissimum est terræ elementū, & ponderosa omnia feruntur ad ipsam, in intimum eius contendentia medium. Nam globosa existente terra, in quā grauia undequaq; rectis ad superficiē angulis suapte natura feruntur, nisi in ipsa superficie retinerentur, ad centrum eius corruerent: quandoquidem linea recta, quæ se planiciei finitoris, qua sphæram contingit, rectis accommodat angulis, ad centrum ducit. Ea uero quæ ad medium feruntur, sequi uidetur, ut in medio quiescant. Tanto igitur magis tota terra conquiescet in medio, & quę cadētia omnia in se recipiat, suo pondere immobilis permanebit. Iidem quoq; comprobare nituntur ratione motus, & ipsius natura. Vnius quippe ac simplicis corporis simplicem esse motum ait Aristoteles: Simplicium uero motuum, alium rectum, alium circularem. Rectorum autem, alium sursum, alium deorsum. Quocirca omnem motum simplicem, aut ad medium esse, qui deorsum: aut à medio, qui sursum: aut circa medium, & ipsum esse circularem. Modo conuenit terræ quidem & aquæ, quæ grauia existimātur, deorsum ferri, quod est medium petere; Aëri uero & igni, quæ leuitate prædita sunt, sursum & à medio remoueri: Consentaneū uidetur, his quatuor elementis rectum concedi motū, cælestibus aūt corporibus circa mediū in orbem uolui. Hæc Aristoteles. Si igitur, inqꝫ Ptolemæus Alexandrinus, terra uolueretur, saltē reuolutione cotidiana, oporteret accidere contraria supradictis. Etenim concitatissimū esse motū oporteret, ac celeritatē eius insuperabilē, quæ in XXIIII. horis totū terræ transmitteret ambitū. Quæ uero repentina uertigine concitantur, uidētur ad collectionē prorsus inepta, magisq; unita dispergi, nisi cohærentia aliqua firmitate cōtineantur: & iam dudum, inquit, dissipata terra cælū ipsum (quod admodū ridicultum est) excidisset, & eo magis animantia atq; alia quæcunq; soluta onera haudquaquã inconcussa manerent. Sed neq; cadentia in directum subirent ad destinatum sibi locũ, & ad perpendiculũ, tãta interim pernicitate subductũ. Nubes quoq; & quæq; alia in aëre pendentia semper in occasum ferri uideremus.

Solutio dictarum rationum, & earum insufficientia. Cap. VIII.

His sanè & similibus causis aiunt terrã in medio mundi quiescere, & procul dubio sic se habere. Verũ si quispiam uolui terram opinetur, dicet utiq; motum esse naturalem, non uiolentum. Quæ uero secundum naturam sunt, contrarios operantur effectus his quæ secundũ uiolentiam. Quibus enim uis uel impetus infertur, dissolui necesse est, & diu subsistere nequeunt: quæ uero à natura fiunt, rectè se habent, & conseruantur in optima sua compositione. Frustra ergo timet Ptolemæus, ne terra dissipetur, & terrestria omnia in reuolutione facta per efficaciã naturæ, quæ longe alia est quàm artis, uel quæ assequi posset humano ingenio. Sed cur non illud etiam magis de mundo suspicatur, cuius tanto uelociorem esse motum oportet, quanto maius est cælum terra? An ideo immensum factum est cælum, quod ineffabili motus uehementia distrahitur à medio, collapsurum alioqui si staret? Certe si locum haberet hæc ratio, magnitudo quoq; cæli abibit in infinitum. Nã quanto magis ipse motus impetu rapietur in sublime, tanto uelocior erit motus, ob crescentem semper circumferentiam, quam necesse sit in XXIIII. horarum spacio pertransire: ac uicissim crescente motu, cresceret immensitas cæli. Ita uelocitas magnitudinem, & magnitudo uelocitatem in infinitum sese promouerent. At iuxta illud axioma Physicum, quod infinitum est, pertransiri nequit, nec ulla ratiõe moueri: stabit necessario cælum. Sed dicunt, extra cælum non esse corpus, non locum, non uacuum, ac prorsus nihil, & idcirco nõ esse, quo possit euadere cælũ: tunc sanè mirum est, si à nihilo potest cohiberi aliquid. At si cælum fuerit infinitum, & interiori tantummodo finitum concauitate, magis forsan uerificabitur extra cælum esse nihil, cum unũ

quodq;

quodcunque fuerit in ipso, quantamcunque occupauerit magnitudinem, sed permanebit caelum immobile. Nam potissimum, quo astruere nituntur mũdum esse finitum, est motus. Siue igitur finitus sit mundus, siue infinitus, disputationi physiologorum dimittamus: hoc certum habentes, quòd terra uerticibus conclusa superficie globosa terminatur. Cur ergo hæsitamus adhuc, mobilitatem illi formæ suæ à natura congruentem concedere, magis quàm quod totus labatur mũdus, cuius finis ignoratur, scirique nequit, neque fateamur ipsius cotidianæ reuolutionis in cælo apparentiam esse, & in terra ueritatem? Et hæc perinde se habere, ac si diceret Virgilianus Æneas: Prouehimur portu, terræque urbesque recedunt. Quoniam fluitante sub tranquillitate nauigio, cuncta quæ extrinsecus sunt, ad motus illius imaginem moueri cernuntur à nauigantibus, ac uicissim se quiescere putãt cum omnibus quæ secum sunt. Ita nimirum in motu terræ potest contingere, ut totus circuire mundus existimetur. Quid ergo diceremus de nubibus, cæterisque quomodolibet in aëre pendentibus, uel subsidentibus, ac rursum tendentibus in sublimia? nisi quòd nõ solum terra cum aqueo elemento sibi coniuncto sic moueatur, sed non modica quoque pars aëris, & quæcunque eodem modo terræ cognationem habẽt. Siue quòd propinquus aër terrea aqueaue materia permixtus, eandem sequatur naturam quam terra, siue quòd acquisititius sit motus aëris, quem à terra per contiguitatem perpetua reuolutione ac absque resistentia participat. Vicissim non dispari admiratione supremam aëris regionem motũ sequi cælestem aiũt, quòd repentina illa sydera, Cometæ inquã & Pogoniæ uocata à Græcis, indicant, quarum generationi ipsum deputant locum, quæ instar aliorum quoque syderum oriuntur & occidunt. Nos ob magnam à terra distantiam eam aëris partem ab illo terrestri motu destitutam dicere possumus. Proinde trãquillus apparebit aër, qui terræ proximus, & in ipso suspensa, nisi uento, uel alio quouis impetu ultro citroque, ut contingit, agitentur. Quid enim est aliud uentus in aëre, quàm fluctus in mari? Cadentium uero & ascendentium duplicem esse motum fateamur oportet mundi comparatione, & omnino cõpositum ex recto & circulari. Quandoquidem quæ pondere suo deprimuntur, cum sint maxime terrea, nõ dubium, quin eandẽ seruẽt partes naturam, quam suum totum. Nec alia ratione contingit in ijs, quæ ignea ui rapiuntur in sublimia. Nam & terrestris hic ignis terrena potissimũ materia alitur, & flammã non aliud esse definiunt quàm fumum ardentem. Est autem ignis proprietas, extendere quæ inuaserit, quod efficit tanta ui, ut nulla ratione, nullis machinis possit cohiberi, quin rupto carcere suum expleat opus. Motus autem extensiuus est à centro ad circũferentiam, ac perinde si quid ex terrenis partibus accensum fuerit, fertur à medio in sublime. Igitur quod aiunt, simplicis corporis esse motũ simplicem (de circulari in primis uerificatur) quã diu corpus simplex in loco suo naturali, ac unitate sua permanserit. In loco siquidem nõ alius, quàm circularis est motus, qui manet in se totus quiescenti similis. Rectus autẽ superuenit ijs, quæ à loco suo naturali peregrinantur, uel extruduntur, uel quomodolibet extra ipsum sunt. Nihil autem ordinationi totius & formæ mundi tantum repugnat, quantum extra locum suum esse. Rectus ergo motus non accidit, nisi rebus non recte se habentibus, neq; perfectis secundum naturam, dum separantur à suo toto, & eius deserunt unitatem. Præterea quæ sursum & deorsum aguntur, etiam absq; circulari, non faciunt motũ simplicem uniformem & æqualem. Leuitate enim uel sui ponderis impetu nequeunt temperari. Et quæcunq; decidunt, à principio lentum facientia motũ, uelocitatem augent cadendo. Vbi uicissim ignem hunc terrenum (neq; enim alium uidemus) raptum in sublime statim languescere cernimus, tanquàm confessa causa uiolentiæ terrestris materiæ. Circularis autẽ æqualiter semper uoluitur: indeficiẽtem enim causam habet: illa uero desinere festinantem, per quem consecuta locum suũ cessant esse grauia uel leuia, cessatq; ille motus. Cum ergo motus circularis sit uniuersorũ, partium uero etiam rectus, dicere possumus manere cum recto circularem, sicut cum ægro animal. Nempe & hoc, quod Aristoteles in tria genera distribuit motum simplicem, à medio, ad medium, & circa mediũ, rationis solummodo actus putabitur, quemadmodum lineam, punctũ, & superficiem secernimus quidem, cum tamen unum sine alio subsistere nequeat, & nullum eorum

sine

sine corpore. His etiam accedit, quod nobilior, ac diuinior conditio immobilitatis existimatur, quàm mutationis & instabilitatis, quæ terræ magis ob hoc quàm mundo conueniat. Addo etiam, quòd satis absurdum uideretur, cõtinenti siue locanti motum adscribi, & non potius contento & locato, quod est terra. Cum deniq; manifestum sit errantia sydera propinquiora fieri terræ ac remotiora, erit tum etiam qui circa medium, quod uolunt esse cẽtrum terræ, à medio quoq; ad ipsum, unius corporis motus. Oportet igitur motum, qui circa medium est, generalius accipere, ac satis esse, dum unusquisq; motus sui ipsius medio incumbat. Vides ergo quòd ex his omnibus probabilior sit mobilitas terræ, quàm eius quies, præsertim in cotidiana reuolutione, tanquàm terræ maxime propria.

An terræ plures possint attribui motus, & de centro mundi. Cap. IX.

CVm igitur nihil prohibeat mobilitatem terræ, uidendum nunc arbitror, an etiam plures illi motus cõueniant, ut possit una errantium syderum existimari. Quòd enim omnium reuolutionum centrum nõ sit, motus errantium inæqualis apparens, & uariabiles eorum à terra distantiæ declarant, quæ in homocentro terræ circulo non possunt intelligi. Pluribus ergo existentibus centris, de centro quoq; mundi nõ temere quis dubitabit, an uidelicet fuerit istud grauitatis terrenæ, an aliud. Equidem existimo, grauitatem nõ aliud esse, quàm appetentiam quandam naturalem partibus inditam à diuina prouidentia opificis uniuersorum, ut in unitatẽ integritatemq; suam sese conferant in formam globi coeuntes. Quam affectionem credibile est etiam Soli, Lunæ, cæterisq; errantium fulgoribus inesse, ut eius efficacia in ea qua se repræsentant rotunditate permaneant, quæ nihilominus multis modis suos efficiunt circuitus. Si igitur & terra faciat alios, utputa secundum centrũ, necesse erit eos esse qui similiter extrinsecus in multis apparent, in quibus inuenimus annuum circuitum. Quoniã si permutatus fuerit à solari in terrestrem, Soli immobilitate cõ terræ, ortus & occasus signorum ac stellarũ fixarum, quibus matutinæ uespertinæq; fiunt, eodem modo apparebunt: errantium quoq; stationes, retrogradationes atq; progressus nõ illorum, sed telluris esse motus uidebitur, quem illa suis mutuant apparentijs. Ipse deniq; Sol medium mũdi putabitur possidere, quæ omnia ratio ordinis, quo illa sibi inuicem succedunt, & mũdi totius harmonia nos docet, si modo rem ipsam ambobus (ut aiũt) oculis inspiciamus.

De ordine cœlestium orbium. Cap. x.

ALtissimum uisibilium omnium, cælum fixarũ stellarum esse, neminem uideo dubitare. Errantium uero seriem penes reuolutionum suarum magnitudinem accipere uoluisse priscos Philosophos uidemus, assumpta ratione, quòd æquali celeritate delatorum quæ longius distant, tardius ferri uidentur, ut apud Euclidem in Opticis demõstratur. Ideoq; Lunam breuissimo temporis spacio circuire existimant, quòd proxima terræ minimo circulo uoluatur. Supremum uerò Saturnum, qui plurimo tempore maximum ambitum circuit. Sub eo Iouem. Post hunc Martem. De Venere uero atq; Mercurio diuersæ reperiuntur sententiæ, eo quòd nõ omnifariam elongantur à Sole, ut illi. Quamobrẽ alij supra Solem eos collocant, ut Platonis Timæus, alij sub ipso, ut Ptolemæus, & bona pars recentiorum. Alpetragius superiorem Sole Venerem facit, & inferiorẽ Mercuriũ. Igitur qui Platonem sequuntur, cum existiment omnes stellas, obscura alioqui corpora, lumine solari concepto resplendere, si sub Sole essent, ob non multam ab eo diuulsionem, dimidiæ, aut certe à rotunditate deficientes cernerẽtur. Nam lumen sursum ferme, hoc est uersus Solem referrent acceptum, ut in noua Luna uel desinente uidemus. Oportere autem aiunt, obiectu eorum quãdoq; Solem impediri, & pro eorũ magnitudine, lumen illius deficere: quod cum nusquam appareat, nullatenus Solem eos subire putant. Contra uero, qui sub Sole Venerem & Mercurium ponunt, ex amplitudine spacij, quod inter Solem & Lunam comperiunt, uendicant rationem.

tionem. Maximam enim Lunæ à terra distantiam, partium sexaginta quatuor, & sexantis unius, qualium quæ ex centro terræ est una, inuenerunt decies octies ferè usque ad minimum Solis interuallum contineri, & illarum esse partium MCLX. Inter ipsum ergo & Lunam MXCVI. Proinde ne tanta uastitas remaneret inanis, ex absidum interuallis, quibus crassitudinem illorum orbium ratiocinantur, comperiũt eosdem proxime complere numeros, ut altissimæ Lunæ succedat infimum Mercurij, cuius summum proxima Venus sequatur, quæ demum summa abside sua ad infimum Solis quasi pertingat. Etenim inter absides Mercurij præfatarum partium CLXXVII. s. ferè supputant, deinde reliquum Veneris interuallo partium DCCCCX. proxime compleri spacium. Non ergo fatẽtur in stellis opacitatem esse aliquam lunari similem, sed uel proprio lumine, uel Solari totis imbutas corporibus fulgere, & idcirco Solem non impediri, quod sit euentu rarissimum, ut aspectui Solis interponantur, latitudine plerunque cedentes. Præterea quod parua sint corpora comparatione Solis, cum Venus etiam Mercurio maior existens uix centesimam Solis partẽ obtegere potest, ut uult Machometus Aracensis, qui decuplo maiorem existimat Solis dimetientem. Et ideo non facile uideri tantillam sub præstantissimo lumine maculã. Quamuis & Auerroes in Ptolemaica paraphrasi, nigricãs quiddam se uidisse meminit, quando Solis & Mercurij copulam numeris inueniebat expositam: & ita decernunt hæc duo sydera sub solari circulo moueri. Sed hæc quoque ratio quàm infirma sit, & incerta, ex eo manifestum, quòd cum XXXVIII. sint eius quæ à centro terræ ad superficiem usque ad proximam Lunam, secundum Ptolemæum: sed secundum ueriorem æstimationem plus quàm LII. (ut infra patebit). nihil tamen aliud in tanto spacio nouimus cõtineri quàm aërem, & si placet etiam, quod igneum uocãt elementũ. Insuper quod dimetientẽ circuli Veneris, per quẽ à Sole hinc inde XLV. partibus plus minusue digredit̃, sexuplo maiorem esse oportet, quàm quæ ex centro terræ ad infimam illius absidem, ut suo demonstrabitur loco. Quid ergo dicent, in toto eo spacio contineri, tanto maiori quàm quod terrã, aërem, æthera, Lunã, atque Mercurium caperet, & præterea quod

ingens ille Veneris epicyclus occuparet, si circa terrā quietam
uolueretur? Illa quoq; Ptolemaei argumentatio, quòd oporte-
rit medium ferri Solem, inter omnifariam digredientes ab ipso,
& nō digredientes, quàm sit improbabilis ex eo patet, quòd
Luna omnifariam & ipsa digrediēs prodit eius falsitatem. Quā
uero causam allegabunt ij, qui sub Sole Venerem, deinde Mercurium ponunt, uel alio ordine separant, quod non itidem sepa
ratos faciunt circuitus, & à Sole diuersos, ut caeteri errantium, si
modo uelocitatis tarditatisq; ratio non fallit ordinem? Oporte
bit igitur, uel terram non esse centrum, ad quod ordo syderum
orbiumq; referatur: aut certe rationem ordinis nō esse, nec appa
rere cur magis Saturno quàm Ioui seu alij cuiuis superior debeatur locus. Quapropter minime contemnendum arbitror, quòd
Martianus Capella, qui Encyclopaediam scripsit, & quidam alij
Latinorum percalluerunt. Existimāt enim, quòd Venus & Mer
curius circumcurrāt Solem in medio existentem, & eam ob causam ab illo non ulterius digredi putant, quàm suorum conuexi
tas orbium patiatur, quoniam terram nō ambiunt ut caeteri, sed
absidas conuersas habent. Quid ergo aliud uolunt significare,
quàm circa Solem esse centrum illorū orbiū? Ita profectò Mer-
curialis orbis intra Venereum, quem duplo & amplius maiorem esse conuenit, clauderetur, obtinebitq; locum in ipsa amplitu
dine sibi sufficientem. Hanc sumpta occasione si quis Saturnum
quoq;, Iouem & Martem ad illud ipsum centrū conferat, dummodo magnitudinem illorum orbium tantam intelligat, quae
cum illis etiam immanentem contineat, ambiatq; terram, non er
rabit, quod Canonica illorum motuum ratio declarat. Cōstat
enim propinquiores esse terrae semper circa uespertinum exortum, hoc est, quando Soli opponuntur, mediante inter illos &
Solem terra: remotissimos autem à terra in occasu uespertino,
quando circa Solem occultantur, dum uidelicet inter eos atq;
terram Solem habemus. Quae satis indicant, centrum illorū ad
Solem magis pertinere, & idē esse ad quod etiā Venus & Mercurius suas obuolutiones conferunt. At uero omnibus his uni
medio innixis, necesse est id quod inter conuexum orbem Veneris & concauum Martis relinquitur spacium, orbem quoq;
siue

siue sphæram discerni cum illis homocentrum secundum u-
tramque superficiem, quæ terram cum pedissequa eius Luna, &
quicquid sub lunari globo cōtinetur, recipiat. Nullatenus enim
separare possumus à terra Lunam citra controuersiam illi proximam existentem, præsertim cum in eo spacio conuenientem
satis & abundantem illi locum reperiamus. Proinde non pudet
nos fateri hoc totum, quod Luna præcingit, ac centrum terræ
per orbem illum magnum inter cæteras errantes stellas annuā
reuolutione circa Solem transire, & circa ipsum esse centrū mun
di: quo etiam Sole immobili permanente, quicquid de motu So
lis apparet, hoc potius in mobilitate terræ uerificari: tantam uero esse mūdi magnitudinem, ut cum illa terræ à Sole distantia,
ad quoslibet alios orbes errantium syderum magnitudinem ha
beat, pro ratione illarum amplitudinum satis euidentem, ad nō
errantiū stellarum sphærā collata, non quæ appareat: quod faci
lius concedendum puto, quàm in infinitam penè orbium multi
tudinem distrahi intellectum: quod coacti sunt facere, qui terrā
in medio mūdi detinuerunt. Sed naturę sagacitas magis sequen
da est, quæ sicut maxime cauit superfluum quiddam, uel inutile
produxisse, ita potius unam sæpe rem multis ditauit effectibus.
Quæ omnia cum difficilia sint, ac penè inopinabilia, nempe cōt
tra multorum sententiam, in processu tamen fauente Deo, ipso
Sole clariora faciemus, Mathematicam saltem artem non igno-
rantibus. Quapropter prima ratiōe salua manente, nemo enim
conuenientiorem allegabit, quàm ut magnitudinem orbiū mul
titudo temporis metiatur. Ordo sphærarū sequitur in hūc modum, à summo capiens initium.

Prima & suprema omnium, est stellarum fixarum sphærā,
seipsam & omnia continens: ideoque immobilis. nempe uniuersi locus, ad quem motus & positio cæterorum omnium syderum
conferatur. Nam quod aliquo modo illam etiam mutari existi
mant aliqui: nos aliam, cur ita appareat, in deductiōe motus ter
restris assignabimus causam. Sequitur errantium primus Saturnus, qui xxx. anno suum complet circuitum. Post hunc Iupiter duodecennali reuolutione mobilis. Deinde Mars, qui bi
ennio circuit. Quartum in ordine annua reuolutiō locum obti-
net.

net, in quo terram cum orbe lunari tanquam epicyclo contineri diximus. Quinto loco Venus nono mense reducitur. Sextum denique locum Mercurius tenet, octuaginta dierum spacio circũ currens. In medio uero omnium residet Sol. Quis enim in hoc

pulcherrimo templo lampadem hanc in alio uel meliori loco poneret, quàm unde totum simul possit illuminare? Siquidem non inepte quidam lucernam mundi, alij mentem, alij rectorem uocant. Trimegistus uisibilem Deum, Sophoclis Electra intuentẽ omnia. Ita profecto tanquam in solio regali Sol residens circum agentem gubernat Astrorum familiam. Tellus quoque minime fraudatur lunari ministerio, sed ut Aristoteles de animalibus ait, maximã Luna cũ terra cognationẽ habet. Concipit interea à Sole terra, & impregnatur annuo partu. Inuenimus igitur sub

hac

moniæ nexum motus & magnitudinis orbium: qualis alio modo reperiri non potest. Hic enim licet animaduertere, nō segni-
ter contemplanti, cur maior in Ioue progressus & regressus appareat, quàm in Saturno, & minor quàm in Marte: ac rursus ma
ior in Venere quàm in Mercurio. Quodq; frequentior appareat in Saturno talis reciprocatio, quàm in Ioue: rarior adhuc in
Marte, & in Venere, quàm in Mercurio. Præterea quòd Satur
nus, Iupiter, & Mars acronycti propinquiores sint terræ, quàm
circa eorū occultationem & apparitionem. Maxime uero Mars
pernox factus magnitudine Iouem æquare uidetur, colore duntaxat rutilo discretus: illic autem uix inter secundæ magnitudinis stellas inuenitur, sedula obseruatione sectantibus cognitus.
Quæ omnia ex eadem causa procedunt, quæ in telluris est motu. Quòd autem nihil eorum apparet in fixis, immensam illorū
arguit celsitudinem, quæ faciat etiam annui motus orbem siue
eius imaginem ab oculis euanescere. Quoniā omne uisibile lon
gitudinem distantiæ habet aliquam, ultra quam non amplius
spectatur, ut demonstratur in Opticis. Quòd enim à supremo
errantium Saturno ad fixarum sphæram adhuc plurimum intersit, scintillantia illorum lumina demōstrant. Quo indicio ma
xime discernuntur à planetis, quodq; inter mota & non mota,
maximam oportebat esse differentiam. Tanta nimirum est diui
na hæc Opt. Max. fabrica.

De triplici motu telluris demonstratio. Cap. xi.

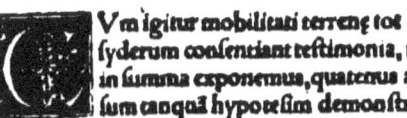

CVm igitur mobilitati terrenę tot tantaq; errantium
syderum consentiant testimonia, iam ipsum motum
in summa exponemus, quatenus apparentia per ipsum tanquā hypotesim demonstrentur, quē triplici
omnino oportet admittere. Primum quem diximus νυχθήμερον
à Græcis uocari, diei noctisq; circuitum proprium, circa axem
telluris, ab occasu in ortum uergentem, prout in diuersum mun
dus ferri putatur, æquinoctialem circulum describendo, quem
nonnulli æquidialem dicunt, imitantes significationem Græco

rum, apud quos ἰσημερινὸς uocatur. Secundus est motus centri annuus, qui circulum signorum describit circa Solem ab occasu similiter in ortū, id est, in consequentia procurrens, inter Venerem & Martem, ut diximus, cum sibi incumbentibus. Quo fit ut ipse Sol simili motu zodiacum pertrāsire uideatur: Quemadmodum uerbi gratia, Capricornum cētro terræ permeante, Sol Cancrum uideatur pertransire, ex Aquario Leonem, & sic deinceps, ut diximus. Ad hunc circulum, qui per medium signorū est, & eius superficiem, oportet intelligi æquinoctialem circulū, & axem terræ conuertibilem habere inclinationem. Quoniam si fixa manerent, & non nisi centri motum simpliciter sequerentur, nulla appareret dierum & noctium inæqualitas, sed semper uel solsticium, uel bruma, uel æquinoctium, uel æstas, uel hyems, uel utcunque eadem temporis qualitas maneret sui similis. Sequitur ergo tertius declinationis motus annua quoque reuolutione, sed in præcedentia, hoc est, contra motum centri reflectēs. Sicque ambobus inuicem æqualibus ferè & obuijs mutuo, euenit: ut axis terræ, & in ipso maximus parallelorum æquinoctialis in eandem ferè mundi partem spectent, perinde ac si immobiles permanerent, Sol interim moueri cernitur per obliquitatem signiferi, eo motu quo cētrum terræ: nec aliter quàm si ipsum esset centrum mundi, dummodo memineris Solis & terræ distantiā uisus nostros iam excessisse in stellarum fixarum sphæra. Quæ cum talia sint, quæ oculis subijci magis quàm dici desiderāt, describamus circulum A B C D, quem repræsentauerit annuus centri terræ circuitus in superficie signiferi, & sit E circa centrum eius Sol. Quem quidem circulum secabo quadrifariam subtensis dimetientibus A E C, & B E D. Punctum A teneat Cancri principium, B Libræ, C Capricorni, D Arietis. Assumamus autem centrum terræ primum in A, super quo designabo terrestrem æquinoctialem F G H I, sed non in eodem plano, nisi quòd G A I dimetiens, sit circulorum sectio communis, æquinoctialis inquam, & signiferi. Ductaque diametro F A H, ad rectos angulos ipsi G A I, sit F maximæ declinationis limes in Austrum, H uero in Boreā. His sanè sic propositis, Solem circa E centrū uidebunt terrestres sub Capricorno brumalem cōuersionem facientem, quam maxima decli-

declinatio Borea E ad Solem cõuersa efficit. Quoniam decliuitas æquinoctialis ad A E lineam per reuolutionem diurnam describet sibi tropicum hyemalem parallelum secundum distantiam, quam sub E A I angulus inclinationis comprehendit. Proficiscatur modo centrum terræ in consequentia, ac tantundem F maximæ declinationis terminus, in præcedentia: donec utrique in B peregerint quadrantes circulorum. Manet interim E A I angu-

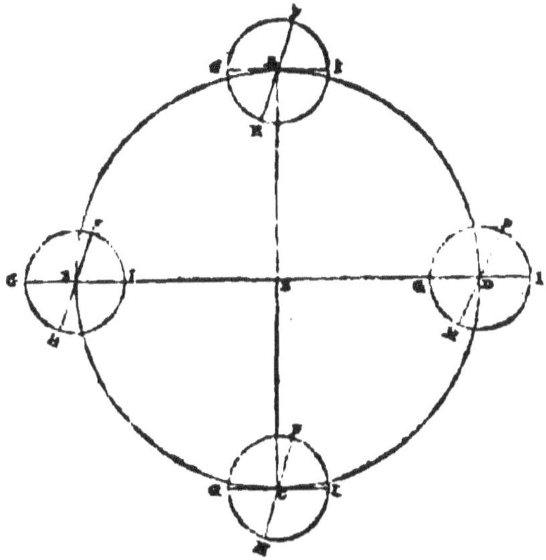

lus semper æqualis ipsi A E B, propter æqualitatem reuolutionum, & dimetientes semper ad inuicem F A H ad F B H, & G A I ad G B I, æquinoctialisque æquinoctiali parallelus. Quæ propter causam iam sæpe dictam apparent eadem in immensitate cæli. Igitur ex B Libræ principio, E sub Ariete apparebit, conciditque sectio circulorum communis in unam lineam G B I E, ad quam diurna reuolutio nullam admittet declinationem, sed omnis declinatio erit à lateribus. Itaque Sol in æquinoctio uerno uidebitur. Perget centrum terræ cum assumptis conditionibus, & peracsecto in C semicirculo, apparebit Sol Cancrum ingredi. At Austrina æquinoctialis circuli declinatio ad Solem conuersa, faciet illum Boreū uideri æstiuum tropicum percurrentem pro ratione anguli E C F inclinationis. Rursus auertente se F ad tertiū circuli quadrantem, sectio communis G I in lineam E D cadet denuo, unde Sol in Libra spectatus, uidebitur Autumni æquinoctiū confecisse. Ac deinceps eodem processu H F paulatim ad Solem se cōuertens, redire faciet ea quæ in principio unde digredi

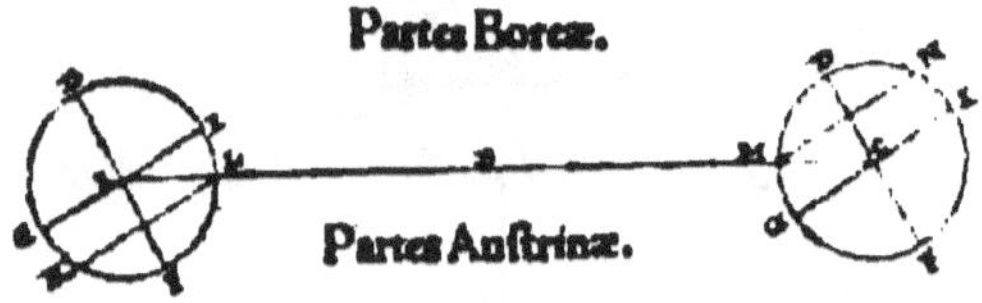

coepimus. Aliter. Sit itidem in subiecto plano A E C dimetiens, & sectio communis circuli erecti ad ipsum planum. In quo circa A & C, hoc est sub Cancro & Capricorno designetur per uices circulus terræ per polos, qui sit D G F I, & axis terræ sit D F: Boreus polus D, Austrinus F, & G I dimetiens circuli æquinoctialis. Quando igitur F ad Solem se conuertit, qui sit circa E, atq; æquinoctialis circuli inclinatio borea secundum angulum, qui sub I A E, tunc motus circa axem describet parallelū æquinoctiali Austrinum secundum dimetientem K L, & distantiam L I tropicum Capricorni in Sole apparentem. Siue ut rectius dicam: Motus ille circa axem ad uisum A E superficiem insumit conicam, in centro terræ habentem fastigium, basim uero circulum æquinoctiali parallelum, in opposito quoq; signo C omnia pari modo eueniunt, sed conuersa. Patet igitur quomodo occurrentes inuicem bini motus, centri inquam, & inclinationis, cogunt axem terræ in eodem libramento manere, ac positione consimili, & apparere omnia, quasi sint solares motus. Dicebamus autem centri & declinationis annuas reuolutiones propemodum esse æquales; quoniam si ad amussim id esset, oporteret æquinoctialia, solsticialiaq; puncta, ac totam signiferi obliquitatem sub stellarum fixarum sphæra, haud quaquam permutari: sed cum modica sit

differen-

differentia, nō nisi cū tempore grandescens patefacta est: à Ptolemæo quidem ad nos usq; partium prope XX. quibus illa iam anticipant. Quam ob causam crediderunt aliqui, stellarū quoq; fixarum sphæram moueri, quibus idcirco nona sphæra superior placuit, quæ dum nō sufficeret, nunc recentiores decimam superaddunt, nedum tamen finem assecuti, quem speramus ex motu terræ nos consecuturos. Quo tanquam principio & hypothesi utemur in demonstrationibus aliorum.

De magnitudine rectarum in circulo linearum. Cap. XII.

QVoniam demōstrationes, quibus in toto fermè opere utemur, in rectis lineis & circumferentijs, in planis conuexisq; triangulis uersantur, de quibus etsi multa iam pateant in Euclideis elementis, non tamen habent, quod hic maxime quæritur, quomodo ex angulis latera, & ex lateribus anguli possint accipi. Quoniam angulus subtensam lineam rectam non metitur, sicut nec ipsa angulum, sed circumferentia. Quo circa inuētus est modus, per quem lineæ subtensæ cuilibet circumferentiæ cognoscantur, quarum adminiculo ipsam circumferentiam angulo respondentem, ac uiceuersa per circumferentiam rectam lineam, quæ angulum subtendit liceat accipere. Quapropter non alienū esse uidetur, si de hisce lineis tractauerimus. De lateribus quoq; & angulis tam planorum quàm etiam sphæricorum triangulorum, quæ Ptolemæus sparsim ac per exempla tradidit, quatenus hoc loco semel absoluantur, ac deinde quæ tradituri sumus fiant apertiora. Circulum autem communi Mathematicorum consensu in CCCLX. partes distribuimus. Dimetientem uero CXX. partibus adsciscebant prisci. At posteriores, ut scrupulorum euitarent inuolutionem in multiplicationibus & diuisionibus numerorum circa ipsas lineas, quæ ut plurimum incōmensurabiles sunt longitudine, sæpius etiam potentia, alij duodecies centena milia, alij uigesies, alij aliter rationalem constituerunt diametrum, ab eo tempore quo Indicæ numerorum figuræ sunt usu receptæ. Qui quidem numerus quemcunq; alium, siue Græcū, siue Latinum singulari quadam

dam

tente A D datæ inæqualium circumferentiarum subtensæ sint A B & A C. Volentibus nobis inquirere subtendentem B C, danturque ex su prædictis reliquarum de semicirculo circumferentiarum subtensæ B D & C D, quibus cõtingit in semicirculo quadrilaterũ A B C D. Cuius diagonij A C & B D dantur, cum tribus lateribus A B, A D, & C D, in quo sicut iam demõstratum est, quod sub A C & B D æquale est ei quod sub A B, C D, & quod sub A D & B C. Si ergo quod sub A B & C D auferatur ab eo quod sub A C, & B D: reliquum erit quod sub A D & B C. Itaque per A D diuisorem quantum possibile est subtensa B C numeratur quæsita. Proinde cum ex superioribus data sint uerbi gratia pentagoni & hexagoni latera, datur hac ratione subtendens gradus XII. quibus illa se excedunt; estque partium talium dimetientis 20905.

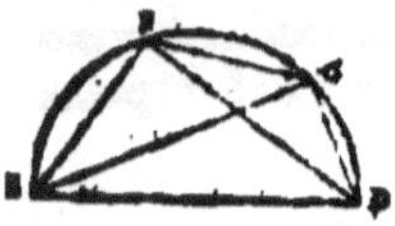

Theorema quartum.

DAta subtendente quamlibet circumferentiam, datur etiam subtendens dimidiæ. Describamus circulum A B C, cuius dimetiens sit A C, sitque B C circumferentia data cum sua subtensa, & ex centro E, linea E F secet ad angulos rectos ipsam B C, quæ idcirco per tertiam tertij Euclidis secabit ipsam B C bifariam in F, & circumferentiam extensa in D, subtendantur etiam A B & B D. Quoniam igitur triangula A B C, & E F C rectangula sunt, & insuper angulum E C F habentes communem similia, ut ergo C F dimidium est ipsius B F C, sic E F ipsius A B dimidium, sed A B datur quæ reliquam semicirculi circumferentiam subtendit, datur ergo & E F atque reliqua D F à dimidia dimetiente, quæ cõpleatur & sit D E G, & coniungatur B G. In triangulo igitur B D G ab angulo B recto descendit perpendicularis ad basim ipsa B F. Quod igitur sub G D, D F, æqualis est ei quæ ex B D. datur ergo B D longitudine, quæ dimidiam B D C circumferentiam subtendit. Cumque iam data sit, quæ gradus subtendit XII, datur etiam VI. gradibus subtensa partium 10467, & tribus gradibus partium 5235, & sesqui gradus 2618, & dodrantis partium 1309.

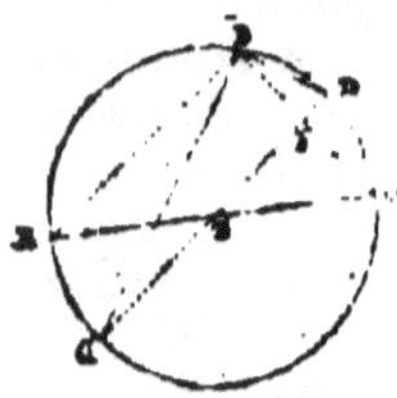

Theo

Theorema quintum.

RVrsus cum datæ fuerint duarum circumferentiarum subtensæ, datur etiam quæ totam ex ijs compositam circumferentiã subtendit. Sint in circulo datæ subtensæ A B & B C, aio totius etiam A B C subtensam dari. Transmissis enim dimetientibus A F D, & B F E subtẽdantur etiam rectæ lineæ B D, & C E, quæ ex præcedentibus dantur, propter A B & B C datas, & D E æqualis est ipsi A B. Cõnexa C D concludatur quadrangulum B C D E, cuius diagonij B D & C E cum tribus lateribus B C, D E, & B E dantur, reliquũ etiam C D per secundũ Theorema dabitur, ac perinde C A subtensa tanquam reliqua semicirculi subtensa datur totius circumferentiæ A B C, quæ quærebatur.

Porrò cum hactenus repertæ sint rectæ lineæ, quæ tres, quæ 1.2. quæ dodrantem unius subtendit: quibus interuallis posset aliquis canona exactissima ratione texere. Attamen si per gradus ascendere, & aliũ alij coniungere, uel per semisses, uel alio modo, de subtensis earum partium nõ immerito dubitabit. Quoniam graphicæ rationes quibus demonstrarentur, nobis deficiunt. Nihil tamen prohibet per alium modum, citra errorem sensu notabilem, & assumpto numero minime dissentientem, id assequi. Quod & Ptolemæus circa unius gradus & semissis subtensas, quæsiuit, admonendo nos primum.

Theorema sextum.

MAiorem esse rationem circumferentiarum, quàm rectarũ subtensarũ maioris ad minorem. Sint in circulo duæ circumferẽtiæ inæquales coniunctæ, A B & B C, maior autem B C. Aio maiorem esse rationem B C ad A B, quàm subtensarum B C ad A B, quæ comprehendant angulum B, qui bifariam dispescatur per lineam B D, & coniungantur A C, quæ secet B D in E signo. Similiter & A D & C D, quæ æquales sunt, propter æquales circumferentias, quibus subtenduntur. Quoniam igitur trianguli A B C linea, quæ per medium secat angulum, secat etiam A C

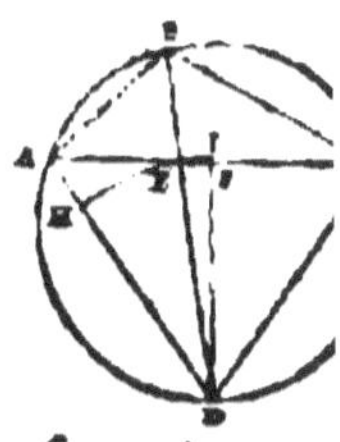

d ii in

in E, erunt basis segmenta B E ad A E, sicut B C ad A B, & quoniam maior est B C quàm A B, maior etiam E C quàm E A, agatur D F perpendicularis ipsi A C, quæ secabit ipsam A C bifariam in F signo, quod necessarium est in E C maiori segmento inueniri. Et quoniam omnis trianguli, maior angulus à maiore latere subtenditur, in triangulo D E F, latus D E maius est ipsi D F, & adhuc A D maius est ipsi D E, quapropter D centro, interuallo autem D E, descripta circumferentia, A D secabit, & D F transibit. Secet igitur A D in H, & extendatur in rectã lineam D F I. Quoniam igitur sector E D I maior est triangulo E D F. Triangulũ uero D E A maius D E H sectori. Triangulũ igitur D E F, ad D E A triangulũ, minorẽ habebit rationẽ quàm D E I sector ad D E H sectorem. Atqui sectores circumferẽtijs siue angulis qui in centro: triangula uero quæ sub eodem uertice basibus suis sunt proportionalia. Idcirco maior ratio angulorum E D F ad A D E, quàm basiũ E F ad A E. Igitur & coniunctim angulus F D A, maior est ad A D E, quàm A F ad A E: Ac eodem modo C D A ad A D E, quàm A C ad A E. Ac diuisim maior est etiam C D E ad E D A, quàm C E ad E A. Sunt autem ipsi anguli C D E ad E D A, ut C B circumferentia ad A B circumferentiam. Basis autem C E ad A E, sicut C B subtensa ad A B subtensam. Est igitur ratio maior C B circumferentiæ ad A B circumferentiam, quàm B C subtensæ ad A B subtensam, quod erat demonstrandũ.

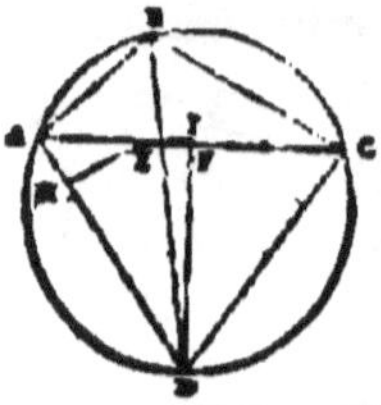

Problema.

AT quoniam circumferentia rectæ sibi subtensæ semper maior existit, cum sit recta breuissima earum quæ terminos habent eosdem. Ipsa tamen inæqualitas, à maioribus ad minores circuli sectiones ad æqualitatem tendit, ut tandem ad extremum circuli contactum recta & ambiciosa simul exeãt. Oportet igitur, ut ante illud absq; manifesto discrimine inuicem differant. Sit enim uerbi gratia A B circumferẽtia gradus III. & A C gradus I. S. A B subtendens demonstrata est partium 5235. quarum dimetiens posita est 200000. & A C earundem partium 2618. Et cum dupla sit

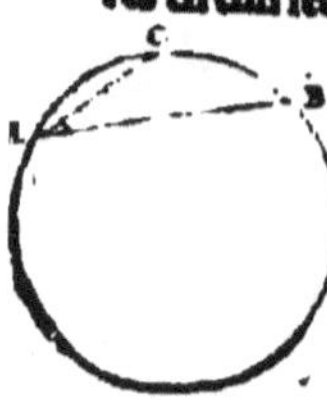

A B cir

A B circumferentia ad A C, subtensa tamen A B minor est quàm dupla ad subtẽsam A C, quæ unam tantummodo particulã ipsis 2617 superaddit. Si uero capiamus A B gradum unum & semissem, ac dodrantem unius gradus, habebimus A B subtensam partium quidem 2618, & A C partium 1309, quæ etsi maior esse debet dimidio ipsius A B subtensæ, nihil tamen uidetur differre à dimidio, sed eandem iam apparere rationem circumferentiarũ rectarumq; linearum. Cum ergo eousq; nos peruenisse uidemus: ubi rectæ & ambitiosæ differentia sensum prorsus euadit tanquam una linea factarum, non dubitamus ipsius dodrantis unius gradus 1309, æqua ratione ipsi gradui & reliquis partibus subtensas accommodare, ut tribus partibus adiecto quadrante cõstituamus unum gradum partium 1745, dimidium gradum partium 872 ½, atq; trientis partis 582 proxime. Veruntamen satis arbitror, si semisses duntaxat linearum duplam circumferentiam subtendentium, assignemus in canone, quo compendio, sub quadrante compræhendemus, quod in semicirculum oporter bat diffundi. Ac eo præsertim quod frequentiori usu ueniunt in demonstrationem & calculum semisses ipsæ, quàm linearũ asses. Exposuimus autem canonem auctum per sextantes gradum, tres ordines habentem. In primo sunt gradus siue partes circumferentiæ & sextantes. Secundus continet numerum dimidiæ lineæ subtendentis duplam circumferentiam. Tertius habet differentiam ipsorum numerorum, quæ singulis gradibus interiacet, è quibus licet proportionabiliter addere quod singulis congruit scrupulis graduum. Est ergo tabula hæc.

1	40		2900
1	50		3199
2	0		3490
2	10		3781
2	20		4071
2	30		4362
2	40		4653
2	50		4943
3	0		5234
3	10		5524
3	20		5814
3	30		6105
3	40		6395
3	50		6684
4	0		6975
4	10		7265
4	20		7555
4	30		7845
4	40		8135
4	50		8425
5	0		8715
5	10		9005
5	20		9295
5	30		9585
5	40		9874
5	50		10164

Canon subtensarum in circulo rectarum linearum.

Circumferentiae. gr.	sec.	Semiss. subtend. dup. cir.	Differentiae.	Circumferentiae. gr.	sec.	Semisses subtend. dup. cir.	Differentiae.
	10	21076	284		10	31178	270
	20	12350			20	454	6
	30	21644			30	730	6
	40	21928			40	32006	6
	50	22212			50	282	5
13	0	22495	283	19	0	557	5
	10	22778			10	832	5
	20	23062			20	33106	5
	30	23344			30	381	4
	40	23627			40	655	4
	50	23900	282		50	929	4
14	0	24192		20	0	34202	4
	10	24474			10	415	3
	20	24750			20	748	3
	30	25038	281		30	35021	3
	40	25310			40	293	2
	50	25601			50	562	2
15	0	25882		21	0	832	2
	10	26163			10	36108	1
	20	26443	280		20	379	1
	30	26724			30	650	1
	40	17004			40	920	0
	50	27284			50	37190	0
16	0	27564	279	22	0	460	276
	10	27843			10	739	269
	20	28122			20	999	9
	30	28401			30	38268	9
	40	28680			40	538	8
	50	28959	278		50	805	8
17	0	29237		23	0	39073	8
	10	29515			10	341	7
	20	29793			20	608	7
	30	30071	277		30	875	7
	40	30348			40	40141	6
	50	30025			50	408	6
18	0	30902		24	0	674	266

Canon subtensarum in circulo rectarum linearum.

Circumferentiae gr.	Circumferentiae sec.	Semisses subtend. dup. circ.	Differentiae	Circumferentiae gr.	Circumferentiae sec.	Semisses subtend. dup. circ.	Differentiae
	10	40939	265		10	50252	251
	20	41204	5		20	503	1
	30	469	5		30	754	0
	40	734	4		40	51004	0
	50	998	4		50	254	250
25	0	42262	4	31	0	504	249
	10	125	3		10	753	9
	20	788	3		20	52002	8
	30	43351	3		30	250	8
	40	393	2		40	498	7
	50	555	2		50	745	7
26	0	837	2	32	0	992	6
	10	44098	1		10	53238	6
	20	359	1		20	484	6
	30	620	0		30	730	5
	40	880	0		40	975	5
	50	45140	260		50	54220	4
27	0	399	259	33	0	464	4
	10	658	9		10	708	3
	20	910	8		20	951	3
	30	46175	8		30	55194	2
	40	433	8		40	436	2
	50	690	7		50	678	1
28	0	947	7	34	0	919	1
	10	47204	6		10	56160	0
	20	460	6		20	400	240
	30	716	5		30	641	239
	40	971	5		40	880	9
	50	48226	5		50	57119	8
29	0	481	4	35	0	358	8
	10	735	4		10	596	8
	20	989	3		20	833	3
	30	49242	3		30	58070	0
	40	495	2		40	307	7
	50	748	2		50	543	3
30	0	50000	252	36	0	779	9

Canon subtensarum in circulo rectarum linearum.

Circumferentiæ pt.	Circumferentiæ scr.	Semisses subtend. dup. cir.	Differentiæ	Circumferentiæ pt.	Circumferentiæ scr.	Semisses subtend. dup. cir.	Differentiæ
36	10	59014	235	42	10	67129	215
	20	248	4		20	344	5
	30	482	4		30	559	4
	40	716	3		40	773	4
	50	949	3		50	987	3
37	0	60181	2	43	0	68200	2
	10	414	2		10	412	2
	20	645	1		20	624	1
	30	876	1		30	835	1
	40	61177	0		40	69046	0
	50	377	230		50	256	210
38	0	566	229	44	0	466	209
	10	795	9		10	675	9
	20	62024	9		20	883	8
	30	251	8		30	70091	7
	40	479	8		40	298	7
	50	706	7		50	505	6
39	0	932	7	45	0	711	5
	10	63158	6		10	916	5
	20	383	6		20	71121	4
	30	608	5		30	325	4
	40	832	5		40	529	3
	50	056	4		50	732	2
40	0	64279	3	46	0	934	2
	10	501	2		10	72136	1
	20	723	2		20	337	0
	30	945	1		30	537	200
	40	65166	0		40	737	199
	50	386	220		50	937	9
41	0	606	219	47	0	73135	8
	10	825	9		10	333	7
	20	66044	8		20	531	7
	30	262	8		30	728	6
	40	480	7		40	924	5
	50	697	7		50	74119	5
42	0	913	6	48	0	314	4

Canon subtensarum in circulo rectarum linearum

Circumferentiae gr.	Circumferentiae scr.	Semisses dupl. circumferen.	Differentiae	Circumferentiae gr.	Circumferentiae scr.	Semisses dupl. circumferen.
	10	508	4		10	81072
	20	702	4		20	242
	30	896	4		30	411
	40	75088	2		40	580
	50	280	1		50	748
49	0	471	0	55	0	915
	10	661	190		10	82082
	20	851	189		20	248
	30	76040	9		30	413
	40	299	8		40	577
	50	417	7		50	471
50	0	604	7	56	0	904
	10	791	6		10	8306
	20	977	6		20	22
	30	77162	5		30	38
	40	347	4		40	54
	50	531	4		50	70
51	0	715	3	57	0	86
	10	897	2		10	8402
	20	78079	2		20	18
	30	261	1		30	33
	40	442	0		40	49
	50	622	180		50	65
52	0	801	179	58	0	80
	10	980	8		10	95
	20	79158	8		20	8511
	30	335	7		30	26
	40	512	6		40	41
	50	688	6		50	56
53	0	864	5	59	0	71
	10	80038	4		10	86
	20	212	4		20	8601
	30	386	3		30	13
	40	558	2		40	31
	50	730	2		50	45
54	0	902	1	60	0	60

Canon subtensarum in circulo rectarum linearum.

Circumferentiæ gr.	Circumferentiæ scr.	Semiss. subtend. dup. cir.	Differentiæ	Circumferentiæ gr.	Circumferentiæ scr.	Semisses subtend. dup. cir.	Differentiæ
	10	747	4	66	10	472	118
	20	892	4		20	590	7
	30	87030	3		30	706	6
	40	178	2		40	822	5
	50	320	2		50	930	4
61	0	462	1	67	0	92050	3
	10	603	140		10	164	3
	20	743	139		20	270	2
	30	882	9		30	388	1
	40	88020	8		40	499	110
	50	158	7		50	609	109
62	0	295	7	68	0	718	9
	10	431	6		10	827	8
	20	560	5		20	935	7
	30	701	4		30	93042	6
	40	835	4		40	148	5
	50	968	3		50	253	5
63	0	89101	2	69	0	358	4
	10	232	1		10	462	3
	20	363	1		20	565	2
	30	493	130		30	667	2
	40	622	129		40	769	1
	50	751	8		50	870	100
64	0	879	8	70	0	969	99
	10	90006	7		10	94068	8
	20	133	6		20	167	8
	30	258	6		30	264	7
	40	383	5		40	361	6
	50	507	4		50	457	5
65	0	631	3	71	0	452	4
	10	753	2		10	646	3
	20	875	1		20	739	3
	30	996	1		30	832	2
	40	91116	120		40	924	1
	50	235	119		50	95015	0
66	0	354	8	72	0	105	99

Canon fubtenfarum in circulo rectarun

Circūferentiæ gr.	Circūferentiæ ſc.	Semiſſis dupl. circūferen.	Differentiæ	Circūferentiæ gr.	Circūferentiæ ſc.
	10	95195	89		10
	20	284	8		20
	30	372	7		30
	40	499	6		40
	50	555	5		50
73	0	600	5	79	0
	10	715	4		10
	20	799	3		10
	30	882	2		30
	40	964	1		40
	50	96045	1		50
74	0	120	80	80	0
	10	206	79		10
	20	285	8		20
	30	363	7		30
	40	440	7		40
	50	517	6		50
75	0	592	5	81	0
	10	667	4		10
	20	742	3		20
	30	815	2		30
	40	887	2		40
	50	959	1		50
76	0	97030	70	82	0
	10	099	69		10
	20	169	8		20
	30	237	8		30
	40	304	7		40
	50	371	6		50
77	0	437	5	83	0
	10	502	4		10
	20	566	3		30
	30	630	3		30
	40	692	2		40
	50	754	1		50
78	0	815	68	84	0

	10	9[illegible]	9
	20	958	8
	30	966	7
	40	973	6
	50	979	6
89	0	985	5
	10	989	4
	20	993	3
	30	996	2
	40	998	1
	50	99999	0
90	0	100000	0

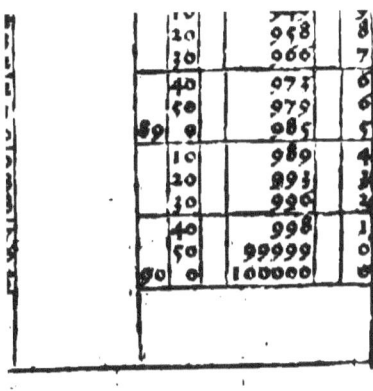

e iñ De la

De lateribus & angulis triangulorum planorum rectilineorum. Cap. XIII.

I.

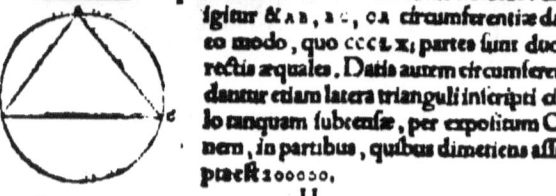

TRianguli datorum angulorum dantur latera. Sit inquam, triangulum A B C, cui per quintum problema quarti Euclidis circumſcribatur circulus. Erunt igitur & A B, B C, C A circumferentiæ datæ, eo modo, quo CCCLX partes ſunt duobus rectis æquales. Datis autem circumferentijs dantur etiam latera trianguli inſcripti circulo tanquam ſubtenſæ, per expoſitum Canonem, in partibus, quibus dimetiens aſſumpta eſt 200000.

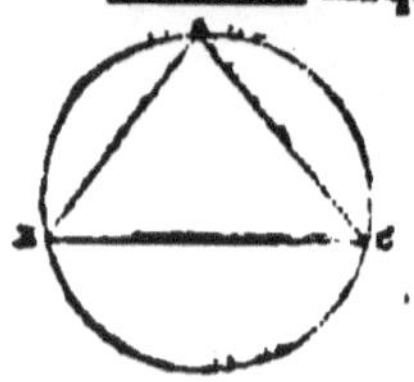

II.

SI uero cum aliquo angulorum duo trianguli latera fuerint data, & reliquum latus cũ reliquis angulis cognoſcetur. Aut enim latera data æqualia ſunt, aut inæqualia. Sed angulus datus aut rectus eſt, aut acutus, uel obtuſus. Ac rurſus latera data datũ angulum uel cõprehendunt, uel non comprehendunt. Sint ergo primum in triangulo A B C duo latera, A B & A C, data æqualia, quæ angulum A datum comprehendunt. Cæteri igitur, qui ad baſim B C cum ſint æquales, etiam dantur, uti dimidia reſidui ipſius A, e duobus rectis. Et ſi qui circa baſim angulus primitus fuerit datus, datur mox ipſi cõpar, atq; ex his duorum rectorum reliquus. Sed datorum angulorum trianguli dantur latera, datur & ipſa B C baſis, ex Canone in partibus quibus A B uel A C tanq; ex centro fuerit 100000. partium ſiue dimetiens 200000. partium.

III.

QVod ſi angulus, qui ſub B A C rectus fuerit datis comprehenſus lateribus, idem eueniet. Quoniam liquidiſsimũ eſt, quod quæ ex A B & A C fiunt quadrata, æqualia ſunt

ei

et, quod à basi B C, datur ergo lõgitudine B C, & ipsa latera inuicẽ ratione. Sed segmentum circuli quod orthogonum suscipit triangulum, semicirculus est, cuius B C basis dimetiens fuerit. Quibus igitur B C partibus fuerit 200000. dabũtur A B & A C, tanquã subtendentes reliquos angulos B C. Quos idcirco ratio Canonis patefaciet in partibus, quibus CCCLX. sunt duobus rectis æquales. Idem eueniet, si B C fuerit datum cum altero rectum angulum compræhendentium, quod iam liquide constare arbitror.

IIII.

SIt iam datus, qui sub A B C angulus acutus, datis etiam cõpræhensus lateribus A B & B C, & ex A signo descendat perpendicularis ad B C productam si oportuerit, prout intra uel extra triangulum cadat, quæ sit A D, per quam discernuntur duo orthogonij A B D & A D C, & quoniam in A B D dantur anguli, nam D rectus & B per hypothesim. Dantur ergo A D & B D tanquam subtendentes angulos A & B in partibus, quibus A B est 200000, dimetiens circuli per canonem. Et eadem ratione, qua A B dabatur longitudine, dantur A D & B D similiter, datur etiam C D, qua B C & B D se inuicem excedunt. Igitur & in triangulo rectangulo A D C datis lateribus A D & C D, datur latus quæsitum A C & angulus A C D per præcedentem demonstrationem.

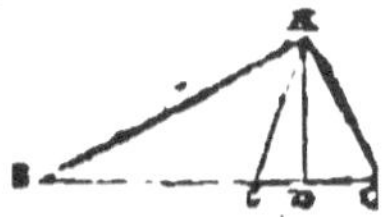

V.

NEc aliter eueniet, si B angulus fuerit obtusus, quoniam ex A signo in B C extensam rectam lineam perpendicularis acta A D, efficit triangulum A B D datorum angulorum. Nam A B D angulus exterior ipsi A B C datur, & D rectus, dantur ergo B D & A D in partibus, quibus A B fuerit 200000. Et quoniam B A & B C rationem habent inuicem datam, datur ergo & A B earundem partium, quibus B D ac tota C B D. Idcirco & in triangulo rectangulo A D C, cum data sint duo latera A D & C D, datur etiam A C quæsitũ, & angulus B A C cum reliquo A C B, qui quærebatur.

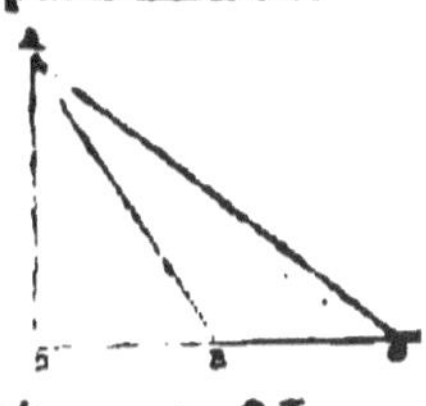

VI.

SIt iam alterutrum datorum laterum subtendens angulum B datum [illegible], quod sit A C cum A B, datur ergo per Canonem A C in partibus, quibus est dimetiens circuli circumscribentis triangulum A B C partium 200000. & pro ratione data ipsius A C, ad A B, datur in similibus partibus A B, atque per canonem, qui sub A C B angulus cum reliquo B A C angulo, per quem etiam C B subtensa datur, qua ratione data dantur quomodolibet magnitudine.

VII.

DAtis omnibus trianguli lateribus dantur anguli. De Isopleuro notius est, quam ut indicetur, quod singuli eius anguli trientem obtineant duorum rectorum. In Isoscelibus quoque perspicuum est. Nam aequalia latera ad tertium sunt, sicut dimidia diametri ad subtendentem circumferentiam, per quem datur angulus aequalibus comprehensus lateribus ex Canone, quibus circa centrum CCCLX. sunt quatuor rectis aequales, deinde caeteri anguli qui ad basim, etiam dantur e duobus rectis tanquam dimidia. Super est ergo nunc & in Scalenis triangulis id demonstrari, quos similiter in orthogonios partiemur. Sit ergo triangulum scalenum datorum laterum A B C, & ad latus, quod

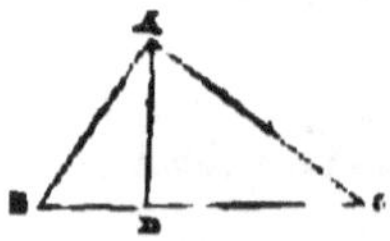

longissimum fuerit, utputa B C, descendat perpendicularis A D. Admonet autem nos XIII. secundi Euclidis, quod A B latus, quod acutum subtendit angulum, minus sit potestate caeteris duobus lateribus, in eo quod fit sub B C & C D bis. Nam acutum angulum C esse oportet, eueniet alioqui & A B longissimum esse latus contra hypothesim, quod ex XVII. primi Euclidis & duabus sequentibus licet animaduertere. Dantur ergo B D & D C, & erunt orthogonia A B D & A D C datorum laterum & angulorum, ut iam saepius est repertum, quibus etiam constant anguli trianguli A B C quaesiti. Aliter.

Idem commodius forsitan penultima tertij Euclidis nobis exhibebit, si per breuius latus, quod sit B C, facto C centro, interuallo autem B C, descripserimus circulum, qui ambo latera quae supersunt, uel alterum eorum secabit. Secet modo utrunque A B in E signo, & A C in D, porrecta etiam linea A D C in F signum ad complendum diametrum D C F. His ita praestructis manifestum est ex illo Euclideo praecepto: Quoniam quod sub F A D aequale est

ei.

ei, quod sub B A E, cum sit utrunq; aequale quadrato lineae, quae ex A circulum contingit. Sed tota A F data est, cum sint omnia ipsius segmenta data, nempe C F, C D, aequalis ipsi B C, quae sunt ex centro ad circumcurrentem, & A D quae C A ipsam C D excedit. Quapropter & quod sub B A E datum est, & ipsa A E longitudine cũ reliqua B E subtendẽte circumferentiam B E. Connexa E C, habebimus triangulum B C E isosceles datorũ laterum. Datur ergo angulus E B C, hinc & in triangulo A B C, reliqui anguli C & A per praecedẽtia cognoscẽtur. Nõ secet autẽ circulus ipsam A B, ut in altera figura, ubi A B in conuexam circumferentiam cadit, erit nihilominus B E data, & in triangulo B C E isoscele, angulus C B E datus, & exterior, qui sub A B C, ac eodem prorsus argumento demonstratiõis quo prius dãtur anguli reliqui. Et haec de triangulis rectilineis dicta sufficiant, in quibus magna pars Geodesiae consistit. Nunc ad Sphaerica conuertamur.

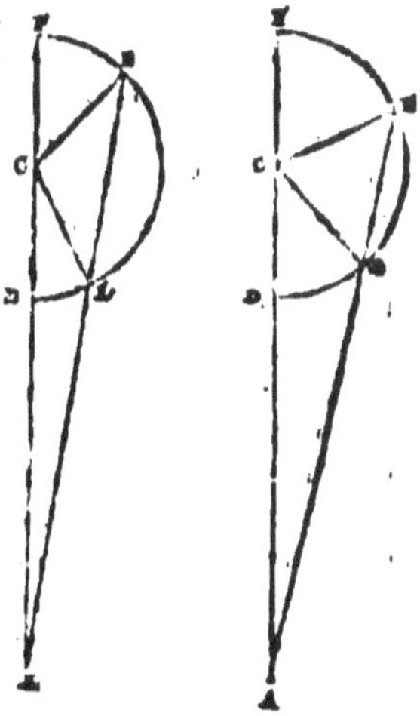

De triangulis Sphaericis. Cap. XIIII.

TRiangulum cõuexum hoc loco accipimus eum, qui tribus maximorum circulorũ circumferentijs in superficie Sphaerica continetur. Angulorũ uero differentiam & magnitudinẽ penes circumferentiã maximi circuli, qui in puncto sectionis tanquã polo describitur, quamq; circumferentiam circulorum quadrantes angulum comprehendentes intercipiunt. Nam qualis est circumferentia sic intercepta ad totã circumcurrentem, talis est angulus sectionis ad quatuor rectos, quos diximus CCCLX. partes aequales continere.

I.

SI fuerint tres circumferentiæ maximorum circul
rę, quarum duæ quælibet simul iunctæ, tertia
ores, ex his triangulum componi posse sphæricum
est. Nam quod hic de circumferentijs proponitur,
cimi libri Euclidis demonstrat de angulis, cum si
angulorum & circumferētiarum, & circuli maximi
centrum sphærę, patet quòd tres illi circulorum se
sunt circumferentiæ, apud centrum sphæræ angu
unt solidum. Manifestum est ergo quod proponi

II.

QVamlibet circumferentiam trianguli hemi
esse oportet. Hemicyclium enim nullum
centrum efficit, sed in lineam rectam procumbit.
anguli, quorum sunt circumferentiæ, solidum in
dere nequeunt. proinde nec triangulum sphæ
fuisse caussam arbitror, cur Ptolemæus in huius
gulorum explanatione, præsertim circa figuram
rici protestetur, ne assumptæ circumferentiæ se
res existant.

III.

IN triangulis sphæricis rectum habentibus a
dens dupli lateris, quod recto opponitur an
sam duplo alterius rectum angulum compræhe
cut dimetiens sphæræ, ad eam, quæ dupli angu
primo lateribus cōpræhēsi in maximo sphærę

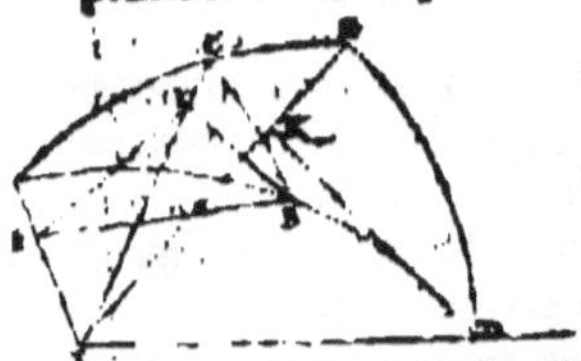

Esto namque tria
cum a b c, cuius c a
istat. Dico quod
ad subtensam dup
metiēs Sphæræ,
ximo circulo du
subtendit. Facto
tur circumferentia maximi circuli d a, & comp
tes circulorum a b d & a c e. Et ex centro Sph
munes circulorum sectiones f a ipsorum a b

tos ipsum secat, erit angulus qui sub A B D compr...

hus, & A C B per hypothesim, & utrunque planum B D F, & B C

m ad ipsum A B F. Quapropter si ex signo ipsi F K B com-

egmento ad rectos angulos in subiecto plano recta linea

etur, comprahēdet quoque cum K D angulum rectum, per

um ad inuicem planorum definitionem. Quapropter eti

I K D per IIII. undecimi Euclidis ad A B F recta est. Ac ea-

atione B I ad idem planum erigitur, & idcirco adinuicem

K & B I per VI. eiusdem. Verum etiam G B, ad F D, eo quòd

G F D anguli sunt recti, erit per X. undecimi Euclidis, an-

F D K ipsi G B I æqualis. Atqui sub F K D rectus est, & G I B

tionem erectæ lineæ. Similium igitur triangulorum pro-

nalia sunt latera, & ut D F ad B G, sic D K ad B I. At B I est di-

subtendentis duplum G B circumferentiam, quoniam ad

um rectum est, ad eam, quæ ex centro F, & eadem ratione

midia subtendentis duplum latus B A, & D K semissis subten

duplam D B, siue angulum dupli A, atque D F dimidia diame

aetæ. Patet igitur, quòd subtēsa dupli ipsius A B, ad subten

upli B C, est sicut dimetiens ad eam quæ duplum anguli A,

nterceptæ circumferentiæ D B subtendit, quod demonstras

rit oportunum.

IIII.

quocunque triangulo rectum angulum habente, alius insu-

angulus fuerit datus, cum quolibet latere, reliquus etiam

lus cū reliquis lateribus dabitur. Sit

triangulum A B C habens angulum A re

, & cum ipso etiam alterutrum utpota

um. De latere uero dato trifariam poni

diuisionē, aut enim fuerit, qui datis ad-

angulis, ut A B, aut recto tantum, ut A C,

ui opponitur recto, ut B C. Sit ergo pri-

A B latus datum, & facto in C polo describatur circumferen

f iii tia matia maximi circuli D E, & completis quadrantibus C A D & C B E, producantur A B & D E, donec se inuicem secent in F signo. Erit ergo uicissim in F polus ipsius C A D, eo quod circa A & D sunt anguli recti. Et quoniam si in sphaera maximi orbes ad rectos sese inuicem secuerint angulos, bifariam & per polos se inuicem secant.

Sunt ergo & A B F & D E F quadrantes circulorum, cumque data sit A B, datur & reliqua quadrantis B F, & angulus E B F ad uerticem ipsi A B C dato æqualis. Sed per præcedentem demonstrationem subtensa dupli E F ad subtendẽtem dupli B F, est sicut dimetiens sphæræ ad subtendẽtem duplum anguli E B F. Sed tres earum datæ sunt, dimetiens sphæræ, duplæ B F, atque anguli dupli E B F, siue semisses ipsorũ. Datur ergo per XVI sexti Euclidis etiam dimidia subtendentis duplam E F per canonem ipsa E F circumferentia, & reliqua quadrantis D E, siue angulus C quæsitus. Eodem modo ac uicissim sunt subtensæ duplicium D E ad A B, & E B C ad C B. Sed tres iam datæ sunt D E, A B, & E B C quadrantis circuli, datur ergo & quarta subtendens duplum C B, & ipsum latus C B quæsitum. Et quoniam subtensę duplicium sunt ipsorum C B ad D A, & B F ad E F: quoniam utrorumque sunt rationes sicuti dimetientis sphæræ ad subtensam duplo C B A angulo, & quæ uni eædem sunt rationes, sibi inuicem sunt eædem. Tribus iam igitur datis B F, E F, & C B, datur quarta C A, & ipsum C A tertium latus trianguli A B C. Sit iam A C latus assumptum in datis, propositumque sit inuenire A B & B C latera, cum reliquo angulo C, habebis rursum permutatim subtensa dupli C A ad subtensam dupli D B eandem rationem, quam subtendens duplum A B C angulum ad dimetientem, quibus D B latus datur, & reliqua A D & B E ex quadrantibus circulorum. Ita rursus habebimus ut subtensam dupli A D ad subtensam dupli B E, sic subtensam dupli A B F, & est dimetiens, ad subtensam dupli B F. Datur ergo B F circũferẽtia, quæ superest A B latus. Simili ratiocinatiõe ut in præcedẽtibus ex subtendentibus dupla B C, A B, & F B E, datur subtensa dupli D E, siue angulus C reliquus. Porro si B C fuerit in assumpto, dabitur rursus ut antea A C, & reliquæ A D & B E, quibus per subtẽsas

rectas

rectas lineas, & diametro, ut sæpe dictũ, datur B F circumferẽtia, & reliquum A B latus, ac subinde iuxta præcedẽs Theorema, per B C, A B, & C B B datas proditur B D circumferentia, angulus uidelicet C reliquus, quem quærebamus. Sicq; rursus in triangulo A B C duobus angulis A & B, datis, quorum A rectus existit cum aliquo trium laterum datus est angulus tertius cum reliquis duobus lateribus, quod erat demonstrandum.

V.

TRianguli datorum angulorum, quorum aliquis rectus fuerit, dantur latera. Manente adhuc præcedente figura, ubi propter angulum C datum, datur D E circumferentia, & reliqua E F ex quadrãte circuli. Et quoniam B E F est angulus rectus, eo quod B E descẽdit à polo ipsius D E F, & qui sub E B F angulus, est ad uerticem dato, Triangulum igitur B E F rectum angulum E habens, & insuper B datum cum latere E F, datorum est angulorum & laterum per Theorema præcedens, datur ergo B F, & reliqua ex quadrante A B, ac itidem in triangulo A B C reliqua latera A C & B C dari per præcedentia demonstratur.

VI.

SI in eadem sphæra bina triangula rectum angulum, ac insuper alium æqualem habuerint, alterum alteri, unumq; latus uni lateri æquale: siue quod æqualibus adiacet angulis: siue quod alterutro æqualium angulorum opponitur, reliqua quoque latera, reliquis lateribus, æqualia alterum alteri, ac angulum angulo, reliquum reliquo æqualem habebunt.

Sit hemisphærium A B C, in quo suscipiantur bina triangula A B D & C E F, quorum anguli A & C sint recti, & præterea angulus A D B æqualis ipsi C E F, unumq; latus uni lateri, & primum quod æqualibus ipsis adiacet angulis, hoc est, A D ipsi C E. Aio latus quoq; A B lateri C F, & B D ipsi E F, ac reliquum angulũ A B D reliquo C F E, esse æqualia. Sumptis enim in B & F polis, describantur maximorum circulorum quadrantes G H I & I K L, complecanturq; A D I & C E I, quos se inuicem secare necesse est in polo hemisphærij, qui sit in I signo, eo quod

anguli circa A & C sunt recti, atq; quod G H I & G K I per polos ipsius A B C circuli sunt descripti. Quoniam igitur A D & C E assumuntur latera æqualia, erunt igitur reliquæ D H & E K æquales circumferentiæ, & anguli I D H & I E K, sunt enim ad verticem positi assumptorum æqualium, & qui circa H & K sunt recti, & quæ uni sunt eædem rationes, inter se sunt eædem, erit par ratio subtensæ dupli I D, ad subtensam dupli H I, atq; subtensæ duplicis E I ad subtensam duplicis I K, cum sit utraq; per tertium præcedens, sicut dimetiens sphæræ ad subtendentem duplum angulum I D H, siue æqualem dupli, qui sub I E K. Et per XIIII. quinti Elementorum Euclidis, cum sit subtendens duplam D I circumferentiam, æqualis ei, quæ duplam I E subtendit, erunt quoq; duplicibus subtensæ I K & H I æquales, & quemadmodum in circulis æqualibus æquales rectæ lineæ circumferentias auferunt æquales, & partes eodem modo multiplicium in eadem sunt ratione, erunt ipsæ simplices I H & I K circumferentiæ æquales, ac reliquæ quadrantium G H & K L, quibus constant anguli B & F æquales. Quapropter eadē quoq; ratio est subtensæ duplicis A D ad subtensam duplicis B D, atq; subtensæ dupli C E ad subtensam dupli E F, quæ subtensæ duplicis H G ad subtensam duplicis B H. Vtraq; enim est, ut subtendentis duplam H G siue æqualem ipsi K L ad subtensam duplicis B G H, hoc est dimetientis per III. Theorema conuersim, & A D est æqualis ipsi C E. Ergo per XIIII. quinti elementorum Euclidis B D æqualis est ipsi E F per subtensas ipsis duplicibus rectas lineas. Eodem modo per B D & E F æquales, demonstrabimus reliqua latera & angulos æquales. Ac uicissim si A B & C F assumantur æqualia latera, eandem sequentur rationis identitatem.

VII.

IAm quoq; si nō fuerit angulus rectus, dummodo latus quod æqualibus adiacet angulis, alterum alteri æquale fuerit, itidē demonstrabitur. Quemadmodum si binorum triangulorū A B D & C E F, duo anguli B & D utcunq; fuerint æquales duobus angulis E & F, alter alteri, latus quoq; B D, quod adiacet æqualibus

bus angulis, lateri B F æquale. Dico rurſus æquilatera & æquiangula eſſe ipſa triangula. Suſceptis enim denuo polis in B & F, deſcribantur maximorum circulorum circumferentiæ G H & K L. Et productæ A D & G H ſe ſecent in N, atq; E C & L K ſimiliter productæ in M. Quoniam igitur bina triangula H D N & E K M, angulos H D N & K E M habẽt æquales, qui ſunt ad uerticem aſſumptis æqualibus & qui circa H & K ſunt recti per polos ſectione, latera etiam D H & E K æqualia. Æquiangula ſunt ergo ipſa triangula & æquilatera per præcedentem demonſtrationem. Ac rurſus quia G H & K L ſunt æquales circumferẽtiæ propter angulos B & F poſitos æquales. Tota ergo G H N toti M K L æqualis per axioma additionis æqualium. Sunt igitur & hic bina triangula A G N & M C L habentia unum latus G N æquale uni M L, angulum quoq; A N G æqualem C M L, atq; G & L rectos. Erunt ob id ipſa quoq; triangula æqualium laterum & angulorum. Cum igitur æqualia ab æqualibus ſublata fuerint, relinquentur æqualia A D ipſi C E, A B ipſi C F, atq; B A D angulus reliquo E C F angulo. Quod erat demonſtrandum.

VIII.

Adhuc autẽ ſi bina triangula, duo latera duobus lateribus æqualia habuerint, alterũ alteri, & angulum angulo æqualem, ſiue quem latera æqualia comprehendunt, ſiue qui ad baſim fuerit, baſim quoq; baſi, ac reliquos angulos reliquis habebunt æquales. Vt in præcedenti figura, ſit latus A B æquale lateri C F, & A D ipſi C E. Ac primum angulus A, æqualibus comprehenſus lateribus angulo C. Dico baſim quoq; B D, baſi E F, & angulum B ipſi F, & reliquum B D A reliquo C E F eſſe æqualia. Habebimus enim bina triangula A G N & C L M, quorum anguli G & L ſunt recti, atq; G A N æqualem ipſi M C L, qui reliqui ſunt æqualium, B A D & E C F. Æquiangula igitur ſunt inuicem & æquilatera ipſa triangula. Quapropter ex æqualibus A D & C E relinquuntur etiam D N & M E æqualia. Sed iam patuit angulum qui ſub D N H æqualem eſſe ei qui ſub E M K, & qui circa H, K ſunt recti, erũt quoq; bina triangula D H N & E M K æqualiũ inuicem angulorũ

&

& laterum, è quibus etiam B D relinquetur æquale ipsi B F, & G H ipsi K L, quibus sunt B & F anguli æquales, ac reliqui A D B & F E C

æquales. Quòd si pro lateribus A D & E C assumantur bases B D & E F æquales, æqualibus angulis obiectis, residentibus cæteris eodem modo demonstrabuntur, quoniam per angulos G A H & M C L æquales exteriores, & G C rectos, atq; A G ipsi C L, habebimus itidem bina triangula A G H & M C L, quæ prius, æqualium inuicem angulorum & laterum, Illa quoq; particularia D H B & M E K similiter propter B & K angulos rectos, & D H B, K M E æquales, atq; D B & E K latera æqualia, quæ reliqua sunt quadrantium, è quibus eadem sequuntur, quæ diximus.

IX.

ISosceliorum in Sphæra triangulorum, qui ad basim anguli, sunt sibi inuicem æquales. Esto triangulum A B C, cuius duo latera A B & A C sint æqualia. Ab A uertice descendat

maximus orbis, qui secet basim ad angulos rectos, hoc est per polos, sitq; A D. Cum igitur binorum triangulorum A B D & A D C latus B A est æquale lateri A C, & A D utriq; commune, & anguli, qui circa D recti, patet per præcedentem demonstrationē, quòd anguli qui sub A B C & A C B sunt æquales, quod erat demonstrandū. Porisma hinc sequitur, quòd quæ per uerticem trianguli Isoscelis circumferētia ad angulos rectos cadit in basim, basim simul & angulum æqualibus comprehensum lateribus, bifariam secabit, & è conuerso, quod constat per hanc præcedentem demonstrationem.

X.

BIna quælibet triangula in eadem Sphæra, æqualia latera habentia, alterum alteri, æquales etiam angulos habebunt alterum alteri sigillatim. Quoniam enim trina utrobiq; maximorum circulorum segmenta, pyramides constituunt fastigia habentes in centro sphæræ, bases autem triangula, quæ sub rectis lineis circumferentias triangulorum conuexorum subtendentibus plana continentur, suntq; illæ pyramides similes & æquales

æquales, per definitionem æqualium similium solidarum figurarum. Ratio autem similitudinis est, ut angulos quocunq; modo susceptos, habeant adinuicem æqualem alterum alterius, habebunt ergo angulos ipsa triangula æquales inuicem, & præsertim qui generalius definiūt similitudinē figurarū, eas esse uolūt, quæcunq; similes habent declinationes, ac in eisdem angulos sibi inuicem æquales. E quibus manifestum esse puto, in sphæra, triangula, quæ inuicē æquilatera sunt, similia esse, ut in planis.

XI.

OMne triangulum, cuius duo latera fuerint data cum aliquo angulo, datorum efficitur angulorū & laterum. Nam si latera data fuerint æqualia, erunt qui ad basim anguli æquales & deducta à uertice ad basim circumferētia ad angulos rectos, facile patebunt quæsita per Porisma nonæ. Sin autem fuerint data latera inæqualia, ut in triangulo A B C, cuius angulus A sit datus, cū binis lateribus, quæ uel cōprehendūt datū angulū, uel nō comprehendunt. Sint ergo primū cōprehendētes, ipsum A B & A C data latera, & facto in C polo describatur circūferētia maximi circuli D E F, & cōpleātur quadrātes C A D & C B E, atq; A B productū secet D E in F signo. Itaq; in triangulo A D F datū A D latus reliquū quadrātis ex A C. Angulus etiā B A D ex C A B ad duos rectos. Nā eadē est ratio angulorum atq; dimensio, qui rectarum linearum ac planorum sectione cōtingunt, & D angulus est rectus. Igitur per quartam huius erit ipsum triangulum A D F datorum angulorum & laterū. Ac rursus trianguli B E F inuētus est angulus F, & E rectus per polum sectione, latus quoq; E F, quo tota A B F excedit A B. Erit ergo per idem Theorema & B E F triangulum datorum angulorum et laterum. Vnde ex B E datur B C reliquum quadrātis & latus quæsitum, & ex E F reliquū totius D E F, quod D E, & est angulus C, atq; per angulum qui sub B E F, is qui ad uerticē A B C quæsitus. Quod si loco A B assumatur C B, quod dato opponitur angulo, idem eueniet. Dantur enim reliquæ quadrantū A D & B E, atq; eodē argumēto duo triangula A D F & B E F datorū angulorum & laterū, ut prius, è quibus triangulū A B C propositū datorū sit laterū & angulorū, quod intendebatur.

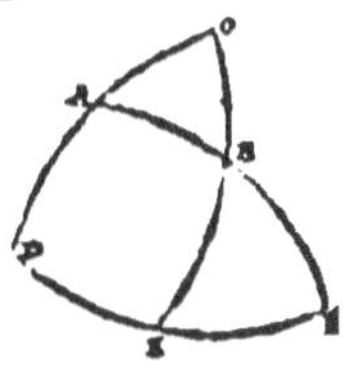

XII.

Adhuc autem si duo anguli utcunq; dati fuerint cum aliquo latere, eadem euenient. Manente enim praestructione figurae prioris, sint trianguli A B C, duo anguli A C B & B A C dati cum latere A C, quod utriq; adiacet angulo. Porrò si alter angulorum datorum rectus fuisset, poterat caetera omnia per quartam praecedens ratiocinando consequi. Hoc autem differre nolumus, quo minus sint recti. Erit igitur A D reliqua quadrantis ex C A D, & qui sub B A D angulus residuus ipsius B A C, è duobus rectis, atq; D rectus. Igitur trianguli A F D per quartam huius dantur anguli cum lateribus; Ac per C angulum datum, datur D E circumferentia, & reliqua E F atq; B E F rectus, & F angulus communis utriq; triangulo. Dantur itidem per quartam huius B E & B F, quibus caetera constabunt latera A B & B C quaesita. Caeterum si alter angulorum datorum lateri dato oppositus fuerit, utpote, si A B C angulus detur, loco eius qui sub A C B remanentibus caeteris, constabit eadem demonstratione totum A D F triangulũ datis angulis & lateribus, ac particulare B E F triangulum similiter, quoniam propter angulum F utriq; cõmunem, & E B F qui ad uerticem est dato, & E rectũ cuncta etiã latera eius dari in praecedẽtibus demonstratur, è quibus tandẽ sequuntur eadẽ quę diximus. Sunt enim haec omnia mutuo semper nexu colligata, atq; perpetuo, uti formam globi decet.

XIII.

Trianguli demũ datis omnibus lateribus dantur anguli. Sint trianguli A B C omnia latera data, aio omnes quoq; angulos inueniri. Aut enim triangulum ipsum latera habebit aequalia, uel minime. Sint ergo primum aequalia A B, A C. Manifestum est, quod etiam semisses subtendentium dupla ipsorũ aequales erunt. Sint ipsae B E, C E, quae se inuicem secabunt in E signo, propter aequalem earum distantiam à centro sphaerae in sectione circulorum cõmuni D E, quod patet per IIII. definitionẽ tertij Euclidis, & eius

& eius conuersionem. Sed per III. eiusdem libri propositionem D E B angulus rectus est in A B D plano, & D B C similiter in plano A C D. Igitur angulus B E C est angulus inclinationis ipsorum planorum per IIII. definitionem undecimi Euclidis, quem hoc modo inueniemus. Cum enim subtensa fuerit recta linea B C, habebimus triangulum rectilineum B E C datorũ laterum per datas illorum circumferẽtias, fiet etiam datorum angulorum, & angulum B E C habebimus quæsitum, hoc est B A C sphæricum, & reliquos per præcedentia. Quòd si Scalenon fuerit triangulum, ut in secunda figura, manifestum est, quòd rectarum sub ipsis duplis semisses linearum minime se tangẽt. Quoniam si A C circumferentia maior fuerit ipsi A B, sub ipsa A C duplicata semissis, quæ sit C F, cadet inferius. Sin minor, superior erit, prout accidit tales lineas propinquiores remotioresq; fieri à centro per XV. tertij Euclidis. Tunc autem ipsi B E parallelus agatur F G, quæ secet ipsam B D communem circulorum sectionum in G signo, & connectatur C G. Manifestũ est igitur, quòd E F G angulus est rectus, nempe æqualis ipsi A E B, atq; E F C dimidia subtensa existente C F dupli ipsius A C etiam rectus. Erit igitur C F G angulus sectionis ipsorum A B, A C

circulorum, quem idcirco etiam assequimur. Nam D F ad F G, est sicut D E ad E B, similes enim sunt D F G & D E B trianguli. Datur igitur F G in ijsdem partibus, quibus etiam F C data est. At in eadem ratione est etiam D G ad D B, dabitur etiam ipsa D G in partibus quibus est D C, 100000. Quinetiam qui sub G D C angulus, datus est per B C circumferentiam. Ergo per secundam planorum datur G C latus in eisdem partibus, quibus reliqua latera trianguli G F C plani, igitur per ultimam planorum habebimus G F C angulum, hoc est B A C sphæricum quæsitum, ac deinde reliquos p XI. sphæricorum percipiemus.

XIIII.

SI data circumferẽtia circuli secetur utcunq;, ut utrunq; segmẽtorum sit minus semicirculo, & ratio dimidiæ subtendentis unius segmenti, ad dimidium subtendentis duplum alterius da

angulo D A K, & angulus igitur A D K datur, compræ
midiā A B C circūferentiā. Sed & trianguli B D K, duob
datis, & angulo B K D recto, dabitur etiam B D K, hinc
A angulus compræhendens A B circumferentiam, qu
qua C B constabit, quarum expetebatur demonstra

XV.

TRianguli datis omnibus angulis, etiam nullo r
omnia latera. Esto triangulum A B C, cuius
li sint dati, nullus autem eorum rectus. Ai
latera eius dari. Ab aliquo enim angulorū
dat per polos ipsius B C circumferentia A D,
ipsum B C ad angulos rectos, ipsaq; A D cad
lum, nisi alter angulorū B uel C ad basim o
& alter acutus, quod si accideret, ab ipso o
cendus esset ad basim. Completis igitur
bus B A F, C A G, D A E, factisq; polis in B C, describantur

tiæ E F, B G. Erunt igitur & circa F G anguli recti. Triangulorum igitur rectum angulum habentium erit ratio dimidiæ, quæ sub duplo A B, ad dimidiam sub duplo B F, quæ dimidia diametri sphæræ ad dimidiam subtendentis duplum anguli B A F. Similiter in triangulo A B G angulum rectum habente G, semissis quæ sub duplo A B ad semissem, quæ sub duplo B G, eandem habebis rationem, quam dimidia diametri sphæræ ad dimidiam, quæ duplum anguli B A G subtendit. Per æquam igitur rationem dimidia sub duplo B F ad dimidiam sub duplo B G rationem habebit, quam semissis sub duplo anguli B A F ad semissem sub duplo anguli B A G. Et quoniam F B, B G circumferentiæ datæ sunt, sunt enim residua, quibus anguli A & B differunt à rectis. Habebimus ergo ex his rationem angulorum B A F & B A G, hoc est B A D ad C A D, qui illis ad uerticem sunt, datos. Totus autem B A C datus est. Per præcedens igitur Theorema etiam B A D & C A D anguli dabuntur. Deinde per quintum, latera A B, B C, A C, C D, totumque B C assequemur.

Hæc obiter de Triangulis, prout instituto nostro fuerint necessaria modo sufficiant, Quæ si latius tractari debuissent, singulari opus erat uolumine.

Finis primi libri.

NICOLAI COPER-
NICI REVOLVTIONVM
LIBER SECVNDVS.

CVM in præcedenti libro tres in summa te-
luris motus exposuerimus, quibus pollic-
iti sumus apparentia syderum omnia demonstrare, id deinceps per partes exami-
nando singula & inquirẽdo pro posse nostro faciemus. Incipiemus autem à noti-
ma omnium diurni nocturniq́ꝫ tempori-
reuolutione, quam à Græcis νυχθήμερον dix-
imus appellari, quamq́ꝫ globo terrestri maxime ac sine medio ap-
propriatam suscepimus. quoniã ab ipsa menses, anni & alia tempora multis nominibus exurgũt, tanquam ab unitate numerus.
De dierum igitur & noctium inæqualitate, de ortu & occasu Solis, partium zodiaci & signorum, & id genus ipsam reuolution-
consequentibus, pauca quædã dicemus: eo præsertim, quod mult-
de his abunde satis scripserint, quæ tamen nostris astipulantu-
& cõsentiunt. Nihilq́ꝫ refert, si quod illi per quietam terram, &
mundi uertiginem demonstrant, hoc nos ex opposito suscipie-
tes ad eandem concurramus metam: quoniã in his quæ ad inuicem sunt, ita contingit, ut uicissim sibi ipsis cõsentiãt. Nihil tam-
eorũ quę necessaria erunt prætermittemus. Nemo uero miretu-
si adhuc ortum & occasum Solis & stellarũ, atq́ꝫ his similia simpliciter nominauerimus, sed nouerit nos consueto sermone loq-
qui possit recipi ab omnibus, semper tamen in mẽte tenẽtes, qd

Qui terra uehimur, nobis Sol Lunaq́ꝫ transit,
Stellarumq́ꝫ uices redeunt, iterumq́ꝫ recedunt.

De circulis & eorum nominibus. Cap. I.

Circulum æquinoctialem diximus maximum parallelorum globi terreni circa polos reuolutionis suæ cotidianæ descriptorum. Zodiacum uero per mediũ
signorum

ſignorum circulum, ſub quo centrũ ipſius terrę annua reuolutione circuit. At quoniam zodiacus æquinoctiali obliquus exiſtit: pro modo inclinationis axis terræ ad illum, per cotidianam terræ reuolutionem binos orbes utrobiq; ſe cõtingentes deſcribit, tanquam extremos limites obliquitatis ſuę, quos uocant Tropicos. Sol enim in his tropas, hoc eſt conuerſiones facere uidetur, hyemalem uidelicet & æſtiuam. Vnde & eum qui Boreus eſt ſolſticialem tropicum, Brumalem alterum qui ad Auſtrum, appellare conſueuerunt, prout in ſummaria terreſtrium reuolutionũ enarratione ſuperius eſt expoſitum. Deinde ſequitur dictus Horizon, quem finientem uocant Latini: definit enim nobis apparentem mundi partem, ab ea quæ occultatur, ad quem oriri uidentur omnia quæ occidunt, centrum habentem in ſuperficie terrę, polum ad uerticem noſtrum. At quoniam terra ad cæli immenſitatem incomparabilis exiſtit, præſertim quod etiam totũ hoc, quod inter Solem & Lunam exiſtit, iuxta hypotheſim noſtram, ad magnitudinem cæli conferri nequit: uidetur horizon circulus cælum bifariam ſecare tanquam per mundi centrum, ut à principio demonſtrauimus. Quatenus autem obliquus fuerit ad æquinoctialem horizon, contingit & ipſe geminos hinc inde parallelos circulos, Boreum quidem ſemper apparentium Auſtrinum uero ſemper occultorum: ac illum Arcticum, hunc Antarcticum nominatos à Proclo & Græcis ferè, qui pro modo obliquitatis horizontis ſiue eleuationis poli æquinoctialis, maiores minoresue fiunt. Supereſt meridianus, qui per polos horizontis, etiam per æquinoctialis circuli polos incedit, & idcirco erectus ad utrumq; circulum, quem cum attigerit Sol meridiem mediamq; noctem oſtendit. At hi duo circuli centrum in ſuperficie terræ habentes, Finitorem dico & Meridianũ, ſequuntur omnino motum terræ, & utcunq; uiſus noſtros. Nam oculus ubiq; centrum ſphæræ omnium circumquaq; uiſibilium ſibi aſſumit. Proinde omnes etiam circuli in terra ſumpti, ſuas in cælo ſimilesq; circulorum imagines referunt, ut in Coſmographia & circa terræ dimenſiones apertius demonſtratur. Et hi quidem ſunt circuli propria nomina habentes, cum alij poſsint infinitis modis & nominibus deſignari.

De

De obliquitate signiferi, & distantia tropicorum, & quomodo capiantur. Cap. II.

Signifer ergo circulus, cum inter tropicum & æquino
ctialem obliquus incedat: necessariũ iam existimo,
ut ipsorum tropicorum distantiam, ac perinde angu
lum sectionis æquinoctialis & signiferi circulorum,
quantus ipse sit experiamur: Id enim sensu percipere necessariũ,
& artificio instrumentorum, quibus hoc potissimum habetur,
ut præparetur quadrum ligneum, uel magis ex alia solidiori ma
teria, lapide uel metallo: ne forte aeris alteratione inconstans li-
gnum fallere posset operantem. Sit autem una eius superficies
exactissime complanata, habeatq; latitudinem, quę sectionibus
admittendis sufficiat, ut si esset cubitorũ triũ uel quatuor. Nam
in uno angulorum sumpto centro, quadrans circuli pro illius ca
pacitate designatur & distinguitur in partes xc. æquales, quæ
itidem subdiuiduntur in scrupula lx. uel quot possint accipere.
Deinde ad centrũ gnomon affigitur Kylindroides optime tor-
natus, & erectus ad illam superficiem parumper emineat, quantum forsan digiti latitudine, uel minus. Hoc instrumẽto sic præ
parato lineam meridianam explicare conuenit in pauimento
strato ad planiciem horizontis, & quàm diligenter exæquato
per Hydroscopium uel Chorobaten, ne in aliquam partem de-
pendeat. In hoc enim descripto circulo è centro eius gnomon eri
gitur, & obseruantes quãdoq; ante meridiem ubi umbræ extre-
mitas circũcurrentẽ circuli tetigerit, signabimus. Similiter post
meridiem faciemus, & circumferentiam circuli inter duo signa
iam notata iacẽtem bifariam secabimus. Hoc nempe modo à cen
tro per sectionis punctum educta recta linea meridiem nobis &
Septentrionem infallibiliter indicabit. Ad hanc ergo tanquã ba
sim erigitur planicies instrumenti & ad perpendiculum figitur,
conuerso ad meridiem centro, à quo descendens linea examinatim rectis angulis lineæ meridianæ congruat. Euenit enim hoc
modo, ut superficies instrumenti meridianum habeat circulum.
Hinc Solstitij & Brumæ diebus meridianæ Solis umbræ sunt
obseruandæ

obseruandæ per indicem illum siue Kylindrium è centro cadentes, adhibita re quapiã circa subiectam quadrantis circumferentiam: ut locus umbræ certius teneatur, & adnotabimus quàm accuratissime medium umbræ in partibus & scrupulis. Nam si hoc fecerimus, circumferentia quæ inter duas umbras signata, Solsticialem & Brumalem inuenta fuerit, tropicorum distantiam, ac totam signiferi obliquitatem nobis ostendet, cuius accepto dimidio, habebimus, quantum ipsi tropici ab æquinoctiali distant, & quantus sit angulus inclinationis æquinoctialis ad eum, qui per medium signorum est circulum, fiet manifestum. Ptolemæus igitur interuallum hoc, quod inter iam dictos limites est Boreum & Austrinum deprehendit partium 47. scrup. primorum 42. secundorum 40. quarum est circulus 360. prout etiam ante se ab Hypparcho & Eratosthene reperit obseruatum: suntq; partes 11. quarum totus circulus fuerit 83. & exinde dimidia differentia, quæ partium est 23. scrup. primorum 51. secundorum 20. conuincebat tropicorum ab æquinoctiali circulo distantiam, quibus circulus est partium 360. & angulum sectionis cum signifero. Existimauit igitur Ptolemæus inuariabiliter sic se habere, & permansurum semper. Verum ab eo tempore inueniuntur hæc continue decreuisse ad nos usq;. Reperta est enim iam à nobis & alijs quibusdam coætaneis nostris distantia tropicorum partium esse non amplius 46. & scrup. primorum 58. ferè, & angulus sectionis partium 23. scrup. 28. & duarum quintarum unius, ut satis iam pateat mobilem esse etiam signiferi obliquationem, de qua plura inferius, ubi etiam ostendemus coniectura satis probabili, nunquam maiorem fuisse partibus 23. scrup. 52. nec unquam minorem futuram part. 23. scrup. 28.

De circumferentijs & angulis secantium sese circulorũ, æquinoctialis, signiferi, & meridiani, è quibus est declinatio & ascensio recta, deq; eorum supputatione. Cap. III.

QVod igitur de Finitore dicebamus ab ipso oriri & occidere mundi partes, hoc apud circulum meridia-

num cælum mediare dicitur, qui utrun
spacio signiferum cum æquinoctiali trai
do eorum à sectione uerna uel autumna
mitturq; uicissim ab illis intercepta circũl
nes maximi, constituunt triangulũ sphę
quippe angulus est, quo meridianus æq
definitum est, secat. Vocant autẽ circum
cuiuslibet per polos circuli sic interceptã
gmenti. Eam uero quæ ex circulo æquin
rem rectã, simul exeũtem cũ compari sib
Quæ omnia in triangulo cõuexo facile c
A B C D circulus transiẽs per polos æquin
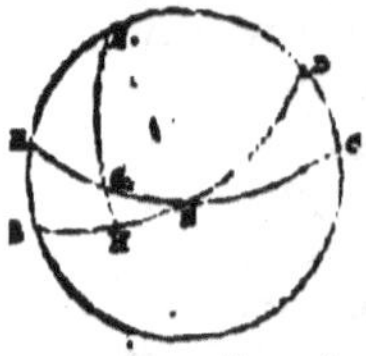
quẽ plerique Colurũ solst
signiferi A B C, medietas
Verna in B signo, Solsti
sumatur autẽ F polus coi
ex signifero B G circumf
tia, XXX. cui super ind
F G H. Tunc manifestum
B G H, datur latus B G partiũ XXX. cum a
minimus partiũ XXIII. scrup. XXVIII.
nationem A D, quibus CCCLX sunt quat
H rectus est. Igitur per quartũ sphæricor
datorum erit angulorũ & laterũ. Nemp
subtensa duplicis B G ad subtensam dup
dentis duplã A G E, siue dimetiẽtis sphær
A D, & semisses earum similiter, quonia
ex centro partiũ 100000, & quæ sub A B
at B G partiũ 50000, & quoniã si quatuo
les fuerint, quod sub medijs cõtinetur, æ
tremis, habebimus semissem subtẽdent
am partiũ 19911. & per ipsam in canone ea
XXIX. declinationẽ segmento B G respo
in triangulo A F G dantũ latera F G partiũ
& A G earundẽ LX. tanq; reliqua quadra
rectus, eodem modo subtendentes dupl

siue eorum semisses proportionales. Cum aũt ex his tres sunt datæ, dabitur etiam quarta A E partium 62. scrup. 6. ascensio recta à puncto solstitij, siue E B partium 27. scrup. 54. à uerno æquinoctio. Similiter ex datis lateribus F G partium 78. scrup. 31. & A E earundem partium 66. scrup. 32. & quadrante circuli, habebimus angulum A G F partium 69. scrup. 23. s. proxime, cui ad uerticem positus E G B est æqualis. Hoc exemplo & in cæteris faciemus. Illud autem non oportet ignorare, quòd meridianus circulus signiferum in signis quibus tropicos contingit ad rectos secat angulos. Nam per polos ipsum tunc secat, ut diximus. Ad puncta uero æquinoctialia eo minorẽ recto faciat angulum, quo signifer à recto declinat, ut iuxta minimam quidem inclinationem partium sit 66. scrup. 32. Est etiam animaduertendũ, quòd ad æquales signiferi circumferentias, quæ ab æquinoctialibus tropicisue punctis sumuntur, anguli & latera triangulorũ sequuntur æqualia, quemadmodũ si descripserimus

æquinoctialis circumferentiã A B C, & signiferum D B E, sese in B signo secãtes, in quo sit æquinoctiũ, assumpserimusq; æquales circumferentias F B & B G, atq; per polos motus diurni binos quadrantes circulorum K F L & H G M, erunt bina triangula F L B & B M G, quorũ latera B F & B G sunt æqualia, & anguli q ad B uerticem, & qui circa L & M recti. Igitur per VI. sphæricorum æqualium laterum & angulorũ. Ita F L & M G declinationes æquales & ascensiones rectæ L B & B M, & reliquus angulus F reliquo G. Eodem modo patebit in assumptis à puncto tropico æqualibus circumferẽtijs. Veluti cum A B & B C hinc inde æquales fuerint à tropico contactu B: deductis enim ex D æquinoctia-

lis circuli polo quadrantibus D A, D B, erunt similiter bina triangula A B D & D B C, quorum bases A B, & B C, & latus B D, utriq; commune sunt æqualia, & anguli qui circa B recti, per VIII. sphæricorũ demonstrabuntur triangula ipsa æqualiũ esse laterũ & angulorũ: quo manifestũ fit, quòd unius in signifero quadrantis anguli, tales & circumferẽtiæ expositæ reliquis totius circuli quadrantibus consentiunt. Quoniam exemplum Canonica descriptione subijciemus. In primo quidē ordine ponētur partes signiferi, Sequēti loco declinationes partibus illis respondentes, Tertio loco scrupula quibus differunt & excedūt has, quæ fiunt sub maxima signiferi obliquitate particulares declinatiōes, quarum summa est scrupulorūm 24. Simili modo in ascensionum & angulorū tabella faciemus. Necesse est enim ad mutationem obliquitatis signiferi omnia mutari quæ ipsam sequuntur. Porrò in ascensione recta, perquàm modica reperitur ipsa differentia, utpote quæ decimā unius temporis partem non excedat, quæq in horario spacio centesimam solūmodo & quinquagesimam efficit. Tempora siquidem uocant prisci, circuli æquinoctialis partes, quæ signiferi partibus cooriuntur, quarū utrarumq circulus est, ut sæpe diximus CCCLX. sed pro earundem discretiōe, signiferi partes gradus, æquinoctialis uero tempora pleriq nominauerunt, quod & nos de cætero imitabimur. Cum igitur tantula sit hæc differentia, quæ merito possit contemni, non piguit & hanc apponere. E quibus tum etiam in quauis alia signiferi obliquatione eadem patebūt, si pro ratione excessus à minima ad maximam obliquitatem signiferi similes partes singulis concernātur. Vt exempli gratia in obliquitate partium 23. scrup. 34. si uelim cognoscere quanta 30. gradibus signiferi ab æquinoctio sumptis declinatio debeatur, Inuenio quidē in Canone partes 11. scrup. 29. ac in differentia scrup. 11. quæ in solidum adderentur in maxima signiferi obliquitate, quæ erat ut diximus partium 23. scrup. 52. At iam ponitur esse partiū 23. scrup. 34. maior inquam 6. scrupulis quàm sit minima, quæ sunt quarta pars ex 24. scrup. quibus maxima excedit obliquitas. Eiusdem autem rationis partes è scrup. 11. sunt ferè 3. quæ cum adiecero partibus 11. scrup. 19. habebo part. 11. scrup. 32. quibus tunc declinabunt gradus 30 signiferi, ab æquinoctio sumpti. Eodem modo & in angulis & ascensionibus rectis licebit facere, nisi quòd his auferre semper oportet, illis semper addere, ut omnia pro tempore prodeant examinatiora.

Canon

...m signiferi.

30 dia	Declinatio.			D... fer
gr.	gr.	scr.		scr
61	20	23		2[illegible]
62	20	25		2[illegible]
63	20	47		21
64	20	58		21
65	21	9		21
66	21	29		22
67	21	30		22
68	21	40		22
69	21	49		22
70	21	58		22
71	22	7		23
72	22	15		23
73	22	23		23
74	22	30		23
75	22	37		23
76	22	44		23
77	22	50		23
78	22	55		23
79	23	1		24
80	23	5		24
81	23	10		24
82	23	13		24
83	23	17		24
84	23	20		24
85	23	22		24
86	23	24		24
87	23	26		24
88	23	27		24
89	23	28		24
90	23	28		24

Canon ascensionum rectarum.

30 dia. gr.	Tempora gr.	Tempora scr.	Differ. scr.	30 dia. gr.	Tempora gr.	Tempora scr.	Differ. scr.	30 dia. gr.
1	0	55	55	31	28	54	4	61
2	1	50	50	32	29	51	4	62
3	2	45	45	33	30	50	4	63
4	3	40	40	34	31	46	4	64
5	4	35	35	35	32	45	4	65
6	5	30	3	36	33	43	5	66
7	6	25	1	37	34	41	5	67
8	7	20	1	38	35	40	5	68
9	8	15	1	39	36	38	5	69
10	9	11	1	40	37	37	5	70
11	10	6	1	41	38	36	5	71
12	11	0	2	42	39	35	5	72
13	11	57	2	43	40	34	5	73
14	12	52	2	44	41	33	6	74
15	13	48	3	45	42	32	6	75
16	14	43	2	46	43	31	6	76
17	15	39	2	47	44	32	5	77
18	16	34	3	48	45	32	5	78
19	17	31	3	49	46	32	5	79
20	18	27	3	50	47	33	5	80
21	19	23	3	51	48	34	5	81
22	20	19	3	52	49	35	5	82
23	21	15	3	53	50	36	5	83
24	22	10	4	54	51	37	5	84
25	23	9	4	55	52	38	4	85
26	24	6	4	56	53	41	4	86
27	25	3	4	57	54	43	4	87
28	26	0	4	58	55	45	4	88
29	26	57	4	59	56	46	4	89
30	27	54	4	60	57	48	4	90

Canon angulorum meridianorum.

Zodia. pt.	Angulus pt.	Angulus scr.	Differ. scr.
1	66	32	24
2	66	33	24
3	66	34	24
4	66	35	24
5	66	36	24
6	66	39	24
7	66	42	24
8	66	44	24
9	66	47	24
10	66	51	24
11	66	55	24
12	66	59	24
13	67	4	23
14	67	10	23
15	67	15	23
16	67	21	23
17	67	27	23
18	67	34	23
19	67	41	23
20	67	49	23
21	67	56	23
22	68	4	22
23	68	3	22
24	68	22	22
25	68	32	22
26	68	41	22
27	68	51	22
28	69	2	21
29	69	13	21
30	69	24	21
31	69	35	21
32	69	48	21
33	70	0	20
34	70	13	20
35	70	26	20
36	70	39	20
37	70	53	20
38	71	7	19
39	71	22	19
40	71	30	19
41	71	52	19
42	72	8	18
43	72	24	18
44	72	39	18
45	72	55	17
46	73	11	17
47	73	28	17
48	73	47	17
49	74	6	16
50	74	24	16
51	74	42	16
52	75	1	15
53	75	21	15
54	75	40	15
55	76	1	14
56	76	21	14
57	76	41	14
58	77	3	13
59	77	24	13
60	77	45	13
61	78	7	12
62	78	29	12
63	78	51	11
64	79	14	11
65	79	36	11
66	79	59	10
67	80	22	10
68	80	45	10
69	81	9	9
70	81	33	9
71	81	58	8
72	82	22	8
73	82	46	7
74	83	11	7
75	83	35	6
76	84	0	6
77	84	25	6
78	84	30	5
79	85	15	5
80	85	40	4
81	86	5	4
82	86	30	3
83	86	55	3
84	87	19	3
85	87	53	2
86	88	19	2
87	88	41	1
88	89	6	1
89	89	33	0
90	90	0	0

Quomodo etiam cuiuslibet syderis extra circulum, qui per medium signorum est positi, cuius tamē latitudo cum longitudine cōstiterit, declinatio & ascensio recta pateat, & cum quo gradu signiferi cœlum mediat. Cap. IIII.

HÆc de signifero æquinoctiali & meridiano circulo, ac eorum mutuis sectionibus exposita sunt. Verum ad cotidianam reuolutionem non solum interest scire, quæ per ipsum signiferum apparent, quibus Solis tantummodo apparentiæ, aperiuntur causæ, sed etiam ut eorum quæ extra ipsum sunt, stellarum fixarum errantiumq;, quarum tamen longitudo & latitudo datæ fuerint, declinatio ab æquinoctiali circulo, & ascensio recta similiter demonstrentur. Describatur ergo circulus, per polos æquinoctialis & signiferi A B C D, hemicyclus æquinoctialis sit A E C, super polū F, & signiferi B E D, super polū G, sectio æquinoctialis in E signo. A polo autē G per stellam deducatur circumferentia G H K L, sitq; stellæ locus

datus in H signo, per quam à polo diurni motus descendat circuli quadrās F H M N. Tunc manifestum est quòd stella quæ in H existit meridianum incidit cum duobus M & N signis, & ipsa H M N circumferentia est declinatio stellæ ab æquinoctiali circulo, & E N ascensio in sphæra recta, quæ quærimus. Quoniam igitur in triangulo K E L, latus K E datur, & angulus K E L, et E L K rectus, dantur ergo per quartum sphæricorum latera K L & E L, cum reliquo angulo qui sub K L E, tota ergo H K L datur circumferentia. Et propterea in triangulo H L N duo anguli dati sunt H L N, & L N H rectus, cum latere H L: dantur ergo per idem quartū sphæricorū reliqua latera H N declinatio stellę, & L N, quoq; superest N E ascēsio recta, quā ab æquinoctio sphæra ad stellam permutatur. Vel alio modo. Si ex præcedentibus K E circumferentiā signiferi assumas tanquam ascensionem rectam ipsius L E, dabitur ipsa L E, uiceuersa ex Canone ascensionum rectarum, & L K ut declinatio cōgruens ipsi L E,

atq;

atq; angulus qui ſub E L B per canonem angulorum meridianorum, è quibus reliqua, ut iam demonſtrata ſunt, cognoſcentur. Deinde propter B N aſcenſionem rectam, dantur partes ſigniferi B M, quibus ſtella cum M ſigno cælum mediat.

De finitoris ſectionibus. Cap. V.

HOrizon autem circulus, alius eſt rectæ ſphæræ, alius obliquæ. Nam rectæ ſphæræ horizon dicitur, ad quem æquinoctialis erigitur, ſiue per polos eſt æquinoctialis circuli. Obliquę uero ſphæræ uocamus eũ, ad quem circulus æquinoctialis inclinatur. Igitur in horizonte recto omnia oriuntur & occidunt, fiuntq; dies noctibus ſemper æquales. Omnes eñ parallelos motu diurno deſcriptos per mediũ ſecat horizon, nempe per polos, & accidũt ibi quæ iam circa meridianũ explicauimus. Diem uero hic accipimus ab ortu Solis ad occaſum, non utcunq; à luce ad tenebras, uti uulgus intelligit, quod eſt à diluculo ad primã facem, de quo tamẽ circa ortũ & occaſum ſignorũ plura dicemus. E cõtrario, ubi axis terræ erigitur horizonti, nihil oritur & occidit, ſed in gyrum omnia uerſata ſemper in aperto ſunt, uel in occulto, niſi quòd aliũs motus produxerit, qualis eſt annuus circa Solẽ: quo ſequitur per ſemeſtre ſpacium diem ibi durare pepetuũ, reliquo tempore noctẽ: nec alio quàm hyemis & æſtatis diſcrimine, quoniam æquinoctialis circulus ibi conuenit in horizonte. Porrò in ſphæra obliqua, quædam oriuntur & occidunt, quædam in aperto ſunt ſemper, aut in occulto, fiunt interim dies & noctes inæquales. Vbi horizon obliquus exiſtens contingit duos circulos parallelos, iuxta modũ inclinationis, quorum is qui ad apparentem polum eſt, definit ſemper patẽtia, & ex aduerſo qui ad latentem eſt polum, latentia. Inter hos ergo limites per totã latitudinẽ incedens horizon, omnes in medio parallelos in circũferentias ſecat inæquales, excepto æquinoctiali, q̃ maximus eſt parallelorũ: & maximi circuli bifariã ſe inuicẽ ſecant. Ipſe igitur finiens obliquus dirimit in hemiſphærio ſuperiori uerſus apparentẽ polũ maiores parallelorũ circũferentias, eis quæ ad Auſtrinũ latentemq;

ITa quoq; ad quamlibet obliquitatē sphæræ, siue inclinationē horizontis maximū minimūq; diem cum latitudine ortus, ac reliquā dierum differentiā simul demonstrabimus. Est autē latitudo ortus circūferentia circuli horizontis ab ortu Solstitiali ad Brumalē intercepta, siue utriusq; ab ex ortu æquinoctiali distantia. Sit igitur meridianus orbis A B C D, & in hemisphærio orientali semicirculus horizōtis B E D, æquinoctialis circuli A E C, cuius polus Boreus sit F. Assumpto Solis exortu sub æstiua conuersione in G signo, describatur F G H circūferentia maximi circuli. Quoniā igitur mobilitas sphæræ terrestris in F polo circuli æquinoctialis peragitur, necesse est G H signa in meridiano A B C D congruere, quoniā paralleli circa eosdē sunt polos, per quos maximi quiq; circuli similes auferūt ex illis circūferentias. Quapropter idem tempus quod est ab ortu ipsius G ad meridiē metitur, etiam A E H circūferentiā, & reliquam semicirculi subterraneā partē C H, à media nocte ad ortū. Est autē semicirculus A E C, & quadrantes sunt circulorū A E & E C, cum sint à polo ipsius A B C D. erit propterea E H dimidia differētia maximi diei ad æquinoctialē, & E G inter æquinoctialē & solstitialem exortū latitudo. Cū igitur in triangulo E G H cōstiterit angulus qui sub G E H obliquitatis sphæræ iuxta A B circumferentiā, & qui sub G H E rectus, cū latere G H distantiam tropici æstiui ab æquinoctiali, reliqua etiā latera per quartū sphæricorū, E H dimidia differētia diei æquinoctialis & maximi, & G E latitudo ortus danē. Idcirco etiā si cū latere G H latus E H maximi diei & æquinoctialis differētia, uel E G datum fuerit: datur qui circa E angulus inclinationis sphæræ, ac perinde F D eleuatio poli supra horizonta. Quin etiā si non tropicū sed aliud quodcūq; in signifero G punctū sumatur, utraq; nihilominus E G & E H circūferentia patebit. Quoniā per canonē declinationū supra expositum, nota fit G H circumferentia declinationis, quæ partē ipsam signiferi cōcernit, simulq; cætera eodē modo demōstrationis aperta. Vnde etiā sequitur, quod partes signiferi, quæ æqualiter à tropico distāt easdē auferunt horizontis circūferentias

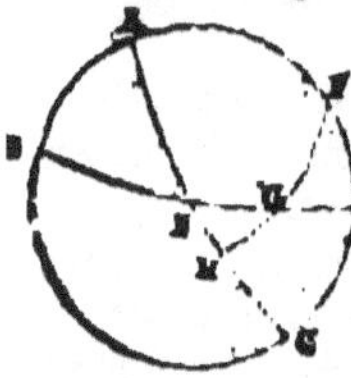

rias ab æquinoctiali circulo, & ad easdē partes, faciuntq́ dierum & noctiū magnitudines inuicē æquales, quod est, quoniā idem parallelus utrūq; habet signiferi gradū, cum sit æqualis ad eandemq; partē ipsorū declinatio. Ad utramq; uero partē ab æquinoctiali sectione æqualibus sumptis circūferentijs accidunt rursus latitudines ortus æquales, sed in diuersas partes, ac permutatim dierū ac noctium magnitudines, eo quòd æquales utrobiq; describūt circūferētias parallelorū, prout ipsa signa æqualiter ab æquinoctio distantia, declinationes ab orbe æquinoctiali habēt æquales. Describantur enim in eadē figura parallelorū circumferentiæ, & sint G M, & K N, quæ secēt finientē B E D in G K signis, accōmodato etiam ab Austrino polo L quadrāte maximi circuli L K O. Quoniā igitur H G declinatio æqualis est ipsi K O, erunt bina triangula D F G & B L K, quorū duo latera alterū alteri, F G æquale est ipsi L K, & F D eleuatio poli ipsi L B, & anguli qui circa B D sunt recti. Tertium igitur latus D G tertio B K æquale, è quibus etiā relinquūtur G E, E K latitudines ortus æquales. Quapropter cū hic quoq; duo latera E G, G H sint æqualia duobus E K, K O, & anguli qui sunt ad E uerticē æquales: reliqua E H, E O, ob id latera æqualia, quibus additis æqualibus colligitur tota O E C circūferentia toti A E H æqualis. Atqui maximi per polos circuli parallelorū orbiū similes auferunt circūferētias: erūt & ipsæ G M, K N similes inuicē & æquales. Quod erat demōstrandū. At hæc omnia possunt alio quoq; modo demōstrari. Descripto itidē meridiano circulo A B C D, cuius centrū sit E, dimetiens æquinoctialis & cōmunis ipsorum orbiū sectio sit A E C, dimetiēs horizontis ac linea meridiana B E D, axis sphæræ L E M, polus apparens L, occultus M. Assumpta distantia cōuersionis æstiuæ, uel quælibet alia declinatio sit A F, ad quā agatur F G dimetiens paralleli, in sectione quoq; cōmuni cum meridiano, quæ secabit axem in K, lineā meridianā in N. Quoni

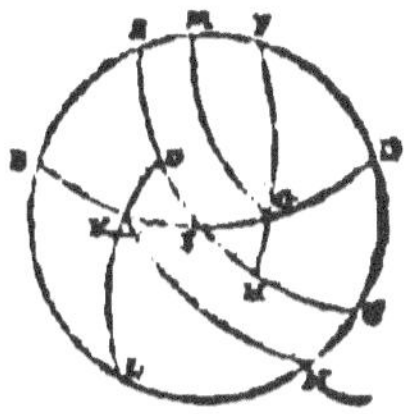

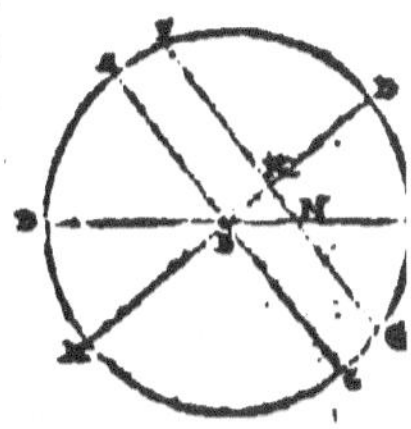

Cum igitur parallela sint, secundū Posydonij definitionem, quæ nec annuunt nec abnuūt, sed lineas perpendiculares inter se sortiuntur ubiq; æquales, erit ipsa K E recta linea æqualis dimidiæ subtendentis duplā A F circumferentiam. Similiter K N erit dimidia subtendētis circumferentiā paralleli, cuius quæ ex centro est F K, per quā quidem differentiā dies æquinoctialis differt à diverso. Idq; propterea, quòd omnes semicirculi, quorū illæ cōmunes sectiones existunt, hoc est quorū sunt dimetientes, utputa B E D horizontis obliqui, L E M horizontis recti, A E C æquinoctialis, & F K G paralleli, recti sunt ad planū orbis A B C D. Et quas inter se faciūt sectiones per XIX. undecimi libri ele. Euclidis, sunt eidem plano perpendiculares in E K N signis, & per sextā eiusdem paralleli, & K est centrū paralleli, E centrū sphæræ. Quapropter et E N semissis est subtendentis duplā circumferentiā horizontis, qua oriens paralleli differt ab ortu æquinoctiali. Cum igitur A F declinatio fuerit data cū reliqua quadrātis F L, cōstabit semisses subtendentiū dupla K E ipsius A F, & F K ipsius F L, in partibus quibus A E est 100000. In triangulo vero E K N rectangulo, qui sub K E N angulus datur penes D L elevationē poli, & reliquus K N E æqualis ipsi A E B, q̄d in obliqua sphæra paralleli pariter inclinantur ad horizontē, dantur in eisdē partibus latera, quarū q̄ ex cētro sphæræ est 100000. Quibus igitur quæ ex centro F K paralleli fuerint 100000. dabit etiā ipsa K N tanq; dimidia subtendentis totā differentiā diei æquinoctialis & paralleli in partibus, quibus similiter orbis parallelus est CCCLX. Ex his manifestū est, rationē F K ad K N constare duabus ratiōibus, videlicet subtensæ dupli F L ad subtensam dupli A F, id est F K ad K E, atq; subtensæ dupli A B ad subtensam dupli D L, estq; sicut E K ad K N, nempe inter F K & K N assumitur E K. Similiter quoq; B E ad E N rationem, compositū B E ad E K, atq; K E ad E N. Sic equidem existimo non solū dierum & noctiū inæqualitatem, verumetiā Lunæ & stellarū, quarumcunq; declinatio data fuerit parallelorū, per eos motu diurno descriptorū segmenta discerni, quæ supra terrā sunt, ab ijs quæ subtus, quibus ortus & occasus illorū facile poterit intelligi.

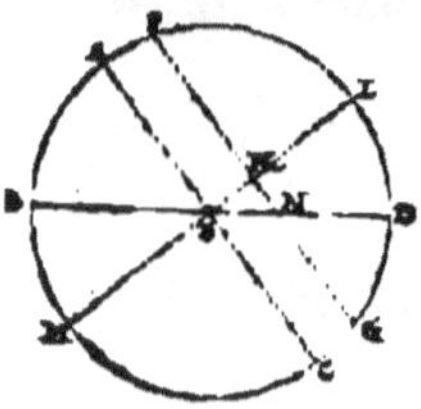

Canon differentiæ ascensionum obliquæ sphæræ.

Declinatio	Elevatio poli 31 gr.	scr.	32 gr.	scr.	33 gr.	scr.	34 gr.	scr.	35 gr.	scr.	36 gr.	scr.
1	0	36	0	37	0	39	0	40	0	42	0	44
2	1	12	1	15	1	18	1	21	1	24	1	27
3	1	48	1	53	1	57	2	2	2	6	2	11
4	2	24	2	30	2	36	2	42	2	48	2	55
5	3	1	3	8	3	15	3	23	3	31	3	39
6	3	37	3	46	3	55	4	4	4	13	4	23
7	4	14	4	24	4	34	4	45	4	56	5	7
8	4	51	5	3	5	14	5	26	5	39	5	52
9	5	28	5	41	5	54	6	8	6	22	6	36
10	6	5	6	20	6	35	6	50	7	6	7	22
11	6	42	6	59	7	15	7	32	7	49	8	7
12	7	20	7	38	7	56	8	15	8	34	8	53
13	7	58	8	18	8	37	8	58	9	18	9	39
14	8	37	8	58	9	19	9	41	10	3	10	26
15	9	16	9	38	10	1	10	25	10	49	11	14
16	9	55	10	19	10	44	11	9	11	35	12	2
17	10	35	11	1	11	27	11	54	12	22	12	50
18	11	16	11	43	12	11	12	40	13	9	13	39
19	11	56	12	25	12	55	13	26	13	57	14	29
20	12	38	13	9	13	40	14	13	14	46	15	20
21	13	20	13	53	14	26	15	0	15	36	16	12
22	14	3	14	37	15	13	15	49	16	27	17	5
23	14	47	15	23	16	0	16	38	17	17	17	58
24	15	31	16	9	16	48	17	29	18	10	18	52
25	16	16	16	56	17	38	18	20	19	3	19	48
26	17	2	17	45	18	28	19	13	19	58	20	45
27	17	50	18	34	19	19	20	6	20	54	21	44
28	18	38	19	24	20	12	21	1	21	51	22	43
29	19	27	20	16	21	6	21	57	22	50	23	45
30	20	18	21	9	22	1	22	55	23	51	24	48
31	21	10	22	3	22	58	23	55	24	53	25	53
32	22	3	22	59	23	56	24	56	25	57	27	0
33	22	57	23	54	24	19	25	59	27	3	28	9
34	23	55	24	56	25	59	27	4	28	10	29	21
35	24	53	25	57	27	3	28	10	29	21	30	35
36	25	53	27	0	28	9	29	21	30	35	31	52

Canon differentiæ ascensionum obliquæ sphæræ.

Decli na tio.	Eleuatio poli 37 gr.	37 scr.	38 gr.	38 scr.	39 gr.	39 scr.	40 gr.	40 scr.	41 gr.	41 scr.	42 gr.	42 scr.
1	0	45	0	47	0	49	0	50	0	52	0	54
2	1	31	1	34	1	37	1	41	1	44	1	48
3	2	16	2	21	2	26	2	31	2	37	2	42
4	3	1	3	8	3	15	3	22	3	29	3	37
5	3	47	3	55	4	4	4	13	4	22	4	31
6	4	33	4	43	4	53	5	4	5	15	5	26
7	5	19	5	30	5	42	5	55	6	8	6	21
8	6	5	6	18	6	32	6	40	7	1	7	16
9	6	51	7	6	7	22	7	38	7	55	8	12
10	7	38	7	55	8	13	8	30	8	49	9	8
11	8	25	8	44	9	3	9	23	9	44	10	5
12	9	13	9	34	9	55	10	16	10	39	11	2
13	10	1	10	24	10	46	11	10	11	35	12	0
14	10	50	11	14	11	39	12	5	12	31	12	58
15	11	39	12	5	12	32	13	0	13	28	13	58
16	12	29	12	57	13	26	13	55	14	26	14	58
17	13	19	13	49	14	20	14	52	15	25	15	59
18	14	10	14	42	15	15	15	49	16	24	17	1
19	15	2	15	36	16	11	16	48	17	25	18	4
20	15	55	16	31	17	8	17	47	18	27	19	8
21	16	49	17	27	18	7	18	47	19	30	20	13
22	17	44	18	24	19	6	19	49	20	34	21	20
23	18	39	19	22	20	6	20	52	21	39	22	28
24	19	36	20	21	21	8	21	56	22	46	23	38
25	20	34	21	21	22	11	23	2	23	55	24	50
26	21	34	22	24	23	16	24	10	25	5	26	3
27	22	35	23	28	24	23	25	19	26	17	27	18
28	23	37	24	33	25	30	26	30	27	31	28	36
29	24	41	25	40	26	40	27	43	28	48	29	57
30	25	47	26	49	27	52	28	59	30	7	31	19
31	26	55	28	0	29	7	30	17	31	29	32	45
32	28	5	29	13	30	24	31	31	32	54	34	14
33	29	18	30	29	31	44	33	1	34	22	35	47
34	30	32	31	48	33	6	34	27	35	54	37	24
35	31	51	33	10	34	33	35	59	37	30	39	5
36	33	12	34	35	36	2	37	34	39	10	40	51

									pt.	scn	pt.	scn
			0	58	1	0	1	2	1	4	1	7
2	1	52	1	56	2	0	2	4	2	9	2	13
3	2	48	2	54	3	0	3	5	3	13	3	20
4	3	44	3	52	4	1	4	9	4	18	4	27
5	4	41	4	51	5	1	5	12	5	23	5	35
6	5	37	5	50	6	2	6	15	6	28	6	43
7	6	34	6	49	7	3	7	18	7	34	7	50
8	7	32	7	48	8	5	8	22	8	40	8	59
9	8	30	8	48	9	7	9	26	9	47	10	8
10	9	28	9	48	10	9	10	31	10	54	11	18
11	10	27	10	49	11	13	11	37	12	2	12	28
12	11	26	11	51	12	16	12	43	13	11	13	39
13	12	26	12	53	13	21	13	50	14	20	14	51
14	13	27	13	56	14	26	14	58	15	30	16	5
15	14	28	15	0	15	32	16	7	16	42	17	19
16	15	31	16	5	16	40	17	16	17	54	18	34
17	16	34	17	10	17	48	18	27	19	8	19	51
18	17	38	18	17	18	58	19	40	20	23	21	9
19	18	44	19	25	20	9	20	53	21	40	22	29
20	19	50	20	35	21	21	22	8	22	58	23	51
21	20	59	21	40	22	34	23	25	24	18	25	14
22	22	8	22	58	23	50	24	44	25	40	26	40
23	23	19	24	12	25	7	26	5	27	5	28	8
24	24	32	25	28	26	26	27	27	28	31	29	38
25	25	47	26	46	27	48	28	52	30	0	31	12
26	27	3	28	6	29	11	30	20	31	32	32	48
27	28	22	29	29	30	38	31	51	33	7	34	28
28	29	44	30	54	32	7	33	25	34	46	36	12
29	31	8	32	22	33	40	35	2	36	28	38	0
30	32	35	33	53	35	16	36	43	38	15	39	52
31	34	5	35	28	36	56	38	29	40	7	41	53
32	35	38	37	7	38	40	40	19	42	4	43	57
33	37	16	38	50	40	30	42	15	44	8	46	9
34	38	58	40	39	42	25	44	18	46	20	48	31
35	40	46	42	32	44	27	46	23	48	36	51	3
36	42	44	44	33	46	36	48	47	51	11	53	47

k

[illegible]	[illegible]	[illegible]	[illegible]	[illegible]	[illegible]	[illegible]	[illegible]	[illegible]	[illegible]	[illegible]	[illegible]	[illegible]
12	14	9	14	40	15	13	15	47	16	23	17	0
13	15	24	15	58	16	34	17	11	17	50	18	32
14	16	40	17	17	17	56	18	37	19	19	20	4
15	17	57	18	39	19	19	20	4	20	50	21	38
16	19	16	19	59	20	44	21	32	22	22	23	15
17	20	30	21	22	22	11	23	2	23	56	24	53
18	21	57	22	47	23	39	24	34	25	33	26	34
19	23	20	24	14	25	10	26	9	27	11	28	17
20	24	45	25	42	26	43	27	46	28	53	30	4
21	26	12	27	14	28	18	29	26	30	37	31	54
22	27	42	28	47	29	56	31	8	32	25	33	47
23	29	14	30	23	31	37	32	54	34	17	35	45
24	31	4	32	3	33	21	34	44	30	11	37	43
25	32	26	33	40	35	10	36	39	38	14	39	59
26	34	8	35	32	37	8	38	38	40	20	42	19
27	35	53	37	27	39	[illegible]	40	42	42	33	44	32
28	37	44	39	19	41	2	42	53	44	53	47	2
29	39	37	41	31	43	18	45	18	47	21	49	44
30	41	37	43	29	45	29	47	39	50	1	52	17
31	43	44	45	44	47	54	50	16	52	53	55	48
32	45	57	48	8	50	30	53	1	56	1	59	19
33	48	10	50	44	53	30	56	13	59	28	63	21
34	50	54	53	30	56	20	59	42	63	31	68	11
35	53	40	56	34	59	58	63	40	68	18	74	32
36	56	42	59	59	63	47	68	27	74	36	90	0

K

Canon differentiæ ascensionum obliquæ sphæræ

Declinat. gra.	Eleuatio poli 55 gr.	55 scr.	56 gr.	56 scr.	57 gr.	57 scr.	58 gr.	58 scr.	59 gr.	59 scr.	60 gr.	60 scr.
1	1	26	1	29	1	32	1	36	1	40	1	44
2	2	52	2	58	3	5	3	12	3	20	3	28
3	4	17	4	27	4	38	4	49	5	0	5	12
4	5	44	5	57	6	11	6	25	6	41	6	57
5	7	11	7	27	7	44	8	3	8	22	8	43
6	8	38	8	58	9	19	9	41	10	4	10	29
7	10	6	10	29	10	54	11	20	11	47	12	17
8	11	35	12	1	12	30	13	0	13	32	14	5
9	13	4	13	35	14	7	14	41	15	17	15	55
10	14	35	15	9	15	45	16	23	17	4	17	47
11	16	7	16	45	17	25	18	8	18	53	19	41
12	17	40	18	22	19	6	19	53	20	43	21	36
13	19	15	20	1	20	50	21	41	22	36	23	34
14	20	52	21	42	22	35	23	31	24	31	25	35
15	22	30	23	24	24	22	25	23	26	29	27	39
16	24	10	25	9	26	12	27	19	28	30	29	47
17	25	53	26	57	28	5	29	18	30	35	31	59
18	27	39	28	48	30	1	31	20	32	44	34	19
19	29	27	30	41	32	1	33	26	34	58	36	37
20	31	19	32	39	34	5	35	37	37	17	39	5
21	33	15	34	41	36	14	37	54	39	42	41	40
22	35	14	36	48	38	28	40	17	42	15	44	29
23	37	19	39	0	40	49	42	47	44	57	47	20
24	39	29	41	18	43	17	40	26	47	49	50	27
25	41	45	43	44	45	54	48	16	50	54	53	52
26	44	9	46	18	48	41	51	19	54	16	57	39
27	46	41	49	4	51	41	54	38	58	0	61	57
28	49	24	52	1	54	58	58	19	62	14	67	4
29	52	20	55	16	58	36	62	31	67	18	73	46
30	55	32	58	52	62	45	67	31	73	55	90	0
31	59	6	62	58	67	42	74	4	90	0		
32	63	10	67	53	74	12	90	0				
33	68	1	74	19	90	0						
34	74	33	90	0								
35	90	0										
36												

Quod hic uacat, eis est, quæ nec oriuntur nec occidunt.

De horis, & partibus diei & noctis. Cap. VIII.

EX his igitur manifestum est, quòd si cũ declinatione Solis in canone sumptã differentiã dierũ sub proposita poli eleuatione adiecerimus quadranti circuli in declinatiõe Borea, uel subtraxerimus in Austrina, quodq́ exinde prodierit duplicemus, habebimus illius diei magnitudinem; & quod reliquum est, circuli noctis spacium, quorum utrumlibet diuisum per XV. partes temporales, ostendet quod horarum æqualium fuerit. Duodecima uero parte sumpta, habebimus horæ temporalis continentiam. Quæ quidem horæ diei sui, cuius semper duodecimæ partes sunt, assumunt nomenclaturã. Proinde horæ solsticiales, æquinoctiales, & Brumales denominatæ à priscis inueniuntur. Neq; uero aliæ in usu primitus erant, quàm istæ, ab ortu ad occasum XII. sed noctẽ in quatuor uigilias siue custodias diuidebant: durauitq; talis horarum usus omnium tacito gentium cõsensu longo tempore: cuius gratia clepsydræ inuẽtæ sunt, quibus per subtractionẽ additionemq; aquarum distillantium diuersitate dierum horas concinnabant, ne etiam sub nubilo lateret discretio temporis. Postea uero quàm horæ pariles, & diurno nocturnoq; tempori cõmunes uulgo sunt receptæ, utpote quæ obseruatu faciliores existunt, temporales illæ in eam deuenerunt antiquationem, ut si quempiam ex uulgo quæ sit prima diei, uel tertia, uel sexta, uel nona, uel undecima roges, non habet quod respondeat, uel certe id quod ad rem minime pertinet. Iam ipsum quoq; horarum æqualium numerum, alij à meridie, alij ab occasu, alij à media nocte, nonnulli ab ortu Solis accipiunt, prout cuiq; ciuitati fuerit constitutum.

De ascensione obliqua partium signiferi, & quemadmodum ad quemlibet gradum orientem, detur & is qui cælum mediat. Cap. IX.

Ita

ITa quidem dierum & noctium magnitudine & differentijs expositis, oportuno ordine sequitur expositio ascensionum obliquarum, quibus inquam temporibus dodecatemoria, hoc est zodiaci duodenæ partes uel quælibet aliæ ipsius circumferentiæ attolluntur: cum non sint aliæ ascensionum rectæ & obliquæ differentiæ, quàm diei æquinoctialis & diuersi, quales exposuimus. Porrò dodecatemoria mutuatis animantium, quæ stellarum sunt immobilium nominibus, ab æquinoctio uerno initium capientes, Arietem, Taurum, Geminos, Cancrum, & reliqua ut ex ordine sequuntur adpellarunt. Repetito igitur maioris euidentiæ causa meridiano orbe A B C D, cum semicirculo A E C æquinoctiali, & horizonte B E D, qui se secent in E signo. Assumatur autem in H æquinoctiũ, per quod signifer F H I circulus, secet finientem in L, per quam sectionem à polo K æquinoctialis descendat quadrans magni circuli K L M. Ita sanè apparet, quòd cum circumferentia zodiaci H L, attollitur in H E æquinoctialis, sed in sphæra recta ascendebat cum H E M, harum differentia est ipsa E M, quã antea demonstrauimus esse dimidiũ diei æquinoctialis & diuersi differẽtiã: sed q̃ illic adijciebatur in declinatiõe Borea, hic aufertur, ac uicissim additur in Austrina, ascẽsioni rectæ, ut obliqua prodeat, & proinde quantisper totum signũ aliudue signiferi circumferentia emergat, fiet manifestum per numeratas ascensiones à principio usq; ad finẽ. Ex his sequitur, quòd cum datus fuerit gradus aliquis signiferi, qui oritur ab æquinoctio sumptus, datᷣ etiã is qui cælũ mediat. Qm̃ cũ datũ fuerit L punctũ, eius q̃ est p medium signorũ oriẽtis, & declinatio penes M L, distantiã ab æquoctio, & H E M ascẽsio recta, ac tota A H E M semidiurna circũferentia. Reliq̃ igiᷣ A H datᷣ, q̃ est ascensio recta ipsius F H, quæ etiã datur per tabulã, siue q̃ angulus sectionis A H F datur cũ latere A H, & qui sub F A H rectus. Itaq; tota signiferi F H L circumferentia inter orientem cælumq; mediantem gradum datur. Viceuersa, si qui cælum medians primum fuerit datus, utputa F H circumferentia: sciemus etiam cũ quis

oritur: noscetur enim A F declinatio & propter angulum obliquitatis sphæræ A F B & F B reliqua. In triangulo autem B F L, angulus
B F L ex superioribus datur, & F B L rectus cum latere F B: datur ergo latus F B L quæsitum, uel aliter ut infra.

De angulo sectionis signiferi cum horizonte. Cap. X.

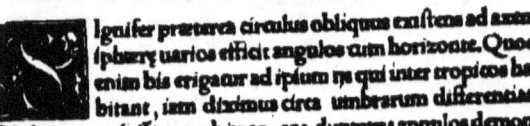

Signifer præterea circulus obliquus existens ad axem
sphæræ uarios efficit angulos cum horizonte. Quod
enim bis erigatur ad ipsum ijs qui inter tropicos ha-
bitant, iam diximus circa umbrarum differentias.
Nobis autem sufficere arbitror, eos duntaxat angulos demonstrasse, qui Heteroscijs habitatoribus, id est nobis seruiũt, e quibus uniuersalis eorum ratio facile intelligetur. Quod igitur in
obliqua sphæra, oriente æquinoctio siue principio Arietis, signifer circulus tanto inclinatior sit, uergatq; ad horizonta, quantum addit maxima declinatio Austrina, quę in principio Capricorni existit, medium tunc cœlum tenente, ac uicissim eleuatior
maiorem efficiens angulum orientalem: quando principium Libræ emergit, & Cancri initium mediũ cœli tenet, satis puto manifestum. Quoniã tres hi circuli, æquinoctialis, signifer, & horizon, per eandem sectionem communem congruunt in polis meridiani circuli, cuius interceptæ per illos circumferentiæ angulũ
illum orientalem patefaciunt, quantus ipse censeatur. Vt autem
ad cæteras quoq; signiferi partes uia pateat dimensionis. Sit rursus meridianus circulus A B C D, medietas horizontis B E D: medietas autem signiferi A E C, cuius utcunq; gra-

dus oriatur in E, propositum est nobis inuenire angulum A E B quantus ipse, secundum quod quatuor recti sunt CCCLX. Cũ
ergo datur oriens E, datur etiam ex præcedentibus, quod cœlum mediat, atq; A E circumferentia cum A B altitudine meridiana. Et quoniam angulus A B E rectus est, da-
tur ratio subtensæ dupli A B, ad subtensam dupli A E, sicut dimetientis sphæræ ad subtensam dupli eius quæ angulum A E B metit:
datur

datur ergo & ipse A E B angulus. Quod si non orientis sed medij cæli gradus fuerit datus, qui sit A, nihilominus angulus ille orientis mensus erit: facto enim in E polo, describatur quadrans circuli maximi F G H, & compleantur quadrantes E A G, E B H. Quoniam igitur A B meridiana altitudo datur, & reliqua quadrantis A F, angulus quoq; F A G ex præcedentibus, & F G A rectus. Datur ergo F G circumferentia, & reliqua G H, quæ angulum orientẽ metitur quæsitum. Proinde etiam hic manifestum est, quomodo ad gradũ qui cælum mediat, detur ille qui oritur. Eo quòd subtensa dupli G H, ad subtensam dupli A B sit sicut dimetiens ad eam quæ A E duplam subtendit, ut in triangulis sphæricis. Harũ quoq; rerum subiecimus trina tabularum exempla. Prima erit ascensionum in sphæra recta ab Ariete sumpto initio, & incremẽto senum partium zodiaci. Secunda ascensionum in sphæra obliqua, similiter per senos gradus à parallelo, cui polus eleuatur XXXIX. partium, usq; ad eum qui LVII. habet partes, media incrementa per trinos gradus continentes. Reliqua angulorum horizontalium & ipsa per senos gradus sub eisdem segmentis VII. Et ea omnia secũdum minimam signiferi obliquitatem partium XXIII. scrup. XXVIII. quæ nostro ferè seculo congruit.

Canon

Canon ascensionum Signorũ in obuolutione rectæ sphæræ.

Zodiaci.		Ascensionum.		Vnius gradus		Zodiaci.		Ascensionum.		Vnius gradus	
Sig.	gr.	part.	scr.	gr.	scr.	Sig.	gr.	part.	scr.	gr.	scr.
♈	6	5	30	0	55	♎	6	185	30	0	55
	12	11	0	0	55		12	191	0	0	55
	18	16	34	0	56		18	196	34	0	56
	24	22	10	0	56		24	202	10	0	56
	30	27	54	0	57		30	207	54	0	57
♉	6	33	43	0	58	♏	6	213	43	0	58
	12	39	35	0	59		12	219	35	0	59
	18	45	32	1	0		18	225	32	1	0
	24	51	37	1	1		24	231	37	1	1
	30	57	48	1	2		30	237	48	1	2
♊	6	64	6	1	3	♐	6	244	6	1	3
	12	70	29	1	4		12	250	29	1	4
	18	76	57	1	5		18	256	57	1	5
	24	83	27	1	5		24	263	27	1	5
	30	90	0	1	5		30	270	0	1	5
♋	6	96	33	1	5	♑	6	276	33	1	5
	12	103	3	1	5		12	283	3	1	5
	18	109	31	1	5		18	289	31	1	5
	24	115	54	1	4		24	295	54	1	4
	30	122	12	1	3		30	302	12	1	3
♌	6	128	23	1	2	♒	6	308	23	1	2
	12	134	28	1	1		12	314	28	1	1
	18	140	25	1	0		18	320	25	1	0
	24	146	17	0	59		24	326	17	0	59
	30	152	6	0	58		30	332	6	0	58
♍	6	157	50	0	57	♓	6	337	50	0	57
	12	163	26	0	56		12	343	26	0	56
	18	169	0	0	56		18	349	0	0	56
	24	174	30	0	55		24	354	30	0	55
	30	180	0	0	55		30	360	0	0	55

[illegible]	[illegible]	[illegible]	[illegible]	[illegible]
♊ 0	45	39	43	3
12	51	8	48	5
18	56	56	54	3
24	63	0	60	3
30	69	25	66	5
♋ 6	76	6	73	4
12	83	2	80	4
18	90	10	87	5
24	97	27	95	1
30	104	54	102	5
♌ 6	112	24	110	3
12	119	56	118	1
18	127	29	126	
24	135	4	133	4
30	142	38	141	3
♍ 6	150	11	149	1
12	157	41	157	
18	165	7	164	4
24	172	34	172	2
30	180	0	180	

Tabula ascensionum obliquæ sphæræ.

Ele.	39		42		45		48		51		54	
zod.	Ascēsio.		Ascēsio.		Ascēsio.		Ascēsio.		Ascēsio.		Ascēsio.	
S. G.	part.	scr.	part	scr.	part.	scr.	part.	scr.	part.	scr.	part.	scr.
♎ 6	187	26	187	39	187	54	188	9	188	27	188	48
12	194	53	195	19	195	48	196	19	196	55	197	36
18	202	21	203	0	203	41	204	30	205	24	206	25
24	209	49	210	41	211	37	212	40	213	52	215	13
30	217	22	218	27	219	37	220	57	222	22	224	8
♏ 6	224	56	226	14	227	38	229	13	231	1	233	4
12	232	31	234	0	235	37	237	28	239	32	241	57
18	240	4	241	44	243	35	245	40	248	2	250	47
24	247	36	249	27	251	30	253	49	256	27	259	33
30	255	6	257	6	250	21	261	52	264	47	268	10
♐ 6	262	33	264	41	267	5	269	49	272	57	276	38
12	269	50	273	6	274	38	277	31	280	50	284	45
18	276	58	279	19	281	58	248	58	288	26	292	33
24	283	54	286	18	289	0	292	5	295	39	299	53
30	290	35	293	1	295	45	208	50	302	26	306	42
♑ 6	297	0	299	24	302	6	305	11	308	45	312	59
12	303	4	305	25	308	4	311	4	314	32	318	38
18	308	52	311	8	313	40	316	33	319	52	323	47
24	314	21	316	29	318	53	321	57	324	45	328	26
30	319	30	321	30	323	45	326	19	329	11	332	34
♒ 6	324	23	326	13	328	16	330	35	333	13	336	18
12	330	0	330	40	332	31	334	30	336	58	339	43
18	333	21	334	50	336	27	338	18	340	22	342	47
24	337	30	338	48	340	3	341	46	343	35	345	38
30	341	34	342	39	343	49	345	9	346	34	348	20
♓ 6	345	29	346	21	347	17	348	20	349	12	350	53
12	349	11	349	51	350	33	351	21	453	14	353	16
18	353	50	353	16	353	45	354	16	354	52	355	33
24	356	26	356	40	356	23	357	10	357	53	357	48
30	360	0	360	0	360	0	360	0	360	0	360	0

...cum horizonte factorum.

	51		54		57		poli.
...ul.	Angul.		Angul.		Angul.		zod.
...scr.	pt.	scr.	pt.	scr.	pt.	scr.	G. S.
32	15	32	12	32	9	32	30
36	15	35	12	35	9	35	24
47	15	45	12	43	9	41	18
3	15	50	12	56	9	53	12
29	16	23	13	18	10	13	6 ♓
5	16	56	13	45	10	13	30
18	17	34	14	20	11	2	24
11	18	23	15	3	11	40	18
13	19	21	15	56	12	26	12
2	20	41	16	59	13	20	6 ♒
16	21	52	18	14	14	26	30
5	23	11	19	42	15	48	24
0	25	15	21	25	17	23	18
3	27	18	23	25	19	16	12
2	29	35	25	37	21	20	6 ♑
3	32	5	28	6	23	52	30
5	34	44	30	50	26	36	24
8	37	55	33	41	29	34	18
3	40	31	36	40	32	39	12
6	43	33	39	43	35	50	6 ♐
4	46	21	42	43	38	56	30
4	49	9	45	37	41	57	24
7	51	46	48	19	44	48	18
6	54	6	50	47	47	24	12
0	56	17	53	7	49	47	6 ♏
7	58	9	54	58	52	38	30
6	59	37	56	27	53	16	24
6	60	53	57	50	54	46	18
8	61	46	58	45	55	44	12
9	62	18	59	17	56	16	6
8	52	28	59	38	56	28	0.0

De usu harum tabularum. Cap. XI.

VSus autem tabularum iam patet ex demonstratis, Quoniam si cum gradu Solis cognito, acceperimus ascensionem rectam, eiq; pro qualibet hora æquali quindena tempora adiecerimus, reiectis integri circuli CCCLX. partibus si excreuerint, quod reliquum fuerit ascensionis rectæ, gradum signiferi in medio cælo se conternentem, ostēdet ad horam à meridie propositam. Similiter si circa ascensionem obliquam regionis tuæ idem feceris, gradum signiferi orientem habebis ad horam ab ortu Solis assumptam. In stellis etiam quibuscunq;, quæ extra circulum signorum sunt, quarum ascensio recta constiterit, ut supra docuimus, dantur per Canones hos gradus signiferi, qui cum ipsis per eandem ascensionem rectā à principio Arietis cælū mediant, atq; per ascensionē obliquā ipsorū, qui gradus signiferi oriantur cū ipsis, prout ascēsiones & partes signiferi sese proferunt è regione tabularum. Pari modo sed per locum semper oppositum operabere circa occasum. Præterea si ascensioni rectæ quæ cælum mediat addatur quadrans circuli, quod inde colligitur, est ascensio obliqua orientis. Quapropter per gradum medij cęli datur etiam is qui oritur, & è conuerso. Sequitur tabula angulorum signiferi cum horizonte, qui sumuntur per gradū signiferi orientem, quibus etiā intelligitur, quantū nonagesimus gradus signiferi ab horizōte eleuet, ꝙd in eclipsibus solaribus maxime est scitu necessarium.

De angulis & circumferentijs eorū, qui per polos horizontis fiunt ad eundem circulum signorum. Cap. XII.

SEquitur ut angulorum & circumferētiarum, quæ in sectionibus signiferi cum ijs qui per uerticem sunt horizontis, exponamus rationem, in quibus est altitudo supra horizonta. Atqui de meridiana Solis altitudine, siue cuiuslibet gradus signiferi cælum mediantis, & angulo sectionis cum meridiano, supra expositum est, cum & ipse meridianus circulus eorum qui per uerticem sunt horizontis unus existat. De angulo quoque orientis iam sermo praecessit, cuius qui reliquus est à recto, ipse est quem per uerticem horizontis quadrans circuli cum signifero oriēte suscipit. Superest ergo de medijs uidere sectiōibus, repetita superiori figura, circuli inquam meridiani cum semicirculis signiferi & horizontis, & assumatur quodlibet signum signiferi, inter meridiem & ortum uel occasum, sitque o per quod à polo horizontis f descendat quadrans circuli f o H. Quoniā ea hora, tota A G E datur circumferētia signiferi inter meridianum & horizontem, & A G per hypothesim: Similiter & A F propter altitudinem meridianā A E datam, cum angulo ipso meridiano F A G, datur etiam F G per demonstrata sphaericorum, & reliqua G H, altitudo ipsius G cum angulo F G A, quae quaerebamus. Haec de angulis & sectionibus circa signiferū in transcursu à Ptolemaeo decerpsimus: ad generalem nos referentes triangulorum sphaericorum traditionem, in qua si quis sese exercere uoluerit, plures quàm quas modo exemplificando tractauimus utilitates per seipsum poterit inuenire.

De ortu & occasu siderum. Cap. XIII.

AD cotidianam quoque reuolutionem pertinere uidentur ortus & occasus siderum, non solum illi simplices, de quibus modo diximus, sed quibus modis matutina uespertinaque fiunt, quod quātuis annuae reuolutionis cōcursu ea cōtingunt, aptius tamē hoc loco dicetur. Prisci Mathematici separant ueros ab apparentibus. Verorum quidem matutinus, est ortus sideris quando cum Sole simul emergit. Occasus autem matutinus, quando oriente Sole sidus occidit, quod medio toto tempore matutinum dicebatur. At uespertinus ortus, quando Sole occumbente sidus emergit. Occasus autē uespertinus, cum Sole occidente sidus pariter occidit, quod medio quoque tempore uespertinum dicitur, utpote quod interdiu præstruitur, & illud quod nocte succedit. Apparentiū uero matutinus sideris ortus est, cum diluculo & ante Solis ortum primo se profert in emersum, ac incipit apparere. Occasus autē matutinus, quo Sole orituro sidus occumbere nouissime uidetur. Vespertinus ortus, est cū in crepusculo sidus apparuerit primum oriri. Occasus autem uespertinus, cum post Solis occasum iam amplius apparere desinit, & de cætero Solis aduentu sidus occultatur, donec in exortu matutino in priorem se proferant ordinem. Hæc in stellis hærentibus, solutis quoq; Saturno, Ioue, & Marte, eodem modo se habent. Venus autē & Mercurius aliter ortus & occasus faciūt, nō em̄ accessu Solis præoccupantur, ut illi, nec eius deteguntur abscessu. Sed præuenientes Solis fulgori sese miscēt, eripiuntq;. Illi ortum uespertinum, matutinumq; facientes occasum, non utcunq; latent, quin suis semper pernoctant luminibus: at hi sine discrimine ab occasu in ortū delitescunt, nec usquam conspici possunt. Est & alia differentia, quòd in illis ortus & occasus matutini ueri, sunt apparentibus priores, uespertini posteriores, prout illic Solis ortum præcedunt, hic eius occasum sequuntur. In inferioribus autem matutini ac uespertini exortus apparentes posteriores sunt ueris, occasus autem priores. Modus autem quo decernantur ex supradictis potest intelligi, ubi ascensionem obliquam stellæ cuiuslibet, locum habentis cognitum exposuimus, & cum quo gradu signiferi oriatur, uel occidat: in quo gradu uel ei opposito si tunc Sol apparuerit, uerum ortū uel occasum, matutinum, uespertinumue sidus efficiet. Ab his differunt apparentes penes cuiusq; sideris claritatem & magnitudinem: ut quæ maiori lumine pollent, breuiores habent latebras solarium radiorum, eis quæ obscuriores sunt. Et limites occultationis & apparentiæ, subterraneis circumferentijs circulorum, qui per polos sunt horizōtis, inter ipsum finitorem atq; Solem capiūtur. Suntq; stellis adhærentibus primarijs partes ferè XII. Saturno XI. Ioui X. Marti XI.S. Veneri V. Mercurio X. In toto uero, quo diurnæ lucis reliquū nocti cedit, quod crepusculum uel diluculum complectitur, sunt partes XVIII. iā dicti circuli, quibus partibus Sole submoto minores quoq; stellæ incipiunt apparere: qua quidem distantia ca

tiunt

horizonte: si tunc quoq; inter orientem gradū & Solem tot partes signiferi inuenerimus, quot sufficiant concernantiq; Solis profunditatem ab horizonte, iuxta terminos præscriptos propositi sideris, pronunciabimus primum ipsius emersum uel occultationem fieri. Quæ uero de altitudine Solis supra terram in præcedenti demōstratione exposuimus, per omnia conueniunt eius etiam descensui sub terra: neq; enim alio quàm positione differunt: quemadmodum quæ occidunt apparenti hemisphærio, latenti oriuntur, suntq; omnia uicissim, ac intellectu facilia. Quo circa de ortu & occasu siderum, adeoq; de globi terrestris reuolutione cotidiana dicta sufficiant.

De exquirendis stellarum locis, ac fixarum canonica descriptione. Cap. XIIII.

POst expositam à nobis cotidianam reuolutionē globi terræ, & quæ eam sequuntur, iam annui circuitus sequi debebant demonstrationes. At quoniam priscorum aliqui Mathematicorum, stellarum non errantium phænomena præcedere censuerunt, tanquàm huius artis primordia. Quam idcirco sentētiam nobis sequendam putauimus, quòd inter principia & hypotheses assumpserimus non errantium stellarum sphæram omnino immobilem esse, ad quā uagantium omnium siderum errores ex æquo cōferuntur. Sed ne quis miretur, cur hunc susceperimus ordinem, cum Ptolemæus in sua magna constructione existimauerit stellarum fixarum explanationem fieri nō posse, nisi prius Solis & Lunæ præcesserint locorum cognitiones: & propterea quæ ad stellas fixas attinent, censuit eousq; differenda. Quòd si de numeris intelligas, quibus Lunæ Solisq; motus apparens supputatur, stabit fortasse sententia. Nam & Menelaus Geometra plerasq; stellas, earumq; loca Lunaribus coniunctionibus per numeros est assecutus.

rum. Multo uero melius efficiemus, si adminiculo instrumentorum per Solis & Lunæ diligenter examinata loca, stellam quamlibet capiamus, ut mox docebimus. Nos etiam admonet irritus illorum conatus, qui simpliciter ab æquinoctijs uel solstitijs, nec etiam à stellis fixis anni solaris magnitudinem definiendam existimauerunt, in quo nunquam ad nos usq; potuerunt conuenire, adeo ut nulla in parte fuerit discordia maior. Animaduerterat hoc Ptolemæus, qui cum annũ Solarem suo tempore expendisset non sine suspitione erroris, qui cum tempore posset emergere, admonuit posteritatem, ut ulteriorem post hac scrutaretur eius rei certitudinem. Operæprecium igitur nobis uisum est, ut ostendamus, quomodo artificio instrumentorum Solis & Lunæ loca capiantur, quantum uidelicet ab æquinoctio uerno aliisue mundi cardinibus distẽt, quæ deinde ad alia sidera perscrutanda præbebunt nobis commoditatem, quibus etiam stellarum fixarum sphæram asterismis intextam, eiusq; imaginem oculis exponamus.

Quibus autem instrumentis tropicorum distantia, signiferi obliquitas, & inclinatio sphæræ, siue poli æquinoctialis altitudo caperetur, supra est expositum. Eodem modo quamlibet aliam Solis meridianam altitudinem possumus accipere. Quæ altitudo secundum differentiam eius ad inclinationem sphæræ, quantũ Sol declinet à circulo æquinoctiali nobis exhibebit, per quam deinde declinationẽ locus eius ab æquinoctio uel solstitio sumptus, fiet etiam manifestius in ipso meridie. Videtur autem Sol XXIIII. horarum spacio unum ferè gradum pertransire: ueniũt itaq; pro horaria portione scrup. II.S. Vnde ad quamlibet aliã horam constitutam facile coniectabitur locus eius.

Pro lunari uero & stellarum locis obseruandis aliud construitur instrumentum, quod Astrolabium uocat Ptolemæus. Fabricantur enim bini orbes, siue orbiũ margines quadrilateri, ut uidelicet planis lateribus, siue maxillis superficies concauam & cõuexam ad angulos rectos excipiant: æquales per omnia & similes, magnitudine conuenientes, ne scilicet magnitudine nimia minus fiant tractabiles, cum alioqui amplitudo plus tribuat exilitate partibus diuidendis. Latitudo autẽ eorum, & crassitudo,

sint

fiat ad minimum trigesimæ partis diametri. Conserentur ergo & connectentur rectis inuicem angulis, congruentibus inuicem cauis & conuexis, ueluti in unius globi rotunditate. Eorum uero alter circuli signorum, alter eius qui per utrosq; polos, æquinoctialis, inquam, & signiferi transit, uicem obtineat. Ille ergo signorum circulus partibus ęqualibus, quibus solet CCCLX. est distribuendus à lateribus, quæ rursum subdiuidantur pro instrumenti capacitate. In altero quoq; circulo emensis à zodiaco quadrantibus, poli ipsius signiferi assignentur, à quibus sumpta distantia, pro modulo obliquitatis signiferi, notentur etiam poli æquinoctialis circuli. His sic expeditis, parentur alij bini orbes, per eosdem zodiaci fabrefacti polos, in quibus moueabuntur, exterior & interior. Qui crassitudines inter duo plana æquales: latitudines uero maxillarum similes illis habeant, ita concinnati, ut maioris caua superficies, cōuexam, ac minoris conuexitas, cōcauam zodiaci ubiq; contingat: ne tamen eorum circumductio impediatur, sed zodiacum ipsum cum suo meridiano faciliter, ac se inuicem libere sinant pertransire. Hos igitur orbes, in polis illis zodiaci, secūdum diametrum cum solertia perforabimus, inpingemusq; axonia, quibus connectantur feranturq;. Interior quoq; orbis in CCCLX. partes æquales diuidatur, ut in singulis quadrantibus ad polos exeant nonaginta. In cuius insuper cauitate alius orbis & ipse quintus collocandus est, ac sub eodē plano conuertibilis, cui ad maxillas infixa sint systematia è diametro meatus habentia atq; diaugia siue specilla, unde lux sideris irrumpere exireq; possit, ut in dioptra solet, in ipso diametro orbis, cui etiam hinc inde coaptentur offendicula quædam, indicatrices numerorum, orbis continentis latitudinum gratia obseruandarum. Tandem orbis adhibendus est sextus, qui totum capiat sustineatq; Astrolabium in polorum æquinoctialiū fixuris appensum, & columnellæ cuipiam impositus, ac ea subfultus erectusq; pleno horizonti: polis etiam ad inclinationem sphæræ collatis, meridianum naturali similem positione teneat, ab eoq; minime uacillet. Sic igitur præparato instrumento, quando alicuius stellæ locum accipere uoluerimus, ad uesperam uel Sole iam obituro, & eo tempore quando Lunam quoq; habuerimus in prospectu, exteriorē orbē conferemus ad gradū zodiaci, in q̄ tunc Solē per præcedētia cognitū acceperimus, cōuertemusq; ad ipsum Solē orbiū sectionē, quousq; utraq; tam zodiacus inquā, & exterior ille, q̄ p̄ polos est orbis, seipsum pariter obumbret, tūc quoq; interiorē orbē Lunæ aduertimus, & oculo ad planū eius posito, ubi Lunā ex aduerso, ueluti eodē plano dissectā uidebimus, notabimus locū in instrumenti signifero: ipse enim tūc erit Lunæ locus secundū longitudinē uisus. Etenim sine ipsa nō erat modus locis stellarū cōprehendendis, utpote quæ ex omnibus sola diei & noctis sit particeps. Deinde nocte superueniēte, quando stella, cuius locū inquirimus, iam cōspici potest, exteriorē orbem loco Lunæ coaptamus, per quē ad Lunā ipsam, sicut in Sole faciebamus, cōferimus positionē Astrolabij. Tūc quoq; interiorem circulū uertimus ad stellā, donec uidebitur adhærere planiciei orbis, atq; per specilla, quæ in cōtento sunt orbiculo conspiciatur. Ita enim & longitudinē cū latitudine stellæ cōpertā habebimus. Hæc dū aguntur, quis gradus zodiaci cælū mediat ocu lis subijcietur, & idcirco quibus horis res ipsa gesta fuerit liquido constabit. Exemplo Ptole. Qui Antonini pij Imp. anno secundo, nona die Pharmuthi, mensis octaui Ægyptiorū in Alexandria, circa Solis occasum, uolēs obseruare locū stellæ, quæ in pectore Leonis basiliscus siue regulus uocat, Astrolabio ad Solem iā occumbentē cōparato, quinq; horis æquinoctialibus à meridie trāsactis, dū Sol in III. partibus & semuncia unius Pisciū inueniret, reperit Lunā à Sole sequentē partibus XCII. & octaua unius g admouēs interiorē circulū, quapropter uisus est tūc Lunæ locus in V. partibus & sextante Geminorū. Et post horæ dimidiū, quo sexta à meridie implebat, & stella iā apparere cœpisset, quarto gradu Geminorū cælū mediante, cōuertit exteriorē orbē instrumēti, ad iā deprehensum Lunæ locū, pergens cū orbe interiori, accepit à Luna stellæ distantiā in cōsequētia signorum partibus LVII. & decima unius. Quoniā igitur Luna reperiebatur ab occidēte Sole in partibus, ut dictū est, XCII. & octaua, quæ terminabant Lunā in V. partibus, & sextāte Geminorū. At cōueniebat sub dimidio horæ spacio Lunā fuisse motā per quadrantē unius gradus; quādoquidē horaria portio in motu Lunari dimidiū gradū plus minusue excipit; sed propter cōmutationem tūc ablatiuā Lunæ, oportebat esse paulo minus quadrante,

quod

quod circiter unciã definiuit; quo circa Lunã fuisse in v. grad. & triente Geminorũ. Sed ubi de Lunaribus cõmutatiõibus pertractauerimus, apparebit nõ tantã fuisse differẽtiã, ut satis liquere possit, locũ Lunæ uisum plus triente, uixq; minus duabus quintis excessisse quinq; gradus Geminorum, quibus additi gradus LVII. cũ decima unius parte, colligũt locũ stellę in II. s. partibus Leõis ferè distãtẽ à Solis æstiua cõuersiõe partibus XXXII. s. cũ latitudine Borea sextãtis gradus. Hic erat Basilisci locus, ꝑ quẽ & cæterarũ nõ errantium stellarũ patuit accessus. Facta est autẽ hæc Ptolemæi obseruatio Anno Christi secundum Romanos CXXXIX. die XXIIII. Februarij, Olympiade CCXXIX. anno eius primo. Ita uir ille Mathematicorũ eminentissimus, quantũ eo tempore quæq; stellarũ ab æquinoctio uerno locũ obtinuisset, adnotauit, animãtiũq; cœlestiũ exposuit asterismos. Quibus haud parũ studio huic nostro subuenit, nosq; labore satis arduo releuauit, ut qui stellarũ loca nõ ad æquinoctia, quę cũ tempore mutãtur, sed æquinoctia ad stellarũ fixarũ sphærã referenda putauimus, facile possumus ab alio quopiã immutabili principio deducere siderũ descriptionẽ, quam ab Ariete, tanq; primo signo, & à prima eius stella, quæ in capite eius est, assumi placuit, ut sic eadẽ semꝑ & absoluta facies maneat ijs, quæ ueluti infixa ac cohærẽtia ꝑpetuo semel capta sede collucẽt. Sunt autẽ cura & solertia mirabili antiquorũ in XLVIII. formas digesta, exceptis ijs quæ à quarto ferè per Rhodon climate semꝑ latẽtiũ circulus dirimebat. Sicq; informes stellæ, ut illis incognitæ, remanserunt. Neq; enim aliã ob causam simulachris formatæ sunt stellæ secundum Theonis iunioris in expositiõe Aratęa sententiã, nisi ut tanta earũ multitudo ꝑ partes discerneret, & denominatiõibus quibusdã sigillatim possint designari, antiq; satis instituto, cũ etiam apud Hiobũ quasdã iam nominatas fuisse constet & Pleiades, Hyadas, Arcturũ, Oriona, apud Hesiodum & Homerũ etiam nominatim legamus. In earũ igitur secundũ longitudinẽ descriptiõe nõ utemur dodecatemorijs, quæ ab æquinoctijs & cõuersionibus deducũtur, sed simplici & cõsueto graduũ numero, in cæteris Ptolemæũ sequemur, paucis exceptis, q̃ uel deprauata, uel utcũq; aliter se habere cõperimus. Quatenus aũt ipsarũ distãtia ab illis cardinibus pateat, sequente libro docebimus.

SIGNORVM STELLARVMQVE DESCRIPTIO CANONICA, ET PRIMO quae sunt Septentrionalis plagae.

Formae stellarum	Longitudinis partes	Latitudinis partes	magnitudo
VRSAE MINORIS SIVE CYNOSVRAE.			
In extremo caudae.	53 1/6	66 0	3
Sequens in cauda.	55 1/6	70 0	4
In eductione caudae.	69 1/6	74 0	4
In latere q̃drãguli p̃cedẽte australior	83 0	75 1/3	4
Eiusdem lateris Borea.	87 0	77 1/3	4
Earũ quae in latere sequẽte australior	100 1/2	72 5/6	2
Eiusdem lateris Borea.	109 1/2	74 1/6	2
Stellae 7. quarum secundae magnitudinis 2. tertiae 1. quartae 4.			
Et q̃ circa Cynosurã informis in latere sequẽte ad rectã lineã maxĩe aust.	103 1/3	71 1/6	4

VRSAE MAIORIS QVAM ELICEN VOCANT.

Formae stellarum	Longitudinis partes	Latitudinis partes	magnitudo
Quae in rostro.	78 2/3	39 1/2	4
In binis oculis praecedens.	79 1/6	43 0	5
Sequens hanc.	79 1/2	43 0	5
In fronte duarum praecedens.	79 1/3	47 1/6	5
Sequens in fronte.	81 0	47 0	5
Quae in dextra auricula praecedente.	81 1/2	50 1/2	5
Duarum in collo antecedens.	85 1/2	43 1/2	4
Sequens.	92 1/2	44 1/2	4
In pectore duarum Borea.	94 1/3	44 0	4
Australior.	93 [illegible]	42 0	4
In genu sinistro anteriori.	89 0	35 0	3
Duarũ in pede sinistro priori borea.	89 5/6	29 0	3
Quae magis ad Austrum.	88 1/3	28 1/2	3
In genu dextro priori.	89 0	36 0	4
Quae sub ipso genu.	101 1/3	33 1/2	4
Quae in humero.	104 0	49 0	2
Quae in ilibus.	105 1/2	44 1/3	2
Quae in eductione caudae.	116 1/2	51 0	3
In sinistro crure posteriore.	117 1/3	46 1/2	2
Duarũ p̃cedẽs in pede sinistro poster.	106 0	29 1/2	3
Sequens hanc.	107 1/2	28 1/4	3

Quae

…AE PLAGAE.

…rmae stellarum.	Lõgit.		Latit.			
…AE MAIORIS &c.	partes.		partes		magnitu.	
…stra cauitate.	115	0	35	[illegible]	4	
…pede dextro posteriore	123	[illegible]	25	[illegible]	3	
…ad Austrũ. (Borea.	133	[illegible]	25	0	3	
…in cauda post eductionẽ.	125	[illegible]	53	[illegible]	2	
…m.	131	[illegible]	55	[illegible]	2	
…n extrema cauda.	143	[illegible]	54	0	2	

…7. quartũ secundæ magnitud. 6. tertiæ 8. quartæ 8. quin. 5.

QVAE CIRCA ELICEN INFORMES.

…s in Austrum.	141	[illegible]	39	[illegible]	3	
…hanc obscurior.	133	[illegible]	41	[illegible]	5	
…edes priores, & caput Le	98	[illegible]	17	[illegible]	4	
…ab hac in boreã. (onis.	96	[illegible]	19	[illegible]	4	
…s obscurarum.	99	[illegible]	20	0		obscura
…hanc.	95	[illegible]	22	[illegible]		obscura
…antecedit.	94	[illegible]	23	[illegible]		obscura
…priores pedes & geminos.	100	[illegible]	22	[illegible]		obscura

…8. quartũ magnitud. tertiæ 1. quartæ 2. quintæ 1. obscuræ 4.

DRACONIS.

…ua.	200	0	76	[illegible]	4	
	215	[illegible]	78	[illegible]	4	maior
…m.	216	[illegible]	75	[illegible]	3	
	229	[illegible]	75	[illegible]	4	
…r.	233	[illegible]	75	[illegible]	3	
…lli inflexione Borea.	258	[illegible]	82	[illegible]	4	
…larum.	295	[illegible]	78	[illegible]	4	
…dens.	262	[illegible]	80	[illegible]	4	
…as ab ortu i cõuersiõe se:	282	[illegible]	81	[illegible]	4	
…eris pcedẽtis q̃drilateri.	331	[illegible]	81	[illegible]	4	
…rus lateris.	343	[illegible]	83	0	4	
…sequentis.	1	0	78	[illegible]	4	
…ldem lateris.	346	[illegible]	77	[illegible]	4	
…ertis australis trianguli	4	0	80	[illegible]	4	
…trianguli praecedens.	15	0	81	[illegible]	5	
…r.	19	[illegible]	80	[illegible]	5	
…antecedente trium.	66	[illegible]	84	[illegible]	4	
…usdẽ trianguli australis.	43	[illegible]	83	[illegible]	4	

m iij Quæ

BOREAE PLAGAE.

Formae stellarum.	Lōgit. partes.	scr.	Latit. partes	scr.	magnitudo
DRACONIS.					
Quae Borealior superioribus duabus.	35	[illegible]	84½	[illegible]	4
Duarū paruarū in triangulo sequēs.	200	0	87	[illegible]	6
Antecedens earum.	195	0	86½	[illegible]	6
Triū q̃ in rectū sequūtur Australis.	152	[illegible]	81	[illegible]	5
Media trium.	152½	[illegible]	83	0	5
Quae magis in Boream ipsarum.	151	0	84½	[illegible]	3
Post hanc ad occasum duarū q̃ magis in Bore.	153	[illegible]	78	0	3
Magis in Austrum.	156	[illegible]	74½	[illegible]	4 maior
Hinc ad occasum ī cōuersiōe caudae.	156	0	70	0	3
Duarū plurimū distantiū praecedēs.	120½	[illegible]	64½	[illegible]	4
Quae sequitur ipsam.	124	[illegible]	65	[illegible]	3
Sequens in cauda.	192	[illegible]	61	[illegible]	3
In extrema cauda.	186	[illegible]	56	[illegible]	3
Stellarum ergo 31. tertiae mag. 8. quartae 16. quintae 5. sextae 2.					
CEPHEI.					
In pede dextro.	28½	[illegible]	75½	[illegible]	4
In sinistro pede.	26	[illegible]	64	[illegible]	4
In latere dextro sub cingulo.	0½	[illegible]	71	[illegible]	4
Quae supra dextrū humerū attingit.	340	0	69	0	3
Quae dextrū uertebrū coxae cōtingit.	332½	[illegible]	72	0	4
Quae sequitur eandē coxā attingēs.	333	[illegible]	74	0	4
Quae in pectore.	352	0	65	[illegible]	5
In brachio sinistro.	1	0	62	[illegible]	4 maior
Trium in tiara Australis.	339½	[illegible]	60	[illegible]	5
Media ipsarum.	340½	[illegible]	61	[illegible]	4
Borea trium.	342	[illegible]	61	[illegible]	5
Stellae 11. mag. tertiae 1. quartae 7. quintae 3.					
Informiū duarū q̃ ponde tiaram.	337	0	64	0	5
Quae sequitur ipsam.	344½	[illegible]	59	½	4
BOOTIS SIVE ARCTOPHILACIS.					
In manu sinistra triū praecedens.	145½	[illegible]	58½	[illegible]	5
Media trium Australior.	147	[illegible]	58	[illegible]	5
Sequens trium.	149	0	60	[illegible]	5
Quae in extrema sinistra coxa.	143	0	54½	[illegible]	5
In sinistro humero.	163	0	49	0	3
In capite.	170	0	53½	[illegible]	4 maior
In dextro humero.	179	0	48½	[illegible]	4

In

BOREAE PLAGAE.

Formae stellarum.	Lõgit.			Latit.		
BOOTIS SIVE ARCTOPHIL.	partes.			partes	magnitu.	
In Colorobo duarum Australior.	179 0			53 [illegible]	4	
Quae magis in Boreã in extrẽo col:	178 [illegible]			57 [illegible]	4	
Duarũ sub humero i uenabulo borea	181 0			46 [illegible]	4	maior
Australior ipsarum.	181 [illegible]			45 [illegible]	5	
In dextrae manus extremo.	181 [illegible]			41 [illegible]	5	
Duarum in uola praecedens.	180 0			41 [illegible]	5	
Quae sequitur ipsam.	180 [illegible]			42 [illegible]	5	
In extremo colorobi manubrio.	181 0			40 [illegible]	5	
In dextro crure.	173 [illegible]			40 [illegible]	3	
Duarum in cingulo quae sequitur.	169 0			41 [illegible]	4	
Quae antecedit.	168 [illegible]			42 [illegible]	4	maior
In calcaneo dextro.	178 [illegible]			28 0	3	
In sinistro crure Borea trium.	164 [illegible]			28 0	3	
Media trium.	163 [illegible]			26 [illegible]	4	
Australior ipsarum.	164 [illegible]			25 0	4	
Stellae 22. quarum in magnitud. tertia 4. in quarta 9. in quinta 9.						
In formis inter crura quam Arcturum uocant.	170 [illegible]			31 [illegible]	1	

CORONAE BOREAE.

Lucens in corona.	188 0			44 [illegible]	2	maior
Praecedens omnium.	185 0			46 [illegible]	4	maior
Sequens in Boream.	185 [illegible]			48 0	5	
Sequens magis in Boream.	193 0			50 [illegible]	6	
Quae sequitur lucentem ab Austro.	191 [illegible]			44 [illegible]	4	
Quae proxime sequitur.	190 [illegible]			44 [illegible]	4	
Post has longius sequens.	194 [illegible]			46 [illegible]	4	
Quae sequitur omnes in corona.	195 0			49 [illegible]	4	
Stellae 8. quarũ magnitud. secundae 1. quartae 5. quintae 1 sextae 1.						

ENGONASI.

In capite.	221 0			37 [illegible]	3	
In axilla dextra.	207 0			43 0	3	
In dextro brachio.	205 0			40 [illegible]	3	
In dextris ilibus.	201 [illegible]			37 [illegible]	4	
In sinistro humero.	220 0			48 0	3	
In sinistro brachio.	225 [illegible]			49 [illegible]	4	maior

In

BOREAE PLAGAE.

Formae stellarum.	Longitu.			Latitu.		
ENGONASI.	partes.			partes	magnitudo	
In sinistris ...	231	0		42 0	4	
Trium in sinistra uola.	238	[illegible]		52 [illegible]	4	maior
Borea duarum reliquarum.	235	0		54 0	4	maior
Australior.	234	[illegible]		53 0	4	
In dextro latere.	207	[illegible]		56 [illegible]	3	
In sinistro latere.	213	½		53 [illegible]	4	
In clune sinistro.	213	[illegible]		56 [illegible]	5	
In eductione eiusdem cruris.	214	[illegible]		58 [illegible]	5	
In crure sinistro trium praecedens.	217	[illegible]		59 [illegible]	3	
Sequens hanc.	218	[illegible]		60 [illegible]	4	
Tertia sequens.	219	[illegible]		61 [illegible]	4	
In sinistro genu.	237	[illegible]		61 0	4	
In sinistra nate.	225	[illegible]		69 [illegible]	4	
In pede sinistro trium praecedens.	188	[illegible]		70 [illegible]	6	
Media earum.	220	[illegible]		71 [illegible]	6	
Sequens trium.	223	0		72 0	6	
In eductione dextri cruris.	207	0		60 ¼	4	maior
Eiusdem cruris Borealior.	198	[illegible]		63 0	4	
In dextro genu.	180	0		65 [illegible]	4	maior
Sub eodem genu duarum Australior.	180	[illegible]		63 [illegible]	4	
Quae magis in Boream.	183	[illegible]		64 [illegible]	4	
In tibia dextra.	184	[illegible]		60 0	4	
In extremo dextri pedis eadem quae in extremo Colorobo Bootis.	178	[illegible]		57 [illegible]	4	
Praeter hanc stellae 28. mag. tertiae 6. quartae 17. quintae 2. sextae 3.						
Informis i dextro brachio australior	206	0		38 [illegible]	5	

LYRAE.

Lucida quae lyra siue fidicula vocatur.	250	[illegible]		62 0	1	
Duarum adiacentium Borea.	253	[illegible]		62 [illegible]	4	maior
Quae magis in Austrum.	253	[illegible]		61 0	4	maior
In medio eductionis cornuum;	262	0		60 0	4	
Duarum continuarum ad ortum borea.	265	[illegible]		61 [illegible]	4	
Quae magis in Austrum.	265	0		60 [illegible]	4	
Praecedentium in transuersario duarum borea.	254	[illegible]		56 [illegible]	3	
Australior.	254	[illegible]		55 0	4	minor
Sequentium duarum in eodem iugo borea.	257	[illegible]		55 [illegible]	3	
Quae magis in Austrum.	258	[illegible]		54 [illegible]	4	minor
Stellarum 10. magnitudinis primae 1. tertiae 2. quartae 7.						

Oloris

BOREA SIGNA.

Formae stellarum.	Longit.		Latit.	
OLORIS SEV AVIS.	partes.		partes	magnitu.
In ore.	267 1/2 1/3		49 1/3	3
In capite.	272 1/3		50 1/2	5
In medio collo.	279 2/3		54 1/2	4 maior
In pectore.	291 1/2 1/3		56 1/3	3
In cauda lucens.	302 1/2		60 0	2
In ancone dextrae alae.	282 1/2 1/6		64 1/2 1/6	3
Trium in dextra uola Australior.	285 1/2 1/3		69 1/2 1/6	4
Media.	284 1/2		71 1/2	4 maior
Vltima triu & in extrema ala.	310 0		74 0	4 maior
In ancone sinistrae alae.	294 1/6		49 1/2	3
In medio ipsius alae.	298 1/6		52 1/6	4 maior
In eiusdem extremo.	300 0		74 0	3
In pede sinistro.	303 1/3		55 1/6	4 maior
In sinistro genu.	307 1/2 1/3		57 0	4
In dextro pede duarum praecedens.	294 1/2		64 0	4
Quae sequitur.	296 0		64 1/2	4
In dextro genu nebulosa.	305 1/2		63 1/2 1/4	5
Stellae 17. quarti magnitud. secundae 1 tertiae 5. quartae 9. quintae 2.				
ET DVAE CIRCA OLOREM INFORMES.				
Sub sinistra ala duarum Australior.	306 0		49 1/2 1/6	4
Quae magis in Boream.	307 1/6		51 1/2 1/6	4
CASSIOPEAE.				
In capite.	1 1/6		45 1/3	4
In pectore.	4 1/6		46 1/2 1/4	3 maior
In cingulo.	6 1/3		47 1/2 1/3	4
Super cathedra ad coxam.	10 0		49 0	3 maior
Ad genua.	13 1/2 1/6		45 1/2	3
In crure.	20 1/3		45 1/2 1/4	3
In extremo pedis.	355 0		48 1/3	4
In sinistro brachio.	8 0		44 1/3	4
In sinistro cubito.	7 1/2 1/6		45 0	5
In dextro cubito.	357 1/2 1/6		50 0	6
In sedis pede.	8 1/3		52 1/2 1/6	4
In ascensu medio.	1 1/6		51 1/2 1/6	3 maior
In extremo.	27 1/6		51 1/2 1/6	6
Stellae 13. quarti magnitud. tertiae 4. quartae 6. quintae 1. sextae 2.				

BOREA SIGNA.

Formæ stellarum.	Lõgitu.	Latit.	
PERSEI.	partes.	partes.	magnitu.
In extremo dextræ manus obuoluta	21 0	40 1/2	nebulosa.
In dextro cubito. (one nebulosa.	24 1/3	37 1/2	4
In humero dextro.	26 0	34 1/2	4 minor
In sinistro humero.	20 1/2 1/3	32 1/3	4
In capite siue nebula.	24 0	34 1/2	4
In scapulis.	24 1/2 1/3	31 1/6	4
In dextro latere fulgens.	28 1/6	30 0	2
In eodem latere triũ præcedens.	28 1/2 1/3	27 1/2	4
Media.	30 1/6	27 1/2 1/3	4
Reliqua trium.	31 0	27 1/2	3
In cubito sinistro.	24 0	27 0	4
In sinistra manu & capite Medusæ lu(cens	23 0	23 0	2
Eiusdem capitis sequens.	22 1/2	21 0	4
Quæ præit in eodem capite.	21 0	21 0	4
Præcedens etiam hanc.	20 1/3	22 1/6	4
In dextro genu.	38 1/3	28 1/6	4
Præcedens hanc in genu.	37 1/6	28 1/6	4
In uentre duarum præcedens.	35 1/2 1/3	25 1/3	4
Sequens.	37 1/6	26 1/6	4
In dextro coxendice.	37 1/6	24 1/2	5
In dextra sura.	39 1/2 1/6	28 1/2 1/4	5
In sinistra coxa.	30 1/3	21 1/2 1/4	4 maior
In sinistro genu.	32 0	19 1/2 1/3	3
In sinistro crure.	31 1/2 1/6	14 1/2 1/4	3 maior
In sinistro calcaneo.	24 1/3	12 0	3 minor
In summo pedis sinistra parte.	29 1/2 1/6	11 0	3 maior

Stellæ 26. quarum magnitud. secundæ 2. tertiæ 5. quartæ 16. quintæ 2. nebulosa 1.

CIRCA PERSEA INFORMES.

Quæ ad ortum à sinistro genu.	34 1/3	31 0	5
In boream à dextro genu.	38 1/3	31 0	5
Antecedens à capite Medusæ.	18 0	20 1/2 1/3	obscura.

Stellarum trium magnitud. quintæ 2. obscura una.

Heni-

BOREA SIGNA.

Formae stellarum	Lôgitud.			Lati.			
HENIOCHI SIVE AVRIGAE.	partes			partes		magnitudo	
Duarum in capite Australior.	55	½ ⅓		30	0	4	
Quae magis in Boream. (capella	55	½ ⅙		30	½ ⅓	4	
In sinistro humero fulgēs quā uocant	78	⅓		22	½	1	
In dextro humero.	56	⅙		20	0	2	
In dextro cubito.	54	½		15	¼	4	
In dextra uola.	56	⅙		13	½	4	maior
In sinistro cubito.	45	⅓		20	½ ⅙	4	maior
Antecedens hoedorum.	45	½		18	0	4	minor
In sinistra uola hoedorum sequens.	46	0		18	0	4	maior
In sinistra sura.	53	⅙		10	⅙	3	minor
In dextra sura & extremo cornu Tau	49	0		5	0	3	maior
In talo. (ri Boreo.	49	⅓		8	½	5	
In clune.	49	½ ⅙		12	⅓	5	
In sinistro pede exigua.	24	0		10	⅓	6	

Stellae 14. quartē magnitud. primae 1. secundae 1. tertiae 2. quartae 7. quintae 2. sextae 1.

OPHIVCHI SIVE SERPENTARII.

In capite.	228	⅙		36	0	3	
In dextro humero duarū praecedens.	231	⅓		27	¼	4	maior
Sequens.	232	⅓		26	½ ¼	4	
In sinistro humero duarū praecedens.	216	½ ⅙		33	0	4	
Quae sequitur.	218	0		31	½ ⅓	4	
In ancone sinistro.	211	½ ⅙		34	½	4	
In sinistra manu duarum praecedēs.	208	⅓		17	0	4	
Sequens.	209	⅓		12	½	3	
In dextro ancone.	220	0		15	0	4	
In dextra manu praecedens.	205	½ ⅙		18	½ ⅙	4	maior
Sequens.	207	½ ⅙		14	⅓	4	
In genu dextro.	224	½		4	½	3	
In dextra tibia.	227	0	Bor.	2	¼	3	maior
In pede dextro ex quatuor praecedēs	226	⅓	Aust.	2	¼	4	maior
Sequens.	227	½ ⅙	Aust.	1	½	4	maior
Tertia sequens.	228	⅓	Aust.	0	⅓	4	maior
Reliqua sequens.	229	⅙	Aust.	1	½ ¼	5	maior
Quae calcaneum contingit.	229	½	Aust.	1	0	5	

BOREA SIGNA.

Formae stellarum.	Lōgit.			Lati
OPHIVCHI SIVE SERPENTA.	partes.			part
In sinistro genu.	215	1/5	Bor.	11 [illegible]
In crure sinistro ad rectā lineā Borea	215	0	Bor.	5
Media earum. (trium	214	0	Bor.	3
Australior trium.	213	1/3	Bor.	1 [illegible]
In sinistro calcaneo.	215	1/6 1/3	Bor.	0 [illegible]
Domestica in sinistri pedis stringēs.	214	0	Aust.	0 1/5

Stellae 24. quarum magnitud. tertiae 5. quartae 13. quin

CIRCA OPHIVCHVM INFORMES

Ab ortu in dextrū humerū maxime	235	1/3		28
Media trium. (Borea trīū.	236	0		26
Australis trium.	233	1/6 1/3		25
Adhuc sequens três.	237	0		27
Separata à quatuor in Septētriones.	238	0		33

Informium ergo quinq; magnitud. quartae omnes.

SERPENTIS OPHIVCHI

In quadrilatero quae in gena.	192	[illegible]		38
Quae nares attingit.	201	0		40
In tempore.	197	1/6 1/3		35
In eductione colli.	195	[illegible]		34
Media quadrilateri & in ore.	194	1/6 1/3		37
A capite in Septentriones.	201	1/3		42
In prima colli conuersione.	195	0		29
Sequentium trium Borea.	198	1/3		26
Media earum.	197	1/6 1/3		25
Australior trium.	199	1/6 1/3		24
Duarū sequētū in sinistra Serpentarij.	202	0		16
Quae sequitur hanc in eadem manu.	211	1/3		16
Quae post coxam dextram.	227	0		10
Sequentium duarum Australis.	230	1/3		8
Quae Borea.	231	[illegible]		10
Post dextrā manū in inflexiōe caudae	237	0		20
Sequens in cauda.	242	0		21
In extrema cauda.	251	1/6 1/3		27

Stellae 18. quarum magnitud. tertiae 5. quartae 12. quin

BOREA SIGNA.

Formae stellarum.	Lõgit. partes.		Latit. partes		magnitu.	
SAGITTAE.						
In cuspide.	273	$\frac{1}{6}$	39	$\frac{1}{3}$	4	
In harundine trium sequens.	270	0	39	$\frac{1}{6}$	6	
Media ipsarum.	269	$\frac{1}{6}$	39	$\frac{1}{6}$ $\frac{1}{4}$	5	
Antecedens trium.	268	0	39	0	5	
In Glyphide.	266	$\frac{1}{2}$ $\frac{1}{3}$	38	$\frac{1}{2}$ $\frac{1}{4}$	5	
Stellae 5. quarum magnitud. quartae 1. quintae 3. sextae 1.						
AQVILAE.						
In medio capite.	270	$\frac{1}{6}$	26	$\frac{1}{2}$ $\frac{1}{4}$	4	
In collo.	268	$\frac{1}{6}$	27	$\frac{1}{6}$	3	
In scapulis lucidã quã uocãt Aquilã.	267	$\frac{1}{6}$	29	$\frac{1}{6}$	2	maior
Proxima huic magis in Boream.	268	0	30	0	3	minor
In sinistro humero praecedens.	266	$\frac{1}{2}$	31	$\frac{1}{6}$	3	
Quae sequitur.	269	$\frac{1}{6}$	31	$\frac{1}{6}$	5	
In dextro humero antecedens.	263	0	28	$\frac{1}{2}$ $\frac{1}{6}$	5	
Quae sequitur.	264	$\frac{1}{2}$	26	$\frac{1}{2}$ $\frac{1}{6}$	5	maior
In cauda lacteũ circulum attingens.	255	$\frac{1}{2}$	26	$\frac{1}{2}$	5	
Stellae 9. quarũ mag. secundae 1. tertiae 4. quartae 1. quintae 3.						
CIRCA AQVILAM INFORMES.						
A capite in Austrum praecedens.	272	0	21	$\frac{1}{2}$ $\frac{1}{6}$	3	
Quae sequitur.	272	$\frac{1}{3}$	29	$\frac{1}{6}$	3	
Ab humero dextro uersus Africum.	259	$\frac{1}{3}$	25	0	4	maior
Ad Austrum.	261	$\frac{1}{2}$	20	0	3	
Magis ad Austrum.	263	0	15	$\frac{1}{2}$	5	
Quae praecedit omnes.	254	$\frac{1}{3}$	18	$\frac{1}{2}$	3	
Informium 6. quarum magnitud. tertiae 4. quartae 1. & quintae 1.						
DELPHINI.						
In cauda trium praecedens.	281	0	29	$\frac{1}{6}$	3	minor
Reliquarum duarum magis borea.	282	0	29	0	4	minor
Australior.	282	0	26	$\frac{1}{2}$ $\frac{1}{6}$	4	
In romboide p̃cedẽtis lateris australi (or.	281	$\frac{1}{2}$ $\frac{1}{3}$	32	0	3	minor
Eiusdem lateris Borea.	283	$\frac{1}{6}$	33	$\frac{1}{2}$ $\frac{1}{4}$	3	minor
Sequentis lateris Austrina.	284	$\frac{1}{2}$ $\frac{1}{6}$	32	0	3	minor
Eiusdem lateris Borea.	286	$\frac{1}{2}$ $\frac{1}{3}$	33	$\frac{1}{6}$	3	minor
Inter caudã & rombũ triũ Australior	280	$\frac{1}{2}$ $\frac{1}{4}$	34	$\frac{1}{6}$	6	
Caeterarũ duarũ in boreã praecedens	280	$\frac{1}{2}$ $\frac{1}{3}$	31	$\frac{1}{2}$ $\frac{1}{3}$	6	
Quae sequitur.	282	$\frac{1}{3}$	31	$\frac{1}{6}$	6	
Stellae 10. utpura magnitud. tertiae 5. quartae 2. sextae 3.						

BOREA SIGNA.

Formæ stellarum.	Lõgit. partes		Latit. partes	magnitu.	
EQVI SECTIONIS.					
In capite duarum præcedens.	289 1/2		20 1/2		obscura
Sequens.	292 1/2		20 1/3		obscura
In ore duarum præcedens.	289 1/6		25 1/2		obscura
Quæ sequitur.	291		25 0		obscura
Stellæ quatuor, obscuræ omnes.					
EQVI ALATI SEV PEGASI.					
In rictu.	298 1/2		21 1/2	3	maior
In capite duarum ꝓpinquarũ borea.	302 1/2		16 1/2	3	
Quæ magis in Austrum.	301 1/2		16 0	4	
In iuba duarum Australior.	314 1/2		15 0	5	
Quæ magis in Boream.	313 1/6		10 0	5	
In ceruice duarum præcedens.	312 1/2		18 0	3	
Sequens.	313 1/2		19 0	4	
In sinistra suffragine.	305 1/2		36 1/2	4	maior
In sinistro genu.	311 0		34 1/4	4	maior
In dextra suffragine.	317 0		41 1/6	4	maior
In pectore duarũ propinquarũ præ-	319 1/2		29 0	4	
Sequens. (cedens.	320 1/2		20 1/2	4	
In dextro genu duarum Borea.	322 1/2		35 0	3	
In Austrum magis.	321 1/2		24 1/2	5	
In corpore duarũ sub ala quæ borea.	327 1/2		25 1/2	4	
Quæ Australior.	328 1/2		25 0	4	
In scapulis & armo alæ.	350 0		19 1/2	2	minor
In dextro humero & cruris eductiõe	325 1/2		31 0	2	minor
In extrema ala. (cõmunis	335 1/2		12 1/2	2	maior
In umbilico q̃ & capiti Andromedæ	341 1/2		26 0	2	minor
Stellæ 20, nempe magnit. secundæ 4. tertiæ 4. quartæ 9. quintæ 3.					
ANDROMEDÆ.					
Quæ in scapulis.	348 1/2		24 1/2	3	
In dextro humero.	349 1/2		27 0	4	
In sinistro humero.	347 1/2		23 0	4	
In dextro brachio trium Australior.	347 0		32 0	4	
Quæ magis in Boream.	348 0		33 1/2	4	
Media trium.	348 1/2		32 1/2	5	
In summa manu dextra triũ australi-	343 0		41 0	4	
Media earum. (or.	344 0		42 0	4	

Borea

BOREA SIGNA.

Formæ stellarum.	Lõgit.			Latit.			
ANDROMEDAE.	partes.			partes		magnitu.	
Borea trium.	345	1/2		44	0	4	
In sinistro brachio.	347	1/2		17	1/2	4	
In sinistro cubito.	349	0		15	1/2	3	
In cingulo trium Australis.	357	[illegible]		25	1/3	3	
Media.	355	[illegible]		30	0	3	
Septentrionalis trium.	355	1/3		32	1/2	3	
In pede sinistro.	10	[illegible]		23	0	3	
In dextro pede.	10	[illegible]		37	1/3	4	maior
Australior ab his.	8	[illegible]		35	1/3	4	maior
Sub poplite duarum Borea.	5 1/2	[illegible]		29	0	4	
Austrina.	5	1/3		28	0	4	
In dextro genu.	5	1/3		35	[illegible]	5	
In syrmate siue tractu duarũ Borea.	6	0		34	1/2	5	
Austrina.	7	1/3		32	1/2	5	
A dextra manu excedẽs & informis.	5	0		44	0	3	

Stellæ 23. earum magnitud. tertiæ 7. quartæ 12. quintæ 4.

TRIANGVLI

In apice trianguli.	4	1/3		16	1/3	3	
In basi præcedens trium.	9	1/3		20 1/2	[illegible]	3	
Media.	9	1/2		20	1/3	4	
Sequens trium.	10	1/3		19	0	3	

Stellæ 4. earum magnitud. tertiæ 3. quartæ 1.

Igitur in ipsa Septẽtrionali plaga stellæ omnes 360. Magnitudinis primæ 3. secundæ 18. tertiæ 81. quartæ 177. quintæ 58. sextæ 13. nebulosa 1. obscuræ 9.

EORVM QVÆ MEDIA ET CIRCA signiferum sunt circulum.

ARIETIS.

In cornu duarũ pcedẽs & prima oium.	0	0	Bor.	7	1/3	3	defficiẽs.
Sequens in cornu.	1	0	Bor.	8	[illegible]	3	
In rictu duarum Borea.	4	1/3	Bor.	7 1/2	[illegible]	3	
Quæ magis in Austrum.	4 1/2	[illegible]	Bor.	6	0	5	
In ceruice.	9 1/2	1/3	Bor.	5	1/4	5	
In renibus.	10 1/2	[illegible]	Bor.	6	0	6	
Quæ in eductione caudæ.	14 1/2	[illegible]	Bor.	4 1/2	[illegible]	5	
In cauda trium præcedens.	17	[illegible]	Bor.	1 1/2	[illegible]	4	
Media.	18	[illegible]	Bor.	2	[illegible]	4	

Sequens

MEDIA QVAE CIRCA SIGNIFERVM							
Formae stellarum.	Lõgit.			Latit.			
ARIETIS.	partes.			partes		magnitu.	
Sequens trium.	20	$\frac{1}{6}$	Bor.	1	$\frac{1}{2}$ $\frac{1}{6}$	4	
In coxendice.	13	0	Bor.	1	$\frac{1}{6}$	5	
In poplite.	11	$\frac{1}{3}$	Aust.	1	$\frac{1}{2}$	5	
In extremo pede posteriore.	8	$\frac{1}{2}$	Aust.	5	$\frac{1}{4}$	4	maior
Stellae 13, quarũ magnit. tertiae 2, quartae 4, quintae 6, sextae 1.							
CIRCA ARIETEM INFORMES.							
Quae supra caput.	3	$\frac{1}{2}$ $\frac{1}{6}$	Bor.	10	0	5	maior
Suprà dorsum maxie septẽtrionaria.	15	0	Bor.	10	$\frac{1}{6}$	4	
Reliquarum trium paruarum Borea	14	$\frac{1}{2}$ $\frac{1}{6}$	Bor.	12	$\frac{1}{2}$ $\frac{1}{6}$	5	
Media.	13	0	Bor.	10	$\frac{1}{2}$ $\frac{1}{6}$	5	
Australis earum.	12	$\frac{1}{3}$	Bor.	10	$\frac{1}{2}$ $\frac{1}{6}$	5	
Stellae 5, quarum magnitud. tertiae 1, quartae 1, quintae 3.							
TAVRI.							
In sectione ex quatuor maxie borea.	19	$\frac{1}{2}$ $\frac{1}{6}$	Aust.	6	0	4	
Altera post ipsam.	19	$\frac{1}{6}$	Aust.	7	$\frac{1}{6}$	4	
Tertia.	18	0	Aust.	8	$\frac{1}{2}$	4	
Quarta maxime Austrina.	17	$\frac{1}{2}$ $\frac{1}{6}$	Aust.	9	$\frac{1}{4}$	4	
In dextro armo.	23	0	Aust.	9	$\frac{1}{2}$	5	
In pectore.	27	0	Aust.	8	0	3	
In dextro genu.	30	0	Aust.	12	$\frac{1}{2}$ $\frac{1}{3}$	4	
In suffragine dextra.	26	$\frac{1}{3}$	Aust.	14	$\frac{1}{2}$ $\frac{1}{6}$	4	
In sinistro genu.	35	$\frac{1}{2}$	Aust.	10	0	4	
In sinistra suffragine.	36	$\frac{1}{3}$	Aust.	13	$\frac{1}{2}$	4	
In facie 5, q̃ succulae uocãt, q̃ i nario.	32	0	Aust.	5	$\frac{1}{2}$ $\frac{1}{6}$	3	minor
Inter hanc & boreum oculum.	33	$\frac{1}{2}$ $\frac{1}{6}$	Aust.	4	$\frac{1}{4}$	3	minor
Inter eandem & oculum Australem.	34	$\frac{1}{6}$	Aust.	0	$\frac{1}{2}$ $\frac{1}{4}$	3	minor
In ipso oculo lucẽs palilicii dicta a Ro	36	0	Aust.	5	$\frac{1}{6}$	1	
In oculo Boreo.	35	$\frac{1}{6}$	Aust.	3	0	3	
Quae int̃ originẽ australis cornu et au	40	$\frac{1}{3}$	Aust.	4	0	4	
In eodẽ cornu duarũ australior. (ri.	43	$\frac{1}{2}$ $\frac{1}{6}$	Aust.	5	0	4	
Quae magis in boream.	43	$\frac{1}{6}$	Aust.	3	$\frac{1}{3}$	5	
In extremo eiusdem.	50	$\frac{1}{3}$	Aust.	2	$\frac{1}{2}$	3	
In origine cornu Septentrionalis.	49	0	Aust.	4	0	4	
In extremo eiusdẽ quaeq; in dextro pe	49	0	Bor.	5	0	3	
In aure borea duarũ borea. (de his-	35	$\frac{1}{6}$	Bor.	4	$\frac{1}{2}$	5	
Australis earum. (tinctio)	35	0	Bor.	4	0	5	

In

MEDIA QVAE CIRCA SIGNIFERVM.

Formæ stellarum.	Lõgit.			Latit.		
TAVRI.	partes.			partes		magnitu.
In ceruice duarũ exiguarũ præcedẽs.	30	[illegible]	Bor.	0	[illegible]	5
Quæ sequitur.	32	[illegible]	Bor.	1	0	6
In collo quadrilateri præcedẽtiũ austrina.	31	[illegible]	Bor.	5	0	5
Eiusdem lateris Borea.	32	[illegible]	Bor.	7	[illegible]	5
Sequentis lateris Australis.	35	[illegible]	Bor.	3	0	5
Huius lateris Borea.	35	0	Bor.	5	0	5
Pleiadũ præcedẽtis lateris Boreꝰ termi	25	[illegible]	Bor.	4	[illegible]	5
Eiusdẽ lateris australis terminꝰ. (nꝰ	25	$\frac{1}{3}$ [illegible]	Bor.	4	[illegible]	5
Pleiadũ sequẽs angustissimum latus termi.	27	0	Bor.	5	[illegible]	5
Exigua Pleiadũ & ab extremis secta.	26	0	Bor.	3	0	5

Stellarum 32. absq; ea quæ in extremo cornu Septentrionali. mag. primæ 1. tertiæ 6. quartæ 11. quintæ 13. sextæ 1.

QVAE CIRCA TAVRVM INFORMES.

Inter pedem & armum deorsum.	18	[illegible]	Aust.	17	[illegible]	4
Circa austrinũ cornu præcedens trium.	43	[illegible]	Aust.	2	0	5
Media trium.	47	[illegible]	Aust.	1	[illegible]	5
Sequens trium.	49	[illegible]	Aust.	2	0	5
Sub extremo eiusdem cornu duarum	52	[illegible]	Aust.	6	[illegible]	5
Austrina. (borea.	52	[illegible]	Aust.	7	[illegible]	5
Sub Boreo cornu quinq; præcedens.	50	[illegible]	Bor.	2	[illegible]	5
Altera sequens.	52	[illegible]	Bor.	1	0	5
Tertia sequens.	54	[illegible]	Bor.	1	[illegible]	5
Reliquarum duarum quæ Borea.	55	[illegible]	Bor.	3	[illegible]	5
Quæ Australis.	56	[illegible]	Bor.	1	[illegible]	5

Stellarum 11 informium, mag. quartæ 1. quintæ 10.

GEMINORVM.

In capite Gemini præcedẽtis, Castoris.	76	[illegible]	Bor.	9	[illegible]	2
In capite Gemini sequẽtis subflaua.	79	[illegible]	Bor.	6	[illegible]	2
In sinistro cubito gemini præced. (Pol.	70	0	Bor.	10	0	4
In eodem brachio.	72	0	Bor.	7	[illegible]	4
In scapulis eiusdem Gemini.	75	[illegible]	Bor.	5	[illegible]	4
In dextro humero eiusdem.	77	[illegible]	Bor.	4	[illegible]	4
In sinistro humero sequentis gemini.	80	0	Bor.	2	[illegible]	4
In dextro latere antecedẽtis gemini.	75	0	Bor.	2	[illegible]	5
In sinistro latere sequentis gemini.	76	[illegible]	Bor.	3	0	5

o In

MEDIA QVAE CIRCA SIGNIFERI

Formae stellarum.	Lõgit.			
GEMINORVM.	partes.			
In sinistro genu praecedentis gemini	66	1/6	Bor.	
In sinistro genu sequentis.	71 1/2	1/3	Aust.	
In sinistro bubone eiusdem.	75	0	Aust.	
In cavitate dextra eiusdem.	74 1/2	1/6	Aust.	
In pede p̃cedentis gemini praecedens	60	0	Aust.	
In eodem pede sequens.	61	1/3	Aust.	
In extremo praecedentis gemini.	63	1/2	Aust.	
In summo pede sequentis.	65	1/2	Aust.	
In infimo eiusdem pedis.	68	0	Aust.	
Stellae 18. quarti mag. sex under 2. tertiae 5. quart				

CIRCA GEMINOS INFORMI

Praecedẽs ad summũ pedẽ gemini p̃ce-(dẽtis.	57	1/6	Aust.	
Quae ante genu eiusdẽ lucet.	59 1/2	1/4	Bor.	
Antecedens genu sinistrũ seq. gemi.	68	1/5	Aust.	
Sequẽtiũ dextrã manũ gem. sequẽtis (cum triũ Borea.	81 1/2	1/6	Aust.	
Media.	79	1/3	Aust.	
Australis trium quae circa brachiũ de-(xtrum.	79	1/3	Aust.	
Lucida sequens tres.	84	0	Aust.	
Stellae quae 7 informatarum, mag. quartae 3. quintae 4				

CANCRI.

In pectore nũb. media q̃ p̃sepe uocat.	93 1/2	1/3	Bor.	
Quadrilateri duarũ p̃cedentiũ Borea	91	0	Bor.	
Australior.	91	1/3	Aust.	
Sequẽtiũ duarũ q̃ uocãt asini borea.	93 1/2	1/6	Bor.	
Australis asinus.	94 1/2	1/6	Aust.	
In chele seu brachio austrino.	99 1/2	1/3	Aust.	
In brachio Septentrionali.	91 1/2	1/6	Bor.	1
In extremo pedis Borei.	86	0	Bor.	
In extremo pedis Austrini.	90	1/3	Aust.	
Stellarum 9. mag. quartae 7. quintae 1. nebulosa 1.				

CIRCA CANCRVM INFORMES

Supra cubitum Australis Chelis.	103	0	Aust.	2
Sequens ab extremo eiusdem Chelis	105	0	Aust.	5

MEDIA QVAE CIRCA SIGNIFERVM. Formae stellarum.	Lõgit. partes.		Latit. partes		magnitu.	
CANCRI.						
Supra nubeculam duarum praecedens.	97 1/3	Bor.	4 1/3		5	
Sequens hanc.	100 1/3	Bor.	7 1/4		5	
Quatuor informium, mag. quartae 2. quintae 2.						
LEONIS.						
In naribus.	101 1/6	Bor.	10	0	4	
In hiatu.	104 1/2	Bor.	7	1/2	4	
In capite duarum Borea.	107 1/6	Bor.	12	0	3	maior
Australis.	107 1/2	Bor.	9	1/2	3	
In ceruice trium Borea.	113 1/2	Bor.	11	0	3	
Media.	115 1/2	Bor.	8	1/2	2	
Australis trium.	114 0	Bor.	4	1/2	3	
In corde quẽ Basiliscũ siue regulũ uocant.	115 1/6		0	1/6	1	
In pectore duarũ Austrina.	116 1/2	Aust.	1	1/2	4	
Antecedens parũ eam quae in corde.	113 1/2	Aust.	0	1/2	5	
In genu dextro priori.	110 1/6		0	0	5	
In brace dextra.	117 1/2	Aust.	3	1/6	6	
In genu sinistro anteriori.	122 1/2	Aust.	4	1/2	4	
In brace sinistra.	115 1/2	Aust.	4	1/2	4	
In sinistra axilla.	122 1/2	Aust.	0	1/6	4	
In uentre trium antecedens.	120 1/2	Bor.	4	0	6	
Sequentium duarum Borea.	126 1/2	Bor.	5	1/2	6	
Quae Australis.	125 1/6	Bor.	2	1/2	6	
In lumbis duarum quae praeit.	124 1/6	Bor.	12	1/2	5	
Quae sequitur.	127 1/2	Bor.	13	1/6	2	
In clune duarum Borea.	127 1/6	Bor.	11		5	
Austrina.	129 1/2	Bor.	9	1/2	3	
In posteriori coxa.	133 1/6	Bor.	5	1/6	3	
In cauitate.	135 0	Bor.	1	1/4	4	
In posteriori cubito.	135 0	Aust.	0	1/2	4	
In pede posteriori.	135 0	Aust.	3	0	5	
In extremo caudae.	134 0	Aust.				
	137 1/6	Bor.	11	1/2	1	minor
Stellarũ 27. mag. primae 2. secũdae 2. tertiae 6. quartae 8. quintae 5. sextae 4.						
CIRCA LEONEM INFORMES.						
Supra dorsum duarum praecedens.	119 1/2	Bor.	13	1/2	5	
Quae sequitur.	121 1/6	Bor.	15	1/2	5	
Sub uentre trium Borea.	129 1/2	Bor.	1	1/2	4	minor
			0	1/2		Media

Sequens Septentrio maior. ... Au-	135
In uultu duarum Borea. strina.	140
Australis.	144
In extremo alæ sinistræ & Austrinæ.	143
Earū q̃ in sinistra ala q̃tuor p̃cedens.	142
Altera sequens.	151
Tertia.	156
Vltima quatuor sequens.	160
In dextro latere sub cingulo.	164
In dextra & Borea ala triū p̃cedens.	157
Reliquarum duarum Austrina.	151
Ipsarum Borea uocata vindemiator.	153
In sinistra manu quæ Spica uocatur.	155
Sub perizomate & in clune dextra.	170
In sinistra coxa q̃drilateri p̃cedentium	168
Australis.	169
(Borea.	
Sequentium duarum Borea.	170
Austrina.	173
In genu sinistro.	171
In postremo coxæ dextræ	175
In syrmate quæ media.	171
Quæ Austrina.	180
Quæ Borea.	180
In sinistro & Austrino pede.	181
In dextro & Boreo pede.	183
	186

Stellarū 26. mag. primæ 1. tertiæ 6. quartæ 6

QVAE CIRCA SIGNIFERVM.

...r stellarum.	Longit. partes			Latit. partes		magnitu.	
INEM INFORMES							
...stro in directū triū p-cedens.	158	0	Aust.	3	[illegible]	5	
	162	[illegible]	Aust.	3	[illegible]	5	
	165 ½	[illegible]	Aust.	3	[illegible]	5	
...m lineā triū pcedens.	170	[illegible]	Aust.	7	[illegible]	6	
...ux & dupla.	171	[illegible]	Aust.	8	[illegible]	5	
...nas.	173	[illegible]	Aust.	7 ½	[illegible]	6	

...6. mag. quintae 4. sextae 2.

CHELARVM.

...trium chele duarū lucēs	191	[illegible]	Bor.	0	[illegible]	2	maior
...Boreum.	190	[illegible]	Bor.	2	[illegible]	5	
...rea chele duarū lucens	195	[illegible]	Bor.	8	[illegible]	2	
...ecedens hanc.	191	0	Bor.	8	[illegible]	5	
...les Austrinae.	197	[illegible]	Bor.	1	[illegible]	4	
...praeit.	194	[illegible]	Bor.	1	[illegible]	4	
...e Borea.	200 ⅓	[illegible]	Bor.	3	[illegible]	4	
...sequitur.	206	[illegible]	Bor.	4	[illegible]	4	

...uarum mag. secundae 2. quartae 4. quintae 2.

CIRCA CHELAS INFORMES.

...de borea triū praecedēs.	199	[illegible]	Bor.	9	0	5	
...duarum Australis.	207	0	Bor.	6 ⅓	[illegible]	4	
...m.	207	[illegible]	Bor.	9	[illegible]	4	
...e tribus quae sequitur.	205	[illegible]	Bor.	5	[illegible]	6	
...tarū pcedentiū Borea.	203	[illegible]	Bor.	2	0	4	
...lis.	204	[illegible]	Bor.	1	[illegible]	5	
... Chele trium praecedens.	196	[illegible]	Aust.	7	[illegible]	3	
...quētiū duarum Borea.	204	[illegible]	Aust.	8	[illegible]	4	
	205	[illegible]	Aust.	9 ½	[illegible]	4	

...m 9. mag. tertiae 1. quartae 5. quintae 2. sextae 1.

SCORPII.

...entium trium Borea.	209	[illegible]	Bor.	1	[illegible]	3	maior
	209	0	Aust.	1	[illegible]	3	
...lum.	209	0	Aust.	5	0	3	
...ad Austrum & in pede.	209	[illegible]	Aust.	7	[illegible]	3	
...unctarū fulgens Borea.	210	[illegible]	Bor.	1	[illegible]	4	
	210	[illegible]	Bor.	0	[illegible]	4	
...triū lucidarū praecedens.	214	0	Aust.	3	[illegible]	3	
...lans Antares uocata.	216	0	Aust.	4	0	2	maior
...um.	217	[illegible]	Aust.	5	[illegible]	3	

In ultia

MEDIA QVAE CIRCA SIGNIFERVM.

Formæ stellarum.	Lõgit.			Latit.		
SCORPII.	partes.			partes		magnitu.
In ultimo acetabulo duarũ præcedens.	212	$\frac{1}{2}$ $\frac{1}{6}$	Aust.	6	$\frac{1}{6}$	5
Sequens.	213	$\frac{1}{3}$ $\frac{1}{4}$	Aust.	6	$\frac{1}{2}$ $\frac{1}{6}$	5
In primo corporis spondylo.	221	$\frac{1}{2}$ $\frac{1}{4}$	Aust.	11	0	3
In secundo spondylo.	222	$\frac{1}{6}$	Aust.	15	0	4
In tertio duplicis Borea.	223	$\frac{1}{4}$	Aust.	18	$\frac{1}{2}$ $\frac{1}{3}$	4
Austrina duplicis.	223	$\frac{1}{2}$	Aust.	18	0	3
In quarto spondylo.	226	$\frac{1}{3}$	Aust.	19	$\frac{1}{3}$	3
In quinto.	231	$\frac{1}{2}$	Aust.	18	$\frac{1}{2}$ $\frac{1}{3}$	3
In sexto spondylo.	233	$\frac{1}{2}$ $\frac{1}{3}$	Aust.	16	$\frac{1}{2}$ $\frac{1}{4}$	3
In septimo quæ proxima aculeo.	232	$\frac{1}{3}$	Aust.	15	$\frac{1}{6}$	3
In ipso aculeo duarum sequens.	230	$\frac{1}{2}$ $\frac{1}{3}$	Aust.	13	$\frac{1}{3}$	3
Antecedens.	230	$\frac{1}{3}$	Aust.	13	$\frac{1}{2}$	4
Stellæ 21, quarum secundæ mag. 1. tertiæ 13. quartæ 5. quintæ 2.						
CIRCA SCORPIVM INFORMES.						
Nebulosa sequens aculeum.	234	$\frac{1}{2}$	Aust.	12	$\frac{1}{3}$	Nebulosa
Ab aculeo in boream duarũ sequens.	228	$\frac{1}{2}$ $\frac{1}{3}$		6	$\frac{1}{3}$	5
Quæ sequitur.	232	$\frac{1}{2}$ $\frac{1}{3}$	Aust.	4	$\frac{1}{6}$	5
Informium trium, mag. quintæ duæ, nebulosa una.						

SAGITARII.

In cuspide sagittæ.	237	$\frac{1}{2}$ $\frac{1}{6}$	Aust.	6	$\frac{1}{2}$	3	
In manubrio sinistræ manus.	241	0	Aust.	6	$\frac{1}{2}$	3	
In Australi parte arcus.	241	$\frac{1}{3}$	Aust.	10	$\frac{1}{2}$ $\frac{1}{3}$	3	
In Septentrionali duarũ Australior.	242	$\frac{1}{3}$	Aust.	1	$\frac{1}{2}$	3	
Magis in Boream in extremitate ar-(cus	240	0	Bor.	2	$\frac{1}{2}$ $\frac{1}{3}$	4	
In humero sinistro.	248	$\frac{1}{2}$ $\frac{1}{3}$	Aust.	3	$\frac{1}{3}$	3	
Antecedens hanc in iaculo.	240	$\frac{1}{3}$	Aust.	3	$\frac{1}{2}$ $\frac{1}{3}$	4	
In oculo nebulosa duplex.	248	$\frac{1}{3}$	Bor.	0	$\frac{1}{2}$ $\frac{1}{4}$	Nebulosa	
In capite trium quæ antecit.	249	0	Bor.	2	$\frac{1}{3}$	4	
Media.	251	0	Bor.	1	$\frac{1}{2}$	4	maior
Sequens.	252	$\frac{1}{2}$	Bor.	2	0	4	
In Boreo contactu trium Australior.	254	$\frac{1}{2}$ $\frac{1}{3}$	Bor.	2	$\frac{1}{2}$ $\frac{1}{3}$	4	
Media.	255	$\frac{1}{2}$ $\frac{1}{6}$	Bor.	4	$\frac{1}{2}$	4	
Borea trium.	256	$\frac{1}{6}$	Bor.	6	$\frac{1}{2}$	4	
Sequens tres obscuræ.	259	0	Bor.	5	$\frac{1}{2}$	6	
In Australi contactu duarum Borea.	262	$\frac{1}{2}$ $\frac{1}{6}$	Bor.	5	0	5	
Australis.	261	0	Bor.	2	0	6	
In humero dextro.	255	$\frac{1}{2}$ $\frac{1}{3}$	Aust.	1	$\frac{1}{2}$ $\frac{1}{6}$	5	

MEDIA QVAE CIRCA SIGNIFERVM.

Formae stellarum.	Lõgit. partes.		Latit. partes	magnitu.	
SAGITARII.					
In dextro cubito.	258 ½	Aust.	2 [illegible]	5	
In scapulis.	253 [illegible]	Aust.	2 [illegible]	5	
In armo.	251 o	Aust.	4 [illegible]	4	maior
Sub axilla.	249 [illegible]	Aust.	6 [illegible]	3	
In subfragine sinistra priore.	251 o	Aust.	23 o	2	
In genu eiusdem cruris.	250 [illegible]	Aust.	18 o	2	
In priori dextra suffragine.	240 o	Aust.	13 o	3	
In sinistra scapula.	260 [illegible]	Aust.	13 [illegible]	3	
In anteriori dextro genu.	260 o	Aust.	20 [illegible]	3	
In eductiõe caudae 4 borei lateris p̃cedẽs.	261 o	Aust.	4 [illegible]	5	
Sequens eiusdem lateris.	261 [illegible]	Aust.	4 [illegible]	5	
Austrini lateris praecedens.	261 [illegible]	Aust.	5 [illegible]	5	
Sequens eiusdem lateris.	263 o	Aust.	6 [illegible]	5	

Stellae 31. quarum mag. secundae 2. tertiae 9. quartae 9. quintae 8. sextae 2. nebulosa una.

CAPRICORNI.

Formae stellarum.	Lõgit. partes.		Latit. partes	magnitu.
In praecedente cornu trium Borea.	270 [illegible]	Bor.	7 [illegible]	3
Media.	271 o	Bor.	6 [illegible]	6
Australis trium.	270 [illegible]	Bor.	5 o	3
In extremo sequentis cornu.	272 [illegible]	Bor.	8 o	6
In rictu trium Australis.	272 [illegible]	Bor.	0 [illegible]	6
Reliquarum duarum praecedens.	272 o	Bor.	1 [illegible]	6
Sequens.	272 [illegible]	Bor.	1 [illegible]	6
Sub oculo dextro.	270 [illegible]	Bor.	0 [illegible]	5
In ceruice duarum Borea.	275 o	Bor.	4 [illegible]	6
Australis.	275 [illegible]	Aust.	0 [illegible]	5
In dextro genu.	274 [illegible]	Aust.	6 [illegible]	4
In sinistro genu subfracto.	275 o	Aust.	8 [illegible]	4
In sinistro humero.	280 o	Aust.	7 [illegible]	4
Sub aluo duarũ cõfiguratiũ praecedẽs.	283 [illegible]	Aust.	6 [illegible]	4
Sequens.	283 [illegible]	Aust.	6 o	5
In medio corpore trium sequens.	282 o	Aust.	4 [illegible]	5
Reliquarum praecedentiũ Australis.	280 o	Aust.	4 o	5
Septentrionalis earum.	280 o	Aust.	2 [illegible]	5
In dorso duarum quae antecedit.	280 o	Aust.	0 o	4
Sequens.	284 [illegible]	Aust.	0 [illegible]	4
In Australi spina antecedens duarũ.	286 [illegible]	Aust.	4 [illegible]	4

Sequens

MEDIA QVAE CIRCA SIGNIFERVM.

Formae stellarum.	Lögit.			Latit.		
CAPRICORNI.	partes.			partes		magnitu.
Sequens,	288	1/3	Aust.	4	1/6	4
In eductione caudae duarũ praecedẽs.	288	1/2 1/3	Aust.	2	1/6	3
Sequens.	289	1/2 1/3	Aust.	2	0	3
In Borea per caudae quatuor p̃cedẽs.	290	1/6	Aust.	2	1/3	4
Reliquarum trium Australis.	292	0	Aust.	5	0	5
Media.	291	0	Aust.	2 1/2	1/3	5
Borea quae in extremo caudae.	292	0	Bor.	4	1/3	5
Stellae 28. quarum mag. tertiae 4. quartae 9. quinctae 6. sextae 6.						
AQVARII.						
In capite.	293	1/2 1/3	Bor.	15	1/2 1/4	5
In humero dextro quae clarior	299	1/2 1/3	Bor.	11	0	3
Quae obscurior.	289	1/3	Bor.	9	1/2 1/3	5
In humero sinistro.	290	0	Bor.	8	1/2 1/3	3
Sub axilla.	290	1/2 1/3	Bor.	6	1/2 1/4	5
Sub sinistra manu i ueste sequẽs triũ.	280	0	Bor.	5	1/2 1/3	3
Media.	279	1/3	Bor.	8	0	4
Antecedens trium.	278	0	Bor.	8	1/3	3
In cubito dextro.	302	1/2 1/3	Bor.	8	1/2 1/3	3
In dextra manu quae Borea.	303	0	Bor.	10	1/2 1/4	3
Reliquarũ duarũ australiũ praecedẽs.	305	1/3	Bor.	9	0	3
Quae sequitur.	306	1/2 1/3	Bor.	8	1/3	3
In dextra coxa duarũ p̃pinquarũ prae (cedens.	299	1/3	Bor.	3	0	4
Sequens.	300	1/3	Bor.	2	1/6	5
In dextro clune.	302	0	Aust.	0	1/2 1/3	4
In sinistro clune duarum Australis.	295	0	Aust.	1	1/2 1/6	4
Septentrionalior.	295	1/3	Bor.	4	0	6
In dextra tibia Australis.	305	0	Aust.	7	1/3	3
Borea.	304	1/2 1/3	Aust.	5	0	4
In sinistra coxa.	301	0	Aust.	5	1/2 1/3	5
In sinistra tibia duarum Australis.	300	1/2 1/3	Aust.	10	0	5
Septentrionalis sub genu.	302	1/3	Aust.	9	0	5
In profusione aquae ĩ manu prima.	303	1/3	Bor.	2	0	4
Sequens Australior.	308	1/3	Bor.	0	1/6	4
Quae sequitur in primo flexu aquae.	311	0	Aust.	1	1/6	4
Sequens hanc.	313	1/3	Aust.	0	1/6	4
In altero flexu Australi.	313	1/2 1/3	Aust.	1	1/2 1/3	4
Sequentium duarum Borea.	312	1/3	Aust.	3	1/3	4
Australis.	312	1/2 1/3	Aust.	4	1/3	4
In Austrum auulsa.	314	1/3	Aust.	8	1/3	5

Post

MEDIA QVAE CIRCA SIGNIFER.

Formae stellarum.	Longit. partes		
AQVARII.			
Post hanc duarum continuarum praeced.	316	0	A
Sequens.	316	5	A
In tertio aquae fluxu Borea trium.	315	0	A
Media.	316	0	A
Sequens trium.	316	[illegible]	A
Sequentium exemplo flexus trium Borea.	316	[illegible]	[illegible]
Media.	310	[illegible]	[illegible]
Australis trium.	311	[illegible]	[illegible]
In ultima inflexione trium Borea.	306	[illegible]	[illegible]
Sequentium duarum Australis.	306	0	[illegible]
Borea.	306	[illegible]	[illegible]
Ultima aquae & in ore piscis austrini.	300	[illegible]	[illegible]
Vltima aquae & in ore piscis austrini … 1. tertiae 9. quar…			
Stellarum 42. magnitudinis primae …			
CIRCA AQVARIVM			
Sequentium flexum aquae trium praecedens.	320	0	
Reliquarum duarum Borea.	323	0	
Australis earum.	322	[illegible]	
Stellae tres magnitudine quarum maiores…			
PISCIVM			
In ore Piscis antecedentis.	315		
In occipite duarum Australis.	317		
Borea.	321		
In dorso duarum quae praecedit.	319		
Quae sequitur.	324		
In ventre duarum praecedens.	319		
Sequens.	323		
In cauda eiusdem Piscis.	329		
In lino eius primum a cauda.	334		
Quae sequitur.	3[illegible]		
Post hanc trium lucidarum praecedens	34[illegible]		
Media.	34[illegible]		
Sequens.	34[illegible]		
In flexura duarum exiguarum Borea.	34[illegible]		
Australis.	34[illegible]		
Post inflexionem trium praecedens.	3[illegible]		
Media.	3[illegible]		
Sequens.	3[illegible]		

MEDIA QVAE CIRCA SIGNIFERVM.						
Formae stellarum.	**Longitu.**			**Latit.**		
PISCIVM.	partes			partes		magnitu.
In nexu amborum linorum.	356	0	Aust.	8	½	3
In boreo lino à conexu praecedens.	354	0	Aust.	4	½	4
Post hanc trium Australis.	353	½	Bor.	1	½	5
Media.	353	½ ⅙	Bor.	5	⅓	3
Borea trium & ultima in lino.	353	½ ⅓	Bor.	9	0	4
PISCIS SEQVENTIS.						
In ore duarum Borea.	355	⅓	Bor.	21 ½	¼	5
Australis.	355	0	Bor.	21	½	5
In capite trium paruarum quae sequitur	352	0	Bor.	20	0	6
Media.	351	0	Bor.	19 ½	¼	6
Quae praeit ex tribus.	350	⅓	Bor.	23	0	6
In australi spina trium praecedens, propinquabi	349	0	Bor.	14	½	4
Media. (tur Andromedes sinistri.	349	½ ⅓	Bor.	13	0	4
Sequens trium.	351	0	Bor.	12	0	4
In aluo duarum quae Borea.	355	⅓	Bor.	17	0	4
Quae magis in Austrum.	352	½ ⅓	Bor.	15	⅓	4
In spina sequente prope caudam.	353	⅓	Bor.	11	½ ⅓	4
Stellarum 34. mag. tertiae 2. quartae 22. quintae 3 sextae 7.						
QVAE CIRCA PISCES INFORMES.						
In quadrilatero sub pisce praecedente Bo-	324	½	Aust.	2	½ ⅓	4
Quae sequitur. (reis lateris quam pis	325	½ ⅓	Aust.	2	⅓	4
Australis lateris praecedens.	324	0	Aust.	5	½	4
Sequens.	325	½ ⅓	Aust.	5	⅓	4
Informes 4. magnitudinis quartae.						

Omnes ergo quae in signifero sunt, stellae 346. Nempe mag. primae 5. secundae 9. tertiae 64. quartae 133. quintae 105. sextae 27. nebulosae 3. Et Comam, quam superius Beronices crines diximus appellari à Conone Mathematico, extra numerum.

EORVM QVAE AVSTRALIS SVNT PLAGAE

CETI.						
In extremitate naris.	11	0		7	½ ⅓	4
In mandibula sequens trium.	11	0		11	⅓	3
Media in ore medio.	6	0		11	⅓	3
Praecedens trium in gena.	3	½ ⅓		14	0	3
In oculo.	4	0		8	⅓	4
In capillamento borea.	5	½		6	⅓	4

In Iuba

AVSTRALIA SIGNA.

Formae stellarum.	Lōgit. partes.		Latit. partes		magnitu.
CETI.					
In iuba praecedens.	1	0	4	[illegible]	4
In pectore quatuor p̄cedētiū Borea.	355	[illegible]	24	[illegible]	4
Australis.	356	[illegible]	28	0	4
Sequentium Borea.	0	0	25	[illegible]	4
Australis.	0	[illegible]	27	[illegible]	3
In corpore trium quae media.	345	[illegible]	25	[illegible]	3
Australis.	346	[illegible]	30	[illegible]	4
Borea trium.	348	[illegible]	20	0	3
Ad caudam duarum sequens.	343	0	15	[illegible]	3
Praecedens.	338	[illegible]	15	[illegible]	3
In cauda quadrilateri sequētiū Bor.	335	0	11	[illegible]	5
Australis	334	0	13	[illegible]	5
Antecedentium reliquarum Borea.	332	[illegible]	13	0	5
Australis.	332	[illegible]	14	0	5
In extremitate Septētrionali caudae.	327	[illegible]	9	[illegible]	3
In extremitate Australi caudae.	329	0	20	[illegible]	3

Stellae 22. quarū mag. tertiae 10. quartae 8. quintae 4.

ORIONIS.

In capite nebulosa.	50	[illegible]	16	[illegible]	nebulosa
In humero dextro lucida rubescens.	55	[illegible]	17	0	1
In humero sinistro.	43	[illegible]	17	[illegible]	2 maior
Quae sequitur hanc.	48	[illegible]	18	0	4 minor
In dextro cubito.	57	[illegible]	14	[illegible]	4
In ulna dextra.	59	[illegible]	11	[illegible]	6
In manu dextra 4 australiū sequens.	59	[illegible]	10	[illegible]	4
Praecedens.	59	[illegible]	9	[illegible]	4
Borei lateris sequens.	60	[illegible]	8	[illegible]	6
Praecedens eiusdem lateris.	59	0	8	[illegible]	6
In colorobo duarum praecedens.	55	0	3	[illegible]	5
Sequens.	57	[illegible]	3	[illegible]	5
In dorso 4. ad lineā rectā q̄ sequitur.	50	[illegible]	19	[illegible]	4
Secundo praecedens.	49	[illegible]	20	0	6
Tertio praecedens.	48	[illegible]	20	[illegible]	6
Quarto loco praecedens.	47	[illegible]	20	[illegible]	5
In clypeo maxime Borea ex novem.	43	[illegible]	8	0	4
Secunda.	42	[illegible]	8	[illegible]	4
Tertia.	41	[illegible]	10	[illegible]	4
Quarta.	39	[illegible]	12	[illegible]	4
Quinta.	38	[illegible]	14	[illegible]	4
Sexta.	37	[illegible]	15	[illegible]	3

AVSTRALIA SIGNA.

Formae stellarum.	Lõgit. partes.	Latit. partes	magnitu.
ORIONIS.			
Septima.	38	17	3
Octaua.	38½	20	3
Reliqua ex his maxime Australis.	39½	21	3
In baltheo fulgẽtiũ triũ praecedẽs.	48½	24	2
Media.	50½	24½	2
Sequens trium ad rectam lineam.	52½	25	2
In manubrio ensis.	47	25½	3
In ense trium Borea.	50	28½	4
Media.	50	29	3
Australis.	50	29½	3 minor
In extremo ensis duarum sequens.	51	30	4
Praecedens.	49	30½	4
In sinistro pede clara & fluuio cõis.	42	31	1
In tibia sinistra.	44	30	4 maior
In sinistro calcaneo.	46½	31	4
In dextro genu.	53	33	3

Stellarũ 38. mag. primae 2. secundae 4. tertiae 8. quartae 15. quintae 3. sextae 5. & nebulosa una.

FLVVII.

Formae stellarum.	Lõgit. partes.	Latit. partes	magnitu.
Quae in sinistro pede oriõis in prici.	41½	31½	4
In flexura ad crus Orio- (pio fluuij	42	28	4
Post hãc duarũ sequẽs. (nis maxie bo	41	29½	4
Quae praeit.	38 0	28	4
Deinde duarum quae sequitur.	36 ½	25	4
Quae praecedit.	33	25	4
Post hanc sequens trium.	29½	26 0	4
Media.	29 0	27 0	4
Antecedens trium.	26	27½	4
Post interuallum sequẽs ex quatuor.	20	32½	3
Quae praecedit hanc.	18 0	31 0	4
Tertio praecedens.	17	28½	3
Antecedens omnes quatuor.	15	28 0	3
Rursus similiter modo q̃ seq̃ ex q̃tuor.	10	25	3
Antecedens hanc.	8	23½	4
Praecedens hanc etiam.	5	23	3
Quae antecedit has quatuor.	3½	23	4
Quae in cõuersiõe fluuij pectus ceti cõ	358	32	4
Quae sequitur hanc. (tingit.	359	34½	4
Sequentium trium praecedens.	2	38	4

AVSTRALIA SIGNA.						
Formæ ſtellarum.	Lõgit.			Latit.		
FLVVII.	partes.			partes		magnitu.
Media.	7	[illegible]		38	[illegible]	4
Sequens triũ.	10	[illegible]		39	0	5
In quadrilatero ſ[illegible] duarũ bor.	14	[illegible]		41	[illegible]	4
Auſtrina.	14	[illegible]		42	[illegible]	4
Sequentis lateris antecedens.	15	[illegible]		43	[illegible]	4
Sequens earum quatuor.	18	0		43	[illegible]	4
Verſus ortũ cõſtitutarũ duarũ borea.	27	[illegible]		50	[illegible]	4
Magis in Auſtrum.	28	[illegible]		51	[illegible]	4
In reflexione duarum ſequens.	21	[illegible]		53	[illegible]	4
Præcedens.	19	[illegible]		53	[illegible]	4
In reliqua diſtantia trium ſequens.	11	[illegible]		53	0	4
Media.	8	[illegible]		53	[illegible]	4
Præcedens trium.	5	[illegible]		52	0	4
In extremo fluminis fulgens.	353	[illegible]		53	[illegible]	1
Stellæ 34. mag. prima 1. tertiæ 5. quarta 27. quinta 1.						
LEPORIS.						
In auribus q̃drilateri ſ[illegible] borea	43	0		35	0	5
Auſtralis.	43	[illegible]		36	[illegible]	5
Sequentis lateris borea.	44	[illegible]		35	[illegible]	5
Auſtralis.	44	[illegible]		36	[illegible]	5
In mento.	42	[illegible]		39	[illegible]	4 maior
In extremo pedis ſiniſtri prioris.	39	[illegible]		45	[illegible]	4 minor
In medio corpore.	48	[illegible]		41	[illegible]	3
Sub aluo.	48	[illegible]		44	[illegible]	3
In poſterioribus pedib9 duarũ borea	54	[illegible]		44	0	4
Quæ magis in Auſtrum.	52	[illegible]		45	[illegible]	4
In lumbo.	53	[illegible]		38	[illegible]	4
In extrema cauda.	56	0		38	[illegible]	4
Stellæ 12. mag. tertia 2. quarta 6. quinta 4.						
CANIS.						
In ore ſplendidiſſima uocata Canis.	71	0		39	[illegible]	1 maxia
In auribus.	73	0		35	0	4
In capite.	74	[illegible]		36	[illegible]	5
In collo duarum Borea.	76	[illegible]		37	[illegible]	4
Auſtralis.	78	[illegible]		40	0	4
In pectore.	73	[illegible]		42	[illegible]	5
In genu dextro duarum Borea.	69	[illegible]		41	[illegible]	5
Auſtralis.	69	[illegible]		42	[illegible]	5
In extremo prioris pedis.	64	[illegible]		41	[illegible]	3

… tertia 5. quarta 5. quinta 7.

CIRCA CANEM INFORMES.					
A septentrione ad verticem Canis.	72	[illegible]	25	[illegible]	4
Sub posterioribus pedib. ad rectã li-(neam Aust.	63	[illegible]	60	[illegible]	4
Quae magis in boreã.	64½	[illegible]	58½	[illegible]	4
Quae etiam in hanc Septentrionalior.	66	[illegible]	57	0	4
Residua ipsarũ quatuor maxie borea	67	[illegible]	56	0	4
Ad occasum quae ad rectã lineã triũ (cedẽs.	50	[illegible]	55	[illegible]	4
Media.	53½	[illegible]	57½	[illegible]	4
Sequens trium.	55½	[illegible]	59	[illegible]	4
Sub his duarũ lucidarũ praecedens.	52	[illegible]	59½	[illegible]	2
Antecedens.	49	[illegible]	57½	[illegible]	2
Reliqua Australior supradicta.	45	[illegible]	59	[illegible]	4
Stellae 11. mag. secundae 2. quartae 9.					
CANICVLAE SEV PROCYNIS.					
In ceruice.	78	[illegible]	14	0	4
In femore fulgens ipsa Procyon seu (Canicula.	82	[illegible]	16	[illegible]	1
Duarum mag. prima una, quarta una.					
ARGVS SIVE NAVIS.					
In extrema naue duarum praecedens.	93½	[illegible]	42½	[illegible]	5
Sequens.	97½	[illegible]	43	[illegible]	3
In puppi duarum quae borea.	92	[illegible]	45	0	4
Quae magis in Austrum.	92	[illegible]	46	0	4
Praecedens duarum.	88½	[illegible]	45	[illegible]	4
In medio scuto fulgens.	89½	[illegible]	47	[illegible]	4
Sub scuto praecedens trium.	88½	[illegible]	49½	[illegible]	4
Sequens.	92½	[illegible]	49½	[illegible]	4
Media trium.	91½	[illegible]	49	[illegible]	4
In extremo gubernaculo.	97	[illegible]	49½	[illegible]	4
In carina puppis duarum borea.	87	[illegible]	53	0	4
Australis.	87	[illegible]	58	[illegible]	3

In sulco

AVSTRALIA SIGNA.

Formae stellarum.	Lōgit.		Latit.		
ARGVS SIVE NAVIS.	partes.		partes	magnitu.	
In foleo puppis Borea.	93 $\frac{1}{6}$		55 $\frac{1}{2}$	5	
In eodem folio trium praecedens.	95 $\frac{1}{2}$		58 $\frac{1}{2}$	5	
Media.	96 $\frac{1}{3}$ $\frac{1}{2}$		57 $\frac{1}{4}$	4	
Sequens.	99 $\frac{1}{2}$ $\frac{1}{3}$		57 $\frac{1}{2}$ $\frac{1}{3}$	4	
Lucida sequens in transtro.	104 $\frac{1}{3}$		58 $\frac{1}{3}$	2	
Sub hac duarum obscurarū ꝑcedens.	101 $\frac{1}{3}$		60 0	5	
Sequens.	104 $\frac{1}{6}$		59 $\frac{1}{6}$	5	
Supradictam fulgentē duarū ꝑcedēs.	106 $\frac{1}{2}$		56 $\frac{1}{4}$ $\frac{1}{2}$	5	
Sequens.	107 $\frac{1}{2}$ $\frac{1}{3}$		57 0	5	
In scutulis & stationē mali borea triū.	119 0		51 $\frac{1}{3}$	4	maior
Media.	119 $\frac{1}{3}$		55 $\frac{1}{3}$	4	maior
Australis trium.	117 $\frac{1}{3}$		57 $\frac{1}{4}$	4	
Sub his duarū cōiunctarum Borea.	122 $\frac{1}{3}$		60 0	4	
Australior.	122 $\frac{1}{3}$		61 $\frac{1}{4}$	4	
In medio mali duarum Australis.	113 $\frac{1}{3}$		51 $\frac{1}{3}$	4	
Borea.	112 $\frac{1}{2}$ $\frac{1}{3}$		49 0	4	
In summo ueli duarum antecedens.	111 $\frac{1}{3}$		43 $\frac{1}{3}$	4	
Sequens.	112 $\frac{1}{3}$		43 $\frac{1}{3}$	4	
Sub tertia quae sequitur stationem.	98 $\frac{1}{2}$		54 $\frac{1}{2}$	2	minor
In sectione instrati.	100 $\frac{1}{6}$ $\frac{1}{3}$		51 $\frac{1}{4}$	2	
Inter remos in carina.	95 0		63 0	4	
Quae sequitur hanc obscura.	102 $\frac{1}{3}$		64 $\frac{1}{2}$	6	
Lucida quae sequitur hāc in stratione.	113 $\frac{1}{3}$		63 $\frac{1}{2}$ $\frac{1}{3}$	2	
Ad Austrū magis infra carinā fulgēs.	121 $\frac{1}{2}$ $\frac{1}{3}$		69 $\frac{1}{2}$ $\frac{1}{3}$	2	
Sequentium hanc trium antecedens.	128 $\frac{1}{2}$		65 $\frac{1}{2}$ $\frac{1}{3}$	3	
Media.	134 $\frac{1}{2}$ $\frac{1}{3}$		65 $\frac{1}{2}$	3	
Sequens.	139 $\frac{1}{3}$		65 $\frac{1}{2}$ $\frac{1}{3}$	2	
Sequentiū duarū ad sectionē ꝑcedēs.	144 $\frac{1}{3}$		62 $\frac{1}{2}$ $\frac{1}{3}$	3	
Sequens.	151 $\frac{1}{3}$		62 $\frac{1}{4}$	3	
In temone boreo & antecedēte q̄ ꝑit.	57 $\frac{1}{3}$		65 $\frac{1}{2}$ $\frac{1}{3}$	4	maior
Quae sequitur.	73 $\frac{1}{3}$		65 $\frac{1}{3}$ $\frac{1}{6}$	3	maior
Quae in temone reliq̄ ꝑcedit Canob.	70 $\frac{1}{3}$		75 0	1	
Reliqua sequens hanc.	82 $\frac{1}{3}$		71 $\frac{1}{2}$ $\frac{1}{3}$	3	
Stellae 45. mag. primae 1. secūdae 6. tertiae 8. quartae 22. quintae 7. sextae 1					

HYDRAE.

In capite 5. ꝑcedētiū duarū in narib.	97 $\frac{1}{3}$		15 0	4	
Borea duarū & in oculo. (Aust.	98 $\frac{1}{2}$ $\frac{1}{3}$		13 $\frac{1}{3}$	4	
Sequētiū duarū Borea & in occipite.	99 0		11 $\frac{1}{3}$	4	

Australis

AVSTRALIA SIGNA.

Formae stellarum.	Longit. partes	scrup.	Latit. partes	scrup.	magnitu.
HYDRAE.					
Australis earum & in dextra.	98	½ ⅓	14	½	4
Quae sequitur has omnes in gena.	100		12		4
In productione cervicis duarum praecedens.	103		11		5
Quae sequitur.	100		13		4
In flexu colli trium media.	111		15		4
Sequens hanc.	114	0	14		4
Quae maxime Australis.	111		17		4
Ab austro duarum coniugatarum obscura	112		19		6
Lucida earum sequens, et Borea.	113		20		2
Post flexum colli trium antecedens.	119		26		4
Sequens.	124		23		4
Media earum.	122	0	20		4
Quae in recta linea trium praecedit.	131		24		3
Media.	133		23	0	4
Sequens.	136		22		2
Sub basi crateris duarum Borea.	144		25		4
Australis.	145		30		4
Post has in triquetro praecedens.	155		31		4
Earum Australis.	157		34		4
Sequens eandem trium.	159		31		3
Post corvum proxima caudae.	173		13		4
In extrema cauda.	186		17		4

Stellae 25. mag. secundae 1. tertiae 3. quartae 19. quintae 1. sextae 1.

CIRCA HYDRAM INFORMES.	Longit. partes	scrup.	Latit. partes	scrup.	magnitu.
A capite ad Austrum.	96	0	23		3
Sequens eas quae sunt in collo.					
	124		26	0	3

Informes 2. magnitudinis tertiae.

CRATERIS.

Formae stellarum.	Longit. partes	scrup.	Latit. partes	scrup.	magnitu.
In basi Crateris quae & Hydrae communis.	139	½ ⅓	23	0	4
In medio Crateris duarum Australis.	146	0	19		4
Borea ipsarum.	143		18		4
In Australi crateris labro.	150		18		4
In Boreo [illegible]	142	½ ⅓ ¼	13	½ ⅓	4
In Australi ansa.	152		[illegible]		4
In ansa Borea.	145	0	11		4

Stellae septem, magnitudinis quartae.

AVSTRALIA SIGNA. Formae stellarum.	Longit. partes		Latit. partes		magnitu.
CORVI.					
In rostro & hydrae communis.	158	[illegible]	21	[illegible]	3
In ceruice.	157	[illegible]	19	[illegible]	3
In pectore.	160	0	18	[illegible]	5
In ala dextra & praecedente.	160	[illegible]	14	[illegible]	3
In ala sequente duarum antecedens	160	0	12	[illegible]	3
Sequens.	161	[illegible]	11	[illegible]	4
In extremo pede cōmunis Hydrae.	163	[illegible]	18	[illegible]	3
Stellae 7 magnitud. tertiae 5. quartae 1. quintae 1.					
CENTAVRI.					
In capite quatuor maxime australis.	183	[illegible]	21	[illegible]	5
Quae magis in Boream.	183	[illegible]	13	[illegible]	5
Media harum duarum praecedens.	182	[illegible]	20	[illegible]	5
Sequens & reliqua ex quatuor.	183	[illegible]	20	0	5
In humero sinistro & praecedente.	179	[illegible]	25	[illegible]	3
In humero dextro.	189	0	22	[illegible]	3
In armo sinistro.	182	[illegible]	17	[illegible]	4
In scuto quatuor praecedentiū duarum Borea.	191	[illegible]	22	[illegible]	4
Australis.	192	[illegible]	23	[illegible]	4
Reliquarū duarū quae in summitate scuti	195	[illegible]	18	[illegible]	4
Quae magis in Austrum.	196	[illegible]	20	0	4
In latere dextro trium praecedens.	106	[illegible]	28	[illegible]	4
Media.	187	[illegible]	29	[illegible]	4
Sequens.	188	[illegible]	28	0	4
In brachio dextro.	189	[illegible]	26	[illegible]	4
In dextro cubito.	196	[illegible]	25	[illegible]	3
In extrema manu dextra.	200	[illegible]	24	0	4
In eductiōe corporis humani lucens.	191	[illegible]	33	[illegible]	3
Duarum obscurarum sequens.	191	0	31	0	5
Praecedens.	189	[illegible]	30	[illegible]	5
In ductu dorsi.	185	[illegible]	33	[illegible]	5
Antecedens hanc in dorso equi.	182	[illegible]	37	[illegible]	5
In lumbis trium sequens.	179	[illegible]	40	0	3
Media.	178	[illegible]	41	[illegible]	4
Antecedens trium.	176	0	41	0	5
In dextra coxa duarū cōtiguarum praecedens	176	0	46	[illegible]	2
Sequens.	176	[illegible]	46	[illegible]	4
In pectore sub ala equi.	191	[illegible]	40	[illegible]	4

Sub

AVSTRALIA SIGNA.

Formae stellarum.	Lōgit.	
CENTAVRI.	partes.	
Sub aluo duarum praecedens.	179	[illegible]
Sequens.	181	0
In cauo pedis dextri.	183	[illegible]
In sura eiusdem.	188	[illegible]
In cauo pedis sinistri.	188	[illegible]
Sub musculo eiusdem.	184	[illegible]
In summo pede dextro priore.	181	[illegible]
In genu sinistro.	197	[illegible]
De foris sub femore dextro.	188	[illegible]
Stellae 37. magnit. primae 1. secundae 5. tertiae		

BESTIÆ QVAM TENET CE

In summo pede posteriore ad manū Cētauri.	207	[illegible]
In cauo eiusdē pedis.	199	[illegible]
In armo duarum praecedens.	204	[illegible]
Sequens.	207	[illegible]
In medio corpore.	206	[illegible]
In aluo.	203	[illegible]
In coxa.	204	[illegible]
In ductu coxae duarum Borea.	208	0
Australis.	207	0
In summo lumbo.	208	[illegible]
In extrema cauda trium Australis.	195	[illegible]
Media.	195	[illegible]
Septentrionalis trium.	196	[illegible]
In iugulo duarum Australis.	212	[illegible]
Borea.	212	[illegible]
In rictu duarum praecedens.	209	0
Sequens.	210	0
In priore pede duarum Australior.	240	[illegible]
Quae magis in Boream.	239	[illegible]
Stellae 19. magnitud. tertiae 2. quartae 11. qu		

LARIS SEV THV

In basi duarum Borea.	231	0
Australis.	233	[illegible]
In media arula.	229	[illegible]

SIGNA AVSTRALIA.

Formae stellarum.	Lōgitu. partes.		Latitu. partes		magnitudo
LARIS SEV THVRIBVLI.					
In foculo trium Borea.	224	0	30	[illegible]	5
Reliquarū duarū cōtiguarū australis	228	[illegible]	34	[illegible]	4
Borea.	228	[illegible]	33	[illegible]	4
In media flamma.	224	[illegible]	34	[illegible]	3

Stellae 7. magnitud. quartae 5. quintae 2.

CORONAE AVSTRINAE.

Quae ad ambitū australē foris procedit	242	[illegible]	21	[illegible]	4
Quae hanc sequitur in corona.	245	0	21	0	5
Sequens hanc.	246	[illegible]	20	[illegible]	5
Quae etiam hanc sequitur.	248	[illegible]	20	0	4
Post hanc ante genu Sagittarij.	249	[illegible]	18	[illegible]	5
Borea in genu lucens.	250	[illegible]	17	[illegible]	4
Magis Borea.	250	[illegible]	16	0	4
Adhuc magis in Boream.	249	[illegible]	15	[illegible]	4
In ambitu Boreo duarum sequens.	248	[illegible]	15	[illegible]	6
Praecedens.	248	0	14	[illegible]	6
Ex interuallo praecedens has.	245	[illegible]	14	[illegible]	5
Quae etiam hanc antecedit.	243	0	15	[illegible]	5
Reliqua magis in Austrum.	242	[illegible]	18	[illegible]	5

Stellae 13. magnitud. quartae 5. quintae 6. sextae 2.

PISCIS AVSTRINI.

In ore atq; eadē q̄ in extrema aquae.	300	[illegible]	23	0	1
In capite trium praecedens.	294	0	21	[illegible]	4
Media.	297	[illegible]	22	[illegible]	4
Sequens.	299	0	22	[illegible]	4
Quae ad branchiam.	297	[illegible]	16	[illegible]	4
In spina Australi atq; dorso.	280	[illegible]	19	[illegible]	5
In aluo duarum sequens.	294	[illegible]	15	[illegible]	5
Antecedens.	292	[illegible]	14	[illegible]	4
In spina septētrionali sequēs trium.	288	[illegible]	15	[illegible]	4
Media.	285	[illegible]	16	[illegible]	4
Praecedens trium.	284	[illegible]	18	[illegible]	4
In extrema cauda.	289	[illegible]	22	[illegible]	4

Stellae praeter primā 11. quarum mag. quartae 9. quintae 2.

SIGNA AVSTRALIA.

Formæ stellarum.

CIRCA PISCEM AVSTRINVM INFORMES.	Lõgitud. partes		Latitu. partes		magnitudo
Præcedens in pisce lucidarum quam anteis.	271	[illegible]	22	[illegible]	3
Media.	274	[illegible]	22	[illegible]	3
Sequens trium.	277	[illegible]	21	0	3
Quæ hanc præcedit obscura.	275	[illegible]	20	[illegible]	5
Cæterarum ad septẽtrionẽ australior.	277	[illegible]	16	0	4
Quæ magis in Boream.	277	[illegible]	14	[illegible]	4

Stellæ 6. quarum magnitud. tertiæ 3. quartæ 2. quintæ 1.

In ipsa Australi parte stellæ 316. quarum primæ magnitud. 7. secundæ 18. tertiæ 60. quartæ 167. quintæ 54. sextæ 9. nebulosa 1. Itaque omnes insimul stellæ 1022. quarum primæ magnitu. 15. secundæ 45. tertiæ 208. quartæ 474. quintæ 216. sextæ 50. obscuræ 9. nebulosæ 5.

NICOLAI COPERNICI REVOLVTIONVM

LIBER TERTIVS.

De æquinoctiorum solstitiorumq; anticipatione. Cap. I.

STELLARVM fixarum facie depicta, ad ea quæ annuæ reuolutionis sunt, transeundū nobis est, & eam ob causam de mutatione æquinoctiorum, propter quam stellæ quoq; fixæ moueri creduntur, primo tractabimus. Inuenimus autem priscos Mathematicos annū uertentem siue naturalem, qui ab æquinoctio uel solstitio est, non distinxisse ab eo, qui ab aliqua stellarum fixarum sumitur. Hinc est quod annos Olympiacos, quos ab exortu Caniculæ auspicabantur, eosdem esse putarent, qui sunt à solstitio, nondum cognita differentia alterius ab altero. Hipparchus autē Rhodius uir miræ sagacitatis, primus animaduertit hæc inuicem distare, qui dum anni magnitudinē attentius obseruaret: maiorem inuenit eum ad stellas fixas comparatum quàm ad æquinoctia siue solstitia. Vnde existimauit stellis quoq; fixis aliquem inesse motum in consequētia, sed lentulum adeo nec statim perceptibilem. At iam tractu temporis factus est euidentissimus, quo longe iam alium ortum & occasum signorum & stellarum cernimus ab antiquorum præscripto. Ac dodecatemoria signorum circuli à stellarum hærentium signis magno satis interuallo à se inuicem recesserūt, quæ primitus nominibus simul ac positione congruebant. Ipse præterea motus inæqualis reperitur, cuius diuersitatis causam reddere uolentes, diuersas attulerunt sententias. Alij libramentum esse quoddam mundi pendentis, qualem & in planetis motū inuenimus secundum latitudines eorum, atq; hinc inde à certis limitibus quantū processerit, rediturum aliquando censuerunt, & eius expaciationem utrobiq; à medio suo nō maiorem VIII. gradibus. Sed hæc opinio iam antiquata residere nō potuit, eo maxime quod iam

iam satis liquidum sit, ultra quàm ter octo gradibus dissidere caput Arietis stellati ab æquinoctio uerno, & aliæ stellæ similiter, nullo interim tot seculis regressiõis uestigio percepto. Alij progredi quidem stellarum fixarum sphæram opinati sunt, sed passibus inæqualibus, nullum tamen certum modum definierunt. Accessit insuper aliud naturæ miraculum: Quod obliquitas signiferi non tanta nobis appareat, quanta Ptolemæo, ut diximus: Quorum causa alij nonam sphæram, alij decimam excogitauerunt, quibus illa sic fieri arbitrati sunt, nec tamen poterãt præstare, quod pollicebantur. Iam quoq; undecima sphæra in lucem prodire cœperat, quem circulorum numerum uti superfluum facile refutabimus in motu terræ. Nam ut in primo libro iam partim est à nobis expositum, binæ reuolutiones, annuæ declinationis, inquam, & cētri telluris, non omninoq pares existũt, dum uidelicet restitutio declinationis in modico præoccupat centri periodum. Vnde sequi necesse est, quòd æquinoctia & cõuersiones uideantur anticipare, non quòd stellarum fixarũ sphæra in consequentia feratur, sed magis circulus æquinoctialis in præcedentia, obliquus existẽs plano signiferi, iuxta modum deflectionis axis globi terrestris. Magis enim ad rẽ esset, æquinoctialem circulum obliquum dici signifero, quàm signiferum æquinoctiali, minoris ad maiorẽ comparatione. Multo enim maior est signifer, q Solis & terræ distantia describitur annuo circuitu, quàm æquinoctialis, qui cotidiano, ut dictũ est, motu circa axẽ terræ designatur. Et per hunc modum æquinoctiales illæ sectiones, cum tota signiferi obliquitate, successu temporis præuenire cernuntur: stellæ uero postponi. Huius autem motus mensura & ratio diuersitatis ideo latuit priores, quòd reuolutio eius, quanta sit adhuc, ignoretur, ob inexpectabilem eius tarditatẽ, utpote quæ à tot seculis, quibus primum innotuit mortalibus, uix quintamdecimam partem circuli peregerit. Nihilominus tamen quantum in nobis est, per ea quæ ex historiarum obseruatione ad nostram usq; memoriam de his accepimus, efficiemus certiora.

Historia

Historia obseruationum comprobantium inæqualem æquinoctiorum conuersionumque præcessionem. Cap. II.

PRima igitur LXXVI annorum secundum Calippū periodo, anno eius XXXVI. qui erat ab excessu Alexandri Magni annus XXX. Timochares Alexandrinus, cui primo fixarum loca stellarum curæ fuerunt, Spicā quā tenet Virgo prodidit à solstitiali puncto elongatam partibus LXXXII. & triente, cum latitudine Austrina duarum partium: & eam quæ in frōte Scorpij è tribus maxime Boream, atque primam in ordine formationis ipsius signi, habuisse latitudinem partis unius & trientis: Longitudinē uero XXXII. partes, ab Autumni æquinoctio. Ac rursus eiusdem periodi anno XLVIII. Spicam Virginis longitudine LXXXII. s. partiū, ab æstiua conuersione repperit manente eadem latitudine. Hipparchus autem anno L. tertiæ Calippi periodi, Alexandri uero anno CXCVI. eā quæ in Leonis pectore Regulus uocatur, inuenit ab æstiua conuersione sequentem partibus XXIX. s. & triente unius partis. Deinde Menelaus Geometra Romanus anno primo Traiani principis, qui fuit à natiuitate Christi XCIX. à morte Alexandri CCCCXXII. Spicam Virginis LXXXVI. partibus, & quadrante partis à solstitio distantem longitudine prodidit, illam uero quæ in fronte Scorpij part. XXXVI. minus uncia unius ab æquinoctio Autumni. Hos secutus Ptolemæus secundo, ut dictū est, anno Antonini Pij, qui fuit à morte Alexandri annus CCCCLXII. Regulū Leonis XXXII. s. ptes à solstitio, Spicā part. LXXXVI. s. dictā uero in fronte Scorpij, ab æquinoctio Autumni XXXVI. cum triente longitudinis partes obtinuisse cognouit, latitudine nulla remus mutata, quemadmodum supra in expositione Canonica est expressum: Et hæc sicuti ab illis prodita sunt, recensuimus. Post multum uero temporis, nempe anno Alexandrini occubitus M.CCII. Machometi Aratensis obseruatio successit, cui potissimū fidem licet adhibere, quo anno Regulus siue Basiliscus Leonis ad XLIIII. gradus, & V scrup. à solstitio: atque illa in frōte Scorpij ad XLVII. partes, & L. scrup.

ab Auab Autumni æquinoctio uisa sunt peruenisse, in quibus omnibus latitudo cuiusque sua semper mansit eadem, ut non amplius in hac parte habeant aliquid dubitationis. Quapropter nos etiam Anno Christi M.D.XXV. primo post intercalarem secundum, qui ab Alexandri morte, Ægyptiorum annorum est M.DCCC.XLIX. obseruauimus sæpe nominatam spicam in Fruenburgio Prussiæ, & uidebatur maxima eius altitudo in circulo meridiano partium proxime XXVII. Latitudinem uero Fruenburgi inuenimus esse partium LIIII. scrup. primorum XIX.s. Quapropter cōstabit eius declinatio ab æquinoctiali partiū VIII. scrup. XL. Vnde patefactus est locus eius, ut sequitur. Descripsimus enim meridianum circulum per polos utriusque signiferi & æquinoctialis A B C D, in quibus sectiones communes atque dimetiētes fuerint A E C æquinoctialis, & zodiaci B E D, cuius polus Boreus sit F, axis F E G. Sitque B Capricorni, D Cancri principium. Assumatur autem B H circumferentia, quæ sit æqualis Austrinæ latitudini stellæ duarum partium, & ab H signo ad B D parallelus agatur H L, quę secet axem zodiaci in I, æquinoctialem in K. Capiatur etiam secundum declinationem stellæ Austrinam circumferentia partium VIII. scrup. XL. M A, & à signo M, agatur M N parallelus ad A C, quę secabit parallelū Zodiaci H I L: secet ergo in O signo, & O P recta linea ad angulos rectos, æqualis erit semissi subtendentis duplā ipsius A M declinationis. At uero circuli quorū sunt dimetientes F G, H L, & M N, recti sunt ad planū A B C D, & cōmunes eorum sectiones per XIX. undecimi elemētorū Euclidis, ad angulos rectos eidem plano in O I signis: ipsæ per sextam eiusdem sunt inuicem paralleli. Et quoniam I est centrum, cuius dimetiens est H L. Erit igitur ipsa O I æqualis dimidiæ subtendentis duplam circumferentiam in circulo dimetientis H L, eique similem qua stella distat à principio Libræ, secundum longitudinem quam quærimus. Inuenitur autē hoc modo: Nam anguli qui sub O K P, & A E B sunt æquales, exterior interiori & opposito, & O P K rectus. Quo circa eiusdem sunt rationis O P ad O K, dimidiæ subtendentis dupli A B, ad E B

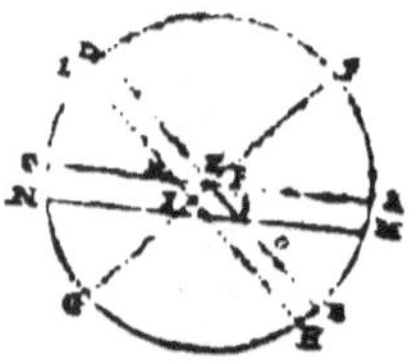

ad E B

ad a b:& dimidia ...
enim triangulos similes ipsi o p k. Sed a b partium ...
scrup. xxviii.b. & eius semissis subtendentis duplam est parti
um 39832. quarum a b est 100000. & a b b partium xxv. scrup.
xxviii.b. cuius semissis subtensæ dupli partium 43010. a c m a
est semissis subtendentis duplam declinationis partium 15069.
sequitur ex his tota b i k partium 100978. & o k partium 37837.
& reliqua b o, 70147. Sed dupla b o i subtendit segmentum cir
culi b o l partium clxxvi. erit ipsa b o i partium 99939. qua
rum a b erant 100000. & reliqua igitur o i partium 29892. qua
tenus autem b o i est dimidia diametri partium 100000. erit o i
partium 29810, cui competit circumferentia partiū xvii. scrup.
xxi. proxime qua distabat Spica Virginis à principio Libræ,
& hic erat ipsius stellæ locus. Ante decenniū quoq;, anno uide
licet m. d. xv. inuenimus ipsam declinari partibus viii. scrup.
xxxvi. & locum eius in part. xvii. scrup. xiiii. Libræ. Hanc
autem Ptolemæus prodidit declinatam semisse duntaxat uni
us partis: fuisset ergo locus eius in xxvi. partibus, xl. scrup.
Virginis: quod uerius esse uidetur præcedentium obseruatio
num comparatione. Hinc satis liquidum esse uidetur, quòd to
to ferè tēpore à Timochare ad Ptolemæū in annis ccccxxxii
permutata fuerint æquinoctia & conuersiones præcedendo in
centenis plerunq; annis per gradum unum, habita semper ratio
ne temporis ad longitudinem transitus illorum, quæ tota erat
partium iiii cum triente unius. Nam & æstiuam tropen ad Ba
silicum Leonis cōcernendo, ab Hipparcho ad Ptolemæum in
annis cclxvi. transierunt gradus ii cum duabus tertijs, ut hic
quoq; comparatione temporis in centenis annis unum gradū
anticipasse reperiatur. Porrò quæ in prima fronte Scorpij ipsi
us Albategnij ad eā, quę Menelai in medijs annis dcclxxxii.
cum præterierint grad. xi. scrup. lv. neutiquam uni gradui cen
tum anni, sed lxvi. uidebuntur attribuendi. A Ptolemæo au
tem in annis dccxli uni gradui lxv solummodo anni. Si de
niq; reliquum annorum spacium dcxlv. ad differentiam gra
duum ix. scrup. xi. obseruationis nostræ conferatur, obtinebit
annos lxxi. gradus unus. E quibus patet, tardiorem fuisse præ
 cessi

cessionem æquinoctiorum ante Ptolemæum in illis
quàm à Ptolemæo ad Albitegnium: & hanc quoq;
ab Albitegnio ad nostra tempora. In motu quoq;
uenitur differentia. Quoniam Aristarchus Samius
aci & æquinoctialis obliquitatem partium XXIII. s
rũ LI. secundorum XX. eandem quam Ptolemæus.
us part. XXIII. scrup. XXVI. Arzachel Hispanus po
nis CXC. part. XXIII. scrup. XXXIIII. Atq; uidem
CCXXX. Prophatius Iudæus duobus ferè scrup. mino
stris autem temporibus non inuenitur maior partib
scrup. XXVIII. s. Vt hinc quoq; manifestũ sit, ab Ari
Ptolemæum fuisse minimum motum, maximum ue
Ptolemæo ad Albitegnium.

Hypotheses, quibus æquinoctiorũ, obliquitatisq; s
ri, & æquinoctialis mutatio, demonstratur. Cap

QVod igitur æquinoctia & solstitia permuta
æquali motu, ex his uidetur esse manifestum
causam nemo forsitan meliorem afferet, qu
terræ, & polorum circuli æquinoctialis de
quendam. Id enim ex hypothesi motus terræ sequi uide
manifestum sit, circulum qui per medium signorum est,
tabilem perpetuo manere, attestantibus id certis stellaru
rentium latitudinibus, æquinoctialem uero mutari. Quo
si motus axis terræ simpliciter & exactè conueniret cum
centri, nulla penitus, ut diximus, appareret æquinoctioru
uersionumq; præuentio. At cum inter se differant, sed diff
tia inæquali, necesse fuit etiam solsticia & æquinoctia inæ
motu præcedere loca stellarum. Eodem modo circa motu
clinationis contingit, qui etiam inæqualiter permutat obli
tatem signiferi, quæ tamen obliquitas rectius æquinoctiali
cederetur. Quã ob causam binos omnino polorũ motus reci
eos pendentibus similes librationibus oportet intelligi, quo
poli & circuli in sphæra sibi inuicẽ cohærent & consentiũt. Al
igitur motus erit, qui inclinationẽ permutat illorum circulo

polis ita delatis sursum deorsumq; circa angulum sectionis. Ali
us qui solsticiales æquinoctialesq; præcessiones auget & minuit, hinc inde per transuersum facta commotione. Hos autẽ motus librationes uocamus, eo quòd pendẽtium instar sub binis
limitibus per eandem uiam in medio concitatiores fiunt: circa
extrema tardissimi. Quales plerunq; circa latitudines planeta-
rum contingunt, ut suo loco uidebimus. Differunt etiam suis
reuolutionibus, quòd inæqualitas æquinoctiorum bis restitui
tur sub una obliquitatis restitutione. Sicut autem in omni motu inæquali apparente, medium quiddam oportet intelligi, ꝑ
quod inæqualitatis ratio possit accipi: ita sanè & hic medios po
los mediumq; circulum æquinoctialem: sectiones quoq; æquinoctiales & puncta cõuersionũ media, necesse erat cogitare, sub
quibus poli circulusq; æquinoctialis terrestris hinc inde defle
ctentes, statis tamen limitibus motus illos æquales faciant apparere diuersos. Itaq; binæ illæ librationes concurrentes inuicẽ
efficiunt, ut poli terræ cum tempore lineas quasdam describant
corollæ intortæ similes. At quoniam hæc uerbis sufficienter ex
plicasse facile non est, ac eo minus, uti uereor, auditu percipien-
tur, nisi etiam conspiciantur oculis. Describamus igitur signorum in sphæra circulum A B C D, polus eius Boreus sit E, principi
um Capricorni A, Cancri C, Arietis B, Libræ D, & per A C signa,
atq; E polum, circulus A E C describatur: maxima distantia polo
rum zodiaci & æquinoctialis Borealium sit E F, minima E G: ac
perinde medio loco sit I polus, in quo describatur B H D circulus
æquinoctialis, qui medius uocetur: Et B D æquinoctia media.
Quæ omnia circa E polum æquali semper motu in præcedentia ferantur, id est, contra signorum ordinem sub fixarum stella
rum sphæra, lento, ut dictum est, motu. Iam intelligantur bini
motus polorum terrestrium reciprocantes pendentibus similes, unus inter F G limites, qui motus anomaliæ, hoc est, inæqua
litatis declinationis uocabitur. Alter in transuersum, à præcedẽ
tibus in consequentia, & à consequentibus in antecedentia, quẽ
æquinoctiorum uocabimus anomaliam, duplo ueclociorem pri
ori. Hi ambo motus in polis terræ congruentes mirabili modo
deflectũt eos. Primum enim sub F constituto polo terræ Boreo, descri-

descriptus in eo circulus æquinoctialis per eadē B D segmenta trāsibit, nempe per polos A F E C circuli: sed angulos obliquitatis faciet maiores pro ratione F I circūferētiæ. Ab hoc sumpto principio transiturū terræ polum ad mediā obliquitatē in I: alter sua perueniēs motus nō sinit recta incedere per F I, sed per ambitum ac extremam in consequentia latitudinem, quæ sit in K, deducit ipsum. In q̄ loco descripti æquinoctialis apparentis O P Q, sectio nō erit in B, sed post ipsam in O, & pro tanto minuitur præcessio æquinoctiorū, quantum fuerit B O. Hinc conuersus polus, & in præcedentia tendens, excipitur à concurrētibus simul utrisq; motibus in I medio, & æquinoctialis apparēs ꝑ omnia unitur æquali siue medio, ac eo ꝑtransiens polus terræ transmigrat in præcedentes partes, & separat æquinoctialem apparentē à medio, augetq; præcessionem æquinoctiorū usq; in alterū L limitē. Inde reuertēs aufert q̄d modo adiecerat æquinoctijs, donec in G puncto cōstitutus minimā efficiat obliquitatē in eadē B sectiōe, ubi rursus æquinoctiorū solsticiorūq; motus tardissimus apparebit eo ferè modo quo in F. Quo tempore constat inæqualitatē eorū reuolutionē suā peregisse, quando à medio utrunq; pertransierit extremorū: motus uero obliquitatis à maxima declinatione ad minimam, dimidium duntaxat circuitum. Exinde pergens polus consequentia repetit ad extremum usq; limitem in M, ac denuo reuersus unitur in medio, rursumq; uergens in præcedentia N limitem emensus con-

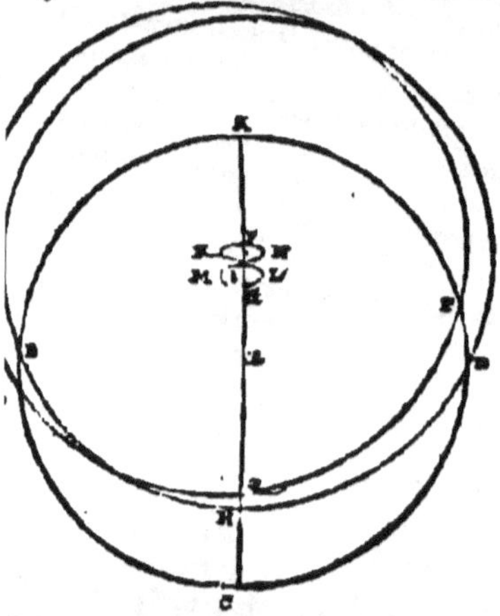

VEILONIND, itaq;
liquitatis bis praete
olus attingit.

librationis ex
IIII.

ntijs consentiat am-
aero quaeret aliquis,
librationum aequali-
ctum sit, motum cele
ularibus cōpositum.

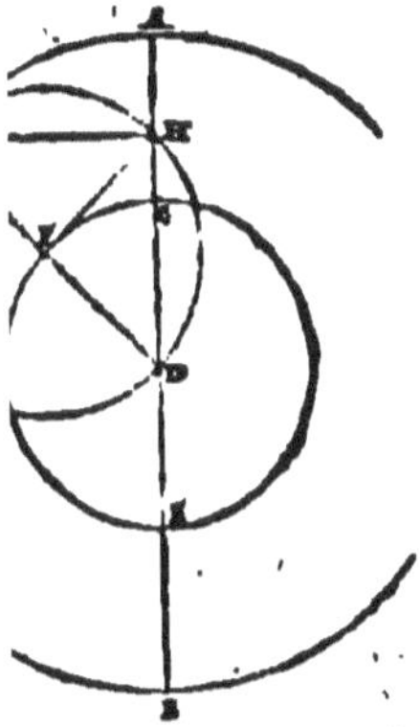

metiēs D F G. Ostēdendū
D & C F E cōcurrētibus in-
hinc inde reciprocādo re
diuersam partē, & duplo
b C D F in cētro circuli C F E
zhēdit utrāq; circūferen
sito q aliquādo in cōiun
le u fuerit in G cōgruente
G F C motū est centrū F, &
ras duplo maiores ipsi C F.

uel è conuerso. H igitur in lineam A B reclinabitur: alioqui accideret partem esse maiorẽ suo toto, quod facile puto intelligi. Recessit autem à priori loco secundum longitudinem A H retractam per infractam lineam D F H, æqualem ipsi A D, eo interuallo quo dimetiens D F G excedit subtensam D H. Et hoc modo perducetur H ad D centrum, q̃d erit in contingente D H G circulo, A B rectam lineam, dũ uidelicet G D ad rectos angulos ipsi A B steterit, ac deinde in B alterum limitem perueniet, à quo rursus simili ratione reuertetur. Patet igitur è duobus motibus circularibus, & hoc modo sibi inuicem occurrentibus in rectam lineam motũ componi, & ex æqualibus reciprocũ & inæqualem, quod erat demonstrandum. E quibus etiam sequitur, quod G H recta linea semper erit ad angulos rectos ipsi A B: rectum enim angulum in semicirculo D H G lineæ comprehendent. Et idcirco G H semissis erit subtendentis duplam A G circumferentiam, & D H altera semissis subtendentis duplum eius, quod superest ex A G quadrantis circuli, eo quòd A G B circulus duplus existat ipsi H G D secundum diametrum.

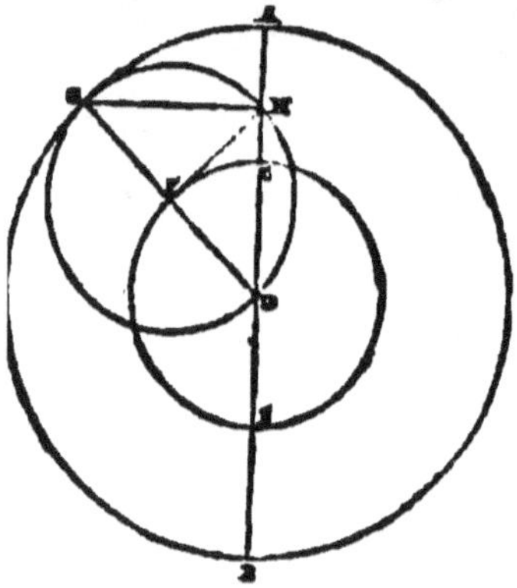

Inæqualitatis anticipantium æquinoctiorum & obliquitatis demonstratio. Cap. V.

HAC ob causam uocare possumus motum hunc circuli in latitudinem, hoc est in diametrum, cuius tamen periodum & æqualitatem in circumcurrente: at dimensionem in subtensis lineis accipimus, ipsum propterea inæqualem apparere, & uelociorem circa centrum, ac tardiorem

diorem apud circumferentiam facile demonstratur. Sit enim se
micirculus A B C, centrum eius D, dimetiens A D C, & secetur bifari
am in B signo: assumantur autem circumfe
rentiæ A E, & B F æquales, & ab F E signis
in ipsam A D C perpendiculares agãtur E G,
F K. Quoniam igitur dupla D K subtendit
duplum B F, & dupla E G duplum ipsius
A E: æquales igitur sunt D K & E G: sed A G
per septimam tertij elem. Euclidis, minor
est ipsi G E, minor etiã erit ipsi D K. Æqua
li uero tempore pertransierunt G A & K D,
propter A E & B F circumferẽtias æquales.
Tardior ergo motus est circa A circumfe
rentiam quàm circa D centrũ. Hoc demon
strato: Suscipiatur iam cẽtrum terræ in L,
ita ut D L recta linea sit ad angulos rectos
ipsi A B C plano hemicyclij, & per A C signa

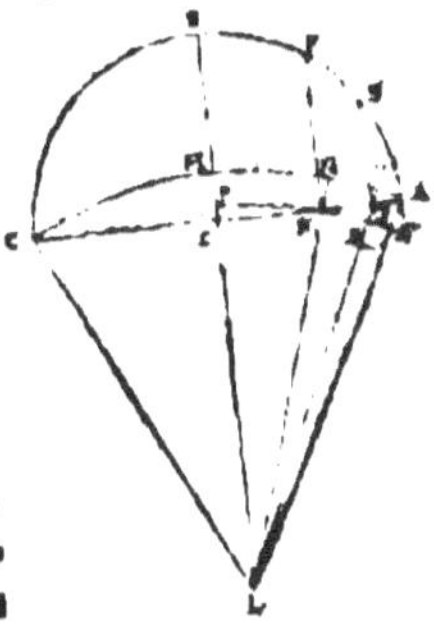

describatur in L cẽtro cir
cumferentia circuli A M C, & in rectam lineã ducatur L D M. Erit id
circo in M polus hemicyclij A B C, & A D C circulorũ sectio commu
nis, & coniungãtur L A, L C, similiter & L K, L G, quæ extensæ in re
ctum secent A M C circumferentiã in N O. Quoniam igitur angu
lus qui sub L D K rectus est, acutus igitur qui sub L K D. Quare &
L K linea longior est quàm L D, tanto magis in ambligonijs trian
gulis, latus L G maius est latere L K, & L A ipso L G. Centro igitur
L, interuallo L K descriptus circulus, extra ipsam L D cadet: reliq̃s
autẽ L G & L A secabit, describatur & sit P K R S. Et quoniã triangu
lum L D K minus est sectore L P K: triangulum uero L G A maius se
ctore L R S, & propterea minor ratio trianguli L D K ad sectorem
L P K, quàm trianguli L G A, ad sectorem L R S. Vicissim quoq; erit
L D K triangulũ ad L G A triangulũ in minori ratiõe quàm sector
L P K ad sectorẽ L R S, ac per primã sexti Elementorũ Euclidis, si
cut L D K triangulũ ad L G A triangulũ: sic est basis D K ad basim A
G. Sectoris autẽ ad sectorẽ est ratio, sicut D L K angulus ad R L S an
gulũ, siue M N circũferentiæ ad O A circumferentiã, In minori igi
tur ratione est D K ad G A, quàm M N ad O A. Iam uero demonstra
uimus maiorẽ esse D K quàm G A: tanto fortius igitur maior erit
M N, quàm

m n, quam o a, quæ sub æqualibus temporum interuallis descri pta intelligūtur per polos terræ, secundum a b & b f anomaliæ circumferentias æquales, quod erat demonstrandum. Verunta men cum adeo modica sit differentia inter maximam minimamq; obliquitatem, quæ non excedit duas quintas unius gradus: erit quoq; inter a m c curuam, & a d c rectam differentia insensibilis, ut nihil erroris emergat, si simpliciter per a d c lineam, & semicirculum a b c, operati fuerimus. Idem ferè accidit circa alterum motum polorum, qui æquinoctia respicit. Quoniã nec ipse ad medium gradum ascendit, ut apparebit inferius. Sit denuo circulus a b c d, per polos signiferi & æquinoctialis medij, quem Colurum Cancri medium possumus appellare. Medietas zodiaci sit d e b, æquinoctialis medius a e c, secantes se inuicem in e signo, in quo erit æquinoctium medium. Polus autem æquinoctialis sit f, per quem describatur circulus magnus f e t, erit propterea & ipse colurus æquinoctiorũ mediorum siue æqualium. Separemus iam facilioris ergo demonstrationis librationẽ æquinoctiorum ab obliquitate signiferi,

sumpta in e f coluro circumferentia f o, per quam auulsus intelligatur o polus apparens æquinoctialis ab f polo medio, & super o polum describatur a l k c semicirculus æquinoctialis apparentis, qui secabit zodiacum in l. Erit igitur ipsum l signum æquinoctium apparens, distans à medio per l e circumferentiam, quam efficit e k æqualis ipsi f o. Quòd si in k facto polo descripserimus circulum a g c, & intelligatur quòd polus æquinoctialis in tempore quo f g libratio fieret, uerus interim polus non manserit in g signo, sed alterius impulsu librationis abierit in obliquitatem signiferi per g o circumferentiam. Manente igitur b e d zodiaco, permutabitur æquinoctialis uerus apparens penes o poli transpositionem. Et erit similiter ipsius sectionis l apparentis æquinoctij motus concitatior circa e medium, lentissimus in extremis, proportionalis ferè libramẽto polorum iam demonstrato. Quod operæprecium erat animaduertisse.

De

De æqualibus motibus præcessionis æquinoctiorum & inclinationis zodiaci. Cap. VI.

OMnis autem circularis motus diuersus apparens, in quatuor terminis uersatur: est ubi tardus apparet, ubi uelox tanquam in extremis, & ubi mediocris ut in medijs. Quoniam à fine diminutionis & augmenti principio, transit ad mediocrem: à mediocri grandescit in uelocitatem: rursus à ueloci in mediocrem tendit: inde quod reliquum est ab æqualitate in priorem reuertitur tarditatem. Quibus datur intelligi, in qua parte circuli locus diuersitatis siue anomaliæ pro tempore fuerit, quibus etiam indicijs ipsa anomaliæ restitutio percipitur. Vt in quadripartito circulo sit A summæ tarditatis locus, B crescēs mediocritas, C finis augmenti atq; principium diminutionis, D mediocritas decrescens. Quoniam igitur, ut superius recitatum est, à Timochari ad Ptolemæum præ cæteris temporibus tardior motus præcessionis æquinoctiorū apparens repertus est, & quia æqualis aliquandiu & uniformis apparebat, ut Aristylli, Hipparchi, Agrippæ & Menelai medio tempore obseruata ostendunt, arguit motum ipsum æquinoctiorum apparentem simpliciter fuisse tardissimum, & medio tempore in augmenti principio, quando cessans diminutio, incipienti augmento coniuncta, mutua compensatione eludebat, ut interim motus uniformis uideretur. Quapropter Timochareos obseruatio in ultimam partem circuli sub D A reponenda est, Ptolemaica uero primum incidet quadrantem sub A B. Rursus quia in secundo interuallo à Ptolemæo ad Machometū Aratensem, uelocior motus reperitur quàm in tertio, declarat summam uelocitatem, hoc est, C signum in secūdo temporis interuallo præterijsse, & anomaliam ad tertium iam peruenisse quadrantem circuli sub C D, & interuallo tertio ad nos usq; anomaliæ restitutionem propemodum compleri, & reuerti ad principium Timochareos. Nam si M. DCCC. XIX. annis à Timochari ad nos totum circuitum in partibus quibus solet CCC LX cōprehendamus, habebimus pro ratione annorū CCCCXXXII. circūferentiā partiū LXXXV. s. Annorū uero DCCXLII partes CXLVI. scrup. LI. atq; in reliquis annis DCXLV. reliquā circūferentiam partiū CXXVII. scrup. XXXIX. Hæc obuiā ac simplici con

iectura

lectura accepimus, sed examinatiori calculo reuoluentes, quatenus obseruatis exactius cõsentirẽt, inuenimus anomaliæ motũ
in M. DCCC. XIX. annis Ægyptijs, XXI. gradib. & XXIIII. scrup.
suã reuolutionẽ cõpletã iam excessisse, & tempus periodi annos
M. DCC. XVII. solũmodo Ægyptios cõtinere, qua ratiõe ꝓditũ
est primũ circuli segmẽtũ part. XC. scrup. XXXV. Alterũ part.
CLV. scrup. XXXIIII. Tertiũ uero sub annis DXLIII. reliq̃s circuli ptes CXIII. scrup. LI. cõtinebit. His ita cõstitutis, ꝑcessiõis
quoq; æquinoctiorũ medius motus patuit, & ipsum esse graduũ
XXIII. scrup. LVII. sub eisdẽ annis M. DCC. XVII. qbus oĩs diuer
sitas in pristinũ statũ restituta est. Quoniã in annis M. DCCCXIX
habuimus motũ apparentẽ grad. XXV. scrup. I. ferè. Verũ à Ti
mochari in annis CII. qbus anni M. DCC. XVII. distant à M. DCCC
XIX. oportebat motũ apparẽtẽ fuisse circiter grad. I. scrup. IIII.
eo q; maiusculũ tũc fuisse uerisimile sit, q̃ ut in centenis annis u-
nũ exegisset gradũ, qñ decrescebat adhuc finẽ decremẽti nondũ
cõsecutus. Proinde si gradũ unũ & decimã quintam auferamus
ex ptibus XXV. scrup. I. remanebit quẽ diximus in annis M. DCC
XVII. Ægyptijs medius æqualisq; motus diuerso ac apparenti,
tũc coæquatus grad. XXIII. scrup. LVII. qbus integra ꝑcessiõis
æquinoctiorũ ac æqualis reuolutio cõsurgit in annis XXV. DCCC
XVI. in q̃ tempe fiũt circuitiões anomaliæ XV. cũ XXVIII. pte fe
rẽ. Huic quoq; ratiõi sese accõmodat obliquitatis motus, cuius redi-
tionẽ duplo tardiorẽ q̃ æquinoctiorũ ꝑcessionẽ dicebamus.
Nanq; q; Ptolemæus ꝓdidit obliquitatẽ part. XXIII. scrup. pri
morũ LI. secũdorũ XX. ante se in annis CCCC. ab Aristarcho Sa-
mio minime mutatã fuisse, indicat ipsam tũc circa maximæ oblig
tatis limitẽ penè constitisse: qñ uidelicet & ꝑcessio æquinoctiorũ
erat in motu tardissimo. At nũc quoq; dũ eadẽ tarditatis appetit
restitutio, inclinatio axis nõ itẽ in maximã, sed in minimã transit, quã medio tpe Machometus Aratẽsis, ut dictũ, reperit part.
XXIII. scru. XXV. Arzachel Hispanus post illũ annis CXC. part.
XXIII. scrup. XXXIIII. ac itidem post annos CCXXX. Prophe-
tius Iudæus duobus ꝓxime scrup. minorẽ. Quod deniq; nostra
cõcernit tẽpora, nos ab annis XXX. frequẽti obseruatione, inue
nimus XXIII. partes, scrup. XXVIII. & duas quintas ferè unius
scrupuli, à qbus Georgius Purbachius & Ioannes de Montere-
gio, qui

gio, qui ꝓxime nos præcesserunt, parũ differũt. Vbi rursus lõgissime patet obliquitatis permutationẽ à Ptolemæo ad DCCCC. annos accidisse maiorẽ, q̃ in alio q̃uis interuallo temporis. Cũ ergo iam habeamus anomaliæ p̃cessiõis circuitũ in annis M. DCCXVII. habebimus etiã sub eo tẽpore obliquitatis dimidiũ periodũ, ac in annis III. CCCCXXXIIII. integram eius restitutionem. Quapropter si CCCLX. gradus ꝑ eundẽ III. CCCCXXXIIII. annorũ numerũ partiti fuerimus, uel gradus CLXXX. ꝑ M. DCCXVII exibit annuus motus simplicis anomaliæ scrup. prim. VI. secundorũ XVII. tert. XXIIII. quart. IX. Hæc rursus ꝑ CCCLXV. dies distributa reddũt diariũ motũ scrupulorũ secundorũ I. tertiorũ II. quartorũ II. Simĩliter p̃cessionis æquinoctiorũ medius cũ fuerit distributus ꝑ annos M. DCCXVII. & erãt grad. XXIII. scrup. prim. LVII. exibit annuus motus scrup. secund. L. tert. XII. q̃rt. V. atq; hũc ꝑ dies CCCLXV diarius motus scrup. tert. VIII. quart. XV. Vt aũt motus ipsi fiãt apertiores, & in promptu habeãtur, q̃n fuerit oportunũ, Tabulas siue Canones eorũ exponemus ꝑ cõtinuã æqualẽq; annui motus adiectionẽ, reiectis semꝑ LX in priora scrup. uel in gradus si excreuerint, easq; aggregauimus usq; ad ordinẽ LX annorũ cõmoditatis gratia. Quoniã in annorũ sexagenis, eadẽ sese offert facies numerorũ, denominationibus partiũ & scrupulorũ solũmodo trãspositis, ut q̃ prius secunda erãt, prima fiãt, & sic de cæteris, q̃ cõpendio ꝑ has breues Tabellas infra annos III. DC. satiẽ duplici introitu licebit accipe & colligere in annis ꝓpositis motus æq̃les, ita q̃q; in dierũ numero se habet. Vtemur aũt in supputatiõe motuũ cęlestiũ annis ubiq; Ægyptijs, q soli inter ciuiles reperiũtur æq̃les, oportebat eñ mẽsurã cõgruere cũ mẽsurato, q̃d in annis Romanorũ, Græcorũ, & Persarũ non adeo cõuenit, qbus nõ uno modo, sed, ꝓut cuiq; placuit gentiũ intercalaĩ. Annus autẽ Ægyptius nihil affert ambiguitatis sub certo dierũ numero CCCLXV. in qbus sub duodenis mẽsibus æq̃libus, q̃s ex ordine appellãt ipsi suis nomĩnibus: Thoth, Phaophi, Athyr, Chiach, Tybi, Mechyr, Phamenoth, Pharmuthi, Pachon, Paini, Epiphi, Mesori, in q̃bus ex æq̃ cõprehẽdunĩ VI. sexagenæ dierũ, & quinq; dies residui, q̃s intercalares noiant. Suntq; ob id in motibus æq̃libus dinumerandis anni Ægyptiorũ accõmodatissimi, in q̃s alij quilibet anni resolutiõe dierũ facile reducuntur.

qualis motus præcessionis æquinoctiorũ in annis & sexag

Anni		MOTVS					Anni		MOTVS				
1		0	0	0	50	12	31		0	0	25	56	14
2		0	0	1	40	24	32		0	0	26	46	26
3		0	0	2	30	36	33		0	0	27	30	38
4		0	0	3	20	48	34		0	0	28	26	50
5		0	0	4	11	0	35		0	0	29	17	2
6		0	0	5	1	12	36		0	0	30	7	15
7		0	0	5	51	24	37		0	0	30	57	27
8		0	0	6	41	36	38		0	0	31	47	39
9		0	0	7	31	48	39		0	0	32	37	51
10		0	0	8	22	0	40		0	0	33	28	3
11		0	0	9	12	12	41		0	0	34	18	15
12		0	0	10	2	25	42		0	0	35	8	27
13		0	0	10	52	37	43		0	0	35	58	39
14		0	0	11	42	49	44		0	0	36	48	51
15		0	0	12	33	1	45		0	0	37	39	3
16		0	0	13	23	13	46		0	0	38	29	15
17		0	0	14	13	25	47		0	0	39	19	27
18		0	0	15	3	37	48		0	0	40	9	40
19		0	0	15	53	49	49		0	0	40	59	52
20		0	0	16	44	1	50		0	0	41	50	4
21		0	0	17	34	13	51		0	0	42	40	16
22		0	0	18	24	25	52		0	0	43	30	28
23		0	0	19	14	37	53		0	0	44	20	40
24		0	0	20	4	50	54		0	0	45	10	52
25		0	0	20	55	2	55		0	0	46	1	4
26		0	0	21	45	14	56		0	0	46	51	16
27		0	0	22	35	26	57		0	0	47	41	28
28		0	0	23	25	38	58		0	0	48	31	40
29		0	0	24	15	50	59		0	0	49	21	52
30		0	0	25	6	2	60		0	0	50	12	5

...s motus præcessionis æquinoctiorū in diebus & sexag...

MOTVS				
0	0	0	0	8
0	0	0	0	16
0	0	0	0	24
0	0	0	0	33
0	0	0	0	41
0	0	0	0	49
0	0	0	0	57
0	0	0	1	6
0	0	0	1	14
0	0	0	1	22
0	0	0	1	30
0	0	0	1	39
0	0	0	1	47
0	0	0	1	55
0	0	0	2	3
0	0	0	2	12
0	0	0	2	20
0	0	0	2	28
0	0	0	2	36
0	0	0	2	45
0	0	0	2	53
0	0	0	3	1
0	0	0	3	9
0	0	0	3	18
0	0	0	3	26
0	0	0	3	34
0	0	0	3	42
0	0	0	3	51
0	0	0	3	59
0	0	0	4	7

Dies		MOTVS				
31		0	0	0	4	15
32		0	0	0	4	24
33		0	0	0	4	32
34		0	0	0	4	40
35		0	0	0	4	48
36		0	0	0	4	57
37		0	0	0	5	5
38		0	0	0	5	13
39		0	0	0	5	21
40		0	0	0	5	30
41		0	0	0	5	38
42		0	0	0	5	46
43		0	0	0	5	54
44		0	0	0	6	3
45		0	0	0	6	11
46		0	0	0	6	11
47		0	0	0	6	27
48		0	0	0	6	36
49		0	0	0	6	44
50		0	0	0	6	52
51		0	0	0	7	0
52		0	0	0	7	9
53		0	0	0	7	17
54		0	0	0	7	25
55		0	0	0	7	33
56		0	0	0	7	42
57		0	0	0	7	50
58		0	0	0	7	58
59		0	0	0	8	6
60		0	0	0	8	15

Anomaliae aequinoctiorũ motus in annis & sexagenis annorũ

Anni		MOTVS					Anni		MOTVS				
1		0	0	0	17	24	31		0	3	14	59	28
2		0	0	12	34	48	32		0	3	21	16	52
3		0	0	18	52	12	33		0	3	27	34	16
4		0	0	25	9	36	34		0	3	33	51	41
5		0	0	31	27	0	35		0	3	40	9	5
6		0	0	37	44	24	36		0	3	46	26	29
7		0	0	44	1	49	37		0	3	52	43	53
8		0	0	50	19	13	38		0	3	59	1	17
9		0	0	56	36	36	39		0	4	5	18	42
10		0	1	2	54	1	40		0	4	11	36	6
11		0	1	9	11	25	41		0	4	17	53	30
12		0	1	15	28	49	42		0	4	24	10	54
13		0	1	21	46	13	43		0	4	30	28	18
14		0	1	28	3	38	44		0	4	36	45	42
15		0	1	34	21	2	45		0	4	43	3	6
16		0	1	40	38	26	46		0	4	49	20	31
17		0	1	46	55	50	47		0	4	55	37	55
18		0	1	53	13	14	48		0	5	1	55	19
19		0	1	59	30	38	49		0	5	8	12	43
20		0	2	5	48	3	50		0	5	14	30	7
21		0	2	12	5	27	51		0	5	20	47	31
22		0	2	18	22	51	52		0	5	27	4	55
23		0	2	24	40	15	53		0	5	33	22	20
24		0	2	30	57	39	54		0	5	39	39	44
25		0	2	37	15	3	55		0	5	45	57	8
26		0	2	43	32	27	56		0	5	52	14	32
27		0	2	49	49	52	57		0	5	58	31	56
28		0	2	56	7	16	58		0	6	4	49	20
29		0	3	2	24	40	59		0	6	11	6	45
30		0	3	8	42	4	60		0	6	17	24	9

liebus & sexagenis die

MOTVS				
0	0	0	32	3
0	0	0	33	5
0	0	0	34	7
0	0	0	35	9
0	0	0	36	11
0	0	0	37	13
0	0	0	38	15
0	0	0	39	17
0	0	0	40	19
0	0	0	41	21
0	0	0	42	23
0	0	0	43	25
0	0	0	44	27
0	0	0	45	29
0	0	0	46	31
0	0	0	47	33
0	0	0	48	35
0	0	0	49	37
0	0	0	50	39
0	0	0	51	41
0	0	0	52	43
0	0	0	53	45
0	0	0	54	47
0	0	0	55	49
0	0	0	56	51
0	0	0	57	53
0	0	0	58	55
0	0	0	59	57
0	0	1	0	59
0	0	1	2	1

Qua

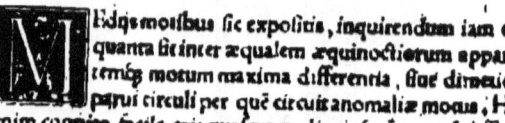

Quæ sit maxima differentia inter æqualem apparentemq́ præcessionem æquinoctiorũ. Cap. VII.

M Edijs motibus sic expositis, inquirendum iam est, quanta sit inter æqualem æquinoctiorum apparentemq́ motum maxima differentia, siue dimetiens parui circuli per quẽ circuit anomaliæ motus. Hoc enim cognito facile erit qualscunq; alias ipsorũ motuũ differentias discernere. Quoniam igitur, ut superius recitatum est, inter primam Timocharis & Ptolemæi sub secundo Antonini anno fuerunt CCCC XXXII. anni: in quo tempore medius motus est partium VI. apparẽs autem erat part. IIII. scrup. XX. horum differentia pars una, scrup. XL. Anomaliæ quoq; duplicis motus part. XC. scrup. XXXV. Visum est etiam in medio huius temporis uel circiter apparentem motum scopum maximæ tarditatis attigisse, in quo necesse est ipsum cum medio congruere motu; atq; in eadem circulorum sectione fuisse uerum ac medium æquinoctium. Quapropter facta motus & temporis bifariam distributione, erunt utrobiq; diuersi & æqualis motus differẽtiæ, dextantes unius gradus, q̃d hinc inde anomalaris circuli circumferẽtiæ sub partibus XLV. scrup. XVII. s. comprehendunt. Quibus sic constitutis, esto zodiaci circumferentia A B C, æquinoctialis medius D B E, & B sectio sit media æquinoctiorũ apparentium, siue Arietis, siue Libræ, & per polos ipsius D B E, descendat B F. Assumantur autem in A B C circumferentiæ utrobiq; æquales B I, B K per dextantes graduũ, ut sit tota I B K unius partis & scrup. XL. Inducantur etiam duæ circumferentiæ circulorum æquinoctialium apparentium I G, & H K ad angulos rectos ipsi F B. Dico aũt ad angulos rectos, cũ

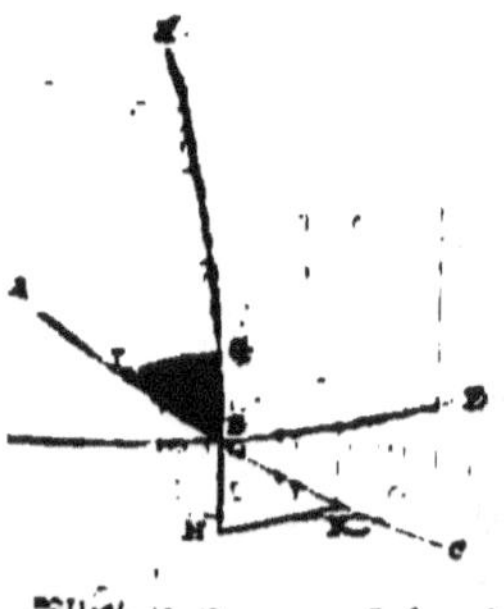

tamen

re æqualis ipsi I B D: & latus I B scrup. L. datur ergo d
fferentia distantiæ polorum medij & apparētis æqua
E X. Similiter in triangulo B H K, duo anguli B H K, &
bus I B G & I G B sunt æquales: & latus B K, lateri B I, æ
um erit B H ipsi B G scrup. X X. Sed quoniā hæc omnia
ima uersantur, utpote quæ zodiaci sesquigradum non
, in quibus subtensæ rectæ lineæ suis circumferentijs
dum coëquantur, uixq; in tertijs aliqua diuersitas re
nihil erroris committemus, si pro circumferentijs re
r lineis. Sit ipsa portio circuli signorum A B C, in quo
sum medium sit B, quo sumpto
ribatur semicirculus A D C, qui se
m signorum in A C signis: dedu
n à polo zodiaci D B, qui etiam bi
abit descriptum semicirculum
uo summus tarditatis limes intel
augmēti principium. In A D qua
piatur D E circumferentia part.
p. X V I I. e. & per E signum à polo zodiaci descendat
scrupulorum L. propositum est ex his inuenire e totā
nifestum est igitur, quòd dupla E F subtendit duplum
rū, sicut autem E F partiū 7107. ad A F B partes 10000.
is E F scrupula ad A F B 70. datur ergo A B gradus unus
tanta est medij apparentisq; motus æquinoctiorum
lifferentia quam quærebamus, quamq; sequitur ma
rum deflectio scrupulorum X X V I I I.

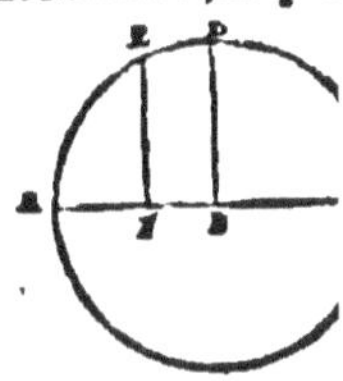

De particularibus ipsorum motuum differentiis, & eorum Canonica expositio. Cap. VIII.

Cum igitur data sit A B scrupulorum LXX. quæ circumferentia nihil distare uidetur à recta subtensa secundum longitudinem, non erit difficile quascunque alias particulares differentias medijs apparentibusque motibus exhibere, quas Græci Prosthaphæreses uocant, iuniores æquationes, quarum ablatione uel adiectione apparentiæ concinnantur. Nos Græco potius uocabulo tanquam magis apposito utemur. Si igitur E D fuerit trium graduum, penes rationem A B ad subtensam B F, habebimus B F Prosthaphæresim scrup. IIII. Si sex graduum erunt, scrup. VII. pro nouem gradibus undecim, & sic de cæteris. Circa obliquitatis quoque mutationem simili ratione faciendum putamus, ubi inter maximā minimamque inuenta sunt, ut diximus scrup. XXIIII. quæ sub semicirculo anomaliæ simplicis conficiuntur in annis M. DCC. XVII. & media consistentia sub quadrante circuli erit scrup. XII. ubi erit polus parui circuli huius anomaliæ sub obliquitate partium XXIII. scrup. XL. Atque in hunc modum sicut diximus reliquas differentiæ partes extrahemus proportionales fermè prædictis, prout in Canone subiecto continetur. Etsi uarijs modis per hasce demonstrationes componi possunt motus apparentes, ille tamen modus magis placuit, per quem particulares quæque Prosthaphæreses separatim capiantur, quo fiat calculus ipsorum motuum intellectu facilior, magisque congruat explicationibus demonstratorum. Conscripsimus igitur tabulam LX uersuum auctam per triadas partiū circuli. Ita enim neque diffusam amplitudinem occupabit, neque coarctatam nimis breuitatem habere uidebitur, prout in cæteris consimilibus faciemus. Hæc modo quatuor ordines habebit, quorum primi duo utriusque semicirculi gradus continent, quos numerū communem appellamus, eo quòd per simplicem numerum obliquitas signorum circuli sumitur, duplicatus Prosthaphæresi æquinoctiorum seruiet, cuius exordium à principio augmenti sumitur

mitur. Tertio loco prosthaphæreses æquinoctiorū colloca-
buntur singulis tripartijs congruentis addendæ uel detrahen-
dæ medio motui, quem à prima stella capitis Arietis auspica-
mur in æquinoctium uernum: ablatiuæ prosthaphæreses in
anomalia semicirculo minore, siue primo ordine: adiectiuæ in
secundo ac semicirculo sequente. Vltimo denique loco scrupula
sunt, differentiæ obliquitatis proportionum uocata, ascendea
tia ad summam sexagenariam. Quoniam pro maximo mini-
moque obliquitatis excessu scrupulorum XXIIII. ponimus LX.
quibus pro ratione reliquorum excessuum similis rationis partes concinnamus, & propterea in principio & fine anomaliæ po
nimus LX. Vbi uero excessus ad XXII scrup. peruenerit, ut in
anomalia XXXIII. graduū, eius loco ponimus LV. Sic pro XX.
scrup. L. ut in anomalia XXVIII. grad. & per hunc modum in cę
teris prout in subiecta formula patet.

Tabula prosthaphæreseon æqnoctialis & obliquitatis signiferi.

Numeri cõmunes		æqnoc. prostha		ob lig		Numeri cõmunes		æqnoc. prostha		ob lig	
Gra.	Gra.	g	scru.	scru.	pport.	Gra.	Gra.	g	scru.	scr.	pport.
3	357	0	4	60		93	267	1	10	28	
6	354	0	7	60		96	264	1	10	27	
9	351	0	11	60		99	261	1	9	25	
12	348	0	14	59		102	258	1	9	24	
15	345	0	18	59		105	255	1	8	22	
18	342	0	21	59		108	252	1	7	21	
21	339	0	25	58		111	249	1	5	19	
24	336	0	28	57		114	246	1	4	18	
27	333	0	32	56		117	243	1	3	16	
30	330	0	35	50		120	240	1	1	15	
33	327	0	38	55		123	237	0	59	14	
36	324	0	41	54		126	234	0	56	12	
39	321	0	44	55		129	231	0	54	11	
42	318	0	47	52		132	228	0	52	10	
45	315	0	49	51		135	225	0	49	9	
48	312	0	52	50		138	222	0	47	8	
51	309	0	54	49		141	219	0	44	7	
54	306	0	56	48		144	216	0	41	6	
57	303	0	59	46		147	213	0	38	5	
60	300	1	1	45		150	210	0	35	4	
63	297	1	2	44		153	207	0	32	3	
66	294	1	4	42		156	204	0	28	3	
69	291	1	5	41		159	201	0	27	2	
72	288	1	7	39		162	198	0	21	1	
75	285	1	8	38		165	195	0	18	1	
78	282	1	9	36		168	192	0	14	1	
81	279	1	9	35		171	189	0	11	0	
84	276	1	10	33		174	186	0	7	0	
87	273	1	10	32		177	183	0	4	0	
90	270	1	10	30		180	180	0	0	0	

Decem

De eorum, quæ circa præceſsionem æquinoctiorum expoſita ſunt, examinatione ac emendatione. Cap. IX.

AT quoniam per coniecturam ſumpſimus augmenti principiū in motu differēte, medio tempore fuiſſe, ab anno XXXVI. primæ ſecundū Calippū periodi ad ſecūdū Antonini, à quo principio anomaliæ motū ordimur. Quod an recte fecerimus, & obſeruatis cōſentiat, oportet adhuc nos experiri. Repetamus illa tria obſeruata ſidera, Timocharidis, Ptolemæi, & Machometis Aratei, & manifeſtum eſt, quòd in primo interuallo fuerint anni Ægyptij CCCC. XXXII. In ſecūdo anni DCCXLII. Motus æqualis in primo temporis ſpacio erat part. VI. differēs part. IIII. ſcrup. XX. anomaliæ duplicis part. XC. ſcrup. XXXV. auferētis motui æquali partem I. ſcrup. XL. In ſecūdo motus æqualis part. X. ſcrup. XXI. Diuerſi part. XI. S. Anomaliæ duplicis part. CLV. ſcrup. XXXIIII. Adijciētis æquali motui part. I. ſcrup. IX. Sit modo zodiaci circumferentia uti prius A B C, & in B quod ſit æquinoctium medium uernum ſumpto polo, circumferentia autē A B partis unius, & ſcrup. X. deſcribatur orbiculus A D C E, motus autē æqualis ipſius B intelligatur in partes A, hoc eſt in præcedentia, atq; A ſit limes occidentalis, in quo æquinoctiū diuerſum maxime præit, & C orientalis, in quo æquinoctiū diuerſum maxime ſequit. A polo quoque zodiaci per E ſignū deſcendat D B E, qui cū circulo ſignorū quadrifariam ſecabit A D C E circulum paruum, quoniam rectis angulis ſe inuicem per polos ſecant. Cum autē fuerit motus in hemicyclio A D C ad conſequentia, & reliquum C E A ad præcedentia, erit medium tarditatis æquinoctij apparentis in D propter renitentiam ad ipſius B progreſſum, in E uero maxima uelocitas promouentibus ſe inuicem motibus in eaſdē partes. Suſcipiantur etiamnum ante & pone D circumferentiæ F D, D G, utraq; partium XLV. ſcrup. XVIII. S. Sit F primus terminus anomaliæ qui Timocharis, G ſecundus qui Ptolemei, & tertius P, qui Machometi Aratenſi, per quæ ſigna deſcendant maximi circuli per polos ſigniferi F N, G M, & O P, qui omnes in par-

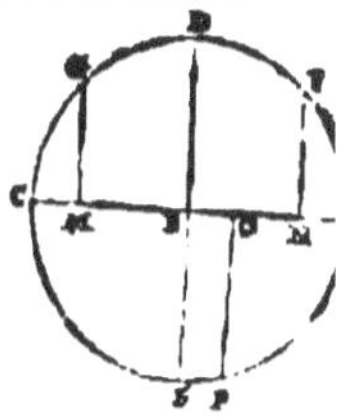

uulo circulo rectis lineis perſimiles exiſtant. Erit igitur F D G circumferentia part. XC. ſcrup XXXV. quarum circuli A D C B ſunt CCCLX, auferẽs à medio motu M N partem unã, ſcrup. XL. quare A B C eſt part. II. ſcrup. XX. & G B P partiũ CLV. ſcrup. XXXIIII. adijciens M O partem unam, ſcrup. IX. quo circa & reliqua, part. CXIII. ſcrup. LI. P A F, reliquam O N addet ſcrup. XXXI. quarum ſimiliter eſt A B ſcrup. LXX. Cum uero tota D G C B P circumferentia fuerit partium CC. ſcrup. LI. s. & B P exceſſus ſemicirculi partium XX. ſcrup. LI. s. Erit igitur B O tanquam

recta per Canonem ſubtenſarum in circulo linearum par. 356. quarum eſt A B, 1000, ſed quarum A B ſcrupulorum eſt LXX. erit B O ſcrup. XXIIII. ferè, & B M poſita eſt ſcrup. L. Tota igitur M B O ſcrupulorum eſt LXXIIII. & reliqua N O ſcrup. XXVI. Sed in preſtructis erat M B O pars I. ſcrup. IX. & reliqua N O ſcrup. XXXI. deſunt hic ſcrup. V. quæ illic abundant. Reuoluendus eſt igitur A D C B circulus, quouſq; partis utriuſq; fiat cõpenſatio. Hoc autem factum erit, ſi D G circumferentiã capiamus partium XL. II. s. ut in reliqua D F ſint part. XLVIII. ſcrup. V. Per hoc enim utriq; errori uidebitur eſſe ſatisfactũ, ac cæteris omnibus. Quoniam à ſummo limite tarditatis D ſumpto principio, erit anomaliæ motus in primo termino tota D G C B P A F circumferentia partium CCCXI. ſcrup. LV. In ſecundo D G part. XLII. s. In tertio D G C B P. partium CXCVIII. ſcrup. IIII. Ex quibus A B fuerit ſcrupulis LXX. erit in primo termino B N proſthaphæreſis adiectitia iuxta præhabitas demonſtrationes ſcrupulorum LII. In ſecundo M B ſcrup. XLVII. s. ablatiua. Atq; in tertio termino ruſus adiectiua B O ſcrup. ferè XXI. Tota igitur M N colligit in primo interuallo partem unam, ſcrup. XL. tota quoq; M B O in ſecundo interuallo partem unam, ſcrup. IX. quæ ſatis exacte conueniunt obſeruatis. Quibus etiam patet anomalia ſimplex in primo termino part. CLV. ſcrup. LVII. s. In ſecundo part. XXI. ſcrup. XV. In tertio part. XCIX. ſcrup. II. quod erat declarandum.

Quæ

Quæ ſit maxima differentia ſectionum æquinoctialis & zodiaci. Cap. X.

SImili modo, quæ de mutatione obliquitatis ſigniferi & æquinoctialis expoſita ſunt, comprobabimus recte ſe habere. Habuimus enim ad annum ſecundum Antonini apud Ptolemæum anomaliam ſimplicem examinatam partium XXI & quartæ, ſub qua reperta eſt obliquitas maxima partium XXIII. ſcrup. LI. ſecundorum XX. Ab hoc loco ad noſtrum obſeruatum ſunt anni circiter M. CCCLXXXVII. in quibus anomaliæ ſimplicis locus numeratur part. CXLV. ſcrup. XXIIII. ac eo tempore reperitur obliquitas part. XXIII. ſcrup. XXVIII. cum duabus ferè quintis unius ſcrupuli. Super quibus repetatur A B C circumferẽtia zodiaci, uel pro ea recta propter eius exiguitatem, & ſuper ipſam anomaliæ ſimplicis hemicyclium in B polo, ut prius. Sitq; A maximus declinationis limes, C minimus, quorum ſcrutamur differentiam. Aſſumatur ergo A E circumferentia parui circuli partium XXI. ſcrup. XV. & reliqua quadrantis E D partium erit LXVIII. ſcrup. XLV. Tota autem E D F ſecundum numerationẽ

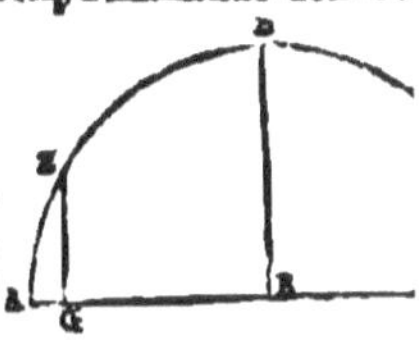

part. CXLV. ſcrup. XXIIII. & reliqua D F part. LXXVI. ſcrup. XXIX. Demittantur E G & F K perpendiculares diametro A B C. Erit autem G K circumferentia maximi circuli, propter differentiam obliquationum à Ptolemæo ad nos cognita, ſcrup. primorum XXII. ſecundorũ LVI. Sed G B rectæ ſimilis, dimidia eſt ſubtendentis duplum E D, ſiue ei æqualis partium 932. quarum fuerit ac inſtar dimetientis part. 2000. quarũ eſſet etiam K B ſemiſsis ſubtendentis duplum D F part. 973. datur tota G K partium earum 1905. quarum eſt A C 2000. Sed quarum G K fuerit ſcrup. primorum XXII. ſecundorũ LVI. erit A C ſcrup. XXIIII proxime, inter maximam minimamq; obliquitatẽ differentia quam perſcrutati ſumus. Qua conſtat maximam fuiſſe obliquitatem inter Timocharim & Ptolemæum partiũ XXIII. ſcrup. LII. cõpletorũ, atq; nunc minimã appetere partiũ XXIII.

ſcrup.

His omnibus ſic e
um æquinoctij
quibus radices
cunctꝗ propoſitc
rei ſupremum ſcopum con
Nabonaſſarij Caldeorum,
manaſſar Caldeorum rege
ſecuti, ſatis eſſe putauimus,
mus, quæ x x v i i i. annis N
ab æſtiua conuerſione ſump
Græcis exortum faciebat, &
Cenſorinus ac alij probati a
exactiorem ſupputationem
ſtibus calculandis eſt neceſſa
primæ diei menſis Ecatonba
ac meridiem primæ diei me
ſunt anni x x v i i. & dies cc x
anni Ægyptij cccc x x i i i i.
annorũ Iulij Cæſaris, anni Æ
ad mediam noctem ante Kal.
ſe conſtitui fecit principium
Æmylij Lepidi cõſulatu an
à Iulio Cæſare ordinato cæte

& Cleopatræ occasum, habent annos xv. dies ccxlvi. a. in me
ridie primæ diei mensis Thoth, qui Romanis erat tertius ante
Kal. Septembris. Quamobrem ab Augusto ad annos Christi à
Ianuario similiter incipientes, sunt anni secundum Romanos
xxvii. secundum Ægyptios autem anni eorum xxix. dies
cxxx. a. Hinc ad secũdum Antonini annũ, quo C. Ptole. stella
rũ loca à se obseruata descripsit, sunt anni Romani cxxxviii.
dies lv. qui anni addunt Ægyptijs dies xxxiiii. Colliguntur
à prima Olympiade usq; huc anni dcccc xiii. dies ci. Sub quo
quidem tempore æquinoctiorum antecessio æqualis, est gra
dus xii. scrup. prima xliiii. Anomaliæ simplicis grad. xcv.
scrup. xliiii. Atqui anno secundo Antonini, ut proditum est,
æquinoctium uernum primam stellarum, quæ in capite Arietis
sunt, præcedebat vi. grad. & xl. scrup. Et cum esset anomalia
duplex partium xlii. s. fuit æqualis apparentisq; motus diffe
rentia ablatiua scrup. xlviii. quæ dum reddita fuerit apparen
ti motui part. vi. scrup. xl. colligit ipsum medium æquinoctij
uerni locũ grad. vii. scrup. xxviii. Quibus si ccclx. unius cir
culi gradus addiderimus, & à summa auferamus grad. xii. scru
pu. xliiii. habebimus ad primam Olympiadem, quæ cœpit à
meridie primæ diei mensis Ecatombæonos apud Athenienses
medium æquinoctij uerni locum grad. cccliiii. scrup. xliiii.
nempe quod tunc sequebatur primam stellam Arietis grad. v.
scrup. xvi. Simili modo si à grad. xxi. scrup. xv. anomaliæ sim
plicis demantur grad. xcv. scrup. xlv. remanebunt ad idem
Olympiadum principium, anomaliæ simplicis locus grad. cc.
lxxxv. scrup. xxx. Ac rursus per adiectionem motuum fa
ctam penes distantiam temporum, rejectis semper ccclx. gra
dibus quoties abundauerint, habebimus loca siue radices Ale
xandri, motus æqualis, grad. unum, scrup. ii. anomaliæ simpli
cis grad. cccxxxii. scrup. lii. Cæsaris medium motum grad.
iiii. scrup. v. anomaliæ simplicis grad. ii. scrup. ii. Christi loci
medium grad. v. scrup. xxxii. Anomaliæ gradus vi. scrup.
xlv. ac sic de cæteris ad quælibet temporis sumpta principia ra
dices motuum capiemus.

De præcessionis æquinoctij uerni, & obliquitatis supputatione. Cap. XII.

QVandocunq; igitur locum æquinoctij uerni capere uoluerimus, si ab assumpto principio ad datū tempus anni fuerint inæquales, quales Romanorū sunt quibus uulgo utimur, eos in annos æquales siue Ægyptios digeremus. Neq; enim alijs in calculatione motuum æqualium utemur quàm Ægyptijs annis, propter causam quam diximus. Ipsum uero numerum annorum, quatenus sexagenario maior fuerit, in sexagenas distribuemus, quibus sexagenis dum tabulas motuū ingressi fuerimus, primū locū in motibus occurrentem tanquam supernumerarium tunc præteribimus, & à secundo incipientes loco graduum, sexagenas si quę fuerint cum cæteris gradibus & scrupulis quæ sequuntur accipiemus. Deinde cum reliquis annis secundo introitu, & à primo loco ut iacent capiemus sexagenas, gradus, & scrupula occurrentia. Similiter in diebus faciemus, & in sexagenis dierum, quibus cum æquales motus per tabulas dierum & scrupulorum adiungere uoluerimus. Quamuis hoc loco scrupula dierum nō iniuria cōtemnerētur, siue etiam dies ipsi ob istorum motuū tarditatem, cum in diario motu non nisi de tertijs secundisue scrupulis agatur. Hæc igitur omnia cum aggregauerimus cum sua radice, addendo singula singulis iuxta species suas, rejectisq; sex graduū sexagenis si excreuerint, habebimus ad tempus propositum locum medium æquinoctij uerni, quo primam stellam Arietis antecedit, siue ipsius stellæ æquinoctium sequentis. Eodem modo & anomaliam capiemus. Cum ipsa autem anomalia simplici in tabula diuersitatis ultimo loco posita scrupula proportionum inueniemus, quæ seruabimus ad partem. Deinde cum anomalia duplicata in tertio ordine eiusdem tabulæ inueniemus prosthaphæresim, id est gradus & scrup. quibus uerus motus differt à medio, ipsamq; prosthaphæresim, si anomalia duplex fuerit minor semicirculo, subtrahemus à medio motu. Sin autem semicirculū excesserit, plus habens CLXXX. gradibus, addemus

ipsam

ipſam medio motui, & quod ita collectum reſiduúmue
rum apparētemq́ praeceſsionem aequinoctij Verni c
ſiue quātum uiciſsim prima ſtella Arietis ab ipſo Ve
noctio fuerit tunc elongata. Quod ſi cuiuſuis alterius
quęſieris, numerum eius in deſcriptione ſtellarū adſi
dito. Quoniam uero quae opere conſiſtunt, exempli
fieri conſueuerunt, propoſitum nobis ſit ad XVI. K
no Christi M.D.XXV. locū uerum aequinoctij Ver
unà cum obliquitate zodiaci, & quantum Spica Vir
dem aequinoctio diſtet. Patet igitur, ꝙ in annis Ro
XXIIII. diebus CVI. à principio annorū Christi ad
intercalari ſunt dies CCCLXXXI. qui in annis pari
M.D.XXV. & dies CXXII. ſuntq́ annorum ſexag
an. XXV. Duae quoq; ſexagenae dierum cū duobu
norum autem ſexagenis XXV. in tabula medij m
dent gradus XX, ſcrup. prima LV. ſecunda II. Ann
prima XX. ſecunda LV. Dierum ſexagenis duabu
XVI. reliquorum duorum ſunt in tertijs. Haec om
ce quae erat grad. V. ſcrup. prima XXXII. coll
XXVI. ſcrup. XLVIII. mediam praeceſsionē Ver
Similiter anomaliae ſimplicis motus habet in ſex
XXV duas ſexagenas graduum, & grad. XXXVI
XXV. ſecūda III. In annis quoq; XXV. grad. II. ſcru. p
ſecunda XV. In duabus ſexagenis dierū ſcrup. pr
IIII. ac in totidem diebus ſecunda II. Haec quoq
eſt grad. VI. ſcrup. prima XLV. faciunt Sexa. II.
ſcrup. XL. anomaliā ſimplicem, per quā in tabul
timo loco ſcrupula proportionū occurrētia in u
dae obliquitatis ſeruabo, & reperitur hoc loco u
inde cū anomalia duplicata, quae habet Sexa. V
ſcrup. XX. inuenio proſthaphaereſin, ſcrup. X
eo quod anomalia maior eſt ſemicirculo, quae
dio motui, prouenit uera apparensq́ praeceſsio
ni grad. XXVII. ſcrup. XXI. cui ſi denique addat
quibus Spica Virginis diſtat à prima ſtella
locū eius ab aequinoctio Verno, in conſequ

& XXI. scru. Libræ, ubi fere tpe obseruatiõis nostræ reperiebat.

Obliquitas autem zodiaci & declinationes eam habent rationem, quòd cum scrupula proportionum fuerint LX. excessus in Canone declinationum sunt appositi, differentiæ inquã sub maxima minimaq; obliquitate, in solidum adduntur suis partibus declinationum. Hoc autem loco unitas illorum scrupulorum addit obliquitati tantummodo secunda XXIIII. Quare declinationes partium signiferi in Canone positæ, ut sunt, durant hoc tempore propter minimam obliquitatem iam nobis appetentem, mutabilis aliàs euidentius. Quemadmodum uerbi gratia, si anomalia simplex fuerit XCIX partium, qualis erat in annis Christi DCCCLXXX. Ægyptijs, dantur per ipsam scrup. proportionum XXV. At sicut LX scrup. ad XXIIII. differentiæ maximæ & minimæ obliquitatis, ita XXV. ad X. quæ addita XXVIII. colligit obliquitatem pro eo tempore existẽtem part. XXIII. scrup. XXXVIII. Si nunc quoq; alicuius partis zodiaci, utpote tertij gradus Tauri, qui sunt ab æquinoctio grad. XXXIII declinationem nosse uelim, inuenio in Canone partes XII. scru. XXXII. cum excessu scrupulorũ XII. Sicut autem LX ad XXV. ita XII. ad V. quæ addita partibus declinationis faciunt partes XII. scrup. XXXVII. pro XXXIII. gradibus zodiaci. Eodẽ modo circa angulos sectionis zodiaci & æquinoctialis, ac ascensiones rectas facere possumus, si non magis placeat per rationes triangulorũ sphæricorum, nisi quòd addere illis semper oportet, his adimere, ut omnia pro tempore prodeant examinatiora.

De anni Solaris magnitudine & differentia. Cap. XIII.

QVod autem præcessio æquinoctiorũ conuersionũ sic se habeat, quæ ab inflexione axis terræ, uti diximus, motus quoq; annuus centri terræ, qualis circa Solem apparet, de quo iam differendũ nobis est, cõfirmabit, sequi nimirũ oportet, ut cum annua magnitudo ad alterum æquinoctiorũ uel solsticiorum fuerit collata, fiat inæqualis, propter inæqualẽ ipsorũ terminorũ permutationẽ; sunt enĩ hæc cohærẽtia inuicem. Quamobrẽ sepãdum est nobis, ac definiendus temporalis annus à sidereo. Naturalẽ quippe seu temporalem uocamus annũ, qui nobis quaternas uicissitudines temperat annuas, Sidereũ uero eum, qui ad aliquã stellarum non errantiũ reuoluitur. Quod aũt annus naturalis, quem etiã uertentem uocãt, inæqualis existit, priscorum obseruata multipliciter declarant. Nam Calippus, Aristarchus Samius, & Archimedes Syracusanus, ultra dies integros CCCLXV. quartam diei partem continere definiunt, ab æstiua cõuersione principiũ anni sumentes more Atheniensiũ. Verum C. Ptolemæus animaduertens difficilem esse, & scrupulosam solsticiorũ appræhensionẽ, haud satis cõfisus est illorũ obseruatis, contulitq́ se potius ad Hipparchum, qui nõ tam Solares conuersiones, quã etiam æquinoctia in Rhodo notata post se reliquit, & prodidit aliquantulũ deesse quartæ diei. Quod postea Ptolemæus decreuit esse trecentesimam partem diei, hoc modo. Assumit enim Autumni æquinoctium, quã accuratissime ab illo obseruatũ Alexandriæ, post excessum Alexandri Magni, anno CLXXVII. tertio intercalarium die secundũ Ægyptios in media nocte, quam sequebatur quartus intercalariũ. Deinde subiungit Ptolemæus idẽ æquinoctiũ à se obseruatum Alexandriæ anno tertio Antonini, qui erat à morte Alexandri annus CCCCLXIII. nona dies mensis Athyr Ægyptiorũ, tertij una hora ferè post ortum Solis. Fuerunt inter hãc ergo, & Hipparchi cõsiderationẽ anni Ægyptij CCLXXXV dies LXX. horæ VII. & quinta pars unius horæ, cũ debuissent esse LXXI. dies, & sex horæ, si annus uertens fuisset ultra dies integros quadrãte diei. Defecit igitur in annis CCLXXXV. dies unus minus uigesima parte diei. Vnde sequitur, ut in annis CCC. intercidat dies totus. Similem quoq́ ab æquinoctio Verno sumit coniecturã. Nam quod ab Hipparcho annotatũ meminit Alexãdri anno CLXXVIII. die XXVII. Mechir sexti mẽsis Ægyptiorũ in ortu Solis, ipse in anno eiusdẽ CCCCLXIII. reperit septimo die mẽsis Pachon noni secũdũ Ægyptios post meridiẽ una hora, & paulo plus, atq́ ita idẽ in annis CCLXXXV. diẽ unum deesse minus uigesima pte diei. Hisce Ptolemæus adiutus indicijs, definiuit annũ uertentẽ esse dierũ CCCLXV. scrup. primorũ XIIII. secũdorũ XLVIII. Post hæc Machometus in Aracta Syriæ, non minori solertia post obitum Alexandri anno M.CC.VI. aequinoctium Autumni considerauit, inuenitque ipsum fuisse post septimum diem mensis Pachon in nocte sequente horis VII. & duabus quintis ferè, hoc est, ante lucem diei octaui per horas IIII. & tres quintas. Hanc igitur considerationem suã ad illam Ptolemaei concernẽdo factam anno tertio Antonini, una hora post ortum Solis, Alexandriae quae decem partibus ad occasum distat ab Arata, eam ipsam ad meridianum suum Aratensem coaequauit, ad quem oportebat fuisse una hora & duabus tertijs ab ortu Solis. Igitur in interuallo aequaliũ annorum DCCXLIII. erant dies superflui CLXXVIII. horae XVII. & tres quintae, pro aggregato quartarum in dies CLXXXV. & dodrantem, Deficientibus ergo diebus septem, & duabus quintis unius horae, uisum est centesimam & sextam partem deesse quartae. Sumptam ergo è septem diebus & duabus quintis horae secundum annorũ numerum septingentesimam & quadragesimam tertiam partẽ, & sunt scrupuli horarij XIII. secunda XXXVI. reiecit à quadrante, & prodidit annum naturalem continere dies CCCLXV. horas V. scrup. prima XLVI. secunda XXIIII. Obseruauimus & nos Autumni aequinoctiũ in Fruẽburgo, Anno Christi nati M.D.XV. decimo octauo ante Calend. Octobris, erat autem post Alexandri mortem anno Aegyptiorum M.DCCC.XL. sexto die mensis Phaophi hora dimidia post ortum Solis. At quoniam Areca magis ad orientẽ est hac nostra regione quasi XXV gradibus, q faciunt hor. II. minus triente. Fuerit ergo in medio tempore inter hoc nostrum & Machometi Aratensis aequinoctium ultra annos Aegyptios DCXXXIII. dies CLIII. horae VI. & dodrans horae loco dierum CLVIII. & VI. horarum. Ab illa uero Alexandrina Ptolemaei obseruatione ad eundem locum & tẽpus nostrae obseruatiõis sunt anni Aegyptij M.CCCLXXVI. dies CCCXXXII. & hora dimidia: differimus enĩ ab Alexandria quasi per horam unã. Excidissent ergo à tempore quidem Machometi Aratẽsis nobis in DCXXXIII. annis, dies V. minus una hora & quadrante, ac per annos CXXVIII. dies unus. A Ptolemaeo autem in annis M.CCC.LXXVI. dies XII. ferè, & sub annis CXV. dies unus, estque rursus utrobique factus annus inaequalis.

Accepimus

mus etiam uernum æquinoctium, quod factũ est anno
e à Christo nato M. D. XVI. IIII. horis & triente post me
octis ad diem quintum ante Idus Martij, suntq; ab illo
Ptolemæi æquinoctio (habita meridiani Alexãdrini ad
n comparatione) anni Ægyptij M. CCC. LXXVI. dies
XII. horæ XVI. cum triente, ubi etiam apparet impares
æinoctiorum uerni & autumni distantias. Adeo multũ
, ut annus Solaris hoc modo sumptus æqualis existat.
nim in autumnalibus æquinoctijs inter Ptolemæum &
out ostensum est, iuxta æqualem annorum distributio-
trecsima & quintadecima pars defuerit quadranti diei,
grait Machometano Aratensi æquinoctio ad dimidi
n, Neq; quod est à Machometo Aratẽsi ad nos, ubi cen
i uigesimam octauã partem diei oportebat decsse quar
onat Ptolemæo, sed præcedit numerus obseruatum illi
noctium ultra diem totum, ad Hipparchum supra bidu
militer & Machometi Aratẽsi ratio à Ptolemæo sumpta,
ium transcendit Hipparchicum æquinoctium. Rectius
nni solaris æqualitas à non errantium stellarum sphæ-
ur, quod primus inuenit Thebites Choræ filius, & eius
dinem esse dierum CCCLXV. scrupulorum primorum
ndorum XXIII, quæ sunt horæ VI. scrup. prima IX. se-
II. proxime sumpto uerisimiliter argumento, quod in
ctiorum conuersionumq; occursu tardiori longior an-
retur, quàm in uelociori, idq; certa proportiõe. Quod
i potuit, nisi æqualitas esset in comparatione ad fixarũ
m sphæram. Quapropter non est audiẽdus Ptolemæus
rte, qui absurdum & impertinens existimauit, annuam
qualitatẽ metiri ad aliquam stellarum fixarum restitu-
ec magis congruere, q̃ si à Ioue uel Saturno hoc faceret
kaq; in promptu causa est, cur ante Ptolemæũ lõgior fu
us ipse temporarius, q post ipsum multiplici differẽtia
t breuior. Sed circa annũ q̃q; asteroterida siue sidereum
rror accidere, in modico tamẽ, ac longe minor eo, quẽ iã
uimus, Idq; propterea, quòd idem motus centri terræ cir
n apparẽs etiã inæqualis existis alia duplici diuersitate.

Quarum

Quarum differentiarum prima atq; simplex anniuersariam habet restitutionem: altera quæ primam permutando uariat, longo temporum tractu percepta est. Quo circa neq; simplex neq; facilis est cognitu ratio annuæ æqualitatis. Nam si quis simpliciter ad certam alicuius stellę, locum habentis cognitam distantiam, uoluerit ipsam accipere (quod fieri potest usu Astrolabij mediante Luna, quemadmodum circa Basiliscum Leonis explicauimus) nõ penitus uitabit errorem, nisi tunc Sol propter motum terræ, uel nullam tunc prosthaphæresim habuerit, uel similem & æqualem in utroq; termino sortiatur. Quod nisi euenerit, & aliqua penes inæqualitatem eorum fuerit differentia, nõ utiq; in temporibus æquabilibus æqualis circuitus uidebitur accidisse. Sed si in utroq; termino tota diuersitas deducta, uel pro ratione adhibita fuerit, perfectum opus erit. Porrò ipsius quoq; diuersitatis appræhensio, præcedentẽ medij motus, quẽ propterea quærimus, exigit cognitionem. Veruntamen ut ad resolutionem huius nodi aliquando ueniamus, quatuor omnino causas inuenimus inæqualis apparentiæ. Prima est inæqualitas præuentionis æquinoctiorum quam exposuimus. Altera est qua Sol signiferi circumferentias inæquales intercipere uidetur, quæ ferè anniuersaria est. Tertia, quæ etiam hanc uariat, quamq; secundam diuersitatẽ uocabimus. Quarta superest, quę mutat absides centri terræ summam & infimam, ut inferius apparebit. Ex his omnibus secunda solummodo nota Ptolemæo, quæ sola non potuisset inæqualitatem annalem producere, sed cæteris implicata magis id facit. Ad demonstrandã uero æqualitatis & apparentiæ Solaris differentiam, exactissima anni ratio non uidetur necessaria, sed satis esse si pro anni magnitudine CCCLXV. dies cum quadrante caperemus in demonstrationem, in quibus ille motus primæ diuersitatis completur. Quandoquidem quod è toto circulo tam parum distat, in minori sub sumptum magnitudine penitus euanescit. Sed propter ordinis bonitatem ac facilitatem doctrinæ motus æquales annuæ reuolutionis centri terræ hic præponimus, quos deinde cum æqualitatis & apparentiæ differentijs per demonstrationes necessarias astruemus.

De æqua-

De æqualibus medijsq; motibus reuolutionum centri terræ. Cap. XIIII.

ANni magnitudinem & eius æqualitatẽ, quam Thebith Benchoræ prodidit, uno duntaxat secũdo scrupulo inuenimus esse maiorem, & tertijs X. ut sit dierum CCCLXV. scrup. primorum XV. secundorum XXIIII. tertiorum X. quæ sunt horæ æquales VI. scrup. prima IX. secunda XL. pateatq; certa ipsius æqualitas ad non errantium stellarum sphæram. Cum ergo CCCLX. unius circuli gradus multiplicauerimus per CCCLXV. dies, & collectum diuiserimus per dies CCCLXV. scrup. prima XV. secũda XXIIII. tert. X. habebimus unius anni Ægyptij motũ in sexagenis graduũ quinq;, gradibus LIX. scrup. primis XLIIII. secundis XLIX. tertijs VII. quartis IIII. Et sexaginta annorum similium motum, relectis integris circulis, graduum Sexagenas V. grados XLIIII. scrup. prima XLIX. secunda VII. tertia IIII. Rursum si annuum motum partiamur per dies CCCLXV. habebimus diarium motum scru. primorum LIX. secundorum VIII. tertiorum XI. quartorum XXII. Quòd si mediam æqualemq; æquinoctiorum præcessionem his adiecerimus, componemus æqualem quoq; motum in annis temporarijs, annuum Sexa. V. grad. LIX. prim. XLV. secund. XXXIX. tert. XIX. quart. IX. Et diarium scrup. pri. LIX. secund. VIII. tert. XIX. quart. XXXVII. Et ea ratione illum quidem motum Solis, ut uulgari uerbo utar, simplicem æqualem possumus appellare, hunc uero æqualem compositum, quos etiam in tabulis exponemus eo modo, prout circa præcessionem æquinoctiorum fecimus. Quibus additur motus anomaliæ Solis æqualis, de qua postea.

Tabula motus Solis æqualis in

Anni		MOTVS.				
1		5	59	44	49	7
2		5	59	29	38	14
3		5	59	14	27	21
4		5	58	59	16	28
5		5	58	44	5	35
6		5	58	28	54	42
7		5	58	13	43	49
8		5	57	58	32	56
9		5	57	43	22	3
10		5	57	28	11	10
11		5	57	13	0	17
12		5	56	57	49	24
13		5	56	42	38	31
14		5	56	27	27	38
15		5	56	12	16	45
16		5	55	57	5	53
17		5	55	41	55	0
18		5	55	26	44	7
19		5	55	11	33	14
20		5	54	56	22	21
21		5	54	41	11	28
22		5	54	26	0	35
23		5	54	10	49	42
24		5	53	55	38	49
25		5	53	40	27	56
26		5	53	25	17	3
27		5	53	10	6	10
28		5	52	54	55	17
29		5	52	39	44	24
30		5	52	24	33	31

ebus & sexagenis & scr

Dies		MOTVS				
31		0	30	33	13	52
32		0	31	32	22	3
33		0	32	31	30	15
34		0	33	30	38	26
35		0	34	29	46	37
36		0	35	28	54	49
37		0	36	28	3	0
38		0	37	27	11	11
39		0	38	26	19	23
40		0	39	25	27	34
41		0	40	24	35	45
42		0	41	23	43	57
43		0	42	22	52	8
44		0	43	22	0	19
45		0	44	21	8	31
46		0	45	20	16	42
47		0	46	19	24	54
48		0	47	18	33	5
49		0	48	17	41	16
50		0	49	16	49	24
51		0	50	15	57	39
52		0	51	15	5	50
53		0	52	14	14	2
54		0	53	13	22	13
55		0	54	12	30	25
56		0	55	11	38	36
57		0	56	10	46	47
58		0	57	9	54	59
59		0	58	9	3	10
60		0	59	8	11	22

Tabula motus Solis cōpos. in diebus, sexag

Dies	MOTVS				
1	0	0	59	8	10
2	0	1	58	16	19
3	0	2	57	24	58
4	0	3	56	33	18
5	0	4	55	41	38
6	0	5	54	49	57
7	0	6	53	58	17
8	0	7	53	6	30
9	0	8	52	14	56
10	0	9	51	23	10
11	0	10	50	31	35
12	0	11	49	39	55
13	0	12	48	48	15
14	0	13	47	50	34
15	0	14	47	4	54
16	0	15	46	13	13
17	0	16	45	21	33
18	0	17	44	29	53
19	0	18	41	38	12
20	0	19	42	40	32
21	0	20	41	54	51
22	0	21	41	3	11
23	0	22	40	11	31
24	0	23	39	19	50
25	0	24	38	28	10
20	0	25	37	30	30
27	0	26	30	44	49
28	0	27	35	53	9
29	0	28	35	1	28
30	0	29	34	9	48

Dies	
31	0
32	0
33	0
34	
35	
30	
37	
38	
39	
40	
41	
42	
43	
44	
45	
46	
47	
48	
49	
50	
51	

Tabula anomaliæ Solaris in annis & sexagenis annorum.

Anni	MOTVS						Anni	MOTVS					
1		5	59	44	24	46	31		5	51	56	48	11
2		5	59	28	48	33	32		5	51	41	12	58
3		5	59	13	14	20	33		5	51	25	37	45
4		5	58	57	39	7	34		5	51	10	2	32
5		5	58	42	3	54	35		5	50	54	27	19
6		5	58	26	28	41	36		5	50	38	52	6
7		5	58	10	53	27	37		5	50	23	16	52
8		5	57	55	18	14	38		5	50	7	41	39
9		5	57	39	43	1	39		5	49	52	6	26
10		5	57	24	7	48	40		5	49	36	31	13
11		5	57	8	32	35	41		5	49	20	56	0
12		5	56	52	57	22	42		5	49	5	20	47
13		5	56	37	22	8	43		5	48	49	45	33
14		5	56	21	46	55	44		5	48	34	10	20
15		5	56	6	11	42	45		5	48	18	35	7
16		5	55	50	36	29	46		5	48	2	59	54
17		5	55	35	1	16	47		5	47	47	24	41
18		5	55	19	26	3	48		5	47	31	49	28
19		5	55	3	50	49	49		5	47	16	14	14
20		5	54	48	15	36	50		5	47	0	39	1
21		5	54	32	40	23	51		5	46	45	3	48
22		5	54	17	5	10	52		5	46	29	28	35
23		5	54	1	29	57	53		5	46	13	53	22
24		5	53	45	54	44	54		5	45	58	18	9
25		5	53	30	19	30	55		5	45	42	42	55
26		5	53	14	44	17	56		5	45	26	7	42
27		5	52	59	9	4	57		5	45	11	32	29
28		5	52	43	33	51	58		5	44	55	57	16
29		5	52	27	58	38	59		5	44	40	22	3
30		5	52	12	23	25	60		5	44	24	46	50

us anomaliæ Solaris in diebus & sexagenis dierum

Dies		MOTVS					Dies		MOTVS				
1		0	0	59	8	7	31		0	30	33	11	48
2		0	1	58	16	14	32		0	31	32	19	55
3		0	2	57	24	22	33		0	32	31	28	3
4		0	3	56	32	29	34		0	33	30	36	10
5		0	4	55	40	36	35		0	34	29	44	17
6		0	5	54	48	44	36		0	35	28	52	25
7		0	6	53	56	51	37		0	36	28	0	32
8		0	7	53	4	58	38		0	37	27	8	39
9		0	8	52	13	6	39		0	38	26	16	47
10		0	9	51	21	13	40		0	39	25	24	54
11		0	10	50	29	21	41		0	40	24	33	2
12		0	11	49	37	28	42		0	41	23	41	9
13		0	12	48	45	35	43		0	42	22	40	16
14		0	13	47	53	43	44		0	43	21	57	24
15		0	14	47	1	50	45		0	44	21	5	31
16		0	15	46	9	57	46		0	45	20	13	38
17		0	16	45	18	5	47		0	46	19	21	46
18		0	17	44	26	12	48		0	47	18	29	53
19		0	18	43	34	19	49		0	48	17	38	0
20		0	19	42	42	27	50		0	49	10	46	8
21		0	20	41	50	34	51		0	50	15	54	15
22		0	21	40	58	42	52		0	51	15	2	23
23		0	22	40	6	49	53		0	52	14	10	30
24		0	23	39	14	56	54		0	53	13	18	37
25		0	24	38	23	4	55		0	54	12	26	44
26		0	25	37	31	11	56		0	55	11	34	52
27		0	26	36	39	18	57		0	56	10	42	59
28		0	27	35	47	26	58		0	57	9	51	7
29		0	28	34	55	33	59		0	58	8	59	14
30		0	29	34	3	41	60		0	59	8	7	22

Protheoremata ad inæqualitatem motus solaris apparentis demonstrandam. Cap. XV.

D inæqualitatem uero Solis apparentem magis capessendam demonstrabimus adhuc apertius, quod Sole medium mundi tenente, circa quem, tanquam centrum terra uoluatur, si fuerit, ut diximus, inter Solem & terram distantia, quæ ad immensitatem stellarum fixarum sphæræ non possit existimari, uidebitur Sol ad quodcunq; susceptum signũ uel stellã eiusdem sphæræ æqualiter moueri. Sit enim maximus in mundo circulus A B in plano signiferi, centrum eius C, in quo Sol consistat, & secundum distantiam Solis & terræ C D, ad quam immensa fuerit altitudo mundi, circulus describatur D E in eadem superficie signiferi, in q ponitur reuolutio annua centri terræ. Dico quòd ad quodcunq; signum susceptum uel stellam in A B circulo Sol æqualiter moueri uidebitur. Suscipiatur & sit A, ad quod uisus Solis à terra quæ sit in D, porrigatur A C D. Moueatur etiam terra utcunq; per D E circumferentiam, & ex E termino terræ, agantur A E & B E, uidebitur ergo Sol modo ex E in B signo, & quoniam A C immensa est ipsi C D, uel huic æquali C E, erit etiam A E immensa eidem C E. Capiatur enim in A C quodcunq; signum F, & connectatur E F. Quoniam igitur à terminis C E basis, duæ rectæ lineæ cadunt extra triangulum E F C, in A signum per conuersionẽ XXI. primi lib. ele. Euclidis, angulus F A E, minor erit angulo E F C. Quapropter lineæ rectæ in immensitatem extensæ comprehendent tandem C A E angulum acutum, adeo ut amplius discerni nequeat, & ipse est quo B C A angulus maior est angulo A E C, qui etiam ob tam modicam differentiam uidentur æquales, & lineæ A C, A E paralleli, atq; Sol ad quodcunq; signum sphæræ

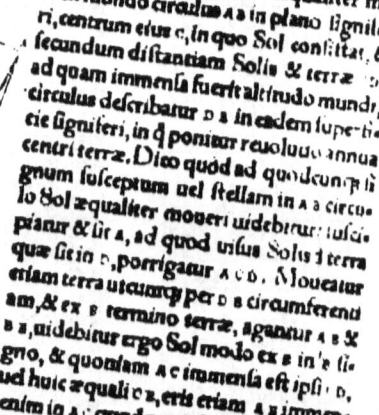

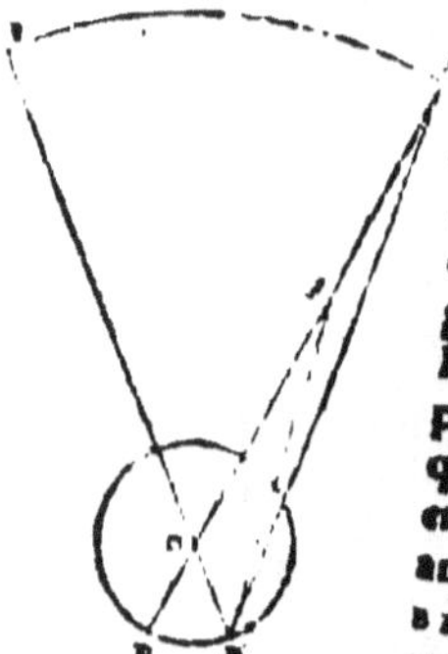

stellarũ

stellarum aequaliter moueri, quod erat demonstrandum. Eius
autem inaequalitas demonstratur, quod motus centri ac annuae
reuolutionis terrae, non sit omnino circa Solis centrum. Quod
sane duobus modis intelligi potest, uel per eccẽtrum circulum,
id est, cuius centrum non sit Solis, uel per epicyclium in homocentro. Nam per eccentrum declaratur hoc modo. Sit enim eccentrus in plano signiferi orbis A B C D, cuius centrum E sit extra
Solis mundiue centrum non ualde modica distan

tia, quod sit F, dimetiens eius per utrunque centrũ
A E F D, sitque apogeum in A, quod à Latinis summa
absis uocatur, remotissimus à centro mũdi locus,
D uero perigeum, quod est proximum & infima
absis. Cum ergo terra in orbe suo A B C D, aequaliter in E centro feratur, ut iam dictum est, apparebit in F motus diuersus. Sumptis enim aequalibus
circumferentijs A B, & C D, ductisque lineis rectis
B E, C E, B F, C F: erunt quidem A E B, & C E D, anguli aequales, quibus circa E centrum circumferentiae subducuntur aequales. Angulus autem qui uidetur C F D, maior est angulo C E D, exterior interiori: idcirco etiam maior angulo A E B, aequali ipsi C E D. Sed &
A E B angulus exterior, est interiori A F B angulo maior, tãto magis angulus C F D, maior est ipso A F B. Vtrumque uero tempus aequale produxit propter A B, & C D circumferentias aequales. Aequalis ergo motus circa E, inaequalis circa F apparebit. Idẽ quoque
licet uidere, ac simplicius, quod remotior sit A B circumferentia
ab ipso F, quàm C D. Nam per septimam tertij elem. Euclidis, lineae quibus excipiuntur A F, B F, longiores sunt quàm C F, D F, atque
ut in opticis demonstratur, aequales magnitudines quae propi-
ores sunt, maiores apparent remotioribus. Itaque manifestũ est,
quod de eccentro proponitur. Estque prorsus eadem demonstra
tio, si terra in F quiesceret, atque Sol in A B C circumcurrente moueretur, ut apud Ptolemaeum & alios. Idem quoque per epicyclium in homocentro declarabitur. Esto enim homocentrica A B
D, centrum mundi E, in quo etiam Sol, sitque in eodem plano A
centrum epicyclij F G, & per ambo centra linea recta C E A F ducatur, apogeum epicyclij sit F, perigeum I. Patet igitur aequalitatẽ

 esse

esse in E, inæqualitatem uero apparentiæ in F G epicyclio. Quoniam si E moueatur ad partes B, hoc est in consequentia: cẽtrum

uero terræ ex F apogeo in præcedentia, magis apparebit moueri E in perigeo, q̃d est I, eo quod bini motus ipsorum E & I fuerint in easdem partes: in apogeo uero quod est F, uidebitur esse tardius ipsum E, utpote quod à uincente motu solummodo è duobus contrarijs mouetur, atq; in G constituta terra præcedet motũ æqualem, in K uero sequetur, & utrobiq; secundum A G & A K circumferentiam, quibus idcirco etiam Sol diuersimode moueri uidebitur. Quæcunq; uero per epicyclium fiunt, possunt eodẽ modo per eccentrũ accidere, quẽ transitus sideris in epicyclio describit æqualẽ homocentro, ac in eodẽ plano, cuius eccentri centrũ distat ab homocẽtri centro magnitudine semidimetiẽtis epicyclij. Quod etiã tribus modis cõtingit. Quoniã si epicycliũ in homocẽtro, & sidus in epicyclio pares faciant reuolutiões, sed motibus inuicẽ obuiantibus, fixũ designabit eccentrũ motus sideris, utpote cuius apogeũ & perigeũ immutabiles sedes obtineant. Quemadmodum si fuerit A B C homocentrus, centrum mũdi D, dimetiens A D C, ponamusq; quòd cum epicyclium esset in A, sidus fuerit in apogeo epicyclij, quod sit in G, & dimidia diametri ipsius in rectam lineam D A G: capiatur autem A B circumferentia homocentri, ex centro B, distantia uero æquali A G epicyclium describatur E F, & extendantur D B, & B E in rectã lineam: sumaturq; circumferentia E F in contrarias partes, atq; similis ipsi A B, sitq; in F sidus uel terra, & coniungatur B F, capiatur etiam in A D linea segmentum D K æquale ipsi B F. Quoniam igitur anguli qui sub E B F, & B D A sunt æquales, & propterea B F & D K paralleli atq; æquales: æqualibus autem & parallelis rectis lineis, si rectæ lineæ coniungantur, sunt etiam paralleli & æquales, per XXXIII. primi Eucli. Et quoniam D K, A G ponuntur

inuicem æquales, communis apponatur A K, erit G A K æqualis ip
si A K D: æqualis igitur etiam ipsi K F. Centro igitur K, distãtia autem K A G descriptus circulus transibit per F, quē quidem ipsum
F motu cõposito ipsorum A B & B F descripsit eccentrum homocentro æqualem, & idcirco etiam fixum. Cum enim epicyclium
pares cum homocentro fecerit reuolutiones, necesse est absides
eccentri sic descripti eodem loco manere. Quod si dispares cen
trum epicyclij & circumferentia fecerint reuolutiones, iam non
fixum designabit eccentrum motus sideris, sed eum cuius cen-

trum & absides in præcedentia uel consequen
tia ferantur, prout sideris motus celerior tardi-
orue fuerit centro epicyclij sui. Quemadmodũ
si E B F maior fuerit angulo B D A, æqualis autē
illi constituatur qui sub B D M, demonstrabitur
itidem, quòd si in D M linea, capiatur D L æqua
lis ipsi B F, atque L centro: distantia autem L M N
æquali A D, descriptus circulus transibit per F
sidus, quo fit manifestum N F circumferentiã,
motu sideris composito describi, eccentri circu
li, cuius apogeum à signo G migrauit interim in præcedentia
per G N circumferentiam. Contra uero, si lentior fuerit sideris in

epicyclio motus, tunc eccentri centrum in conse
quentia succedet, atque eò quo epicyclij centrum
feretur, utpote si E F B angulus minor fuerit ipso
B D A, æqualis autem ei qui sub B D M, manifestũ
est euenire quæ diximus. Ex quibus omnibus
patet eandem semper apparentiæ inæqualitatē
produci, siue per epicyclium in homocentro, si
ue per eccentrum circulum æqualem homocen
tro, nihilque inuicem differre, dummodo distan
tia centrorum æqualis fuerit ei, quæ ex cen-
tro epicyclij. Utrum igitur eorum existat in cælo, non est facile discernere. Ptolemæus quidem ubi simplicem intellexit inæ
qualitatem, ac certas immutabilesque sedes absidum (ut in Sole
putabat) eccentrotetis rationem arbitrabatur sufficere. Lunæ
uero cæterisque quinque planetis duplici siue pluribus differẽtijs,

 uagan-

uagantibus eccentrepicyclos accõmodauit. Ex his etiam facile demonstratur, maximam differentiam æqualitatis & apparentiæ suæ uideri, quãdo sidus apparuerit in medio loco inter summam infimamq; absidem, secundum eccentri modum, secundũ uero epicyclium in eius contactu, ut apud Ptolemæum. Per eccentrum hoc modo. Sit ipse A B C D in centro E, dimetiens A E C per F Solem extra centrum. Agatur autem rectis angulis per F, linea B F D, & cõnectantur E B, E D: apogeum sit A, perigeum C, à quibus B D sint media apparentia. Manifestum est, quod angulus A E B exterior motum comprehendit æqualem, interior autem A F B apparentem, estq; ipsorum differentia E B F angulus. Aio quod neutro ipsorũ E B, E D angulorum maior in circumcurrente supra lineam E F constitui potest. Sumptis enim ante & post B signis G H: coniungantur G D, G E, G F: Item H E, H F, H D. Cum igitur F G, quæ propior centro, longior sit quàm D F, erit angulus G D F, ipsi D G F maior. Sed æquales sunt qui sub E D G, & E G D, descendentibus ad basim æqualibus E G & E D lateribus, Igitur & angulus E D F æqualis ipsi E B F, maior est angulo E G F. Similiter quoq; D F longior est F H: & angulus F H D maior quàm F D H, totus autem E H D toti E D H æqualis, æquales enim sunt E H, E D: reliquus ergo E D F, æqualis ipsi E B F, reliquo etiam E H F maior est. Nusquam igitur quàm in B & D signis supra E F lineam, maior angulus constituetur. Itaq; maxima differentia æqualitatis & apparentiæ medio loco inter apogeum & perigeum consistit.

De apparente Solis inæqualitate. Cap. XVI.

HÆc quidem in genere demonstrata sunt, quæ non tam Solaribus apparentijs, quàm etiam aliorum siderum inæqualitati possunt accõmodari. Nũc quæ Solis & terræ propria sunt tractabimus, ac primũ ea quæ à Ptolemæo & alijs antiquioribus accepimus, deinde quæ recentior ætas & experientia nos docuit. Ptolemæus inuenit ab nia, ab æquinoctio Verno ad solstitium dies comprehendi XCIIII.S. à solstitio ad æquinoctium Autumnale dies XCII.S. Erat igitur pro ratione temporis in primo interuallo medius æqualisq; motus partium XCIII. scrup. IX. In secundo part. XCI scrup. XI. Hoc modo diuisus anni circulus, q sit A B C D, in E centro, capiatur A B pro primo temporis spacio part. XCIII. scrup. IX. B C pro secundo part. XCI. scrup. XI. Et ex A Vernũ spectetur æquinoctiũ, ex B Æstiua cõuersio, ex C Autumnale æquinoctium, & quod reliquum est ex D Bruma. Cõnectantur A C, B D, quæ se inuicem secent ad rectos angulos in F, ubi Solem cõstituimus. Quoniam igitur A B C circũferentia est semicirculo maior, maior quoq; A B q̃ B C, intellexit Ptolemæus ex his E centrũ circuli inter B F & F A lineas contineri, & apogeum inter æquinoctium Vernũ, & tropen Solis Æstiuã. Agatur iam per E centrũ I E G, ad A F C, quæ secabit B F D in L, atq; H E K ad B F D, quæ secet A F in M. Constituetur hoc modo L E M F parallelogrammum rectangulum, cuius dimetiens F E in rectam extensa, lineam F E N indicabit maximam terræ à Sole longitudinem, & apogei locũ in N. Cum igitur A B C circũferentia part. sit CLXXXIIII. scrup. XX. dimidium eius A H part. XCII. scrup. X. si eleuetur ex G B, relinquit excessum H B scru. LIX. Rursus H G quadrãtis circuli partes demptæ ex A H, relinquũt A G partes II. scrup. X. Semissis autem subtendentis duplum A G partes habet 378. quarum quæ ex centro est 10000. & est æqualis ipsi L F. Dimidium uero subtendentis duplam B H, estq; partiũ earundem 172. Duobus ergo trianguli lateribus E L F datis, erit subtensa E F similiũ partiũ 415. uigesimaquarta ferè pars eius quæ ex centro N E. Vt autẽ E F ad E L, sic N E, quæ ex centro ad semissem subtendentis duplum N H. Igitur ipsa N H, datur part. XXIIII.S. & secundum istas partes N E H angulus, cui etiam æqualis est L F E angulus apparentiæ. Tanto igitur spacio summa absis ante Ptolemæũ præcedebat æstiuam Solis conuersionem. At quoniam I K est quadrans circuli, à

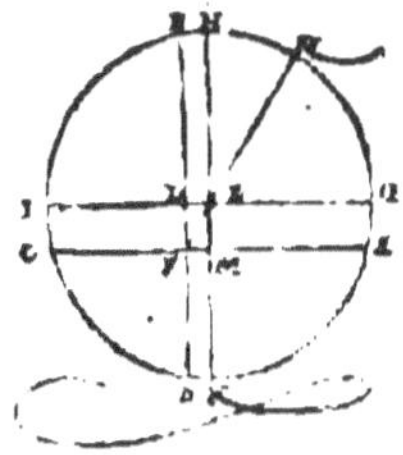

quo si eleuentur FC, DK, æquales ipsi AG, HB, remanet CD partium LXXXVI. scrup. LI. & quod reliquũ est ex CDA, ipsum DA part. LXXXVIII. scrup. XLIX. Sed part. LXXXVI. scrup. LI. respondent dies LXXXVIII. & octaua pars diei partibus LXXXVIII. scrup. XLIX. dies XC. & octaua pars diei, quæ sunt horæ III. in quibus sub æquali motu telluris Sol uidebatur pertransire ab Autumnali æquinoctio in Brumã, & quod reliquum est anni à Bruma in æquinoctiũ Vernum reuerti. Hæc quidem Ptolemæus, non aliter quàm ante se ab Hipparcho prodita sunt, etiã se inuenisse testatur. Quamobrem censuit & in reliquum tempus, summam absidem XXIIII. grad. & s. ante tropen æstiuam, & eccentroteta uigesimamquartam, ut dictum est, partem, eius quæ ex centro est, perpetuo permansurum. Verumq; iam inuenitur mutatum, differentia manifesta. Machometus Aratensis ab æquinoctio Verno ad Æstiuam conuersionem dies XCIII. scrup. XXXV. adnotauit: ad Autumnale æquinoctium dies CLXXXII. scrup. XXXVII. è quibus iuxta Ptolemæi præscriptũ elicuit eccentroteta part. non amplius 347. quarum quæ ex centro est 10000. Consentit huic Arzachel Hispanus in eccentrotetis ratione, sed apogeũ prodidit ante solstitium part. XII. scrup. X. quod Machometo Aratẽsi uidebatur part. VII. scrup. XLIII. ante idem solstitium. Quibus sanè indicijs deprehensum est, aliam adhuc superesse differentiam in motu centri terræ, quod etiam nostræ ætatis obseruationibus cõprobatur. Nam à decem & pluribus annis, quibus earum rerum perscrutandarum adiecimus animum, ac præsertim anno Christi M. D. XV. inuenimus ab æquinoctio Verno in Autumnale dies compleri CLXXXVI. scrup. V. s. & quo minus in capiendis solstitijs falleremur, quod prioribus interdum contigisse nonnulli suspicantur, alia quædam Solis loca in hoc negotio nobis adsciuimus, quæ etiã præter æquinoctia fuerunt obseruatu neutiquam difficilia, qualia sunt media signorum, Tauri, Leonis, Scorpij, & Aquarij. Inuenimus igitur ab Autumni æquinoctio ad medium Scorpij dies XLV. scrup. XVI. ad Vernum æquinoctium dies CLXXVIII. scrup. LIII. s. Æqualis autem motus in primo interuallo partium est XLIIII. scrup. XXXVII. In secundo part. CLXXVI. scrup. XIX. Qui-

XIX. Quibus sic præstructis repetatur A B C D circulus. Sitque A signum, à quo Sol apparuerit Vernus æquinoctialis, B unde Autumnale æquinoctium conspiciebatur, C medium Scorpij. Coniungantur A B, C D, secantes sese in F centro Solis, & subtendatur A C. Quoniam igitur cognita est C B circumferentia part. enim XLIIII. scrupu. XXXVII. & propterea angulus qui sub B A C datur, secundum quod CCCLX. sunt duo recti: et qui sub B F C angulus motus apparentis est part. XLV. quibus CCCLX. sunt quatuor recti: sed quatenus fuerint duo recti, erit ipse B F C partium XC. hinc reliquus A C D, qui in A D circumferentia partium XLV. scrup. XXIII.

Sed totum A C B segmentum partium est CLXXVI. scrup. XIX. dempta B C, remanet A C partium CXXXI. scrup. XLII. quæ cum ipsa A D colligit C A D circumferentiam part. CLXXVII. scrup. V S. Cum igitur utrumque segmentum A C B, & C A D semicirculo minus existat, perspicuum est in reliquo B D circuli centrum contineri, sitque ipsum E, atque per F dimetiens agatur L E F G, & sit L apogeũ, G perigeum; excitetur E K perpendicularis ipsi C F D. Atqui datarũ circumferentiarum sunt etiam subtensæ datæ per Canonem A C part. 182494. atque C F D partium 199934. quarum dimetiens ponitur 200000. Trianguli quoque A C F datorum angulorum, erit per primum planorum data ratio laterum, & C F partiũ 97967. quibus erat A C part. 182494. ob idque dimidius excessus super F D, & est F K partium earundem 2000. Et quoniam C A D segmentum deficit à semicirculo partibus II. scrup. LIIII S. quarum subtensæ dimidia æqualis ipsi E K partium est 2534. Proinde in triangulo E F K duobus lateribus datis F K, K E, rectum angulum comprehendentibus, datorum erit laterum & angulorum E F partium 323 ferè, qualium est E L 10000. & angulus E F K partiũ LI. & duarum tertiarum, quibus CCCLX. sunt quatuor recti, totus ergo A F L partium est XCVI. & duarum tertiarum: & reliquus B F L part. LXXXIII. & tertiæ partis, qualium autem E L fuerit partium LX. erit E F pars una, LVI. scrup. proxime. Hæc erat Solis à centro orbis distãtia, uix trigesima prima iam facta, quæ Pto quæ Ptolemæo uigesimaquarta pars uidebatur. Et apogeum quod tunc Æstiuam conuersionem partibus XXIIII.s. præcedebat, nunc sequitur ipsam part. VI. & duabus tertijs.

Primæ ac annuæ Solaris inæqualitatis demonstratio cum ipsius particularibus differentijs. Cap. XVII.

QVæ ergo plures Solaris inæqualitatis differentiæ reperiantur, eam primum, quæ annua est, ac notior cæteris deducendam censemus, ob idq; repetatur A B C circulus in E centro cum dimetiente A E C, apogeum sit A, perigeum C, & Sol in D. Demonstratum est autem maximam esse differentiam æqualitatis & apparentiæ medio loco secundum apparentiam inter utrâq; absidem, & eam ob causam ꝑpendicularis excitetur E D ipsi A E C, quæ secet circumferentiam in F signo, & coniungantur E F. Quoniam igitur in triangulo rectangulo E D F, duo latera data sunt, uidelicet E F, quæ est ex centro circuli ad circumferentiam, & D E distantia Solis à centro, erit datorum angulorum & D F E angulus datus, quo E F A æqualitatis differt à recto E D F apparenti. Quatenus autem D E maior minorq; facta est, eatenus tota trianguli species est mutata. Sic ante Ptole. F angulus partium erat II. scrup. XXIII. sub Machometo Aratensi & Arzachele part. I. scrup. LIX. nunc autem part una, scrup. LI. & Ptolemæus habebat A F circumferentiam, quã A E F angulus accipit, part. XCII. scrup. XXIII. F C part. LXXXVII. scrup. XXXVII. Machometus Aratẽsis A F part. XCI. scru. LIX. F C part. LXXXVIII. scrup. I. Nunc A F part. XCI. scrup. LI. F C part. LXXXVIII. scrup. IX. Hinc etiam reliquæ differentiæ patent. Assumpta enim utcunq; alia circumferentia A F, ut in altera figura, & sit angulus qui sub A E F datus, ac interior F E D, ac duo latera E F, E D, dabitur per doctrinam planorũ angulus E F D prostha

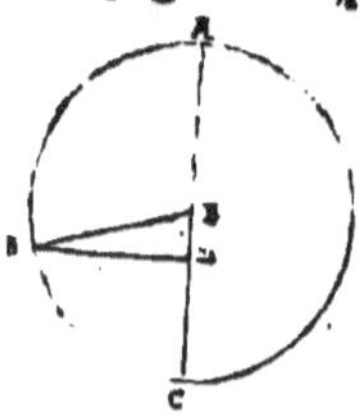

prosthaphæresis, ac differentia æqualitatis & apparentiæ, quas differentias etiam mutari necesse est, propter A D lateris mutationem, ut iam dictum est.

De examinatione motus æqualis secundum longitudinem. Cap. XVIII.

HÆc de annua Solis inæqualitate sunt exposita, At non per simplicem, ut apparuit, differentiam, sed mixtam ad huc illi, quam patefecit temporis longitudo. Eas quidem posthac discernemus à se inuicem. Interea medius æqualisq; motus cētri terræ, eo certioribus reddetur numeris, quo magis fuerit ab inæqualitatis differētijs separatus, ac longiori temporis interuallo distans. Id autem constabit hoc modo. Accepimus illud Autumni æquinoctiū, quod ab Hipparcho obseruatum erat Alexādriæ, tertia Calippi periodo, anno eius XXXII. qui erat à morte Alexandri annus, ut superius recitatum est, centesimus septuagesimus septimus, post diem tertium quinq; intercalarium in media nocte, quam sequebatur dies quartus: secundum uero quod Alexādria longitudine Cracouiam ad oriētem sequitur per unam ferè horam, erat una hora ferè ante medium noctis. Igitur secundum numerationem superius traditam, erat Autumnalis æquinoctij locus sub fixarum sphæra à capite Arietis in partibus CLXXVI. scru. X, & ipse erat Solis apparens locus: distabat autem à summa abside part. CXIIII. s. Ad hoc exemplum designetur circulus, quē descripsit centrum terræ A B C, super centro D, dimetiens sit A D C, & in eo Sol capiatur, qui sit E, apogeum in A, perigeū in C. At B sit unde Sol Autumnalis apparuerit in æquinoctio, & connectantur rectæ lineæ B D, B E. Cum igitur angulus D E B, secundum quem Sol ab apogeo distare uidetur partium sit CXIIII. s. fueritq; tunc D E partium 415. quarum B D est 10000. Triangulum igitur B D E per quartum planorum, datorum fit angulorum, & angulus qui sub D B E partium II. scrup. X. quibus angulus B E D,

ab eo differt, qui sub B D A, sed angulus A B D partium est CXIII. scrup. XXX. erit B D A part. CXVI. scrup. XL. & per hoc locus Solis medius siue æqualis à capite Arietis fixarum sphæræ partium CLXXVIII. scrup. XX. Huic comparauimus Autumni æquinoctium à nobis obseruatũ in Froēburgo sub eodem meridiano Cracouiensi, anno Christi nati M. D. XV. decimooctauo Cal. Octobris, ab Alexandri morte anno Ægyptiorũ M. DCCC. XL. sexta die Phaophi mensis secundi apud Ægyptios, dimidia hora post ortum Solis. In quo Autumnalis æquinoctij locus secundum numerationem ac obseruata, erat in adhærentium stellarum sphæra part. CLII. scrup. XLV. distans à summa abside iuxta præcedentem demonstrationem, LXXXIII. part. & scrup. XX. Cõstituatur iã angulus qui sub B E A part. LXXXIII. scrup. XX. quarum CLXXX. sunt duo recti, & duo trianguli latera data sunt B D part. 10000. D E part. 323. erit per quartam demonstrationem triangulorum planorum D B E angulus partis unius. scrup. L. quasi. Quoniam si circumscripserit triangulum B D E circulus, erit B D E angulus in circumferentia part. CLXVI. scrup. XL. quarum CCCLX. sunt duo recti, & B D subtensa part. 19864. quarum dimetiens fuerit 20000. & secundum rationem ipsius B D ad D E datam: dabitur ipsa D E longitudine earundem partium 642. ferè, quæ subtendit angulum D B E ad circumferentiam part. III. scrup. XL. ad centrũ uero partis unius, scrup. L. Et hæc erat prosthaphæresis ac differentia æqualitatis & apparẽtiæ, quæ cum fuerit addita B E D angulo, qui partiũ erat LXXXIII. scrup. XX. habebimus angulum A D B, ac A B circumferentiã partium LXXXV. scrup. X. distantiã ab apogeo æqualẽ, & sic medium Solis locum in adhærentiũ stellarum sphæra part. CLIIII. scrup. XXXV. Sunt igitur in medio ambarum obseruationum anni Ægyptij M. DC. LXII. dies XXXVII. scrup. prima XVIII. secunda XLV. & medius æqualisq; motus præter integras reuolutiones, quæ sunt M. DC. LX. gradus CCCXXVI. scru. ferè XV. cõsentaneus numero, quẽ exposuimus in tabulis æqliũ motuũ.

De locis

De locis & principijs æquali motui Solis præfigendis. Cap. XIX.

IN esse luxo igitur ab Alexandri Magni decessu ad
Hipparchi obseruationem tpe, sunt anni CLXXVI.
dies CCCLXII. scru. XXVII. s. in quibus medius mo
tus est secundum numerationem part. CCCXII. scru.
XLIII. Quæ cum reiecta fuerint à gradibus CLXXVIII. scrup.
x. Hipparchicæ obseruationis accommodatis CCCLX. circuli
radibus, remanebit ad principium annorum Alexandri Ma
ni defuncti locus, in meridie primæ diei mensis Thoth pri
i Aegyptiorum part. CCXXV. scrup. XXXVII. Idq; sub meridi
o Cracouiensi atq; Fruenburgensi nostræ obseruationis lo
Hinc ad principium annorum Romanorum Iulij Cæsaris in
nis CCLXXVIII. diebus CXVIII. s. medius motus est post cō
tas reuolutiones partium XLVI. scrup. XXVII. Quæ Alexan
ni loci numeris apposita colligunt Cæsaris locum in media
te ad Calend. Ianuarij, unde Romani annos & dies auspica
dent, part. CCLXXII. scrup. IIII. Deinde in annis XLV. dies
XII. siue ab Alexandro Magno in annis CCCXXIII. diebus
x. s. cōsurgit locus Christi in part. CCLXXII. scrup. XXXI
nq; natus sit Christus Olymp. CXCIIII. anno eius tertio,
lligūt à principio primæ Olympiadis annos DCCLXXV.
XII. s. ad mediam noctem ante Calend. Ianuarij, referunt
iter primæ Olympiadis locum part. XCVI. scrup. XVI. in
ie primi diei mensis Hecatombæonos, cuius diei nūc an
sarius est in Calend. Iulij secūdum annos Romanos. Hoc
simplicis motus Solaris principia sunt constituta, ad nō
tum stellarum sphæram. Composita quoq; loca æquino
i præcessionum adiectione fiunt ac instar illorum, Olym
us locus part. XC. scrup. LIX. Alexandri part. CCXXVI.
XXVIII. Cæsaris part. CCLXXVI. scrup. LIX. Christi
LXXVIII. scrup. II. Omnia hæc ad meridianum, ut di
relata Cracouiensem.

De secunda & duplici differentia, quæ circa Solem propter absidum mutationem contingit. Cap. XX.

Instat iam maior difficultas circa absidis solaris inconstantiam, quoniam quam Ptolemæus ratus est esse fixam, alij motum octavæ sphæræ sequi, secundum quod stellas quoque fixas moveri censuerunt. Arzachel opinatus est hunc quoque inæqualem esse, utpote quem etiam retrocedere contingat, hinc sumpto indicio, quod cum Machometus Araten. ut dictum est, invenisset apogeum ante solstitium septem gradibus, XLIII. scrup. quod antea à Ptolemæo in DCCXL. annis per gradus prope XVII. processerat, illi post annos CC. minus VII. ad grad. IIII. s. ferè retrocessisse videretur, ob idque alium quendam putabat esse motum centri orbis annui, in parvo quodam circulo secundum quem apogeum ante & pone deflecteret, ac centrum illius orbis à centro mundi distantias efficeret inæquales. Pulchrum sanè inventum, sed ideo non receptum, quod in universum collatione cæteris non cohæreat. Quemadmodum si ex ordine ipsius motus successio consideretur, quod videlicet aliquandiu ante Ptolemæum constiterit, quod in annis DCXL. vel circiter per gradus XVII. transierit, deinde quod in annis CC. repetitis IIII. vel V. gradibus in reliquum tempus ad nos usque progrederetur, nulla alia in toto tempore regressione percepta, neque pluribus stationibus quas motibus contrarijs hinc inde necesse est intervenire. Quæ nullatenus possunt intelligi, in motu canonico & circulari. Quapropter creditur à multis, illorum observationibus error aliquis incidisse. Ambo quidem Mathematici studio & diligentia pares, ut in ambiguo sit, quem potius sequamur. Equidem fateor, in nulla parte esse maiorem difficultatem, quàm in apprehendendo Solis apogeo, ubi per minima quædam, & vix apprehensibilia, magna ratiocinamur. Quoniam circa perigeum & apogeum totus gradus duo solummodo plus minusve scrupula permutat in prosthaphæresi: circa vero medias absides sub uno scrup. V. vel VI. gradus præfereunt, adeoque modicus error potest sese in immensum pro ſum propagare. Proinde etiam quod apogeum in VI. grad. mediaetate & ſexta Cancri poſuerimus, non fuimus contenti, ut inſtrumentis horoſcopis conſideremus, niſi etiam Solis & Lunæ defectus redderent nos certiores. Quoniam ſi in ipſis error latuerit, detegunt ipſum procul dubio. Quod igitur uero fuerit ſimillimum, ex ipſo in uniuerſum motus conceptu, poſſumus animaduertere quod in conſequentia ſit, inæqualis tamē. Quoniam poſt illam ſtationem ab Hipparcho ad Ptolemæum apparuit apogeum in continuo, ordinato, atq; aucto progreſſu, uſq; in præſens, excepto eo qui inter Machometum Aratēſem & Arzachelem errore, ut creditur, inciderat, cum cætera conſentire uideantur. Nam quod etiam Solis proſthaphæreſis ſimili modo nōdum ceſſat diminui, uidetur eandem circuitionis ſequi rationem. Atq; utramq; inæqualitatē ſub illa prima ſimpliciq; anomalia obliquitatis ſigniferi, uel ſimili coæquari. Quod ut apertius fiat, ſit in plano ſigniferi A B circulus, in C centro, dimetiens A C B, in quo ſit D Solis globus tanquam in centro mundi, & in C centro alius paruulus circulus deſcribatur E F, qui non comprehendat Solem, ſecundum quem paruum circulum intelligatur centrum reuolutionis annuæ centri terræ moueri, ſeculo quodam progreſſu. Cumq; fuerit E F orbiculus unà cum A D linea in conſequentia, centrum uero reuolutionis annuæ per E F circulum in præcedentia, utrunq; uero motu admodum tardo, inuenietur aliquando ipſum centrum orbis annui in maxima diſtantia, quæ eſt D E, aliquando in minima, quæ eſt D F, & illic in tardiore motu, hic in ualociori, ac in medijs orbiculi curuaturis accreſcere & decreſcere facit illam diſtantiam centrorum cum tempore, ſummamq; abſidem præcedere, ac alternatim ſequi eam abſidem, ſiue apogeum, quod eſt ſub A C D linea tanquam mediū cōtingit. Quemadmodum ſi ſumatur E G circumferentia, & facto G centro, circulus æqualis ipſi A B deſcribatur, erit ſumma tunc abſis in D G K linea, & D G diſtantia minor ipſi D E, per VIII. tertij Euclid. Et hæc quidem per eccentri eccentrum ſic demonſtrantur. Per epicycli

quoq; epicyclum hoc modo. Sit mundo ac Soli homocentrus A B, & A C B diameter, in qua summa absis contingat. Et facto in A centro epicyclus describatur D E, ac rursus in D centro epicyclium F G, in quo terra uersetur, omniaq; in eodem plano zodiaci.

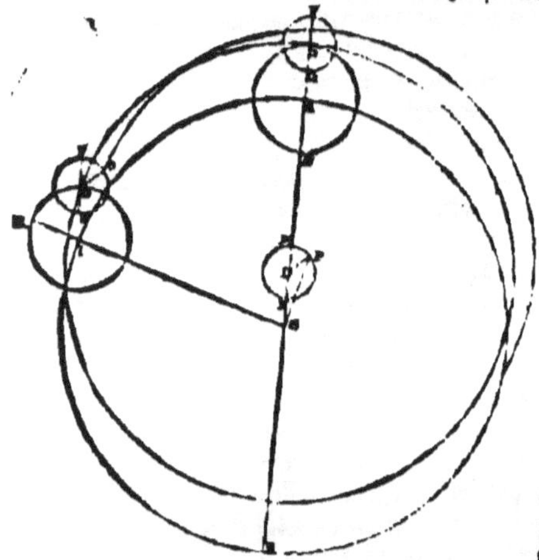

Sitq; epicycli primi motus in succedētia, ac annuus ferè, secūdi quoq; hoc est D, similiter annuus, sed in praecedentia, amborumq; ad A C lineam pares sint reuolutiones. Rursus cētrum terrae ex F in praecedentia addat parumper ipsi D. Ex hoc manifestū est quod cum terra fuerit in F, maximum efficiet Solis apogeum, in G minimum: in medijs autem circumferentijs ipsius F G epicyclij faciet ipsum apogeum praecedere uel sequi, auctum diminutūue, maius aut minus, & sic motum apparere diuersum, ut antea de epicyclo & eccentro demōstratum est. Capiatur autem A I circumferentia, & in I centro resumatur epicyclus, & cōnexa C I extendatur in rectam lineam C I K, eritq; K I D angulus aequalis ipsi A C I, propter reuolutionum paritatem. Igitur ut superius demonstrauimus, D signum describet eccentrum circulū homocentro A B coaequalem in L centro, ac distantia C L, quae ipsi D I fuerit aequalis, F quoq; suum eccentrum secundum distantiam C L M aequalem ipsi I D F, & G similiter secundum I G, & C N distantias aequales. Interea si centrū terrae iam emensum fuerit

u tamq;

utcunque F O circumferentiam secundi ac sui epicyclij, iam ipsum
O non describet eccentrum, cui centrum in A C linea contingat,
sed in ea quæ ipsi D O parallelus fuerit, qualis est L P. Quod si eti
am cõiungãtur O I, & C P, erũt & ipsæ æquales, minores autẽ ipsis
I F & C M, & angulus D I O angulo L C P æqualis, per VIII. primi Eu
clid. & pro tanto uidebitur Solis apogeum in C P linea præcede
re ipsum A. Hinc etiam manifestũ est, per eccentrepicyclum idẽ
contingere. Quoniam in præexistente solo eccentro, quem descripserit D epicyclium circa L centrum, centrum terræ uoluatur
in F O circumferentia prædictis conditionibus, hoc est, plus mo
dico quàm fuerit annua reuolutio. Superinducet enim alterum
eccentrum priori circa P centrũ, accidentq; prorsus eadem. Cũq;
tot modi ad eundem numerum sese conferant, quis locum habe
at haud facile dixerim, nisi quòd illa numerorum ac apparentiũ
perpetua consonantia credere cogit eorum esse aliquem.

Quanta sit secunda Solaris inæqualitatis differentia. Cap. XXI.

CVm igitur iam uisum fuerit, quòd ista secunda in
æqualitas primam ac simplicem illam anomaliam
obliquitatis signiferi, uel eius similitudinem sequa
tur, certas habebimus eius differentias, si non obsti-
terit error aliquis obseruatorum præteritorum. Habebimus e-
nim ipsam simplicem anomaliam anno Christi M. D. XV. secun
dum numerationem grad. CLXV. scrup. XXXIX. ferè, & eius
principium facta retrorsum supputatione sexaginta quatuor fe
rè annis ante Christum natum, à quo tempore ad nos usq; colliguntur anni M. D. LXXX. illius autem principij inuenta est à
nobis eccentrotes maxima partium 417. quarum quæ ex centro orbis esset 10000. nostra uero ut ostensum est 323. Sit iam
A B linea recta, in qua B fuerit Sol & mundi centrum. Eccentrotes maxima A B, minima B D, describatur parui circuli, cuius dimetiens fuerit A D, capiatur A C circumferentia pro modo primæ
simplicis anomaliæ, quæ erat partium CLXV. scrup. XXXIX.
Quoniã igitur data est A B partiũ 417. quæ in principio simpli
cis ano

cis anomaliæ, hoc est in A reperta est, nunc
habebimus triangulum A B C, datorum A B,
guli unius C A D, propter reliquam C D circun
culo part. XIIII. scrup. XXI. Dabitur ergo p

norum triangulorum reliquum
lus A B C differentia inter medi
gei motum, & quatenus A C sub
ferentiam, dabitur etiam A D d
D. Namq; per angulum C A D par
XXI. habebimus C B part. 2498.
circuli circumscribentis triangul
& pro ratione B C ad A B datur ip
tium 3225. & quæ subtendit A C
CCCXLI. scrup. XXVI. Inde & reli
sunt duo recti, angulus C B D part.
cui subtenditur A D part. 735. Igit
est 437. inuenta est A D part. 95. fe
quod datam subtendit circumfer
rationem ad A D tanquam ad dime
igitur A D part. 96. qua lium est A D
liqua D B. part. 323. minima eccētr
Angulus autem C B D qui inuētus e
scrup. XIII. ut in circumferentia,
partium II. scrup. VI. a. & hæc est p
ablatius ex æquali motu ipsius A B, circa B cen
iam recta linea B E contingens circulum in E fig
centro F, coniungatur E F. Quoniam igitur triang
gonij datum est latus B F partium 48. & B D F par
bus igitur F B D tanquam ex centro fuerit 10000. e
1300. quæ semissis est subtendentis duplum ang
partium VII. scrup. XXVIII. quarum CCCLX. sunt
maxima prosthaphæresis inter æqualē F motum,
tem. Hinc cæteræ ac particulares differentiæ cons
Quemadmodum si assumpserimus angulum A F E,
habebimus triangulum datorum laterum E F, F B, c
sub E F B, ex quibus prodibit E B F prosthaphæresis

Si uero AFE angulus fuerit XII. habebimus prosthaphæresim partem unam, scrup. XXIII. si XVIII. partes duas, scrup. IIII. & sic de reliquis ac eo modo, ut circa annuas prosthaphæreses superius dictum est.

Quomodo æqualis apogei solaris motus unà cũ differente explicetur. Cap. XXII.

Quoniam igitur tempus, in quo maxima eccentrotes principio primæ ac simplicis anomaliæ congruebat, erat Olymp. CLXXVIII. anno eius tertio, Alexandri uero Magni secundum Ægyptios anno CCLIX. & propterea locus apogei uerus simul & medius in V.s. grad. Geminorum, hoc est, ab æquinoctio Verno grad. LXV.s. Ipsius autem æquinoctij præcessio uera tum etiam cum media congruente erat part. IIII. scrup. XXXVIII.s. quibus reiectis ex LXV.s. gradibus, remanserunt à capite Arietis fixarum sphæræ grad. LX. scrup. LII. apogei loco. Rursus Olymp. DLXXIII anno secundo, Christi uero M.D.XV. inuentus est apogei locus VI. grad. & duabus tertijs Cancri, sed quoniam præcessio æquinoctij Verni secundum numerationem erat part. XXVII. cum quadrante unius, quæ si deducantur à XCVI. gradibus medietate & tertia, relinquunt LXIX. scrup. XXV. Ostensum est autem, quod anomalia prima tunc existente partium CLXV. scrup. XXXIX. fuerit prosthaphæresis part. II. scrup. VII. quibus uerus locus medium præcedebat. Patuit igitur ipse medius apogei Solaris locus part. LXXI. scrup. XXXII. Erat igitur in medijs annis M.D.LXXX. Ægyptijs medius & æqualis apogei motus part. X. scrup. XLI. quæ cum diuisa fuerint per ipsorum annorum numerum, habebimus annuam portionem scrup. secunda XXIIII. tertia XX. quarta XIIII.

De anomaliæ Solis emendatione, & de locis eius præligendis. Cap. XXIII.

HÆc si subtraxerimus ab annuo motu simplici, qui erat graduum CCCLIX. scrup. primorũ XLIIII, secundorum XLIX. tertiorum VII. quartorum IIII. remanebit annuus anomaliæ motus æqualis, CCCLIX. scrup. prima XLIIII. secũda XXIIII, tertia XLVI, quarta L. Hæc rursus distributa per CCCLXV. diurnam portionem, exhibebũt scrup. prima LIX, secunda VIII. tertia VII, quarta XXII. Consentanea illis quæ in tabulis supra exposita sunt. Hinc etiam habebimus loco principiorum constitutorum, à prima Olympiade incipientes. Ostensum est enim, quod XVIII. Calend. Octobris Olymp. DLXXIII anno secundo, dimidia hora post ortũ Solis fuerit apogæum Solis mediũ grad. LXXI. scrup. XXXII. unde Solis distãtia æqualis partiũ LXXXIII. scrup. III. Suntq; à prima Olympiade anni Ægyptij ĩi. cc. xc. dies CCLXXXI. scrup. XLVI. in quibus anomaliæ motus est, reiectis integris circulis, grad. XLII. scrup. XLIX. Quæ ex LXXXIII. gradibus & III. scrup. ablata, relinquunt gradus XL. scrup. XIIII. ad primã Olympiadem anomaliæ locum, ac eodem modo uti superius, annorum Alexandri locus grad. CLXVI. scrup. XXXI. Cæsaris CCXI. scrup. IIII. Christi grad. CCXI. scrup. XIIII.

Expositio Canonica differentiarum æqualitatis & apparentiæ. Cap. XXIIII.

UT autem ea quæ de differentijs motuũ Solis æqualitatis & apparentiæ demonstrata sunt, usui magis accõmodentur, eorũ quoq; tabulam exponemus, sexaginta uersus habentem, ordines autem siue columnellas sex. Nam bini primi ordines utriusq; hemicyclij, ascendentis inquam & descendẽtis, numeros continebunt, coagmentati p triadas graduũ, uti superius circa æquinoctiorũ motus fecimus. Tertio ordine scribent̃ partes differentiæ motus apogæi

Solaris

Solaris, siue anomaliæ, quæ differentia ascendit ad summam graduum VII. & dimidij, quasi prout unicuiq; tripertio graduū congruit. Quartus locus scrupulis proportionum deputabitur, quæ sunt ad summam LX. Et ipsa penes excessum maiorū prosthaphæreseon annuæ anomaliæ æstimantur. Cum enim maximus earum excessus sit scrup. XXXII, erit sexagesima pars secunda XXXII. Secundum ergo multitudinem excessus (quem per eccentrotetem eliciemus per modum superius traditum) apponemus numerum sexagesimarum singulis suis è regiõe tripertijs. Quinto singulæ quoq; prosthaphæreses, annuæ, ac primæ differentiæ, secundum minimam Solis à centro distantiam constituentur. Sexto ac ultimo excessus earum, qui in maxima eccentrotete contingunt. Estq; tabula hæc.

Numeri communes.		Prosthaphaeresis centri.		scr. proportionalia	Prosthaphaeresis orbis		Ex…
part.	part.	par.	scr.	por	par.	scr.	scr.
3	357	0	21	60	0	6	1
6	354	0	41	60	0	11	3
9	351	1	2	60	0	17	4
12	348	1	23	60	0	22	6
15	345	1	44	60	0	27	7
18	342	2	5	59	0	33	9
21	339	2	25	59	0	38	11
24	336	2	46	59	0	43	13
27	333	3	5	58	0	48	14
30	330	3	24	57	0	53	16
33	327	3	43	57	0	58	17
36	324	4	2	56	1	3	18
39	321	4	20	55	1	7	20
42	318	4	37	54	1	12	21
45	315	4	53	53	1	16	22
48	312	5	8	51	1	20	23
51	309	5	23	50	1	24	24
54	306	5	36	49	1	28	25
57	303	5	50	47	1	31	27
60	300	6	3	46	1	34	28
63	297	6	15	44	1	37	29
66	294	6	27	42	1	39	29
69	291	6	37	41	1	42	30
72	288	6	46	40	1	44	30
75	285	6	53	39	1	46	30
78	282	7	1	38	1	48	31
81	279	7	8	36	1	49	31
84	276	7	14	35	1	50	31
87	273	7	20	33	1	50	31
90	270	7	25	32	1	51	32

Reliquum tabulæ prosthaphæreseon Solis.

Numeri communes.		Prostha. centri.		scr. proportionum	Prostha. orbis.		Excessus.
par.	par.	part.	scr.		par.	scr.	scr.
93	267	7	28	30	1	51	32
96	264	7	28	29	1	50	33
99	261	7	28	27	1	50	32
102	258	7	27	26	1	49	32
105	255	7	25	24	1	48	31
108	252	7	22	23	1	47	31
111	249	7	17	21	1	45	31
114	246	7	10	20	1	43	30
117	243	7	2	18	1	40	30
120	240	6	52	16	1	38	29
143	237	6	42	15	1	35	28
126	234	6	32	14	1	32	27
129	231	6	17	12	1	29	25
132	228	6	5	11	1	25	24
135	225	5	45	10	1	21	23
138	222	5	30	9	1	17	22
141	219	5	13	7	1	12	21
144	216	4	54	6	1	7	20
147	213	4	32	5	1	3	18
150	210	4	12	4	0	58	17
153	207	3	48	3	0	53	14
156	204	3	25	3	0	47	13
159	201	3	2	2	0	42	12
162	198	2	39	1	0	36	10
165	195	2	13	1	0	30	9
168	192	1	48	1	0	24	7
171	189	1	21	0	0	18	5
174	186	0	53	0	0	12	4
177	183	0	27	0	0	6	2
180	180	0	0	0	0	0	0

De Solaris apparentiæ supputatione. Cap. XXV.

EX his iam satis constare censeo, quomodo ad quod
cunq; tempus propositum locus Solis apparens nu
meretur. Quærendus est enim ad ipsum tempus ue
rus æquinoctij Verni locus, siue eius antecessio, cũ
anomalia simplici sua prima, uti superius exposuimus. Deinde
medius motus centri terræ simplex, siue Solis motum nomina-
re uelis, ac annua anomalia per tabulas æqualiũ motuum, quæ
addantur suis constitutis principijs. Cum anomalia igitur pri
ma ac simplici, atq; eius numero in primo uel secundo ordine
tabulæ præcedentis reperto, uel propinquiori inuenies sibi oc-
currẽtem in ordine tertio anomaliæ annuæ prosthaphæresim,
& sequentis scrupula proportionum serua. Prosthaphæresim
autẽ addito anomaliæ annuæ, si prima minor fuerit semicirculo, seu numerus eius sub primo ordine cõprahẽsus, alioqui sub-
trahe. Quod enim reliquum aggregatúmue fuerit, erit anomalia Solis coæquata, per quam rursus sumito prosthaphæresim
orbis annui, quæ quintum tenet ordinem, cũ sequenti excessu.
Qui quidem excessus si per scrupula proportionum prius serua
ta, fecerit aliquid, semper addatur huic prosthaphæresi, fietq; ip
sa prosthaphæresis æquata, quæ auferatur à medio loco Solis,
si numerus anomaliæ annuæ in primo loco repertus fuerit, siue
minor semicirculo. Addatur autem si maior fuerit, uel alterum
numerorum ordinem tenuerit. Quod enim hoc modo residuũ
collectúmue fuerit, uerum Solis locũ determinabit à capite Arietis stellati sumptum, cui si demum adijciatur uera æquinoctij
Verni præcessio, confestim etiam ab æquinoctio ipso Solis lo
cum ostendet in signis dodecatemorijs & gradibus signorum
circuli. Quod si alio modo id efficere uolueris, loco motus sim
plicis compositum sumito æqualem, & cætera quæ dicta sunt fa
cito, nisi quod pro antecessione æquinoctij, eius tantummodo
prosthaphæresim addas uel minuas, prout res postulauerit. Ita
se habet ratio Solaris apparẽtiæ per mobilitatem terræ, consen
tiens antiquis ac recentioribus adnotationibus, quo magis etiã
de futu-

de futuris præsumitur iã esse præuisum. Veruntamen id quóque non ignoramus, quód si quis existimaret centrum annuæ reuolutionis esse fixum tanquam centrum mundi, Solem uero mobilem duobus motibus similibus & æqualibus eis, quos de centro eccentri demonstrauimus, apparebunt quidem omnia quæ prius, ijdem numeri, eademque demonstratio, quando nihil aliud permutaretur in eis, quàm ipsa positio, præsertim quod ad Solem pertinet. Absolutus enim tunc esset motus centri terræ, ac simplex circa mũdi centrũ, reliquis duobus Soli cõcessis, manebitque propterea adhuc dubitatio de centro mundi, utrũ illorũ sit, ut à principio diximus ἀμφιβόλως in Sole uel circa ipsum esse centrum mundi. Sed de hac quæstione plura dicemus, in quinque stellarum erraticarum explanatione, quas pro posse nostro etiam decidemus, satis esse putantes, si iam certos numeros minimeque fallaces adsciuerimus apparentiæ Solari.

De Νυχθημέρῳ, hoc est diei naturalis differentia. Cap. XXVI.

Restat adhuc circa Solem de diei naturalis inæqualitate aliquid dicere, quod tempus XXIIII. horarũ æqualium spacio comprænhenditur, quo quidẽ hactenus tanquam communi ac certa cælestium motuum mensura usi sumus. Talem uero diẽ, alij quod est inter duos Solis exortus, tempus definiunt, ut Chaldæi & antiquitas Iudaica, Alij inter duos occasus ut Athenienses: Alij à media nocte ad mediã, ut Romani: Alij à meridie ad meridiẽ, ut Ægyptij. Manifestum est autem sub eo tempore reuolutionem propriam globi terræ compleri, cum eo quod interea annuo progressu superadditur penes Solis apparentem motum. Hanc autem adiectionẽ fieri inæqualem, ipsius in primis Solis apparens cursus inæqualis ostendit, & præterea quód dies ille naturalis in polis circuli æquinoctialis contingit, annuus uero sub signorum circulo. Quas ob res tempus illud apparens communis & certa mensura motus esse non potest, cum dies diei, ac sibi inuicem ab omni parte non constent, & idcirco medium quendam & æqualem in his eligere diem oportunum fuit, quo sine scrupulo motus æqualitatem metiri liceret. Quoniam igitur sub totius anni circulo sunt CCCLXV. reuolutiones in polis terræ, quibus adiectione cotidiana per apparentem Solis progressum accrescit illis tota ferme reuolutio supernumeraria, consequens est, ut illius CCCLXV. pars ea sit, quæ ex æquali supplet diem naturalem. Quapropter definiendus nobis est atq; separandus dies æqualis ab apparente diuerso. Diem igitur æqualem dicimus eum, qui totam circuli æquinoctialis reuolutionem continet, & tantam insuper portionem, quantam sub eo tempore Sol æquali motu pertransire uidetur. Inæqualem uero apparentemq; diem, qui unius reuolutionis CCCLX. tempora æquinoctialis cõprehendit, & præterea id quod cum progressu Solis apparente in horizonte uel meridiano conscendit. Horum differentia dierum, quamuis permodica sit, nec statim sentiatur, multiplicatis tamen diebus aliquot, in euidentiam coalescit. Cuius duæ sunt causæ, cũ inæqualitas apparentiæ Solaris, tum etiam obliquitatis signiferi dispari ascensio, prima quæ propter inæqualem Solis apparentemq; motum existit, iam patuit, quoniam in semicirculo in quo summa absis medias, deficiebant ad partes zodiaci secundum Ptolemæum tempora IIII. cum dodrante unius, ac in altero semicirculo, in quo infima absis erat, abundabant totidem. Totus propterea excessus semicirculorum unius ad alterum erat IX. temporum & dimidij. In altera uero causa quæ penes ortum & occasum, maxima contingit differentia inter semicirculos utriusq; conuersionis, quæ inter minimum ac maximum existit diem, diuersa plurimum, nempe uniuscuiq; regioni peculiaris. Quæ uero à meridie uel media nocte accidit, sub quatuor terminis ubiq; continetur. Quoniam à XVI. gradu Tauri ad XIIII. Leonis, LXXXVIII. gradus temporibus XCIII. ferè pertranseunt meridianum, & à quartodecimo Leonis ad XVI. Scorpij partes XCII. tempora LXXXVII. prætereunt, ut hic quinq; deficiant tempora, illic totidem abundent. Ita quidẽ in primo segmento dies collecti, excedunt eos qui in secundo decem temporibus, quæ faciunt unius horæ partes duas, quod similiter in altero semicirculo alternis uicibus sub reliquis terminis è diametro oppositis contingit. Placuit autem Mathematicis

ei naturalis principium non ab ortu uel occasu, sed à
el media nocte accipi. Nam quæ ab horizonte sumi-
tia, multiplicior existit, utpote quæ ad aliquot horas
dit, & præterea quod ubiq; non est eadem, sed secun-
quitatem sphæræ multipliciter uariatur. Quæ uero ad
um pertinet, eadem ubiq; est, atq; simplicior. Tota er
ntia, quæ ex ambabus iam dictis causis, cum propter
rentem progressum inæqualem, tum etiam ob inæ-
ea meridianum transitum constituitur, ante Ptole-
idem à medietate Aquarij diminutiõis sumens prin-
à principio Scorpij accrescendo, tempora VIII. & tri-
as colligebat. Quæ nunc à uigesimo gradu Aquarij
ad decimũ Scorpij diminuendo: à decimo uero Scor
simum Aquarij crescendo, contracta est in tempora
up. XLVIII. Mutantur enim & hæc propter perigæi
tatis instabilitatem cum tempore. Quibus demum
quoq; differentia præcessionis æquinoctiorum cõ-
it, poterit tota dierum naturalem differentia supra
pora se extendere sub aliquo annorum numero. In
causa inæqualitatis dierum latuit hactenus, eo quod
alis circuli reuolutio ad medium æqualeq; æquino-
alis inuenta est, non ad apparentia æquinoctia, quæ
uit, non sunt admodum æqualia. Decem igitur tem-
cata efficiunt horam unam cum triente, quibus ali-
es maiores excedere possunt minores. Hæc circa an-
s progressum cæterarumq; stellarum tardiorem mo
rrorem manifestum poterant forsitan contemni. Sed
mæ celeritatem, ob quam in dimidio gradu & tertia
r committi, nullatenus sunt contemnenda. Modus
ernendi tempus æquale cum diuerso apparente, in q̃
ferentiæ congruant, est iste. Proposito quouis tem-
endus est in utroq; termino ipsius temporis, princi-
um & fine, locus Solis medius ab æquinoctio per me
motum æqualem, quem compositum diximus, atq;
s apparens ab æquinoctio uero, considerandumq;
s temporales pertransierint ex rectis ascensionibus

circa meridiem noctémue mediam, uel interfuerint eis, quæ à primo loco uero ad ſecundum uerum. Nam ſi æquales fuerint illis, qui utroq; loco medio interſunt gradibus, erit tũc tempus aſſumptum apparens æquale mediocri. Quòd ſi partes temporales exceſſerint, exceſſus ipſe apponatur tempori dato: ſi uero defecerint, ipſe defectus tempori apparenti ſubtrahatur. Hoc enim facientes, ex ijs quæ collecta relictáue fuerint, habebimus tempus in æqualitatem commutatum, capiendo pro qualibet parte temporali quatuor ſcrup. horæ, uel X. ſcrup. ſecunda unius ſexageſimæ diei. Atqui ſi tempus æquale datum fuerit, noſcíq; uelis, quãtum tempus apparens illi ſuppetat, è contrario faciendum eſt. Habuimus autem ad primam Olympiadem locũ Solis medium ab æquinoctio Verno medio in meridie primæ diei menſis primi ſecundum Athenienſes Hecatombæonos gradus XC. ſcrup. LIX. & ab æquinoctio apparẽte gradus o. ſcrup. XXXVI. Cancri. Ad annos autem Chriſti medium Solis motũ VIII. gradus, II. ſcrup. Capricorni. Verum motum VIII. grad. XLVIII. ſcrup. eiuſdẽ. Aſcendũt igitur in recta ſphæra à o grad. XXXVI. ſcrup. Cancri, ad VIII. XLVIII. Capricorni, tempora CLXXXVIII. LIIII. excedentia mediorum locorum diſtantiam in temporibus I. LIII. Quæ faciunt unius horæ ſcrup. VII.a. Et ſic de cæteris, quibus exactiſsime poſsit examinari curſus Lunæ, de qua ſequenti libro dicetur.

NICOLAI COPERNICI REVOLVTIONVM LIBER QVARTVS.

CVM in præcedenti libro, quantum nostra mediocritas potuit, exposuerimus quæ propter motum terræ circa Solem uiderentur, sitq; propositum nostrum per eandem occasionem stellarum errantium omnium motus discernere, nunc interpellat cursus Lunæ, idq; necessario, quod per eam, quæ diei noctisq; particeps est, loca quæcunq; stellarum præcipuè capiuntur & examinantur: deinde quod ex omnibus sola reuolutiones suas, quamuis etiam diuersas ad centrum terræ summatim conferat, sitq; terræ cognata maxime. Et propterea quantum in ipsa est, non indicat aliqd de mobilitate terrestri, nisi forsitan de cotidiana, quin potius crediderunt eam ob causam, terram esse centrum mundi, commune omnium reuolutionū. Nos quidem in explicatione cursus lunaris nō differimus à priscorum opinionibus in eo quod circa terram fit. Attamen alia quædam adducemus, quàm quæ à maioribus nostris accepimus, magisq; consona, quibus lunarem quoq; motum quantū possibile est certiorē constituemus.

Hypotheses circulorum lunarium opinione priscorum. Caput 1.

LVnaris igitur cursus hoc habet, quòd mediū signorum circulum non sectatur, sed proprium inclinem, qui bifariam secat illum, uicissimq; secatur, à quo transmigrat in utramq; latitudinem. Quæ fermè se habent, ut in annuo motu Solis conuersiones, nec mirum, quoniam quod Soli annus, hoc Lunæ est mensis. Media uero loca sectionum eclyptica dicuntur, apud alios nodi. Et cōiunctiones oppositionesq; Solis & Lunæ in his contingentes eclypticæ

uocantur. Neque enim sunt alia signa utrisque communia ci
praeter haec, in quibus Solis Lunaeque defectus possint acci
In alijs enim locis digressio Lunae facit, ut minime sibi inu
obsint luminibus, sed praetereuntes non impediunt sese. F
etiam hic orbis Lunae obliquus cum quatuor illis cardin
suis circa centrum terrae aequaliter, cotidie tribus ferè scrup
primis unius gradus, decimonono anno suam complens re
lutionem. Sub hoc igitur orbe, & ipsius plano, Luna sempe
consequentia moueri cernitur, sed aliquando minimum,
quando plurimum. Tanto enim tardior, quanto sublimior,
locior autem quo terrae propinquior. Quod in ea facilius,
in alio quouis sidere ob eius uicinitatem discerni potuit. Int
lexerunt id igitur per epicyclum fieri, quum Luna illum circ
currens, in superna circumferentia detraheret aequalitati, in i
ferna autem promoueret eandem. Porrò quae per epicyclum
unt, etiam per eccentrum fieri posse demonstratum est. Sed e
gerunt epicyclum, eo quòd duplicem uideretur Luna diuers
tatem admittere. Cum enim in summa uel infima abside epicy
dij existeret, nulla quidem apparuit ab aequali motu differen
tia. Circa uero epicyclij contactum non uno modo, sed long
maior in diuidua crescente & decrescente, quàm si plena uel siti
ens esset, & hoc certa & ordinaria successione. Quamobrem ar
bitrati sunt orbem, in quo epicyclium mouetur, non esse homo
centrum cum terra, sed eccentrepicyclum in quo Luna feratur
ea lege, ut in omnibus oppositionibus cõiunctionibusque medi
is Solis & Lunae epicyclium in apogeo sit eccentri, in medijs ue
ro circuli quadrantibus in perigeo eiusdem. Binos ergo motus
inuicem contrarios imaginati sunt in cẽtro terrae aequales, nem
pe epicyclum in consequentia, & eccentri cẽtrum & absides eius
in praecedentia moueri, linea medij loci Solaris inter utrunque
semper mediante. Atque per hũc modum bis in mense epicyclus
eccentrum percurrit. Quae ut oculis subijciantur. Sit homo
centrus terrae circulus obliquus Lunae A B C D quadrifariam dis
sectus dimetientibus A E C, & B E D, centrum terrae E, fuerit autem
in A C linea coniunctio media Solis & Lunae, atque in eodem loco
& tempore apogeum eccentri, cuius centrum sit F, centrumque
epicycli

epicycli M N simul. Moueatur iam eccentri apogeum in praecedentia, quantum epicyclus in consequentia, ambo aequaliter circa E reuolutionibus aequalibus & menstruis ad medias Solis coniunctiones uel oppositiones, & A E C linea medij loci Solis inter illa semper media sit, Lunaq; rursus in praecedentia ex apogeo epicycli. His enĩ sic cõstitutis cõgruere putant apparentia. Cũ enim epicyclus in semestri tempore à Sole quidẽ semicirculũ, ab apogeo autẽ eccentri totam cõpleat reuolutionem, consequens est, ut in medio huius temporis, quod est circa Lunã diuiduam è diametro A D inuicẽ opponantur, & epicyclus in eccẽtro fiat perigeus, ut in G signo: ubi propinquior terrae factus maiores efficit inaequalitatis differentias. Aequales enim magnitudines inaequalibus expositae interuallis, quae oculo propinquior, maior apparet. Erant igitur minimae, quando epicyclus in A fuerit, maximae uero in G. Quoniam minimam habebit rationem M N dimetiens epicycli ad A E lineam, maiorẽ uero ad G E caeteris omnibus, quae in alijs locis reperiuntur, cum ipsa G E breuissima sit omnium, & A E siue aequalis ei D E, earum longissima quae à centro terrae in eccentrum circulum possint extendi.

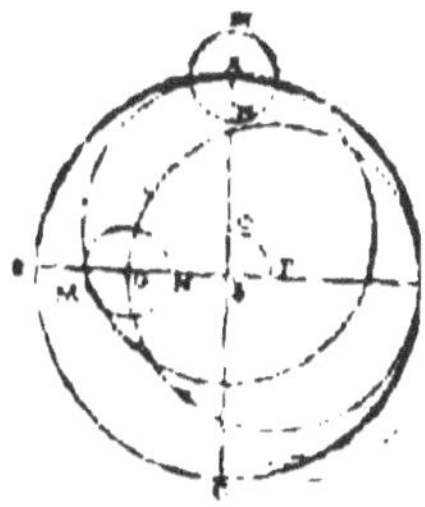

De earum assumptionum defectu. Cap. II.

TAlem sanè circulorum compositionem tanquam cõsencientem lunaribus apparentijs assumpserunt priores. Verum si rem ipsam diligẽtius expenderimus nõ aptam satis nec sufficiẽtem hanc inueniemus hypothesim. Quod ratione & sensu possumus comprobare. Dum enim fatentur, motum centri epicycli aequalem esse circa centrũ terrae, fateri etiam oportet inaequalẽ esse in orbe proprio, quẽ describit, eccentro. Quoniam si, uerbi gratia, A E B angulus sumatur partium XLV. hoc est dimidius recti, & aequalis ipsi A E D, ut totus B E D rectus fiat, capiaturq; centrum epicycli in G,

& connectatur G F, manifestum est, quod angulus G F D maior est ipso G B F, exterior interiori & opposito. Quapropter & circumferentiæ D A B, & D G dissimiles sub uno tempore ambæ descriptæ, ut cum D A B quadrans fuerit, D G quem interim centrum

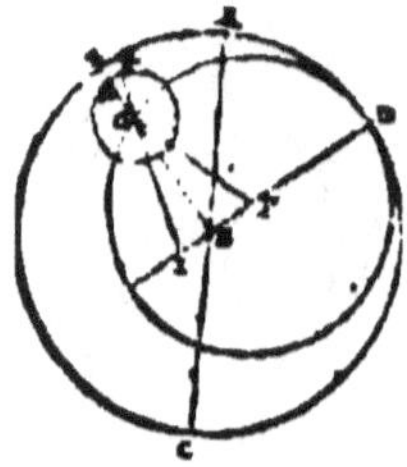

epicycli descripsit, maior sit quadrante circuli. Patuit autem in Luna diuidua utrāq; D A B & D G semicirculum fuisse, inæqualis est ergo epicycli motus in eccentro suo quē ipse describit. Quod si sic fuerit, quid respōdebimus ad axioma, Motum cœlestiū corporum æqualem esse, & nisi ad apparentiā inæqualem uideri, si motus epicycli æqualis apparens, fuerit reipsa inæqualis? accidetq; constituto principio & assumpto penitus contrarium. At si dicas æqualiter ipsum moueri circa terræ centrum, atq; id esse satis ad æqualitatem tuendam, qualis igitur erit illa æqualitas in circulo alieno, in quo motus eius nō existit, sed in suo eccentro? Ita sanè miramur & illud, quod ipsius Lunæ quoq; in epicyclo æqualitatem uolunt intelligi non comparatione centri terræ per lineam, uidelicet E G M, ad quam merito debebat referri æqualitas, ipso centro epicycli consentiens, sed ad punctum quoddam diuersum, atq; inter ipsum & eccentri centrum mediam esse terrā, & lineam I G H tanquam indicem æqualitatis Lunæ in epicyclio, quod etiam re ipsa inæqualem satis demonstrat hunc motum. Hoc enim apparentiæ, quæ hypothesim hanc partim sequuntur, cogunt fateri. Ita quoq; Luna epicyclium suum inæqualiter percurrente, si iam ex inæqualibus inæqualitatem apparentiæ comprobare uoluerimus, qualis futura sit argumentatio licet animaduertere. Quid enim aliud faciemus, nisi quòd ansam præbebimus his qui huic arti detrahunt. Deinde experientia & sensus ipse nos docet, quòd parallaxes Lunæ non consentiunt ijs, quas ratio ipsorum circulorum promittit. Fiunt enim parallaxes, quas commutationes uocant, ob euidentem terræ magnitudinem ad Lunæ uicinitatem. Cum enim quæ à superficie terræ & centro eius ad Lunā extenduntur rectæ lineæ, iam non apparuerint paralleli: sed

inclina-

inclinatione manifesta sese fecerint in lunari corpore, necesse habent efficere lunaris apparentiæ diuersitatem, ut in alio loco uideatur à conuexitate terræ per obliquum cõuenientibus ipsam, quàm ijs, qui à centro uel uertice suo Lunam conspexerint. Tales igitur commutationes pro ratione lunaris à terra distantiæ uariãtur. Maxima enim Mathematicorum omnium consensu est partium LXIIII. & sextantis, quarum quæ à centro terræ ad superficiem est una, sed minima secundum illorum symmetriam debuit esse partium XXXIII. totidemq; scrupulorum, ut Luna ad dimidium ferè spacium nobis accederet, & per consequentem rationem oportebat parallaxas in minima & maxima distantia in duplo quasi inuicem differre. Nos autem eas quæ in diuidua Luna crescente & decrescente fiunt, etiam in perigæo epicycli parum admodum uel nihil differre uidemus ab eis, quæ in defectibus Solis & Lunæ contingunt, ut suo loco affatim docebimus. Maxime uero declarat errorem ipsum Lunæ corpus, quod simili ratione duplo maius & minus uideri contingeret secundum diametrum. Sicut autem circuli in dupla sunt ratione suorum dimetientium, quadruplo plerunq; maior uideretur in quadraturis proxima terræ, quàm opposita Soli, si plena luceret: sed quoniam diuidua lucet, duplici nihilominus lumine luceret, quàm illic plena existens. Cuius oppositum quamuis per se manifestum sit, si quis tamen uisu simplici non contentus per dioptram Hipparchicam, uel per alia quæuis instrumenta, quibus Lunæ dimetiens capiatur, experiri uoluerit, inueniet ipsum non differre, nisi quantum epicyclus sine eccentro illo postulauerit. Eam ob causam Menelaus & Timochares circa stellarum fixarum inquisitionem per locum Lunæ non dubitauerunt eodem semper uti lunari diametro pro semisse unius gradus, quantum Luna plerunque occupare uideretur.

Alia de motu Lunæ sententia. Cap. III.

ITa sanè apparet, neq; eccẽtrũ esse, per quẽ epicyclus maior ac minor appareat, sed aliũ modũ circulorũ.

Sit enim

Sit enim epicyclus A B, quem primum maioremq; nuncupabimus, centrum eius sit C, & ex centro terræ quod sit D, recta linea D C extendatur in summam absidem epicycli, & in ipso A centro aliud quoq; paruum epicyclũ describatur E F, & hæc omnia in

eodem plano orbis obliqui Lunæ. Moueatur autem C in consequentia, A uero in præcedentia, ac rursus Luna ab F superiori parte ipsius E F in consequentia, eo seruato ordine, ut dum linea D C fuerit unà cum loco Solis medio, Luna semper proxima sit centro C, hoc est in E signo, sub quadraturis autem atq; in F remotissima. Quibus sic constitutis, aio lunares apparentias congruere. Sequitur enim, quòd Luna bis in mense circumcurret epicyclium E F, quo tempore C semel redierit ad Solem, uidebiturq; noua & plena minimum agere circulum, nempe cuius quæ ex centro fuerit C E. In quadraturis autem maximum secundum distantiam à centro C F. Sicq; rursus illic minores, hic maiores æqualitatis & apparentiæ differentias efficiet sub similibus sed inæqualibus circa C centrum circumferentijs. Cumq; C centrum epicycli in homocentro terræ circulo semper fuerit, non adeo diuersas parallaxas exhibebit, sed ipsi epicyclo solũ conformes. Et in promptu causa erit, cur etiam corpus lunare sibi simile quodammodo uideatur, atq; cætera omnia quæ circa lunarem cursum cernuntur sic euenient. Quæ deinceps per hanc nostram hypothesim demonstraturi sumus, quanq; eadem rursus per eccentros fieri possunt, ut circa Solem fecimus debita proportione seruata. Incipiemus autem à motibus æqualibus, uti superius faciebamus, sine quibus inæqualis discerni non potest. Verum hic nõ parua difficultas existit propter parallaxas quas diximus. Quam ob rem per Astrolabia atq; alia quæuis instrumenta non est obseruabilis locus eius. Sed naturæ benignitas humano desiderio etiam in hac parte prouidit, quo certius per defectus eius, quàm usu instrumentorum deprehendatur, ac absq; erroris suspicione.

Nam

isoppositum locum peruenisse. Neq; uero Solares defectus, q̄ unæ obiectu fiunt, certum præbent loci lunaris argumentū. Tunc enim accidit à nobis quidem Solis & Lunæ coniunctionem uideri, quæ tamen comparatione centri terræ, uel iam præterijt, uel nondum facta est, propter dictam cōmutationis causam. Et idcirco eundem Solis defectum non in omnibus terris æqualem magnitudine & duratione, neq; suis partibus similem cernimus. In lunaribus uero deliquijs nullum tale contingit impedimentum, sed ubiq; sui similes sunt. Quoniam umbræ illius obscuratricis axem terra per centrum suum à Sole transmittit, suntq; propterea lunares defectus accommodatissimi, quibus certissima ratione cursus Lunæ deprehendatur.

De reuolutionibus Lunæ, & motibus eius particularibus. Cap. IIII.

EX antiquissimis igitur, quibus hæc res curæ fuit, ut posteritati numeris traderetur, repertus est Meton Atheniensis, qui floruit Olympiade trigesima septima. Hic prodidit in XIX. annis solaribus CCXXXV menses compleri, unde annus ille magnus ἐννεακαιδεκαετηρίς, hoc est, decemnouenalis Metōticus est appellatus. Qui numerus adeo placuit, ut Athenis alijsq; insignioribus urbibus in foro p̄figeretur, qui etiā usq; in præsens uulgo receptus est, q̄d per ipsum existiment certo ordine cōstare principia & fines mensium. Annum quoq; Solarem dierū CCCLXV. cum quadrante commensurabilem ipsi mēsibus. Hinc illa periodus Callippica LXXVI. annorum, quibus decies & nouies dies unus intercalatur, & ipsum annum Callippicū nominauerunt. At Hipparchi solertia reperit in CCCIIII. annis totū diem excrescere, & tunc solum uerificari, quando annus Solaris fuerit CCC. parte diei minor. Ita quoq; ab aliquibus annus iste magnus Hipparchi denominatus est, in quo complentur menses DCCLX. Hæc simplicius & crassiori, ut aiunt, minerva dicta sint. Quando etiam anomaliæ & latitudinis restitutiones quæruntur. Quapropter idem Hipparchus ulterius ista perquisiuit, nempe collatis adnotationibus, quas in eclipsibus lunaribus diligentissime obseruauit, ad eas quas à Chaldæis accepit: tempus in quo reuolutiones mensium & anomaliæ simul reuerterentur, definiuit esse CCCXLV. annos Ægyptios, LXXXII. dies, & unam horam, & sub eo tempore menses IIII.CCLXVII. anomaliæ uero IIII. DLXXIII. circuitus cõpleri. Cum ergo per numerum mensium distributa fuerit proposita dierũ multitudo, suntq; centena uigintisex millia & VII. dies, atq; una hora, inuenitur unus mensis æqualis dierũ XXIX. scrup. primorum XXXI. secund. L. tert. VIII. quart. IX. quint. XX. Qua ratione patuit etiã cuiuslibet temporis motus. Nam diuisis CCCLX. unius menstruæ reuolutionis gradibus p tempus menstruũ, prodijt diarius Lunæ cursus à Sole gradus XII. scrup. prima XI. secũda XXVI. tertia XLI. quarta XX. quinta XVIII. Hæc trecenties sexagesies quinquies colligũt ultra duodecim reuolutiones annuũ motũ grad. CXXIX. scrup. prima XXXVII. secunda XXXI. tertia XXVIII. quarta XXIX. Porrò menses IIII.CCLXVII. ad IIII.DLXXIII. circuitus anomaliæ cũ sint in numeris inuicẽ cõpositis, utpote quos numerãt XVII. cõmuni mẽsura, erũt in minimis numeris ut CCLI. ad CCLXIX. in qua ratiõe p theorema XV. quinti Euclid. habebimus lunarẽ cursum ad anomaliæ motũ. Vt cũ multiplicauerimus motũ Lunæ p CCLXIX. & cõsectũ diuiserimus p CCLI. exibit anomaliæ motus annuus gdẽ post integras reuolutiones XIII. grad. LXXXVIII. scrup. pri. XLIII. secũda VIII. tert. XL. q̃rt. XX. ac perinde diarius grad. XIII. scru. pri. III. sed'a LIII. tert. LVI. q̃rt. XXIX. Latitudinis aũt reuolutio aliã rationẽ habet: Non enĩ cõuenit sub præfinito tpe q̃ anomalia restituit, sed tũc solũmodo latitudinẽ Lunæ rediisse intelligimus, qñ posterior Lunæ defectus per oĩa similis & æq̃lis fuerit priori, cũ uidelicet ab eadẽ pte æq̃les utriusq; fuerint obscurationes, magnitudine inquã & duratiõe, q̃d accidit qñ æq̃les fuerint à summa uel infima abside Lunæ distãtiæ, tũc enĩ intelligitur æq̃les umbras æq̃li tẽpore Lunã peragrasse.

Talis

Talis autem reuersio secundum Hipparchum in mensibus v̄. CCCCLVIII. contingit, quibus respondeant latitudinis v̄. DCCCC XXIII. reuolutiones. Qua etiam ratione constabant particulares latitudinis motus in annis & diebus ut caeteri. Cũ enim multiplicauerimus Lunę motum à Sole p̄ menses v. DCCCC XXIII. & collectum diuiserimus per v. CCCCLVIII., habebimus latitudinis Lunae motum. In annis quidem post reuolutiones XIII. gradus CLXVIII. scrup. prima XLII. secunda XLVI. tertia XX. quart. III. In diebus autem grad. XIII. scrup. prima XIII. secunda XLV. tertia XXXIX. quart. XL. Hoc modo Lunae motus aequales taxauit Hipparchus, quibus nemo ante ipsum accesit p̄pinquius, attamen in omnibus adhuc numeris absolutos fuisse succedentia secula manifestarunt. Nam Ptolemaeus, mediũ quidem à Sole motum eundem inuenit quem Hipparchus, anomaliae uero motum ab illo deficere annuum in scrup. secund. I. tertijs XI. quartis XXXIX. Latitudinis uero annuum abundare in scrup. tert. LII. quartis XLI. Nos autem pluribus iam transactis temporibus, Hipparchi medium quoq; motum annuum inuenimus deficere in scrup. secundo uno, tertijs VII. quartis LVI. anomalię uero tertia solũmodo XXVI. quarta LV. desunt. Latitudinis quoq; motui scrup. secundum unum, tertia II. quarta XLII. abundat. Itaq; motus Lunae aequalis quo differt à motu terrestri erit annuus part. CXXIX. XXXVII. XXII. XXXVI. XXV. Anomaliae part. LXXXVIII. XLIII. IX. VII. XV. Latitudinis CXLVIII. XLII. XLV. XVII. XXI.

Motus Lunae in annis & sexagenis annorum.

Anni	MOTVS				
1	2	9	37	22	36
2	4	19	14	45	12
3	0	28	52	7	49
4	2	38	29	30	25
5	4	48	6	53	2
6	0	57	44	15	38
7	3	7	21	38	14
8	5	16	59	0	51
9	1	26	36	23	27
10	3	36	13	46	4
11	5	45	51	8	40
12	1	55	28	31	17
13	4	5	5	53	53
14	0	14	43	16	29
15	2	24	20	39	6
16	4	33	58	1	42
17	0	43	35	24	19
18	2	53	12	46	55
19	5	2	50	9	31
20	1	12	27	32	8
21	3	22	4	54	44
22	5	31	42	17	21
23	1	41	19	39	57
24	3	50	57	2	34
25	0	0	34	25	10
26	2	10	11	47	46
27	4	19	49	10	23
28	0	29	26	32	59
29	2	39	3	55	36
30	4	48	41	18	12
31	0	58	18	40	48
32	3	7	56	3	25
33	5	17	33	26	1
34	1	27	10	48	38
35	3	36	48	11	14
36	5	46	25	33	51
37	1	56	2	56	27
38	4	5	40	19	3
39	0	15	17	41	40
40	2	24	55	4	16
41	4	34	32	26	53
42	0	44	9	49	29
43	2	53	47	12	5
44	5	3	24	34	42
45	1	13	1	57	18
46	3	22	39	19	55
47	5	32	16	42	31
48	1	41	54	5	8
49	3	51	31	27	44
50	0	1	8	50	20
51	2	10	46	12	57
52	4	20	23	35	33
53	0	30	0	58	10
54	2	39	38	20	46
55	4	49	15	43	22
56	0	58	53	5	59
57	3	8	30	28	35
58	5	18	7	51	12
59	1	27	45	13	48
60	3	37	22	36	25

Motus

Motus Lunæ in diebus & sexagenis dierum & scrupul

Dies		MOTVS				
1		0	12	11	26	41
2		0	24	22	53	23
3		0	36	34	20	4
4		0	48	45	46	46
5		1	0	57	13	27
6		1	13	8	40	9
7		1	25	20	6	50
8		1	37	31	33	32
9		1	49	43	0	13
10		2	1	54	26	55
11		2	14	5	53	36
12		2	26	17	20	18
13		2	38	28	47	0
14		2	50	40	13	41
15		3	2	51	40	23
16		3	15	3	7	4
17		3	27	14	33	45
18		3	39	26	0	27
9		3	51	37	27	8
0		4	3	48	53	50
1		4	16	0	20	31
2		4	28	11	47	13
3		4	40	23	13	54
4		4	52	34	40	36
5		5	4	46	7	17
5		5	16	57	33	59
		5	29	9	0	40
		5	41	20	27	22
		5	53	31	54	3
		6	5	43	20	45
31		6	17	54	47	26
32		6	30	6	14	8
33		6	42	17	40	49
34		6	54	29	7	31
35		7	6	40	34	12
30		7	18	52	0	54
37		7	31	3	27	35
38		7	43	14	54	17
39		7	55	26	20	58
40		8	7	37	47	40
41		8	19	49	14	21
42		8	32	0	41	3
43		8	44	12	7	44
44		8	56	23	34	26
45		9	8	35	1	7
46		9	20	46	27	49
47		9	32	57	54	30
48		9	45	9	21	12
49		9	57	20	47	53
50		10	9	32	14	35
51		10	21	43	41	16
52		10	33	55	7	58
53		10	46	6	34	40
54		10	58	18	1	21
55		11	10	29	28	2
56		11	22	40	54	43
57		11	34	52	21	25
58		11	47	3	48	7
59		11	59	15	14	48
60		12	11	26	41	31

Motus anomaliæ lunaris in annis & sexagenis annorum

Anni		MOTVS				
1		1	28	43	9	7
2		2	57	26	18	14
3		4	26	9	27	21
4		5	54	52	36	29
5		1	23	35	45	36
6		2	52	18	54	43
7		4	21	2	3	50
8		5	49	45	12	58
9		1	18	28	22	5
10		2	47	11	31	12
11		4	15	54	40	19
12		5	44	37	49	27
13		1	13	20	58	34
14		2	42	4	7	41
15		4	10	47	16	48
16		5	39	30	25	56
17		1	8	13	35	3
18		2	36	56	44	10
19		4	5	39	53	17
20		5	34	23	2	25
21		1	3	6	11	32
22		2	31	49	20	39
23		4	0	32	29	46
24		5	29	15	38	54
25		0	57	58	48	1
26		2	26	41	57	8
27		3	55	25	6	15
28		5	24	8	15	23
29		0	52	51	24	30
30		2	21	34	33	37

Anni		MOTVS				
31		3	50	17	42	44
32		5	19	0	51	52
33		0	47	44	0	59
34		2	16	27	10	6
35		3	45	10	19	13
36		5	13	53	28	21
37		0	42	36	37	28
38		2	11	19	40	35
39		3	40	2	55	42
40		5	8	46	4	50
41		0	37	29	13	57
42		2	6	12	23	4
43		3	34	55	32	11
44		5	3	38	41	19
45		0	32	21	50	26
46		2	1	4	59	33
47		3	29	48	8	40
48		4	58	31	17	48
49		0	27	14	26	55
50		1	55	57	36	2
51		3	24	40	45	9
52		4	53	23	54	17
53		0	22	7	3	24
54		1	50	50	12	31
55		3	19	33	21	38
56		4	48	16	30	46
57		0	16	59	39	53
58		1	45	42	49	0
59		3	14	25	58	7
60		4	43	9	7	15

Motus

Motus anomaliæ lunaris in diebus sexagenis & scrupul.

Dies		MOTVS				
1		0	13	3	53	56
2		0	26	7	47	53
3		0	39	11	41	49
4		0	52	15	35	46
5		1	5	19	29	42
6		1	18	23	23	39
7		1	31	27	17	35
8		1	44	31	11	32
9		1	57	35	5	28
10		2	10	38	59	25
11		2	23	42	53	21
12		2	36	46	47	18
13		2	49	50	41	14
14		3	2	54	35	11
15		3	15	58	29	7
16		3	29	2	23	4
17		3	42	6	17	0
18		3	55	10	10	57
19		4	8	14	4	53
20		4	21	17	58	50
21		4	34	21	52	46
22		4	47	25	46	43
23		5	0	29	40	39
24		5	13	33	34	36
25		5	26	35	28	32
26		5	39	41	22	29
27		5	52	45	16	25
28		6	5	49	10	22
29		6	18	53	4	18
30		6	31	56	58	15

Dies		MOTVS				
31		6	45	0	52	11
32		6	58	4	46	8
33		7	11	8	40	4
34		7	24	12	34	1
35		7	37	16	27	57
36		7	50	20	21	54
37		8	3	24	15	50
38		8	16	28	9	47
39		8	29	32	3	43
40		8	42	35	57	40
41		8	55	39	51	36
42		9	8	43	45	33
43		9	21	47	39	29
44		9	34	51	33	26
45		9	47	55	27	22
46		10	0	59	21	19
47		10	14	3	15	15
48		10	27	7	9	12
49		10	40	11	3	8
50		10	53	14	57	5
51		11	6	18	51	1
52		11	19	22	44	58
53		11	32	26	38	54
54		11	45	30	32	51
55		11	58	34	26	47
56		12	11	38	20	44
57		12	24	42	14	40
58		12	37	46	8	37
59		12	50	50	2	33
60		13	53	3	56	30

Motus

…otus latitudinis Lu…

Anni	MOTVS					
1		2	28	42	45	17
2		4	57	25	30	34
3		1	20	8	15	52
4		3	54	51	1	9
5		0	23	33	40	26
6		2	52	16	31	44
7		5	20	59	17	1
8		1	49	42	2	18
9		4	18	24	47	36
10		0	47	7	32	53
11		3	15	50	18	10
12		5	44	33	3	28
13		2	13	15	48	45
14		4	41	58	34	2
15		1	10	51	10	20
16		3	39	24	4	37
17		0	8	0	47	54
18		2	36	40	35	12
19		5	5	52	20	29
20		1	34	15	5	46
21		4	3	57	51	4
22		0	31	40	36	21
23		3	0	23	21	38
24		5	30	6	6	56
25		3	57	48	52	13
26		4	26	31	37	30
27		0	55	14	22	48
28		3	23	57	8	5
29		5	52	39	53	22
30		0	21	22	38	40

Motus latitudinis Lunæ in diebus sexagenis & scrupul. dierū.

Dies		MOTVS					Dies		MOTVS				
1		0	13	13	45	39	31		6	50	6	35	20
2		0	26	27	31	18	32		7	3	20	20	59
3		0	39	41	16	58	33		7	16	34	6	39
4		0	52	55	2	37	34		7	29	47	52	18
5		1	0	8	48	16	35		7	43	1	37	58
6		1	10	22	33	56	36		7	56	15	23	37
7		1	32	36	19	35	37		8	9	29	9	16
8		1	45	50	5	14	38		8	22	42	54	56
9		1	59	3	50	54	39		8	35	56	40	35
10		2	12	17	36	33	40		8	49	10	26	14
11		2	25	31	22	13	41		9	2	24	11	54
12		2	38	45	7	52	42		9	15	37	57	33
13		2	51	58	53	31	43		9	28	51	43	13
14		3	5	12	39	11	44		9	42	5	28	52
15		3	18	26	24	50	45		9	55	19	14	31
16		3	31	40	10	29	46		10	8	33	0	11
17		3	44	53	56	9	47		10	21	46	45	50
18		3	58	7	41	48	48		10	35	0	31	29
19		4	11	21	27	28	49		10	48	14	17	9
20		4	24	35	13	7	50		11	1	28	2	48
21		4	37	48	58	46	51		11	14	41	48	28
22		4	51	2	44	26	52		11	27	55	34	7
23		5	4	16	30	5	53		11	41	9	19	46
24		5	17	30	15	44	54		11	54	23	5	26
25		5	30	44	1	24	55		12	7	36	51	5
26		5	43	57	47	3	56		12	20	50	36	44
27		5	57	11	32	43	57		12	34	4	22	24
28		6	10	25	18	22	58		12	47	18	8	3
29		6	23	39	4	1	59		13	0	31	53	43
30		6	36	52	49	41	60		13	13	45	39	22

Primæ inæqualitatis Lunæ, quæ in noua, plenaq; contingit, demonstratio. Cap. V.

MOtus Lunæ æquales, prout usq; in præsens potuerunt nobis innotescere, exposuimus. Nunc inæqualitatis ratio est aggredienda, quam per modũ epicy
cli demonstrabimus, & primũ eam quæ in coniunctionibus & oppositionibus Solis contingit, circa quam prisci
Mathematici ingenio mirabili usi sunt, per triadas deliquiorũ
Lunarium. Quam etiã uiam ab illis sic nobis præparatã seque
mur, capiemusq; tres eclipses à Ptolemæo diligẽter obseruatas,
quibus alias quoq; tres nõ minori diligentia notatas compara
bimus, ut motus æquales iam expositi, si recte se habeant exa-
minentur. Vtemur autem in eorũ explicatione medijs motibus
Solis & Lunæ ab æquinoctij Verni loco tanquã æqualibus, imi
tatiõe priscorũ. Quoniã diuersitas, quę propter inæqualẽ æqui
noctiorũ præcessionem contingit, in tam breui tempore, quam
uis etiã decem annorũ non percipitur. Primam igitur eclipsim
assumit Ptolemæus factam anno XVII. Adriani principis, uige
simo die transacto mensis Pauni secundũ Ægyptios: annorum
uero Christi erat centesimus trigesimustertius, sexta die mensis Maij, siue pridie Nonas. Defecitq; tota, cuius medium tempus erat per dodrantem horæ æqualis ante mediã noctem, Al
xandriæ, sed Fruenburgi siue Cracouiæ fuisset hora una, cum
dodrante ante medium noctis, quam sequebatur dies septimu
Sole XIII. partes, & quadrantem partis Tauri tenente, sed se
cundum medium motum XII. XXI. Tauri. Alteram fuisse a
anno XIX. Adriani, peractis duobus diebus, mensis Chiach
quarti Ægyptiorum. Erat autẽ anno Christi CXXXIIII. XIII
Calend. Nouẽbris, & defecit à Septentriõe per dextantẽ diame
tri sui, cuius mediũ erat una hora æquinoctiali Alexandriæ. Crac
uiæ autẽ duabus horis ãte mediũ noctis, Sole existẽte in XXV
gradu, & sextante signi Libræ, sed medio motu in XXVI. XLIII
eiusdẽ. Tertia quoq; eclipsis erat anno XX. Adriani trãsactis XIX
diebus Pharmuthi mẽsis octaui Ægyptiorũ. Annorum Christi

CXXXV. VI. Martij transacto, deficiente rursus à Septentrione Luna ex semisse diametri, cuius medium erat Alexandriæ quatuor horis æquinoctialibus, sed Cracouiæ tribus horis post mediam noctem, cuius mane erat in Nonis Martij. Erat quoque tunc Sol in XIIII. grad. & XII. per Piscium, medio motu in XI. XLIIII Piscium. Patet autem quod in medio spacio temporis, quod erat inter primam & secundam eclipsim, Luna tantum pertransiuit, quantum Sol in motu apparente (abiectis inquam integris circulis) CLXI. partes & LV scrupula. Et à secunda ad tertiam part. CXXXVII. scrup. LV. Erat autem in priori interuallo annus unus, dies CLXVI. horæ æquales XXIII. cum dodrante unius secundum apparentiam, sed examinatim horæ XXIII. cum quinque octauis. In secunda uero distantia annus unus, dies CXXXVII. horæ quinque simpliciter, exacte uero horæ V. S. Et erat Solis & Lunæ motus æqualis coniunctim in primo interuallo reiectis circulis grad. CLXIX. scru. XXXVII. & anomaliæ grad. CX. scru. XXI. In secundo interuallo Solis & Lunæ motus similiter æqualis part. CXXXVII. scrup. XXXIIII. Patet igitur quod in prima distantia partes CX. scrup. XXI. epicycli subtrahunt medio motui Lunæ partes VII. scrup. XLII. In secunda partes LXXXI. scrup. XXXVI. addunt partem unam, scrup. XXI. His sic propositis describatur Lunaris epicyclus A B C, in quo prima eclypsis fuerit in A, altera in B, ac reliqua in C, quo etiam ordine superius in præcedentia Lunæ transitus intelligatur. Et sit A B circumferentia part. CX. scrup. XXI. ablatiua (ut diximus) partium VII. scrup. XLII. B C uero partium LXXXI. scrup. XXXVI. quæ addat partem unam, scrup. XXI. erit reliqua circuli C A partium CLXVIII. scrup. III. adiectiua, quæ restant partes VI. scrup. XXI. Quoniam uero summa absis epicycli in B C & C A circumferentijs non est, cum adiectiuæ sint & semicirculo minores, necessarium est illam in A B reperiri. Accipiamus igitur D centrum terræ, circa quod epicyclus æqualiter feratur, unde agantur lineæ ad signa eclipsium in A, D B, D C, & connectantur B C, B E, C E. Cum igitur A B circumferentia partes VII. XLII. signiferi subtendit, erit angulus A D B partium VII. XLII. qualium CLXXX. sunt duo recti, sed qualium CCCLX. duo recti fuerit, erit angulus ipse part. XV. scru. XXIIII.

 & angu-

ntraque abſide D M, K L, ſitq́; L ſupremum ab
ũ eſt autem per XXX. theorema tertij Eu
ũ contentum ſub A D B æquale eſt ei quod
Cum autem L M dimetiens circuli dimidiæ
ur in directum D M, erit quod
, cum eo quod e K K M qua
e K D K, datur ergo longitudi
6. qualium eſt L K centenum
qualium D K fuerat centenum
8706. quæ ex centro eſt epi
agatur K N O perpendicula
tur K D, D B, B A, rationem ha
n in partibus, quibus L K eſt
N B dimidia ipſius A B, parti
93. Tota ergo D B N partium
angulo D K N, duo latera D K,
lus N rectus. Erit propterea
ro partium LXXXVI, ſcrup.
s. totidemq́; M B O circumfe
semicirculi partium XCIII.
blata O A dimidia ipſius A O B
XXVIII. e. manet reſidua L A
, quæ eſt diſtantia Lunæ à
in primo deliquio ſiue ano
rtium erat CX. ſcrup. XXI.
omalia in altero deliquio par
up. XXXVIII. & tota L B C,
XIIII, ad quam tertium deli
m quoque perſpicuum erit,
K N ſit part. LXXXVI. ſcrup.
CLX. ſunt quatuor recti, relinquitur angu
II. ſcrup. XXII. à recto, quæ eſt proſtha
anomalia in prima eclipſi. Totus autẽ an
VII. ſcrup. XLII. reliquus ergo L D B partes
quæ minuũtur ab æquali motu Lunæ in
ircumferẽtiã. Et quoniã A D C angulus erat

part. I. XXI. & reliquus ergo C D E, remanet part. II. scru. XLIX. ablatius prosthaphæresis ipsius L A C, circumferentiæ in tertia eclipsi. Erat ergo medius Lunæ locus, hoc est E centri in prima eclypsi part. IX. scrup. LIII. Scorpij, eo quòd apparẽs eius locus esset in partibus XIII. scrup. XV. Scorpij, tot inquam quot Sol è diametro in Tauro posidebat, ac eodem modo medius Lunæ motus in secunda eclipsi habebat partes XXIX. 2. Arietis. In tertia partes XVII. scrup. IIII. Virginis. Lunares quoq; à Sole æquales distantiæ in prima partes CLXXVII. scrup. XXXIII. in altera partes CLXXXII. scrup. XLVII. In ultima, partes CLXXXV. scrup. XX. Hoc modo Ptolemæus, quo exemplo secuti, pergamus iam ad aliam trinitatem lunarium deliquiorum, quæ etiã à nobis diligentissime sunt obseruata. Primum erat anno Christi M. D. XI. sex diebus mẽsis Octobris transactis, cœpitq; Luna deficere una hora, & octaua parte horæ ante medium noctis ex horis æqualibus, & restituta est in integrum duabus horis, & tertia post medium noctis, sicq; medium eclipsis, erat hora dimidia cum duodecima parte horæ post medium noctis, cuius mane erat dies septimus in Nonis Octobris, defecitq; Luna tota, dum Sol esset in XXII. grad. XXV. scru. Libræ, sed secundũ æqualitatem in XXIIII. XIII. Libræ. Secũdam eclipsim notauimus Anno Christi M. D. XXII. mense Septembri, elapsis quinq; diebus, totam quoq; deficiẽtem, cuius initium erat duabus quintis horæ æqualis ante medium noctis, sed eius mediũ una hora cum triente post mediam noctem, quam sequebatur dies sextus, & ipse octauus ante Idus Septembris, erat autẽ Sol in XXII. grad. & quinta Virginis, sed æqualiter in XXIII. scru. XLIX. Virginis. Tertiam quoq; anno Christi M. D. XXIII. XXV. diebus Augusti mensis præteritis, quæ cœpit horis tribus minus quinta parte horæ post mediam noctem, & mediũ tempus omnino etiam deficientis, erant IIII. horæ medietas minus duodecima parte horæ post mediam noctẽ imminẽte iam die septimo Calend. Septembris. Sole in XI. grad. XXI. scrup. Virginis, medio motu in XIII. grad. II. scrup. Virginis. Et his quoq; manifestum est, quòd distantia uerorum locorum Solis & Lunæ à prima eclipsi ad secũdam fuerit partium CCCXXIX.

scrup. XLVII. Ab altera uero ad tertiam part. CCCXLIX. scrup. IX. Tempus autẽ à prima eclipsi ad secundam est annorũ æqualium decem, dierum CCCXXXVII. & dodrantis unius horæ secundum apparẽs tempus, sed ad exactam æqualitatem erat hora una minus decima quinta parte. A secunda ad tertiam fuerunt dies CCCLIIII. horæ III. cũ media, sed tempore æquali horæ III. scrup. IX. In primo interuallo motus Solis & Lunæ coniunctim medius, reiectis circulis, colligit partes CCCXXXIIII. scrup. XLVII. & anomaliæ grad. CCL. scrup. XXXVI. auferentis ab æquali motu partes ferè quinq;. In secũdo interuallo motus Solis & Lunæ medius partium. CCCLXVI. scrup. X. Anomaliæ part. CCCVI. scrup. XLIII. adijcientis medio motui partes. II. scru. LIX. Sit iam epicyclus A B C, & sit A locus Lunæ in medio primi deliquij, B in secundo, C in tertio, & motus epicycli intelligatur ex C in B, & B in A, hoc est, superne in præcedẽtia, inferne ad consequentia. Et A C B circumferentia partium CCL. scrup. XXXVI. quæ auferat medio motui Lunæ (ut diximus) partes quinq; in prima temporis distantia; Circumferentia uero B A C sit partiũ CCCVI. scrup. XLIII. adijciens medio motui Lunæ partes II. scrup. LIX. & reliqua A C. part. CXCVII. scru. XIX. reliquas auferet partes II. scrup. I. Quoniã uero ipsa A C maior est semicirculo, & est ablatiua, necesse est in ipsa summam absidẽ comprehendi. Capiatur ergo ex aduerso D cẽtrũ terræ, & cõnectãtur A D, D B, D E C, A B, A E, E B, Quoniam igitur trianguli D B E, angulus exterior C E B dat part. LIII. scrup. XVII. iuxta C B circũferentiã, quæ reliqua est circuli ex B A C, & angulus B D E ad centrũ quidẽ part. II. scrup. LIX. sed ad circumferentiam part. V. scrup. LVIII. & reliquus ergo E B D, partiũ XLVII. scru. XVIII. Quapropter erit latus B E part. 1042. & latus D E part. earundẽ 8024. quarum quæ

ex centro

ex centro circumscribentis triangulum fuerit 10000. Pari modo A B D angulus partiũ est CXCVII. scrup. XIX. circumferentia A C B constituitur, & qui sub A D C partiũ est II. scrup. II. ut ad centrũ, sed ut ad circumferentiã part. IIII. scru. II. reliquus ergo, q̃ sub D A B trianguli partium est CXCIII. scrup. XVII. quarũ CCCLX. sunt duo recti. Sunt ergo latera quoq; data in partibus, quibus quæ ex centro circũscribentis triangulum A D B, est 10000. A B part. 702. D B partium 19865. sed quarũ D B partiũ est 8024. earũ est A B part. 283. quarũ etiã erat B E part. 1042. Habebimus ergo rursus triangulũ A B E, in quo duo latera A B & B E data sunt, & angulus qui sub A B E part. CCL. scrup. XXXVI. quibus CCCLX. sunt duo recti. Idcirco per demonstrata triangulorũ planorũ, erit etiã A E earundẽ part. 1227. quarum B E partiũ 1042. Sic igitur harũ triũ linearum A E, E B, & A D lucrati sumus rationem, per quã etiã constabunt in partibus quibus quæ ex cẽtro est epicycli decẽ miliũ, quarũ etiã A E capit 16323. E D 106751. E B 13853. unde etiã B E circumferentia dat part. LXXXVII. scrup. XLI. quæ cum B C colligit totã E B C part. CXL. scrup. LVIII. cuius subtensa C E partiũ est 18857. & tota C E D part. 125602. Exponatur iam centrũ epicycli, quod necessario cadet in E A C segmentum, tanq̃ maius semicirculo, sitq; F, & extendatur D I F G, in rectam lineam per utrasq; absides infimã I, & summã G. Manifestũ est iterũ, quod rectangulũ quod sub C D E cõtinetur, æquale est ei quod sub G D I, quod autẽ sub G D I, unã cũ eo quod F I æquale est ei quod ex D F fit quadrato. Datur ergo longitudine D I F partiũ 116226, quarũ F G est 10000, quarũ igitur partiũ D F est centenũ milliũ, erit F G partiũ 8604. consentaneũ ei, quod à plerisq; aliis qui à Ptolemæo nos præcesserũt proditum

prodiisse inuenimus. Excitetur iam ex cẽtro F ipsi B C ad angulos rectos, quae sit F L, & extẽdatur in rectã lineam F L M, secabitq; bifariã C B in L signo. Quoniã igitur B D recta linea part. 106751. & dimidia C B, hoc est L B, part. 9426. erit tota D B L 116177. quarũ F G est 10000, quarum etiam D F est 116126. Trianguli ergo D F L, duo latera D F, & D L data sunt, datur q; D F L part. LXXXVIII. scrup. XXI. & reliquus F D L partis unius, scrup. XXXIX. & I B M circumferentia similiter partiũ LXXXVIII. scrup. XXI. & M C dimidia ipsius B C part. LXX. scrup. XXIX. erit tota I M C partiũ CLVIII. scrup. L. & reliqua semicirculi G C partiũ XXI. scrup. X. Et haec erat distantia Lunae ab apogaeo epicycli, siue anomaliae locus in tertia eclipsi, & G B C in secunda partiũ LXXIIII. scrup. XXVII. ac tota G B A in prima colligit partes CLXXXIII. scru. LI. Rursus in tertia eclipsi I D E angulus, ut in centro partis unius, scrup. XXXIX. quae prosthaphaeresis est ablatiua, & totus I D B angulus in secunda eclipsi partiũ IIII. scrup. XXXVIII. etiã ablatiua prosthaphaeresis; ipsa enim ex G D C part. LXXXIX. & ipsius C D B part. II. scrup. LIX. cõstituitur. & reliquus igitur angulus à toto A D B part. quinq; & est A D E, qui remanebit scrupulorũ primorũ XXII. quae adijciũtur aequalitati in prima eclipsi. Quapropter locus aequalis Lunae in prima eclipsi erat in XXII. part. scrup. XXV. ac tot pteaaritus. Aritiua; apparẽtiae uero XXII. III. scrup. Arietis, apparẽtiae uero XXII. scrup. XXV. ac tot ptes, quas Sol ex opposito Librae cõtinebat. Ita quoq; in altera eclipsi medius Lunae motus erat in partibus XXVI. L. Pisciũ. In tertia uero XIII. Piscium. Ac Lunaris medius motus per quẽ separatur ab annuo terrae in prima eclipsi part. CLXIX. scrup. L. In secũda partes CLXXXII. scru. LI. In tertia partes CLXXIX. scru. LVIII.

Eorum quae de aequalibus Lunae motibus longitudinis anomaliae exposita sunt comprobatio, Cap. VI.

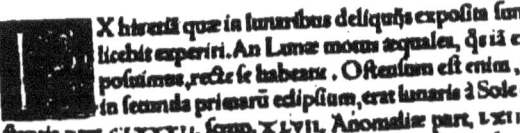

EX his etiã quae in lunaribus deliquijs exposita sunt, licebit experiri. An Lunae motus aequales, quos iã exposuimus, recte se habeant. Ostensum est enim, quod in secunda primarũ eclipsium, erat lunaris à Sole distantia part. CLXXXII. scrup. XLVII. Anomaliae part. LXIIII.

 scrup.

ſcrup. XXXVIII. In ſecunda uero ſequentium noſtri temporis eclipſi Lunæ motus à Sole part. CLXXXII. ſcrup. L. anomaliæ part. LXXIIII. ſcru. XXVII. Patet quòd in medio tempore completi ſunt menſes $\overline{\text{XVII}}$. CLXVI. ac inſuper ſcrupula prima quaſi quatuor gradus. Anomaliæ quoq; motus reiectis circulis integris partes nouem, ſcrup. quadraginta nouem. Tempus autem quod intercedit ab anno decimonono Adriani, menſe Chiach Ægyptio, die ſecũda & duabus horis ante mediam noctis, quã dies menſis ſecutus eſt tertius, uſq; ad annum Chriſti milleſimum quingenteſimum uigeſimum ſecundum, ac quintum diem Septembris una hora & triente unius temporis apparenti, quod cũ æquatũ fuerit, ſunt anni Ægyptij M. CCC. LXXXVIII. dies CCCII. horæ tres. ſcrup. XXXIIII. In quo tempore poſt completas reuolutiones menſium decemſeptem milium centum & LXV. æqualium ſecundum Hipparchum & Ptolemæum fuiſſent partes CCCLVIIII. ſcrup. XXXVIII. Anomaliæ uero ſecundũ Hipparchum partes IX. ſcrup. XXXIX. ſed ſecundum Ptolemæum part. IX. ſcrup. XI. Deficiunt igitur ab illis motui Lunæ, ſcrup. prima XXVI. anomaliæ ſcrup. prima XXXVIII. quæ noſtris accreſcunt conſentiuntq; numeris, quos expoſuimus.

De locis longitudinis & anomaliæ Lunaris. Cap. VII.

IAm quoq; eorum uti ſuperius, & hic loca ſunt præfigenda ad annorum conſtituta principia, Olympiadum, Alexandri, Cæſaris, Chriſti, & ſi quæ præterea cuiq; placuerint. Si igitur illam trium eclipſium priſcarum ſecundam conſideremus, factam decimonono anno Adriani, duobus diebus menſis Chiach Ægyptiorum, una hora æquinoctiali ante medium noctis Alexandriæ, nobis autem ſub meridiano Cracouienſi duabus horis ante medium noctis, inueniemus à principio annorum Chriſti ad hoc momentum annos Ægyptios CXXXIII. dies CCCXXV. horas XXII. ſimpliciter, exacte uero horas XXI. ſcru. XXXVII. In quo tempore Lunaris motus eſt ſecundũ numerationẽ noſtrã partes CCCXXXII. ſcr. XLIX. Anomaliæ part. CCXVII. ſcru. XXXII. Quæ

cum abcum ablata fuerint ab illis, quæ in eclipsi reperta fuerũt, utrunq; à specie sua, relinquitur locus lunaris à Sole medius part. CCIX. scrup. LVIII. Anomaliæ CCVII. scrup. VII. ad principiũ annorũ Christi in media nocte ante Calend. Ianuarij. Rursus ad hoc Christi principium sunt Olymp. centum nonaginta tres, anni duo, dies CXCIIII.s. quæ faciũt annos Ægyptiacos DCCLXXV. dies XII.s. examinatim uero horas XII. scrup. VII.s. Similiter à morte Alexandri ad natiuitatẽ Christi supputant annos Ægyptios CCCXXIII. dies CXXX.s. tempore apparente, exquisite uero horas XII. scrup. XIIII. Et à Cæsare ad Christũ sunt anni Ægyptij XLV. dies XII. in quo consendit utriusq; temporis ratio æqualis & apparentis. Cum igitur motus, qui has differentias temporũ cõcernũt, subduxerimus à locis Christi, subtrahendo singula singulis, habebimus ad meridiẽ primi diei mensis Hecatombæonis primæ Olympiadis æqualem Lunæ à Sole distantiam, partiũ XXXIX. scrup. XLIIII. Anomaliæ part. XLVI. scru. XX. Annorum Alexandri ad meridiẽ primi diei mensis Thoth Lunã à Sole part. CCCX. scrup. XLIIII. Anomaliæ part. LXXXV. scrup. XLI. Ac Iulij Cæsaris ad mediã noctẽ ante Calend. Ianuarij Lunã à Sole part. CCCL. scru. XXXIX. Anomaliæ part. XVII. scrup. LVIII. Omnia hæc ad meridianũ Cracouiensem. Quoniam Frueburgum, ubi plerunq; nostras habuimus obseruatiões ad ostia Istolæ fluuij posita, huic subest meridiano, ut nos Lunæ Solisq; defectus utrobiq; simul obseruati docent, in quo etiam Dirrhachium Macedoniæ, quæ antiquitus Epidamnum uocata est, continetur.

De secunda Lunæ differentia, & quam habeat rationem epicyclus primus ad secundum. Cap. VIII.

SIc igitur Lunæ motus æquales cũ prima eius differentia demonstrati sunt. Inquirendũ nobis iam est, in qua sint ratione epicyclus primus ad secundũ, ac uterq; ad distantiam centri terræ. Inuenitur aũt maxima, ut diximus, in medijs quadraturis differentia, quãdo Luna diuidua est crescens uel decrescens, quæ ad septem gradus,

& duas tertias se efferi, ut etiam habent priscorum adnotationes. Obseruabant enim tempus, in quo Luna dimidua ad mediam distantiam epicycli proxime attigisset, idq; circa contactũ lineæ egredientis à centro terræ, quod per numerationem superius expositam facile percipi poterit. Et ipsa Luna nunc existente circa nonagesimũ gradum signiferi ab ortu uel occasu sumptum cauebant errorem, quem parallaxis posset ingerere motui longitudinis. Tũc enim, qui per uerticem horizontis est, circulus ad angulos rectos zodiacum dispescit, nec admittit aliquam lõgitudinis cõmutationem, sed tota in latitudinem cadit. Proinde artificio instrumenti Astrolabici acceperunt locum Lunæ ad Solem, facta collatione inuenta est Luna differẽs ab æqualitate septem (ut diximus) gradibus, & duabus tertijs unius loco quinq; graduum. Describatur iam epicyclus A B, centrũ eius sit C, & à centro terræ quod sit D, extendatur recta linea D B C A, apogæũ epicycli sit A, perigæũ B. Et agatur tangẽs epicyclũ D E, & connectatur C E. Quoniam igitur in tangẽte est prosthaphæresis maxima, q̃ sit in proposito part. VII. scrup. XL. quibus etiã est angulus B D E, & qui sub C E D rectus est, nẽpe in cõtactu circuli A B. Quapropter erit C E part. 1334, quarũ quæ ex cẽtro C D est 10000. At in plena siue noua Luna erat lõge minor, partiũ siquidẽ earundẽ 861. fere. Resecetur C E, & sit C F partiũ 860. erit in eodem centro F circumcurrẽs, quam Luna noua agebat, atq; plena, & reliqua F E igitur partiũ 474. erit dimetiẽs epicycli secũdi, & bifariã sectione in G centrũ ipsius, & tota C F G partiũ 1097. ex centro circuli, quem epicycli secundi centrũ descripsit. Itaq; cõstat ratio ipsorũ C G ad G E, ut 1097 ad 237. qualium partium erat C D decem milium.

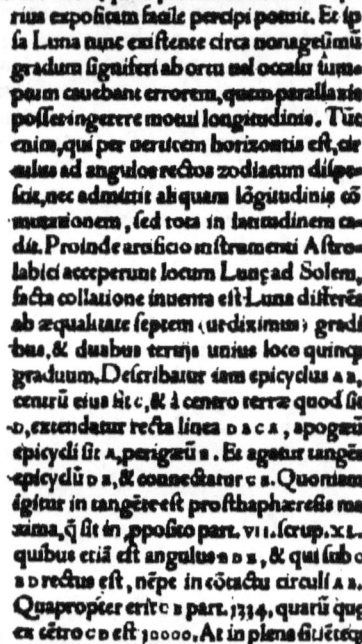

De re

De reliqua differentia, qua Luna à summa abside epicycli inæqualiter uidetur moueri. Cap. IX.

PEr hanc quocp epagogen datur intelligi, quomodo Luna in ipso epicyclo suo primo inæqualiter moueatur, cuius maxima differentia cõtingit, quando curuatur in cornua, uel gibbosa, ac semiplena orbe existit. Sit rursus epicyclus ille primus, quem epicycli secundi centrum medio modo descripserit A B, centrum eius C, summa absis A, infima B. Capiatur ubilibet in circumferentia E signum, & coniungantur C E, fiat autem C E ad E F, ut 1097 ad 237, & in E cẽtro: distãtia autem E F describatur epicyclium secũdum, & agantur utrobicp tangentes ipsum rectæ lineæ C L, C M. Sitcp motus epicyclij parui ex A in E, hoc est superne in præcedẽtia, Luna uero ab F in L, etiam in præcedentiis. Patet igitur, quòd cum æqualis fuerit motus A E, ipsi tamen æqualitati epicyclium secundum per F L, cursum suum addit E L circumferentiã, atcp per M F minuit. Quoniam uero in triangulo C E L, ad L angulus rectus est, & E L partium 237, quarum erat C E 1097. Quarum igitur ipsa C E fuerit decem millium, erit E L 2160, quæ per Canonem subtendit angulum E C L partiũ XII. scrup. XXVIII. æqualem ipsi M E F, cum sint trianguli similes & æquales. Et tanta est maxima differentia, qua Luna uariat à summa abside epicycli primi. Id autem contingit, quando Luna motu medio destiterit à linea medij motus terræ ante & pone partibus XXXVIII. scrup. XLVI. Ita sanè manifestum est, quòd sub media Solis & Lunæ distantia graduum XXXVIII. scru. XLVI. ac totidem à media hinc inde oppositione contingunt hæ maximæ prosthaphæreses.

Quomodo Lunaris motus apparens ex datis aequalibus demonstretur. Cap. x.

His omnibus ita prouisis, uolumus iam ostēdere, quomodo ex aequalibus illis Lunae motibus propositis apparens aequalisq; motus dissoluatur, graphica ratione, exemplũ sumentes ex obseruatis Hipparchi, quo simul doctrina per experimentũ cõprobetur. Anno igitur à morte Alexãdri centesimo nonagesimo septimo, decimaseptima die mẽsis Pauni, qui decimus est Ægyptiorũ, horis diei nouem & triente transactis in Rhodo, Hipparchus per instrumentum Astrolabicũ Solis & Lunae obseruatione inuenit à se inuicem distare grad. xlviii. & decima parte quibus Luna Solem sequebatur. Cumq; arbitraretur Solis locũ esse in x. partibus minus decima Cancri: consequens erat Lunam xxix. grad. Leonis obtinere. Quo etiã tempore uigesimus nonus gradus Scorpij oriebatur, decimo gradu Virginis caelum mediante in Rhodo, cui polus Boreus xxxvi. grad. eleuatur. Quo argumento constabat, Lunam circa nonagesimũ gradũ signiferi à finiente constitutã, nullam tunc uel certe insensibilem in longitudine uisus commutationẽ admisisse. Quoniam uero haec consideratio facta est à meridie illius decimiseptimi diei tribus horis & triente, quae in Rhodo respondent quatuor horis aequinoctialibus, fuissent Cracouiae horae aequinoctiales iii. & sexta pars horae, iuxta distantiam qua Rhodos sexante horario propior nobis est quàm Alexandria. Erant igitur ab Alexandri decessu anni centũ nonagintasex, dies cccxxxvi. horae tres cũ sexta parte simpliciter: regulariter autẽ horae iii. cum triente quasi. In quo tempore Sol medio motu ad grad. xii. scrup. iii. Cancri peruenit, apparente uero ad x. grad. xl. scrup. Cancri, unde apparet Lunam secundum ueritatẽ in xxviii. grad. xxxvii. scrup. Leonis fuisse. Erat autẽ aequalis Lunae motus secundũ menstruã reuolutionẽ in partibus xlv. scrup. v. Anomaliae à summa abside part. cccxxxiii. secundũ numerationem nostram. Hoc exemplo proposito describamus epicyclum primum AB, centrum eius C.

eius G, dimetiens A C B, quæ extendatur in rectam lineam ad centrum terræ; sitq; A B D, capiatur etiam in epicyclo circumferentia A B E partium CCCXXXIII, & coniungantur C E, quæ resecetur in F; ut sit E F partium 237, quarum E C est 1097. & facto in E centro distantia E F describatur epicycli epicyclium F G.

Sitq; Luna in G signo. Circumferentia autem F G partium XC. scrup. X. ratione dupli motus æqualis à Sole, qui erat part. XLV. scrup. V. & connectantur C G, E G, D G. Quoniam igitur trianguli C E G, dantur duo latera C E partium 1097. & E G 237. æqualis ipsi E F cum angulo G E C partium XC scrup. X. Dantur ergo per demonstrata triangulorum planorum reliquum latus C G partium earundem 1123. & angulus qui sub E C G partium XII. scrup. XI. quibus constat etiam circumferentia E I, ac prosthaphæresis adiectiua anomaliæ: sitq; tota A B E G, partium CCCXLV. scrup. XI. & reliquus G C A, angulus partium XIIII. scrup. XLVIIII. ueræ distantiæ lunaris à summa abside epicycli A B, & angulus B C G partium CLXV. XI. Quapropter & trianguli G D C duo quoq; latera data sunt G C part. 1123, quarũ C D sunt decẽ miliũ, & G C D angulus part. CLXV. XI. Habebimus etiã ex his angulũ C D G partis unius, scrup. primorũ XXIX. & prosthaphæresim quæ medio motui Lunæ addebatur, ut esset uera Lunæ distãtia à medio motu Solis part. XLVI. scrup. XXXIIII. & locus eius apparẽs in XXVIII. XXXVII. Leonis, distans à uero loco Solis part. XLVII. scru. LVII. deficiẽtibus ab Hipparchi cõsideratiõe scrup. primis I. G. uem. Verũ ne qs ꝓpterea, uel illius inq̃sitionẽ, uel nostrũ fefellisse numerũ suspicetur, q̃uis id modicũ sit, ostendemus tñ, nec illũ, nec nos errorẽ cõmisisse, sed hoc modo recte se habere. Si enim meminerimus lunarẽ obliquũ esse circulũ, quẽ ipsa sequitur, fatebimur etiã in signifero aliqd lõgitudini diuersitatis efficere maxie circa media loca, q̃ int utrosq; limites Boreũ & Austrinũ & utrasq; eclipticas sunt sectiões, eo ferẽ modo, ut int obliqtatẽ

signiferi

signiferi & æquinoctialem circulum, quemadmodum circa diei naturalis inæqualitatem exposuimus. Ita quoque si ad orbem Lunæ, quem Ptolemæus prodidit inclinari signifero, transtulerimus rationes, inveniemus in illis locis ad signiferum septem scrupulorum primorum facere longitudinis differentiam, quæ duplicata efficiet XIIII. Idque similiter adcrescendo & diminuendo contingit. Quoniam Sole & Luna per quadrantem circuli distantibus, si in medio eorum fuerit Boreus Austrinusve latitudinis limes, tunc zodiaci intercepta circumferentia maior existit quadrante lunaris circuli XIIII. scrupulis, ac vicissim in cæteris quadrantibus, quibus eclipticæ sectiones mediant, circuli per polos zodiaci tantundem minus intercipiunt quadrante, ita & in præsenti. Quoniam Luna circa medium, quod erat inter Austrinum limitem & eclipticam sectionem ascendentem (quam neoterici vocant caput Draconis) versabatur, & Sol alteram sectionem descendentem, quam illi caudam vocant, iam præterierat, nihil mirum est, si lunaris illa distantia part. XLVII, scrup. XLVII, in suo orbe obliquo ad signiferum collata augebat ad minus scrup. VII. absque eo quod etiam Sol in occasum vergens ablativam aliquam adhibuerit visus commutationem, de quibus in explicatione parallaxium apertius dicetur. Sicque illa secundum Hipparchum distantia luminarium, quam per instrumentum acceperat part. XLVIII. VI. consensu mirabili & quasi ex condicto supputationi nostræ convenit.

Expositio Canonicæ prosthaphæresium, sive æquationum Lunarium. Cap. XI.

HOc igitur exemplo modum discernendi cursus lunares generaliter intelligi arbitror. Quoniam trianguli C B A duo latera A B, & C B semper manent eadem. Sed penes angulum A B C, qui continue mutatur, at tamen datum discernimus reliquum A C latus cum angulo B C A, qui anomaliæ æquandæ prosthaphæresis existit. Deinde & in triangulo C D E, cum duo latera D C, C E cum angulo D C E numerata fuerit, fit eodem modo & E angulus circa centrum terræ manifestus inter æqualem verumque motum. Quæ ut etiam promptiora priora sint, exponemus Canonem ipsarum prosthaphæreseon, qui sex ordines continebit. Nam post binos numeros circuli communes, tertio loco erunt prosthaphæreses, quæ à paruo epicyclio profectæ, iuxta motum in mensibus duplicatum, anomaliæ prioris uariãt æqualitatem. Deinde sequenti loco interim uacuo numeris futuris relicto, Quintũ præoccupabimus, in quo prosthaphæreses primi ac maioris epicycli, quæ in coniunctionibus & oppositionibus medijs Solis & Lunæ contingunt scribemus, quarum maxima est part. IIII. scru. LVI. Penultimo loco reponuntur numeri, quibus quæ fiunt in diuiduæ Luna prosthaphæreses, illas priores excedunt, quorum maximus est part. II. scrup. XLIIII. Ut autem cæteri quoque excessus possent taxari, excogitata sunt scrupula proportionum, quorum hæc est ratio. Acceperunt enim partes II. XLIIII tanquam LX. ad quoslibet alios excessus in contactu epicycli contingentes. Quemadmodum in eodem exemplo, ubi habuimus lineam CE partium 1123, quarum CD est decem milium, quæ summam efficit in cõtactu epicycli prosthaphæreseos part. VI. XXIX. excedentẽ illã primã in parte una, scru. XXXIII. Ut autẽ partes II. XLIIII. ad I. XXXIII. ita LX. ad XXXIIII. ac perinde habemus rationem excessus, qui in semicirculo parui epicyclij contingit ad eum qui sub data circumferentia part. XC. scrup. XVIII. Scribemus ergo è regione partiũ XC in tabula, scru. XXXIIII. Hoc modo ad singulas eiusdẽ circuli circumferentias in Canone præsignatas reperiemus scrupula proportionum, quarto loco uacante exponenda. Ultimo denique loco latitudinis partes adiunximus Boreas & Austrinas, de quibus inferius dicemus. Nam commoditas & usus operationis cõmonuit nos, ut ista hoc ordine poneremus.

[illegible]

[illegible]	[illegible]	4	[illegible]	[illegible]	[illegible]	[illegible]	[illegible]
27	40	4	54	2	43	1	2
10	41	4	51	2	44	1	18
52	42	4	48	2	44	1	33
35	43	4	44	2	43	1	47
17	45	4	39	2	41	2	2
57	46	4	34	2	38	2	16
35	47	4	27	2	35	2	30
13	48	4	20	2	31	2	43
50	49	4	11	2	27	2	56
25	50	4	2	2	22	3	9
59	51	3	53	2	18	3	21
33	52	3	42	2	13	3	32
7	53	3	31	2	8	3	43
38	54	3	19	2	1	3	53
9	55	3	7	1	55	4	3
40	56	2	53	1	40	4	12
11	57	2	40	1	37	4	20
42	57	2	25	1	28	4	27
11	58	2	10	1	20	4	34
41	58	1	55	1	12	4	40
10	59	1	39	1	4	4	45
39	59	1	23	0	53	4	50
7	59	1	7	0	45	4	53
36	60	0	51	0	33	4	56
4	60	0	34	0	22	4	58
32	60	0	17	0	11	4	59
0	60	0	0	0	0	5	0

De Lunaris cursus dinumeratione. Cap. XII.

Modus igitur numerationis apparentiæ Lunaris patet ex demõstratis, & est iste. Tempus ad quod Lunæ locum quærimus propositum, reducemus ad æqualitatem, per hoc medios motus, lõgitudinis, anomaliæ, & latitudinis, quem mox etiam definiemus, eo modo ut in Sole fecimus à dato principio Christi, uel alio deducemus, & loca singulorum ad ipsum tempus propositum firmabimus. Deinde longitudinem Lunæ æqualem siue distantiam à Sole duplicatam quæremus in tabula, occurrentemq; in tertio ordine prosthaphæresim, & quæ sequuntur scrupula proportionum notabimus. Si igitur numerus ille quo intrauimus in primo loco repertus fuerit, siue minor CLXXX. gradibus addemus prosthaphæresim anomaliæ lunari: si uero maior quàm CLXXX. uel secundo loco fuerit, auferatur ab illa, & habebimus anomaliam Lunæ æquatam, atq; ueram eius à summa abside distantiam, per quam rursus Canonem ingressi capiemus ipsi respondentem in quinto ordine prosthaphæresim, & eum qui sexto ordine sequitur excessum, quem epicyclus secundus auget super primum, cuius pars proportionalis sumpta, iuxta rationem scrupulorum inuentorum ad sexaginta semper additur huic prosthaphæresi. Quodq; collectum fuerit, subtrahitur medio motui longitudinis & latitudinis, dummodo anomalia æquata minor fuerit partibus CLXXX. siue semicirculo, & additur si anomalia ipsa maior fuerit, & hoc modo habebimus ueram Lunæ à medio loco Solis distantiam, ac motum latitudinis æquatum. Quapropter neq; uerus locus Lunæ ignorabitur, siue à prima stella Arietis motu Solis simplici, seu ab æquinoctio Verno in composito, uel præcessionis eius adiectione. Per motum deniq; latitudinis æquatum, septimo ac ultimo loco Canonis habebimus latitudinis partes, quibus Luna destiterit à medio signorum circulo. Quæ quidem latitudo Borea tunc erit, quando latitudinis motus in priori parte tabulæ reperi-

Quomodo motus latitudinis lunaris examinetur & demonstretur. Cap. XIII.

Nunc etiam de Lunaris latitudinis motu ratio reddenda est, qui idcirco uidetur inuentu difficilior, quod pluribus sit circumstantijs impeditus. Nam ut antea diximus, si bini Lunae defectus omniqua quae similes & aequales fuerint, hoc est, partibus deficientibus in eandem positionem Boream uel Austrinam, ac circa eandem eclipticam sectionem scandentem uel descendentem, fueritq; aequalis eius à terra distantia, siue à summa abside. Quoniam his ita consentientibus intelligitur Luna integros latitudinis suae circulos uero motu consumasse. Quoniam enim conica est umbra terrae, & si conus rectus plano secetur ad basim parallelo, sectio circuli est minor in maiori, ac maior in minori à basi distantia, ac perinde aequalis in aequali, ita quidem Luna in aequalibus à terra distantijs aequales umbrae circulos pertransit, & aequales suae ipsius discos obtutibus nostris repraesentat. Hinc est quod aequalibus ipsa partibus eminens ad eandem partem, iuxta aequalem à centro umbrae distantiam, de aequalibus latitudinibus nos certos efficiat, è quibus sequi necesse sit aequalibus, tunc etiam interuallis ab eodem ecliptico nexu distare ipsam reuersam in priorem latitudinis locũ. Maxime uero, si locus quoq; utrobiq; cõsentiat, mutat enim ipsius siue terrae accessus & recessus totã umbrae magnitudinẽ, in

eodem Alexandri constituto principio fuisse anni Ægyptij mille octingenti triginta duo, dies CCXCV, horæ undecim, scrup. XLV. tempore apparenti: æquato uero horæ XI. scrup. LV. unde æqualis Lunæ motus erat partium CLXXXII. scru. XVIII. anomaliæ locus part. CLIX. scrup. LV. æquatus uero partium CLXI. scrup. XIII. prosthaphæresis qua motus æqualis minor erat apparente, partis unius, scrup. XLIIII. Patet igitur in utraque eclipsi æqualem fuisse Lunæ à terra distantiam, & Solem utrobique apogæum ferè, sed differentia erat in deliquijs digitus unus. Quoniam uero Lunæ dimetiens dimidium ferè gradum occupare consueuit, ut postea ostendemus, erit eius duodecima pars pro digito uno, scrupul. II s. quibus orbi obliquo Lunæ circa sectiones eclipticas congruit gradus ferè dimidius, quo in secunda eclipsi remotior fuerit Luna à sectione ascendente, quàm in prima à descendente sectione, quo liquidissimum est latitudinis Lunæ uerum motum fuisse post completas reuolutiones partes CLXXIX s. Sed anomaliæ lunaris inter primam & secundam eclipsim addit æqualitati scrup. XXI. quibus prosthaphæreses se inuicem excedunt. Habebimus igitur æqualem latitudinis Lunæ motum post integros circulos part. CLXXIX. scrup. LI. Tempus autem inter utrumque deliquium erant anni mille sexcenti octuaginta tres, dies octuaginta octo, horæ XXII. scrup. XXXV. tempore apparête, quod æquali consentiebat. In quo tempore completis reuolutionibus æqualibus, uigesies bis mille quingentis septuaginta septem sunt partes CLXXIX. scrup. LI. Quæ congruunt nostris, quos iam exposuimus.

De locis anomaliæ latitudinis Lunæ. Cap. XIIII.

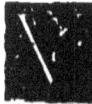

VT autem huius quoque cursus loca firmentur ad præassumpta principia; assumpsimus hic quoque binos defectus lunares, non ad eandem sectionem, neque è diametro & oppositas partes, ut in præcedentibus, sed ad easdem Boream uel Austrum. Cæteris uero omnibus

omnibus conditionibus seruatis, ut diximus, iuxta Ptolemaici præscriptum, quibus absq; errore obtinebimus propositum nostrum. Prima igitur eclipsis, qua etiam circa alios Lunæ motus inquirendos usi sumus, et erat, quam diximus obseruatam à C. Ptolemæo, anno decimonono Adriani, duobus diebus mensis Chiach transactis, ante medium noctis una hora æquinoctiali Alexandriæ, Cracouiæ uero duabus horis ante mediũ noctis, quã sequebatur dies tertius, defecitq; Luna in ipso medio eclipsis in dextræ diametri, id est, decẽ digitis à Septẽtrione, dum Sol esset in XXV. X. Libræ, & erat anomaliæ lunaris locus part. LXIIII. scrup. XXXVIII. & eius prosthaphæresis ablatiua part. IIII. scrup. XX. circa sectionem descendentem. Alteram quoq; magna diligentia obseruauimus Romæ, anno Christi millesimo quingẽtesimo post Nonas Nouembris, duabus horis à media nocte, quæ lucescebat in octauum diem ante Idus Nouembris. Sed Cracouiæ quæ quinq; gradibus sequitur Orientẽ, erat duabus horis & tertia horæ post mediũ noctis, dum Sol esset in XXIII. XI. Scorpij, defeceruntq; rursus à Borea digiti decẽ. Colligũtur ergo à morte Alexandri anni Ægyptij mille octingẽti uigintiquatuor, dies octogintaquatuor, horæ quatuordecim, scrup. XX. tempore apparenti, sed æquali horis XIIII. scrup. XVI. Erat igitur motus Lunæ medius in part. CLXXIIII. scrup. XVI. Anomalia Lunaris part. CCXCIIII. scru. XL. æquata part. CCXCI. scrup. XXXV. Prosthaphæresis adiectiua part. IIII. scrup. XXVIII. Manifestum est igitur, quòd Luna etiam in his utrisq; defectibus distantiam habebat à summa abside sua propè æqualem, ac Sol erat utrobiq; circa mediam suam absidem, & magnitudo tenebrarum æqualis, quæ declarant Lunæ latitudinem Austrinam æqualemq; fuisse, & exinde Lunam ipsam à sectionibus distantias habuisse æquales, sed hic scandentem, illic subeuntem. Sunt igitur in medio ambarum eclipsium anni Ægyptij mille trecenti sexagintasex, dies CCCLVIII. horæ IIII. scrup. XX. tempore apparenti: æqualiter autem horæ IIII. scru. XXIIII. In quibus medius motus latitudinis est part. CLIX. scrup. LV. Sit iam obliquus Lunæ circulus, cuius dimetiens sit a b sectio cõmunis signiferi, in c sit Boreus limes, d Austrinus,

a sectio

clipticæ descendens, B scandens. Assumantur& binæ cir
stiæ ad Austrinas partes æquales A F, B E, prout prima
fuerit in F signo, secũda in E. Ac rursus F K prosthaphæ
itiua in priori eclipsi: E L adiectiua in secunda. Quoni-
ir K L circumferentia partium est
u. L VI. cui si apponatur F K, quæ e-
IIII. scru. XX. & E L part. IIII. scru.
erit tota F K L E part. C L X VIII. scru.
liquum eius è semicirculo part. XI.
VII. cuius dimidiũ est part. V. scru.
æquale utri& A F, & B E, uera Lu-
ntijs à segmento A B, & propterea
est IX. scrup. LIX. Vnde etiam cõ

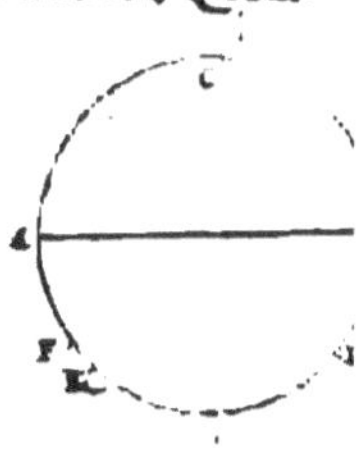

reo limite, hoc est, C A F K, medius latitudinis locus part.
X. scrup. LIX. Sunt& ad hunc locum, & tempus illius
ionis Ptolemaicæ à morte Alexandri anni Ægyptij
I. dies XCI. horæ X. ad apparentiam, ad æqualitatem
oræ IX. scrup. LIIII. sub quibus motus latitudinis est
rup. LIX. quæ cum ablata fuerint partibus XCIX. scru.
anent partes XLIX. in meridie primi diei mensis pri-
h, secundum Ægyptios ad principium annorum Ale-
linc ad cætera principia dantur iuxta differentias tem
oca cursus latitudinis Lunæ à Boreo limite sumpta, un
n ipsum deducimus. Quoniam à prima Olympiade
ndri mortẽ sunt anni Ægyptij CCCCLI. dies CCXLVII.
ro æqualitate temporis auferuntur scrup. VII. unius
quo tẽpore cursus latitudinis est part. CXXXVI. scru.
rima rursus Olympiade ad Cæsarem sunt anni Ægy
CXX. horæ XII. sed æqualitati adijciuntur scrupula ho
tm, sub quo tempore motus æqualis est partium CCVI
I. Deinde ad Christum sunt anni XLV. dies XII. Si igi
X. gradibus demantur CXXXVI. scrup. LVIII. accom-
CCLX. circuli, remanent partes CCLXXII. scrup. III. ad
primi diei Hecatombæonos primæ Olympiadis.
uo addantur partes CCVI. scrup. LIII. colliguntur par
scrup. LVI. ad mediam noctem ante Calend Ianuarij

G annorum

annorum Iulianorũ, additis deniq; part. IX. scrup. XLIX. colligitur locus Christi ad mediam similiter noctem ante Calend. Ianuarij, partibus CXXIX. scrup. XLV.

Instrumenti parallactici constructio. Cap. XV.

QVod autem maxima latitudo Lunæ, iuxta angulũ sectionis orbis ipsius & signiferi, sit quinq; partiũ, quarum circulus est CCCLX. non eam occasionem experiendi nobis fortuna contulit, quam C. Ptolemæo, commutationum lunarium impedimento. Ille enim Alexandriæ, cui polus Boreus eleuatur grad. XXX. scrup. LVIII. attendebat, quantum maxime accessura esset Luna ad verticem horizontis, dum uidelicet in principio Cancri & Boreo limite fuerit, quæ iam numeris præsciri poterant. Inuenit ergo tunc per instrumentum quoddam, quod parallacticum uocat, ad commutationes Lunæ deprehendendas fabricatum, duabus solum partibus & octaua partis à uertice minimam eius distantiam, circa quam si quæ parallaxis accidisset, necesse erat perquàm modicam fuisse in tam breui interstitio. Demptis igitur duobus gradibus, & octaua parte, à partibus XXX. scrupul. LVIII. restant partes XXVIII. scrup. LII.s. quæ excedunt maximam signiferi obliquitatem, quæ tunc erat partium XXIII. scrup. primorum LI. secundorum XX. in partibus ferè quinq; integris, quæ latitudo Lunæ cæteris deniq; particularibus inuenitur usq; modo congruere. Instrumentum uero parallacticum tribus regulis constat, quarum duæ sunt longitudine pares ad minus cubitorum quatuor, & tertia aliquanto longior. Hæc & altera ex prioribus iunguntur extremitatibus, reliquæ solerti perforatione & axonijs siue paxillis in his congruentibus, ut in eadem superficie mobiles in iuncturis illis minime uacillent. In norma autem longiori à centro iuncturæ suæ ducatur recta linea per totam eius longitudinem, ex qua secundum distantiam iuncturarum quàm exactissime sumptam, capiatur æqualis. Hæc diuidatur in particulas mille æquales, uel in plures si fieri potest, quæ diuisio extendatur in reliquam

secundum

secundum easdem partes, quousque tota fiat partium 1414. quae subtendit latus quadrati inscriptibilis circulo, cuius quae ex centro fuerit mille partes. Caeterum quod superfuerit ex hac norma, amputare licebit tanquam superfluum. In altera quoque norma à cẽtro iuncturae linea describatur illis mille partibus aequalis, siue ei quae inter centra iuncturarum existit, habeatque à latere specilla sibi infixa, ut in dioptra solet, per quae uisus permeat; ita concinnata, ut meatus ipsi à linea in longitudinem normae praesignata minime declinẽt, sed distent aequaliter. Prouiso etiam ut ipsa linea suo termino ad regulam longiorem porrecta possit lineam diuisam tangere, fiatque hoc modo normarum officio triangulum Isosceles, cuius basis erit in partibus lineae diuisae. Deinde palus aliquis optime dedolatus & leuigatus erigitur & firmatur, cui instrumentum hoc ad regulam in qua sunt ambo ligamenta adnectitur quibusdam cardinibus, in quibus quasi ianuam deceret, possit circumuolui. Ita tamen ut linea recta, quae per centrum ligamentorum est regulae, perpendiculo semper respondeat, & ad uerticem fiet horizontis tanquam axis. Petiturus igitur alicuius sideris à uertice horizontis distantiam, cum sidus ipsum per specilla normae recte perspectum tenuerit, adhibita desubtus regula cum linea diuisa, intelliget quot partes subtendant angulum, qui inter uisum & axem horizontis existit, quarum partiũ dimentiens circuli fuerit XX milium, & habebit per Canonẽ circumferentiam circuli magni inter sidus & uerticem quaesitam.

De Lunae commutationibus. Cap. XVI.

HOc instrumento, ut diximus, Ptolemaeus latitudinẽ maximam Lunae esse quinque partiũ deprehendit. Deinde ad commutationem eius percipiendam se cõuertit, & ait se inuenisse eam Alexandriae uno gradu, scrup. VII. dum esset Sol in V. grad. XXVIII. scrup. Librae: distantia Lunae à Sole media gradus LXXVIII. scrup. XIII. Anomalia aequalis part. CCLXII. scrup. XX. Latitudinis motus part. CCCLIIII. scrup. XL. prosthaphaeresis adiectiua part. VII. scrup.

xxvi. & idcirco Lunæ locus grad. iii. scrup. ix. Capric
Latitudinis motus æqualis part. ii. scrup. vi. Latitudo I
Borea part. iiii. scru. lix. Declinatio eius ab æquinoctial
tes xxiii. scrup. xlix. Latitudo Alexandrina part. xxx.
l. viii. Erat inquit Luna in meridiano ferè circulo uisa pe
strumentum à uertice horizontis part. l. scrup. lv. hoc est
uno gradu & vii. scrup. quàm exigebat supputatio. Qu
ex sententia priscorum de eccentro & epicyclo, demonstr
centro terræ Lunæ distantiam tunc fuisse partium xxx
scrup. xlv. quarum quæ ex centro terræ sit una pars, et
deinde sequuntur rationem ipsorum circulorum, quòd ui
ret Luna in maxima à terra distantia, quam aiunt esse in a
gæo epicycli sub noua plenaque Luna, habeat easdem pa
lxiiii. scrup. x. siue sextantem unius: in minima uero, qua
quadraturis diuiduaque Luna perigæa existens in epicyclo p
tes duntaxat xxxiii. scrup. xxxiii. Hinc etiam parallaxes
natis, quæ circa nonagesimum gradum à uertice contingu
Minimã scrup. liii. secundorum xxxiiii. Maximam pa
unam, scrup. xliii. uti latius quæ de his construxit, licet uid
re. At iam in propatulo est considerare uolentibus, hæc lon
aliter se habere, ut multipliciter experti sumus. Duo tamen
seruata recensebimus, quibus iterum declaratur, nostras de L
na hypotheses illis esse tãto certiores, quo magis cõsentiant
parẽtijs, nec relinquãt aliqd dubitatiõis. Anno inquam à Chr
sto nato m. d. xxii. quinto Calend. Octobris, quinque hor
æqualibus, & duabus tertijs à meridie transactis circa Solis o
casum Fruenburgi accepimus per instrumentum parallaticum
in circulo meridiano Lunæ centrum à uertice horizontis,
quo inuenimus eius distantiam partes lxxxii. scrup. l
Erant igitur à principio annorum Christi usque ad hanc ho
ram anni Ægyptij mille quīgẽti uiginti duo, dies cclxxxiii
horæ xvii. & duo tertiæ horæ secundum apparentiam. Æ
quato uero tempore horæ xvii. scrup. xxiiii. Quapropter
locus Solis apparens secundum numerationem erat in xiii.
gradu, xxix. scrup. Libræ. Æqualis Lunæ motus à Solis
part. lxxxvii. scrup. vi. Anomalia æqualis part. cccl vii.

scrup.

scrup. XXXIX. uera part. CCCLVIII. scrup. XL. addens scrup. VII. Sicq; locus Lunæ uerus in XII. part. XXXIII. scrup. Capricorni. Latitudinis medius motus à Boreo limite, erat partium centum nonagintaseptem, scrupulum unum. Verus part. CXCVII. scrup. VIII. Latitudo Lunæ Austrina partium IIII. scrup. XLVII. Declinantis ab æquinoctiali part. XXVII. scrup. XLI. Latitudo loci nostræ obseruationis partiũ LIIII. scrup. XIX. quæ cum declinatione lunari colligit ueram à polo horizontis distantiam part. LXXXII. Igitur quæ supererant scrup. L. erant commutationis, quæ secundum Ptolemæi traditionem debebat esse pars una, scrup. XVII. Aliam rursus adhibuimus considerationem in eodem loco, anno Christi millesimo quingentesimo uigesimoquarto, VII. Idus Augusti sex horis à meridie transactis, uidimusq; per idem instrumentum Lunam à uertice horizontis partibus LXXXI. scrup. LV. Erant igitur à principio annorum Christi ad hanc horam anni Ægyptij M. D. XXIIII. dies CCXXXIIII. horæ XVIII. exacte autem horæ XVIII. Quoniam locus Solis secundum numerationem erat in XXIIII. grad. XIIII. scrup. Leonis. Lunæ medius motus à Sole part. XCVII. scrup. VI. Anomalia æqualis part. CCXLII. scrup. X. Regulata part. CCXXXIX. scrup. XXXX. addens medio motui partes ferè septem. Ideo uerus Lunæ locus erat in part. IX. scrup. XXXIX. Sagittarij. Latitudinis motus medius part. CXCIII. scrup. XIX. Verus part. CC. scrup. XVII. Latitudo Lunæ Austrina part. IIII. scrup. XLI. Declinatio Austrina part. XXVI. scrup. XXXVI. quæ cum latitudine loci obseruationis partium LIIII. scrup. XIX. colligit à polo horizontis Lunæ distantiam part. LXXX. scrup. LV. Sed apparebant partes LXXXI. scrup. LV. Igitur pars una excedens transmigrauit in parallaxem lunarem, quam secundum Ptolemæũ oportebat fuisse partem unam, scru. XXXVIII. Et iuxta priorũ sententiam, quod harmonica ratio, quæ ex eorum hypothesi sequitur, fateri coegit.

Lunaris à terra distantiæ, & quam habeant rationem in partibus, quibus quæ ex centro terræ ad superficiem est una, demonstratio. Cap. XVII.

EX his iam apparebit, quanta sit Lunaris à terra distantia, sine qua non potest certa ratio assignari cõmutationum, adinuicem enim sunt, & declarabitur hoc modo. Sit terræ circulus maximus A B, centrum eius C. In quo etiam describatur alter circulus, ad quem terræ insignem habeat magnitudinem, sitq; D E, & D polus horizõtis, atq; in E centrum Lunæ, ut sit eius à uertice nota distantia D E. Quoniam igitur angulus D A E, in prima obseruatione partiũ erat LXXXII. scrup. L, & A E C scrup. L. quæ erant commutationis: habemus A C E triangulum datorum angulorum, igitur & datorum laterum. Nam propter angulum C A E datum, erit C E latus partium 99219, quarum dimetiens circuli circumscribentis triangulum A E C fuerit centum millium, & A C talium 1454, quæ sunt in C E sexagesies octies ferè, quarum A C, quæ ex centro terræ, fuerit una pars. Et hæc erat in prima consideratione distantia Lunæ à centro terræ. At in secunda D A E angulus partium erat LXXXI. scrup. LV. apparens, numeratus autem A C E part. LXXX. scrup. LV. & reliquus qui sub A E C scrup. LX. Igitur E C latus partium 99006, & A C 1747, quarum dimetiens circuli circumscribentis triangulum fuerit 100000. Sicq; C E Lunæ distantia partium erat LVI. scrup. XLI. quarum quæ ex centro terræ A C est pars una. Sit modo epicyclus Lunæ maior A B C, cuius centrum sit D, & suscipiatur E centrum terræ, à quo recta linea agatur E B D A, quatenus fuerit apogæum A, perigæum B. Capiatur autem circumferentia A B C partiũ CCXLII. scrup. X. iuxta numeratã anomaliæ Lunaris æquabilitatem, factoq; in C centro, describatur epicyclium secundum F G K, cuius circumferentia F G K partium sit CXCIIII. scrup. XII. duplicatæ Lunaris à Sole distantiæ, & connectatur D K, quæ auferens ano

maliæ

malię partes duas, ſcrup. XXX. relinquat angulum E D B, anomaliæ æquatæ part. LIX. ſcru. XL. cum tota C D B fuerit part. LXII. ſcrup. X. quibus excedebat ſemicirculum, & qui ſub B E E angulus erat part. XII. Trianguli igitur E D B dantur anguli in partibus, quibus CLXXX. ſunt duo recti, datur quoque ratio laterum D B part. 91823. & E E part. 86310. quarum eſſet circuli dimetiens circumſcribentis triangulum ipſum E D B centenum millium, ſed quarum D B fuerit centenum millium, erit E B partium 93998. Atqui ſuperius oſtenſum eſt, quod etiam D F talium fuerit partium 8600. & tota D F G 13340. Igitur ad hanc datam rationem data fuerit B E, ut oſtenſum eſt part. LVI. ſcrup. XLI. quarum quæ ex centro terræ eſt una, ſequitur quod D E earundem ſit partium LX. ſcrup. XVIII. & D F partium V. ſcrup. XI. D F G. part. VIII. ſcrup. II. perinde ac tota B D G in rectam extenſa lineam part. LXVIII. cũ triente, maxima ſublimitas Lunæ diuiduæ, ablata quoque D G ex B D, remanẽt partes LII. ſcrup. XVII. minimæ illius diſtantiæ. Sic etiam tota B D F, quæ in plena ac ſitiente contingit altitudo partium erit LXV. & maxima & deducta D F minima part. LV. ſcrup. VIII. Neq; enim nos mouere debet, quod alij maximam diſtantiam plenæ nouæq; Lunæ exiſtiment eſſe partium LXIIII. ſcrup. X. ij præſertim quibus non niſi ex parte commutationes Lunæ potuerunt innoteſcere, ob locorum ſuorum diſpoſitionem. Nobis autem ut plenius perciperentur, conceſſit maior propinquatio Lunæ ad horizontem, circa quem conſtat parallaxes ipſas compleri, neq; tamen ob diuerſitatem hanc inuenimus plus uno ſcrupulo commutationes differre.

De dimen-

De diametro Lunæ ac umbræ terrestris, in loco transitus Lunæ. Cap. XVIII.

PEnes distantiam quoq; Lunæ à terra, apparentes Lunę & umbræ diametri uariantur, quare & de his attinet dicere. Et quanq; Solis & Lunæ diametri per dioptram Hipparchi recte capiuntur, Id tamen in Luna multo certius arbitrãtur efficere ꝑ defectus aliquos Lunæ particulares, in quibus æqualiter à summa uel infima absíde sua Luna destiterit, præsertim si tum etiam Sol eodem modo se accommodauerit, ut circulus umbræ, quem Luna utrobiq; pertransierit, æqualis inueniatur, nisi quòd defectus ipsi sint in partibus inæqualibus. Manifestum est enim, quòd differentia partium deficientium, & latitudinis Lunæ inuicem collata, ostendit quantum circumferentiæ circa centrum terræ dimetiens Lunæ subtendit, quo percepto, mox etiam semidiameter umbræ intelligitur. Quod exemplo fiet apertius, quemadmodũ, si in medio prioris deliquij defecerint digiti, siue unciæ tres diametri Lunæ latitudinẽ habẽtis scrup. prima XLVII. secunda LIIII. In altero digiti decem, cum latitudine scrup. primorum XXIX. secundorum XXXVII. Est enim differentia partium obscuratarum digiti septem, Latitudinis scrup. prima XVIII. secunda XVII. quibus proportionales sunt XII. digiti, ad scrup. XXXI. XX. subtendentia diametrum Lunæ. Patet igitur, quòd centrum Lunæ in medio prioris eclipsis excessit umbram quadrante diametri sui, in quo sunt latitudinis scrup. prima VII. secunda L, quæ si auferantur à scrup. primis XLVII. secundis LIIII. totius latitudinis remanent scrup. prima [illegible] seprimorum XXXI. cum triente, qualem etiam Solis per dioptrã Hipparchicam se comperisse fatetur, umbræ uero partis uni-us, scrup. primorum XXXI. ac trientis, existimauitq; hæc esse ad inuicem, ut XIII. ad V. quod est, ut duplum superpartiẽs tres quintas.

Quomodo Solis & Lunæ à terra distantia, eorumq; diametri, ac umbræ in loco transitus Lunæ, & axis umbræ simul demonstrentur. Cap. XIX.

QVoniam uero Sol parallaxim facit aliquam, quæ cum modica sit, non adeo facile percipitur, nisi q hæc sibi inuicem cohærent, distantia uidelicet Solis & Lunæ à terra, ipsorumq; & umbræ transitus Lunæ diametri & axis umbræ, quæ propterea inuicem se produnt in demonstrationibus resolutorijs. Primũ quidem recensebimus de his Ptolemæi placita, & quomodo illa demõstrauerit, è quibus, quod uerissimũ uisum fuerit, eliciemus. Assumit ille diametrũ Solis apparentẽ scrup. primorũ XXXI. & tertiæ, q sine discrimine utitur. Ipsi uero parem Lunæ diametrũ plenæ nouæq;, dũ apogæa fuerit, qd ait esse in partibus LXIIII. scru. X. distantiæ, quibus dimidia diametri terræ est una. Ex his reliqua demonstrauit hoc modo. Esto Solaris globi circulus A B C, per centrum eius D, terrestris autem in maxima eius à Sole distantia E F G, per centrum quoq; suum quod sit K, lineæ rectæ utrunq; contingentes A G, C E, quæ extensæ concurrãt in umbræ mucronem, ut in S signo, & per centra Solis & terræ D K S, agantur etiam A K, K C, & connectantur A C, G E, quas minime oportet à diametris differre, propter ingentem earum distantiam. Capiantur autem in D K S æquales L K, K M, iuxta distantias quas Luna facit in apogæo plena nouaq; secundũ illius sententiam part. LXIIII. scrup. X. quarum est E K pars una, Q M R dimetiens umbræ sub eodem Lunæ transitu, atq; N O L Lunæ dimetiens ad angulos rectos ipsi D K, & extendatur L O P. Propositum est primum inuenire quæ fuerit ratio D K ad K M. Cum igitur angulus N K O fuerit scrup. XXXI. & trientis, quorum IIII. recti pars sunt ccclx, erit semissis l x o scru. x v & est bisecta. & q ad l rectus, Trianguli igit̃ l x o datorũ angulorũ datur ratio laterũ x l ad l o, & ipsa l o lõgitudine scrup. prim. x v i i. secund. x x x i i i i. q̃bus est l x part. l x i i i i. scru. x. siue x s pars una, & secũdũ q l o ad m r, est, uti v. ad x i i i. erit m r scru. prim. x l v. secũdorũ x x x v i i i. earundẽ ptiũ. Qm̃ uero l o p & m r æq̃libus interuallis sunt ipsi x s paralleli, erũt ꝓpterea l o p, m r simul duplũ ipsius x s, à q̃ reiectis m r & l o, restabit o p scru. primorũ l v i. secũd. x l i x. Sunt aũt p secũdũ sexti Elemẽtorũ Euclidis ꝓportionales e c ad p o, & o c ad o c, & e d ad l d in ratiõe, qua est x e ad o p, hoc est l x. scrup. prima ad scrup. prima l v i i i. secũda x l v i i i. Dat̃ similiter e d scrup. primorũ l v i. secũd. x l i x. q̃bus tota d l e pars una fuerit, & reliq̃ igit̃ x e. scru. prim. i i i. secundorũ. x i. Quatenus aũt e l fuerit part. l x i i i i. scru. x. quare e x est una, & tota x o erit partiũ m. cc. x. Iã q̃q patuit, q m r calculũ fuerit scrup. primorũ x l v. secũdorũ x x x v i i i. q̃bus cõstat ratio x e ad m r, & x m s ad m s, erit etiã totius x m s ipsa x m scru. primorũ x i i i i. secũd. x x i. atq; diuisim quarũ fuerit x m part. l x i i i i. scru. x. erit tota x m s part. cc l x v i i i. axis umbræ, ut quidẽ Ptolomæus. Alij uero post Ptolemæũ, quoniã inuenerũt haud satis cõgruere hæc apparẽtijs, alia quædã de his ꝓdiderũt. Fatent̃ tñ illi omnes, q maxima distãtia plenæ nouæq; Lunæ à terra sit part. l x i i i i. scru. x. Solis apogæi diametrũ apparentẽ scrup. prim. x x x i. & tertiis, cõcedũt etiã diametrũ umbræ in loco trãsitus Lunæ esse, ut x i i i ad v. uti Ptolemæus ipse. Verũtñ Lunæ diametrũ apparẽtẽ, negãt tũc esse maiorẽ scru. x x i x. s. & propterea umbræ diametrũ ꝑtis unius, & scru. x v i. cũ dodrãte ferè ponũt, e quibus seq putãt apogæi Solis à terra distantiã esse part. m. c. x l v i. & axim umbræ cc l i i i i. partiũ q̃ ex cẽtro terræ est una, attribuentes

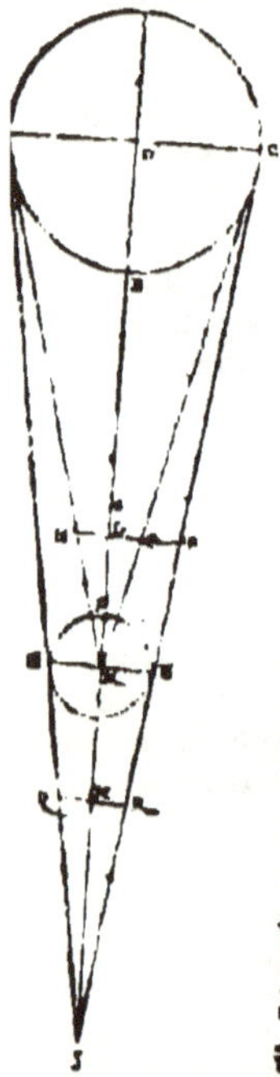

rorem ipsius inesse rationem, quam V, ad XIII. sed ut CL, ad CCCC III. Totum uero Solem apogaeum non tegi à Luna, nisi ipsa habuerit distantiam à terra LXII. partium, quarum quae ex centro terrae fuerit pars una. Haec enim sic posita certa ratione cum inter se, tum in caeteris cohaerere uidentur, & apparentibus Solis & Lunae deliquijs consentanea. Habebimus siquidem iuxta praecedentem demonstrationem in partibus & scrupulis, quibus quae ex centro terrae pars una, quae est K B, ipsam L O taliū scru. primorum XVII. secundorum VIII. & propterea M K, ut scrup. primorum XLVI. secundorum I. & idcirco O P, scrup. primorū LVI. secundorum LI. Et tota D L K part. M. C. LXXIX. Solis apogaei à terra distantia, & K M S axis umbrae partium CCLXV.

De magnitudine horum trium siderum, Solis, Lunae, & Terrae, ac inuicem comparatione. Cap. XX.

PRoinde etiam manifestum est, quòd K L est decies octies in K D, & in ea ratione est L O ad D C: Decies octies autem L O efficit partes V. scrup. XXVII. ferè, quarum K S est una, siue quòd S K ad K B, hoc est CC. LXV partes ad unā, est sicut totius S K D partes M. CCCC. XLIIII. ad ipsius D C partes similiter quinque scrup. XXVII. proportionales enim sunt & ipsae, haec erit ratio diametrorum Solis & terrae. Quoniam uero globi in tripla sunt ratione suorum dimetientium, cum ergo triplicauerimus quintuplam cum scrup. XXVII. proueniūt partes CLXII. minus octaua unius, qbus Sol maior est terrestri globo. Rursus quoniam Lunae semidimetiens scru. est primorum XVII. secundorum IX. quorum K B est pars una.

 Estque

Estque propterea terræ dimetiens ad Lunæ dimetientem, ut septem ad duo, id est tripla sesquialtera ratione, quæ cum tripla-
ta fuerit, ostendit ter & quadragies terram esse Luna maiorem
minus octaua parte Lunæ, ac perinde etiam Sol maior erit Lu
na septies millies, minus LXII.

De diametro Solis apparente, & eius commu-tationibus. Cap. XXI.

QVoniam uero eædem magnitudines remotiores ap
parent minores ipsis propinquioribus, accidit pro-
ptera Solem, Lunam & umbram Terræ uariari, pe
nes inæquales eorum à terra distantias, nec minus
quàm parallaxes. Quæ omnia ex prædictis facile discernuntur
ad quamcunque aliam elongationem. Primum quidem in Sole
id manifestum est, Cum enim demonstrauerimus, remotissimã
ab eo terram esse partium 10323, quarum quæ ex cẽtro orbis an
nuæ reuolutionis 10000, ac in reliquo diametri partium 9678.
ꝓximã. Quibus igitur partibus est summa absis M.C.LXXIX.
quarum quæ ex centro terræ est una, erit infima partium earun
dem M.C.V. perinde ac media partium M.C.XLII. Cum igitur
diuiserimus 100000. per M.C.LXXIX. habebimus partes 848.
subtendentes in orhogonio minimum angulum scrup. primorum II, secundorum LV. maximæ commutationis quæ circa horizonta contingit. Similiter diuisis millenis millibus per M.C.V
minimæ distantiæ partes, proueniunt particulæ 905. subtendentes angulum scrup. prim. III, secundorum VII, maximæ com
mutationis infimæ absidis. Ostensum est autem, quòd dimetiens Solis sit part. V. scrup. XXVII. quorum dimetiens terræ est
pars una, quodque in summa abside appareat scrup. primorum
XXXI, secundorum XLVIII. Proportionales enim sunt partes
M.C.LXXIX. ad partes V. scrup. XXVII. atque 200000. diametri
circuli ad 9245. quæ subtendunt scrup. prima XXXI, secunda
XLVIII, Sequitur ut in minima distãcia partium M.C.V. sit scru.
primorum XXXIII. secundorum LIIII. Horum ergo differentia scrup. primorum est II, secundorum VI, Inter commutatio-

nes uero

nes uero sunt secundę tantum XII. Ptolemæus utramque contemnendam putauit ob paucitatem, attento quòd scrup. unum, uel alterum non facile sensu percipiatur, quanto minus possibile est fieri id in secundis. Quapropter si Solis parallaxim maximam scrup. III. ubique tenuerimus, nullum errorem uidebimur commisisse. Medios autem Solis diametros apparentes per medias eius distantias capiemus, siue, ut aliqui per apparentem Solis motum horarium quem existimant esse ad suum diametrum, ut V. ad LXVI. siue ut unum ad XIIII. & unius quintam. Ipse enim motus horarius suæ distantiæ est ferè proportionalis.

De diametro Lunæ inæqualiter apparente, & eius commutationibus. Cap. XXII.

MAior utriusque diuersitas apparet in Luna, ut in proximo sidere. Cum enim maxima eius à terra remotio fuerit partium LXV. s. nouæ plenæque, erit minima per demonstrata superius partium LV. scrup. VIII. diuiduæ autem elongatio maxima part. LXVIII. scru. XXI. minima part. LII. scrup. XVII. Igitur in his quatuor terminis habebimus Lunæ Orientis uel Occidentis parallaxes, cum diuiserimus semidiametrum circuli per Lunæ à terra distantias. Remotissimæ quidem diuiduæ scrup. primorum L. secundorum XVIII. plenæ nouæque scrup. prim. LI. secund. XXIIII. Infimæ scrup. prim. LXII. secund. XXI. ac infimæ diuiduæ scrup. LXV. XLV. Ex his etiam patent apparentes Lunæ diametri. ostensum est enim, diametrum terrę ad Lunæ diametrum esse ut septem ad duo, eritque ea quæ ex centro terræ ad Lunæ dimetientem ut septem ad IIII. in qua ratione sunt etiam parallaxes ad angulos Lunæ diametros. Quoniam rectæ lineæ, quæ comprehendunt angulos commutationum maiorum ad diametrorum apparentium in eodem Lunæ transitu, neutiquam differunt inuicem, & anguli ipsi suis subtendentibus rectis lineis, sunt ferè proportionales, neque subiacet sensui eorum differentia. Quo compendio manifestum est, quòd sub primo limite iam expositarum commutationum Lunæ dimetiens apparens

 erit scrup.

exit scrup. primorum XXVIII. & dodrantis, sub secũdo scrup. XXX. ferè, sub tertio scrup. primorũ XXXV. secũd. XXXVIII, sub ultimo scrup. primorum XXVII, secundorũ XXXIIII. Haec secundum Ptolemaei ac aliorum hypothesim fuisset propè unius gradus, oporteretq; accidere, ut Luna tũc dimidia lucens, tantum lucis afferret terris, quantum plena.

Quae sit ratio diuersitatis umbrae terrae. Cap. XXIIII.

Umbrae quoq; diametrũ ad Lunae diametrũ iam declarauimus esse, ut CCCCIII. ad CL. quae propterea in plena nouaq; Luna, dum Sol apogaeus fuerit, minima reperitur scrup. LXXX. cum tribus quintis, maxima uero scrup. primorum XCV. secũdorum XLIIII. sitq; maxima differentia scrup. XIIII. secundorum VIII. Variatur etiã umbra terrae quãuis in eodẽ Lunae transitu propter inaequalem terrae à Sole distantiam, hoc modo. Repetatur enim, ut in praecedente figura, recta linea per centra Solis & terrae D E B, ac cõtingentiae C A F, coniunctis D C, E A. Quoniam, ut est demonstratum, dum esset D E distantia partium M. C. LXXIX. quarum est E A pars una, & E M earundem partium LXII. erat M F semidimetiens umbrae scrup. primorum XLVI. secund. I. eiusdem partis E A, & angulus apparentiae M E F scrup. primorũ XLII. scru. XXXII. connexis E F, & axis umbrę E M S partium CCLXV. Cum autem fuerit terra proxima Soli, ut sit D E partium M. C. V. umbram terrae in eodem Lunae transitu taxabimus hoc modo. Agatur enim E Z ad D C, eruntq; proportionales C Z ad Z E, & D E ad E S, sed C Z partiũ est IIII. scrup. XXVII. & Z E partium M. C. V. Aequales enim sunt Z E & reliqua D Z, ipsis D E, E A parallelogrammo existente E Z. Erit igitur & E S partium earundem CCXLVIII. scrup. XIX. quibus est E A una. Erat autem E M earundem partium LXII. & reliqua igitur M S easdem partes habebit CLXXXVI. scrup. XIX. Atq; quoniam proportionales sunt etiam S M ad M R, & S E ad E A, datur ergo M R scrup. primorum XLV. secundo, I. quarum

est una

est una K R, ac deinde angulus apparentiæ, qui sub M K R scrup. XLI. secundorum XXXX. Acciditq; propterea in eodem Lunæ transitu per accessum & recessum Solis & terræ in umbræ diametro maxima differentia scrup. II. quorum est R K pars una, secundum uisum scrup. I. secunda LIIII. quorum sunt partes CCC. LX. quatuor anguli recti. Porrò umbræ diameter ad Lunæ diametrum illic plus habebat in ratione quàm XIII. ad V. hic autem minus, ipsa quodammodo media. Quapropter modicũ errorem committemus, si ubiq; eadem usi fuerimus labori parcentes, & priscorum secuti sententiam.

Expositio Canonica particularium commutationum Solis & Lunæ in circulo qui per polos horizontis. Cap. XXIIII.

IAm quoq; non erit ambiguum singulas quasq; parallaxes Solis & Lunæ capere. Repetatur enim terrestris circulus A B per centrum C, ac uerticem horizontis. Atq; in eadem superficie circulus Lunæ D E, Solis F G, linea C D F per uerticem horizontis, & C E G, in qua intelligantur uera loca Solis & Lunæ, quibus etiam locis connectantur uisus A G, A E. Sunt igitur parallaxes Solis quidem penes angulum A G C, Lunæ uero secundum A E C. Inter Solem quoque & Lunam commutatio per eum qui sub G A E, relinquitur angulus iuxta differentiam ipsorum A G C, & A E C. Capiamus iam angulum A C G: ad quem illa uoluerimus comparare, sitq; uerbi gratia partium triginta, manifestum est per demonstrata triangulorum planorum, quòd cum posuerimus C G lineam partium M. C. XLII. quarum A C fuerit una, erit angulus A G C, quo differt altitudo Solis uera à uisa scrupu. primi unius & semis. Cum autem fuerit angulus A C G partium LX. erit A G C scrupu. primorum II. secundorum XXXVI. Similiter in cæteris patefient. At circa Lunam in quatuor suis limitibus. Quoniam si sub maxima eius à terra distantia, in qua fuerit C E partium, ut diximus,

LXVIII.

LXVIII. ſcrup. XXI. quarum erat C A pars una, ſuſceperimus angulum D C B, ſiue D B circumferentiam partium XXX. quarum CCCLX. ſunt quatuor recti, habebimus triangulum A C B, in quo duo latera A C, C B, cum angulo qui ſub A C B dantur, ſequibus inueniemus A B C angulum commutationis ſcrup. primorũ XXV. ſecundorũ XXVIII. Et cũ fuerit C B illarum partium LXV. S. erit angulus qui ſub A B C ſcrup. primorũ XXVI. ſecundorũ XXXVI. Similiter tertio loco, cũ fuerit C B, LV. ſcrup. VIII. erit angulus A B C commutationis ſcrup. primorum XXXI. ſecundorum XLII. Infima denique diſtantia dum fuerit C B partium LII. ſcrup. XVII. efficiet A B C angulũ ſcrup. primorum XXXIII. ſecundorum

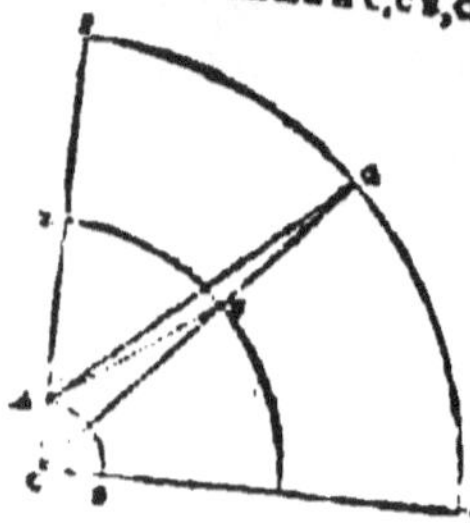

XXVII. Rurſus cum D B circumferentia ſumatur partium LX. circuli, erunt eodem ordine parallaxes, prima ſcrup. primorũ XLIII. ſecundorum LV. Secunda ſcrup. XLV. ſecundorum LI. Tertia ſcrup. LIIII. S. Quarta LVII. S. Quæ omnia conſcribemus in ordinem Canonis ſubiecti, quem pro commodiori uſu, ad inſtar aliorum in XXX. uerſuũ ſeriem extendemus. Sed per hexades graduum, quibus intelligatur duplicatus numerus, eorũ qui à uertice ſunt horizontis ad ſummum nonaginta. Ipſum uero Canonem digeſſimus in ordines nouem. Nanque primo & ſecundo erunt numeri communes circuli. Tertio ponemus Solis parallaxes. Deinde Lunares commutationes. Et quarto loco differentiæ. Quinto minimæ parallaxes, quæ in Luna diuidua ac apogæa contingunt, deficiunt à ſequẽtibus in plena nouaque. Sextus locus eas habebit commutationes, quas in perigæo plena uel ſitiens Luna producit. Et quæ ſequũtur ſcrupula, ſunt differentiæ, quibus quæ in diuidua, ac proxima nobis exiſtente Luna parallaxes fiunt, illas ſibi uiciniores excedunt. Deinde reliqua duo ſpacia, quæ superſunt ſcrupulis proportionũ ſeruantur: Quibus inter has quatuor limites parallaxes poterunt dinumerari, quæ etiam exponemus, & primum circa apogæum, & quæ inter priores ſunt limites, hoc modo. Sit inquã circulus

A B Lunæ

A B Lunæ epicyclus primus, cuius centrum sit C, & suscepto D centro terræ agatur recta linea D B C A, & in A apogæo facto centro describatur epicyclium secundum E F G, assumatur autem E G circumferentia partium L X. & connectantur A G, C G. Quoniam igitur in præcedentibus demonstratæ sunt rectæ lineæ C E partium V. scrup. X I. quarum dimidia diametri terræ est una, quarum etiam D C est partium L X. scrup. X V I I I. ac earundem E F partium duarũ, scrup. L I. In triangulo igitur A C G dantur latera G A partis unius, scrup. X X V. & A C partium V I. scrup. X X X V I. cum angulo sub ipsis compræhenso C A G. Igitur per demonstrata triangulorum planorũ tertium latus C G earundem erit part. V I. scrup. V I I. Tota igitur D C G in rectam acta lineam, siue ipsi æqualis D C L, erit partium L X V I. scrup. X X V. Sed D C E part. erat L X V. s. Relinquitur ergo E L excessus scrup. L V. s. ferè. Atque per hanc datam rationem, cũ fuerit D C E partium L X, erit E F earundem part. I I. scrup. X X X V I I. E L scrup. X L V I. Quatenus igitur E F fuerit scrup. L X. erit E L excessus X V I I I. ferè. Hæc signabimus in Canone septimo loco è regione graduum L X. Similiter ostendemus circa perigæum B, in quo repetatur epicyclium secundũ M N O, cum angulo M B N, L X. partium, fiet enim triangulum B C N, ut prius datorum laterum, & angulorũ, & similiter M P excessus scrup. L V. s. ferè, quibus semidimetiens terræ est una. Sed quoniam earundem est part. D B M, L V. scrup. V I I I. quæ si constituatur partium L X, erit talium M B O part. I I I. scrup. V I I. & M P excessus scrup. L V. Sicut autem tres partes & V I I I. scrup. ad L V. scrup. ita L X. ad X V I I I. ferè, ac eadem quæ prius. distant tamen in paucis quibusdam secundis. Hoc modo & in cæteris faciemus, quibus complebimus octauam Canonis columnellam. Quòd si ipsorum loco eis quæ in Canone prosthaphæresium exposita sunt, usi fuerimus, neutiquam committemus errorem, sunt enim ferè eadem, ac de minimis

agitur. Reliqua sunt scrupula proportionum, quæ sub medijs sunt terminis, uidelicet inter secundum & tertium. Esto iam epicyclus primus plenæ nouæq; Lunæ descriptus A B, cuius centrum sit C, & suscipiatur D centrum terræ, & extendatur recta linea D B C A. Capiatur etiam ex apogæo A quædã circumferentia, utputa A E partium LX. & connectantur D E, C E, habebimus enim triangulum D C E, cuius duo latera data sunt C D partium LX. scru. XIX. & C E part. V. scrup. XI. Angulus quoq; sub D C E interior à duobus rectis reliquus ipsius A C E. Erit igitur per demonstrata triangulorum D E partium earundem LXIII. scrup. IIII. Sed tota D B A partium erat LXV. S. excedens ipsum E D part. II. scrup. XXVIII. Vt autem A B, hoc est partes X. scrup. XXII. ad II. partes, XXVIII. scrup. sic LX ad XIIII. quæ scribantur in Canone ad LX. gradus. Quo exemplo reliqua perficientes compleuimusq; tabulam quæ sequitur. Atq; aliam adiecimus semidiametrorum Solis, Lunæ, & umbræ Terræ, ut quantum possibile exposita habeantur.

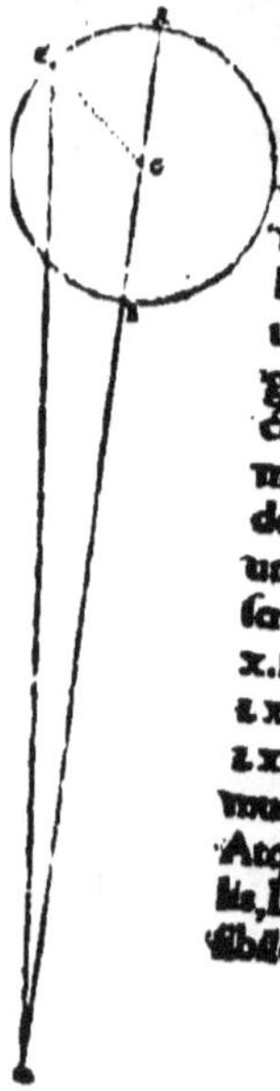

Canon

Canon parallaxium Solis & Lunae.

Solis parallaxes.		Lunae primi & secundi limitis differentiae minuendae		Lunae secundi limitis parallax.		Lunae tertii limitis parallax.		Tertii & quarti limitis differentia addenda		epicycli minoris scr.	epicycli maioris scr.
1	2	1	2	1	2	1	2	1	2	scr.	scr.
0	10	0	7	2	46	3	18	0	12	0	0
0	19	0	14	5	33	6	36	0	23	1	0
0	29	0	21	8	19	9	53	0	34	3	1
0	38	0	28	11	4	13	10	0	45	4	2
0	47	0	35	13	49	16	26	0	56	5	3
0	56	0	42	16	32	19	40	1	6	7	5
1	5	0	48	19	5	22	47	1	16	10	7
1	13	0	55	21	39	25	47	1	26	12	9
1	22	1	1	24	9	28	40	1	35	15	12
1	31	1	8	26	36	31	42	1	45	18	14
1	39	1	14	28	57	34	31	1	54	21	17
1	46	1	19	31	14	37	14	2	3	24	20
1	53	1	24	33	25	39	50	2	11	27	23
2	0	1	29	35	31	42	19	2	19	30	26
2	7	1	34	37	31	44	40	2	26	34	29
2	13	1	39	39	24	46	54	2	33	37	32
2	20	1	44	41	10	49	0	2	40	39	35
2	26	1	48	42	50	50	59	2	46	42	38
2	31	1	52	44	24	52	49	2	53	45	41
2	36	1	56	45	51	54	30	3	0	47	44
2	40	2	0	47	8	56	2	3	6	49	47
2	44	2	2	48	15	57	23	3	11	51	49
2	49	2	3	49	15	58	36	3	14	53	52
2	52	2	4	50	10	59	39	3	17	55	54
2	54	2	4	50	55	60	31	3	20	57	56
2	56	2	5	51	29	61	12	3	22	58	57
2	58	2	5	51	51	61	47	4	23	59	58
2	59	2	6	52	13	62	9	3	23	59	59
3	0	2	6	52	22	62	19	3	24	60	60
3	0	2	6	52	24	62	21	3	24	60	60

Canon semidiametrorum Solis, Lunæ, & Umbræ.								
Numeri communes.		SOLIS.		LUNAE		UMBRAE.		Variatio umbræ.
Gra.	Gra.	′	″	′	″	′	″	scru.
6	354	15	50	15	6	40	18	0
12	348	15	50	15	1	40	21	0
18	342	15	51	15	3	40	26	1
24	336	15	52	15	6	40	34	2
30	330	15	53	15	9	40	42	3
36	324	15	55	15	14	40	56	4
42	318	15	57	15	19	41	10	6
48	312	16	0	15	25	41	26	9
54	306	16	3	15	32	41	44	11
60	300	16	6	15	39	42	2	14
66	294	16	9	15	47	42	24	16
72	288	16	12	15	56	42	40	19
78	282	16	15	16	5	43	13	22
84	276	16	19	16	13	43	34	25
90	270	16	22	16	22	43	58	27
96	264	16	26	16	30	44	20	31
102	258	16	29	16	39	44	44	33
108	252	16	32	16	47	45	6	36
114	246	16	36	16	55	45	20	39
120	240	16	39	17	4	45	52	42
126	234	16	42	17	12	46	13	45
132	228	16	45	17	19	46	32	47
138	222	16	48	17	26	46	51	49
144	216	16	50	17	32	47	7	51
150	210	16	53	17	38	47	29	53
156	204	16	54	17	41	47	35	54
162	198	16	55	17	44	47	39	55
168	192	16	56	17	46	47	44	56
174	186	16	57	17	48	47	49	56
180	180	16	57	17	49	47	52	57

Demum

De numeratione parallaxis Solis & Lunæ. Cap. XXV.

MOdum quoq; numerandi parallaxes Solis & Lunę per Canonem breuiter exponemus. Siquidem per diſtantiam à uertice Solis uel Lunæ duplicatam, ca piemus in tabula parallaxes occurrentes. Solis quidē ſimpliciter, Lunæ uero in quatuor ſuis limitibus, & cum motu Lunæ, ſiue eius à Sole diſtantia duplicata, ſcrupula proportio num priora, quibus cū accipiemus utriuſq; exceſſus primi & ul timi terminorū partes proportionales ad LX. quas à proxima ſe quente cōmutatiōe ſemper auferemus, ac poſteriores ei quæ in penultimo limite ſemper adijciemus, & habebimus binas Lunę parallaxes rectificatas in apogæo & perigæo, quas epicyclus mi nor auget uel minuit. Deinde cū anomalia lunari capiemus ul tima ſcrup. proportionū, quibus è differētia parallaxiū proxime inuentarū ſumemus etiā partem proportionalē, quam ſemper addemus parallaxi examinatæ priori, quæ in apogæo, & prodibit paralaxis Lunæ quæſita, pro loco & tēpore, ut in exemplo. Sint diſtātiæ à uertice Lunæ partes LIIII. medius Lunæ motus part. XV. anomalię æquatæ partes C. Volo ex his inuenire per Canonē parallaxim lunarē, duplicō diſtantiæ partes, fiūt CVIII. quibus in Canone reſpōdent exceſſus inter primū & ſecūdū limitē, ſcrup. primū unū, ſecūda XLVIII. parallaxis ſecūdi termini ſcru. prima XLII. ſecūda L. parallaxis tertij limitis ſcru. L. ſecūda XLIX. Ex ceſſus tertij & quarti ſcru. prima II. ſecūda XLVI. quæ ſingillatim no tabo. Motus Lunæ duplicatus efficit partes XXX. cū ipſo inuenio ſcrup. proportionū priora quinq;, quibus accipio partē proportio nalē ad LX. ſuntq; à primo exceſſu ſcrup. ſecūda IX. hęc aufero ſcru. XLII. ſecūdis L. cōmutationis, remanēt ſcrup. prima XLII. ſecūda XLI. Similiter à ſecūdo exceſſu qui erat ſcru. II. ſecūd. XLVI pars proportionalis eſt ſcrup. ſecund. XIIII. quę appono ſcrup. primis L. ſecūdis XLIX. ſecūdæ cōmutatiōis, fiūt ſcru. prima LI. ſecūda XIII. Harū uero parallaxiū differētia eſt ſcru. VIII. ſecun da XXXII. Poſt hæc cū partibus anomaliæ æquatæ capio extremā ſcrup. proportionū, quæ ſunt XXXIIII. & per has accipio differentiā ſcrup. VIII. XXXI. partē proportionalē, & eſt ſcrup. IIII. ſecūda L.

quam addo priori parallaxi æquatæ, & colliguntur scrup. primi XLVII. secunda XXXI. & hæc erit parallaxis Lunæ in circulo altitudinis quæsita.

Quomodo parallaxes longitudinis & latitudinis discernuntur. Cap. XXVI.

Discernitur autem in longitudinem & latitudinem parallaxis simpliciter, siue quæ inter Solem & Lunam est per circumferentias & angulos secantium sese circulorum, signiferi & eius qui per polos est horizontis. Quoniam manifestum est, quod hic circulus cum ad rectos angulos signifero incubuerit, nullam efficit longitudinis parallaxim, sed tota in latitudinem transit, eodem latitudinis & altitudinis existente circulo. At ubi contingat uicissim signiferum horizonti rectum insistere, ac eundem fieri cum altitudinis circulo, tunc Luna latitudinis experte fuerit, non admittit aliam quam longitudinis parallaxim. In latitudinem uero distracta, non euadet aliquam longitudinis commutationem. Quemadmodum si sit A B C signifer circulus, qui horizonti rectus insistat, sitq; A polus horizontis. Ipse igitur orbis A B C idem erit, qui circulus altitudinis Lunæ latitudine carentis, cuius locus fuerit B, eritq; commutatio eius tota B C in longitudinem. Cum uero latitudinem quoq; habuerit descripto per polos signiferi circulo D B E, sumpta latitudine Lunæ D B, uel B E, manifestum est, quod A D latus, uel A E, non erit æquale ipsi A B, nec angulus qui sub D uel E rectus erit, cum non sint D A, A E, circuli per polos ipsius D B E, & latitudinis aliquid participabit commutatio, & eo magis quo fuerit Luna uertici propinquior. Nam manente eadem basi D E trianguli A D E, latera A D, A E breuiora angulos ad basim comprehendent acutiores. Et quanto magis destiterit Luna à uertice, fient anguli ipsi rectis similiores. Sit iam signifero A B C obliquus altitudinis Lunæ circulus D B E, non habentis latitudinem, ut in ecliptica sectione,

quæ sit

quæ sit E. Parallaxis autem in circulo altitudinis E B, & agatur circumferentia B F circuli per polos ipsius A B C. Quoniã igitur trianguli B E F, angulus qui sub B E F datus est, ut ostensum est superius, & qui ad F rectus, latus quoque B E datum. Per demonstrata igitur triangulorũ sphæricorũ dantur reliqua latera B F, F E, hoc latitudinis, illud longitudinis, ipsi B E congruẽtia. Sed quoniã B E, E F, F B, in modico & in insensibili differunt à lineis rectis ob eorũ breuitatem, non errabimus, si ipso triangulo rectangulo tanquã rectilineo utamur, fietque propterea ratio facilis.

Difficilior in Luna latitudinem habente. Repetatur enim A B C signifer, cui obliquus incidat orbis per polos horizontis D B, sitque B locus longitudinis Lunæ, latitudo F B Borea, siue B E Austrina. A uertice horizontis, qui sit D, descendant super ipsam Lunam circuli altitudinis D E K, D F C, in quibus sint cõmutationes E K, F G. Erũt enim loca Lunæ uera secundũ longitudinem & latitudinem in E F signis, uisa uero in K G, à quibus agantur circumferentiæ ad angulos rectos ipsi A B C signifero, quæ sint K M, L G. Cũ igitur cõstiterit lõgitudo & latitudo Lunæ cũ latitudine regiõis, cognita erũt in triangulo D E B, duo latera D B, B E, & angulus sectiõis A B D, & cũ recto totus D B E, idcirco & reliquũ latus D E, cũ angulo D E B dabitur.

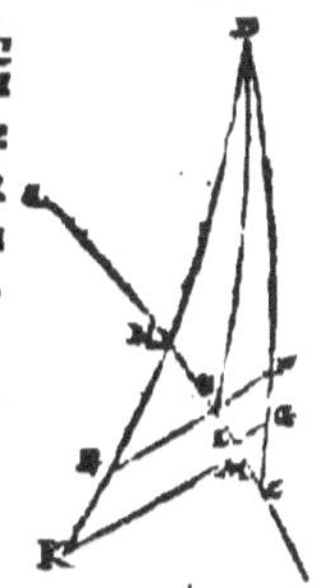

Similiter in triangulo D B F, cũ duo latera D B, B F data fuerint cũ angulo D B F, qui reliquus est ipsius qui sub A B D A recto, dabitur etiã D F cũ D F B angulo. Utriusque igitur circũferentiæ D E, D F, datur per Canonẽ parallaxis E K & F G, ac uera Lunæ à uertice distãtia D E uel D F. Similiter & uisa D E K, uel D F G. Atque in triangulo E B N facta sectiõe ipsius D E cũ signifero in N signo, datus est angulus N E B & N B E rectus, cũ basi E B, sciet & reliquus qui sub B N E angulus, cũ reliquis lateribus B N, N E. Similiter & in triangulo toto N K M ex datis M N angulis, ac toto latere K E N, constabit K M basis. Et ipsa est latitudo Lunæ uisa Austrina, cuius excessus super E B est latitudinis parallaxis, ac reliquum latus N B M datur, à quo dempto N B, remanet B M longitudinis cõmutatio. Sicut etiã in triangulo Boreo B F C, cũ datum fuerit latus B F cũ angulo B F C,

& late

[illegible]
quòd Lunæ loco uero, in quadrante signiferi orientali, additur commutatio longitudinis, & in altero quadra per aufertur, ut longitudinem Lunæ uisam habeamus. tudinem uisam per commutationem latitudinis: quoni eadem fuerint, simul iunguntur. si in diuersa, aufertur re minor, & quod relinquitur, est latitudo uisa eiusdem ad quam maior declinat.

Confirmatio eorum, quæ circa Lunæ parallaxes sunt exposita. Cap. XXVII.

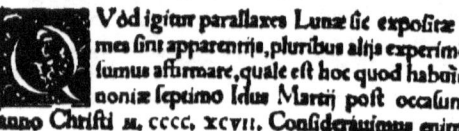

QVòd igitur parallaxes Lunæ sic expositæ mes sint apparentijs, pluribus alijs experimẽ sumus affirmare, quale est hoc quod habuim noniæ septimo Idus Martij post occasum anno Christi M. CCCC. XCVII. Considerauimus enim

Luna occultatura stellam fulgentem Hyadum, quam Palilicium uocant Romani, quo expectato, uidimus stellam applicatam parti corporis Lunaris tenebrosi, iamque delitescentem inter cornua Lunæ in horę quintæ noctis, propinquiorem uero Austrino cornu per trientem quasi, latitudinis siue diametri Lunæ. Et quoniam stella secundum numerationem, erat in duabus part. & LII. Geminorum cum latitudine Austrina quinque graduum & sextantis, manifestum erat, quod centrum Lunæ secundum uisum præcedebat stellam dimidia diametri, & idcirco locus eius uisus in longitudine partium II. scrup. XXXVI. In latitudine part. V. scrup. II. ferè. Fuerūt igitur à principio annorū Christi anni Ægyptij M.CCCC.XCVII. dies LXXVI. horæ XXIII. Bononiæ, Cracouiæ autem quæ orientalior est, gradibus ferè IX. horæ XXIII. scrup. XXXVI. quibus æqualitas addit scrup. IIII. erat enim Sol in XXVIII.s. partibus Piscium. Motus igitur Lunæ æqualis à Sole part. LXXIIII. Anomalia æquata part. CXI. scrup. X. Locus Lunæ uerus part. III. scrup. XXIIII. Geminorū, latitudo Austrina part. IIII. scrup. XXXV. Nam motus latitudinis uerus erat part. CCIII. scrup. XLI. Tūc quoque Bononiæ ascendebat XXVI. gradus Scorpij, cū angulo partium LIX.s. & erat Luna à uertice horizontis part. LXXXIIII. & angulus sectionis circulorum altitudinis & signiferi partium ferè XXIX. parallaxis Lunæ pars una, lōgitudinis scrup. LI. latitudinis scru. XXX quæ admodum congruunt obseruationi, quo minus dubitauerit aliquis nostras hypotheses, & quæ ex eis prodita sunt, rectè se habere.

De Solis & Lunæ coniunctionibus, oppositionibusque medijs. Cap. XXVIII.

EX ijs quæ hactenus de motu Lunæ & Solis dicta sunt, aperitur modus inuestigandi coniunctiones & oppositiones eorum. Ad tempus enim propinquum, quod hoc uel illud futurum existimauerimus, quærēmus motum Lunæ æqualem, quem si inuenerimus, iam circulum compleuisse coniunctionem intelligimus, in semicirculo uel circulo plenam. Sed cum id rarius sese præstet, consideranda est inter eos distantia, quam cum perceperimus per motum Lunæ diarium, sciemus quanto tempore præcesserit alterum, uel futurum sit, prout plus minusue habuerimus in motu. Ad hoc ergo tempus quęremus motus, & loca, quibus ratiocinabimur uera nouilunia, plenasq; lunationes, discernemusq; eclipticas eorum coniunctiones ab alijs, ut inferius indicabimus. Hæc cum semel constituta habuerimus, licebit ad quoslibet alios menses extendere, ac continuare in annos aliquot per Canonem duodecim mensium, continentem tempora & motus æquales anomaliæ Solis & Lunæ, ac latitudinis Lunæ coniungenda singula singulis pridem repertis etiam æqualibus. Sed anomaliā Solis apponemus uere, ut statim ipsam habeamus adęquatam, neq; enim in uno uel aliquot annis sentietur eius diuersitas ob tarditatem sui principij, hoc est summæ absidis.

Canon

Canon Coniunctionis & Oppositionis Solis & Lunae.

Menses	Temporum partes. Dies	G.	1'	2'	Anomaliae lunaris motus. S.	G.	1'	2'	Latitudinis Lunae motus. S.	G.	1'	2'
1	29	31	50	9	0	25	49	0	0	30	40	14
2	59	3	40	18	0	51	38	0	1	1	20	28
3	88	35	30	27	1	17	27	1	1	32	0	42
4	118	7	20	36	1	43	16	1	2	2	40	56
5	147	39	10	45	2	9	5	2	2	33	21	10
6	177	11	0	54	2	34	54	2	3	4	1	24
7	206	42	51	3	3	0	43	2	3	34	41	38
8	236	14	41	12	3	26	32	3	4	5	21	52
9	265	46	31	21	3	52	21	3	4	36	2	6
10	295	18	21	30	4	18	10	3	5	6	42	20
11	324	50	11	39	4	43	59	4	5	37	22	34
12	354	22	1	48	5	9	48	4	0	8	2	48

Dimidij mensis.

½	14	45	55	48	3	12	54	30	3	15	20	7

Anomaliae Solaris motus.

M.	S.	G.	1'	2'	M.	S.	G.	1'	2'
1	0	29	6	18	7	3	23	44	7
2	0	58	12	36	8	3	52	50	25
3	1	27	18	54	9	4	21	56	43
4	1	56	25	12	10	4	51	3	1
5	2	25	31	31	11	5	20	9	20
6	2	54	37	49	12	5	49	15	38

D	M	I	D	I	I	Mensis		0	14	33	9

De ueris coniunctionibus & oppositionibus Solis & Lunae perscrutandis. Caput. XXIX.

CVm habuerimus, ut dictum est, tempus mediae coniunctionis uel oppositionis horum siderum cum illorum motibus, ad ueras inueniendas necessaria est uera illorum distantia, qua se inuicem praecedũt uel sequũtur. Nam si Luna prior fuerit Sole in cõiunctione uel oppositiõe, liquidũ est futuram esse ueram, si Sol ueram quã quęrimus iam praeterijt. Quae ex utriusq; prosthaphaeresi fiũt manifesta. Quoniã si nullae uel aequales fuerint, eiusdemq; affectionis, ut uidelicet ambae sint adiectiuae uel ablatiuae, patet eodẽ momẽto congruere ueras cõiunctiones uel oppositiones cũ medijs. Si uero inaequales, excessus ipse indicat eorũ distantiam, ipsumq; sidus praecedere uel seq. cuius est excessus adiectiuus uel ablatiuus. At cũ in diuersas fuerint partes, tanto magis praecedet id, cuius ablatiua fuerit prosthaphaeresis, quae simul iunctae colligunt distantiam illorũ. Super quã arbitrabimur, quot integris horis possit eã Luna pertrãsire, capiendo pro quolibet gradu distantiae horas duas. Quemadmodum si fuerint in distantia circiter gradus VI. assumemus pro eis horas XII. Ad hoc ergo temporis interuallũ sic constitutũ, quaeremus uerã Lunae euectionẽ à Sole, quod efficiemus facile, dũ nouerimus motum Lunae mediũ uno gradu, unoq; scrupulo sub duabus horis absolui. Horariũ uero anomaliae, ac uerũ ipsius motũ circa plenã nouamq; Lunã esse scrupulorũ fere L. quae colligẽt in sex horis motũ aequalem gradus III. scrup. totidẽ, ac anomaliae uerã profectionem partes quinq;, quibus in Canone prosthaphaeresiũ lunariũ considerabimus inter prosthaphaereses ipsas differẽtiam, quã addemus medio motui, si anomalia in inferiori pte circuli fuerit, uel auferemus si in superiori, quod enim collectum uel diminutũ fuerit, est uerus motus Lunae in horis assumptis. Is ergo motus si fuerit distãtiae prius existẽti ęqualis, sufficit. Alioq; multiplicatã distantiã per numerũ horarũ assumptarũ diuidemus per motũ hũc, siue per acceptũ horarium motũ uerum

simplicem

simplicem distantiam diuiserimus, exhibit enim uera differentia tem
poris in horis & scrupulis inter mediam ueramque coniunctionem uel
oppositionem. Hanc addemus tempori mediæ coniunctionis uel op
positionis, si Luna prior Soli fuerit, uel loco Solis e diametro op
posito, uel auferemus si posterior, & habebimus tempus ueræ
coniunctionis uel oppositionis. Quamuis fateamur, quod etiam Solis
inæqualitas addat uel minuat aliquid, sed iure contemnendum, si
quidem in toto tractu, & maxima licet elongatione, quæ se supra
septem gradus porrigit, scrupulum unum complere non potest, estque
modus iste taxandarum lunationum magis certus. Qui enim horario
Lunæ motu solum nituntur, quem uocant superationem horariam, fallun
tur aliquando, coguntur que sæpius ad calculi reiterationem. Volubi
lis est enim Luna etiam in horas, nec manet sui similis. Ad tempus
igitur ueri coitus uel oppositionis concinnabimus uerum motum la
titudinis, ad latitudinem ipsam Lunæ perdiscendam, & uerum locum
Solis ab æquinoctio Verno, id est insignis, quo etiam intelligi
tur Lunæ locus idem, siue oppositus. Et quoniam tempus huiusmo
di intelligitur medium & æquale ad meridianum Cracouiensem, quod per
modum superius traditum reducemus ad tempus apparens. Quod
si ad quempiam alium locum a Cracouia constituere hæc uolu
erimus, considerabimus eius longitudinem, & pro singulis gradi
bus ipsius longitudinis capiemus IIII. scrup. horæ, pro quolibet
scrupulo longitudinis IIII. scrup. secunda horæ, quæ adijcie
mus tempori Cracouiensi si locus alius orientalior fuerit, & aufe
remus si occidentalior, & quod reliquum collectumue fuerit,
erit tempus coniunctionis & oppositionis Solis & Lunæ.

Quomodo coniunctiones & oppositiones Solis & Lunæ eclipticæ discernantur ab alijs. Cap. XXX.

AN uero eclipticæ fuerint, nec ne, in Luna quidem facile discernitur. Quoniam si latitudo eius minor fuerit dimidio diametrorum Lunæ & umbræ, subibit eclipsim Luna, sin maior, non subibit. At uero circa Solem plus satis habet negotij, immiscente se utrisque parallaxi, per quam differt plerunque uisibilis coniunctio a uera. Cum igitur longitudinis

fuerimus

fuerimus, quæ ſit commutatio inter Solem & Lunam ſecundũ longitudinem tempore ueræ coniunctionis, ſimiliter ad unius horæ ſpacium præcedentis coniunctionem ueram in orientali, uel ſequentis in occidentali quadrante ſigniferi, quæremus uiſam Lunæ à Sole longitudinem, ut intelligamus quãtum à Sole Luna feratur in hora ſecundum uiſum. Per hunc ergo motũ horarium cum diuiſerimus illam longitudinis commutationẽ, habebimus differentiam temporis inter uerum, uiſumq́; coitũ. Quæ dum auferatur à tempore ueræ coniunctionis in parte ſigniferi orientali, uel addatur in occidua (nam illic coniunctio uiſa præcedit uerã, illic ſequitur) exibit tempus ueræ coniunctionis quæſitum. Ad hoc ergo tempus, numerabimus latitudinẽ Lunæ uiſam à Sole, ſiue diſtantiam centrorum Solis & Lunæ uiſibilis coniunctionis deducta parallaxi Solis. Hæc latitudo ſi maior fuerit dimidio diametrorum Solis & Lunæ, non ſubibit Sol eclipſim, ſi minor, ſubibit. Et ex his manifeſtum eſt, quòd ſi Luna tempore ueræ coniunctionis parallaxim longitudinis non fecerit aliquam, iam eadem erit uiſa ac uera copula, quod circa nonageſimum gradum ſigniferi ab oriente uel occidente ſumptum contingit.

Quantus fuerit Solis Lunæq́; defectus. Cap. XXXI.

POſtquam ergo cognouerimus Solem uel Lunam defecturam, facile etiam ſciemus, quantus fuerit ipſorum defectus. In Sole quidem per latitudinẽ uiſam; quæ eſt inter Solem & Lunam tempore uiſibilis copulæ. Si enim ſubtraxerimus ipſam à dimidio diametrorũ Solis & Lunę, relinquitur quod à Sole ſecundũ diametrũ deficiet, quod cũ multiplicauerimus per XII. & exaggeratum diuiſerimus per diametrũ Solis, habebimus numerũ digitorũ deficientium. Quòd ſi inter Solem & Lunã nulla fuerit latitudo, totus Sol deficiet, uel tantum eius, quantũ Luna obtegere poterit. Eodem ferè modo & in lunari defectu, niſi quòd pro latitudine uiſa, utimur ipſa ſimplici, qua dempta à dimidio diametrorũ Lunæ & umbræ, remanet pars Lunæ deficiẽs, dummodo latitudo

Lunæ

Lunæ non fuerit minor dimidio diametrorũ in Lunæ diametro, tota enim tunc deficiet, ac insuper minor latitudo addet etiam moram in tenebris aliquam, quę tum maxima erit, cum nulla fuerit latitudo, quod cõsiderantibus esse puto liquidissimũ. Igitur in particulari Lunæ defectu, cũ partem deficientem multiplicauerimus in duodecim, productumq; diuiserimus per diametrum Lunæ, habebimus numerum digitorum deficientiũ, non aliter quàm in Sole dictum est.

Ad prænoscendum quantisper duraturus sit defectus. Cap. XXXII.

Restat uidere quantum duratura sit eclipsis. Vbi notandum est, quod circumferentijs, quę inter Solem, Lunam, & umbram contingunt, utimur tanquam lineis rectis, ob earum paruitatem, quæ nihil differre uidentur à recto. Sumpto igitur centro Solis & umbræ in A signo, & linea B C pro transitu Lunæ, cuius centrum contingentis Solem uel umbram in principio incidentiæ sit B, in fine expurgationis C, connectantur A B, A C, & ipsi B C perpendicularis mittatur A D. Manifestum est, quòd cum centrum Lunæ fuerit in D, erit medium eclipsis, est enim A D breuissima aliorum ab A descendentium, & B D æqualis ipsi D C, quoniam & ipsæ A B, A C æquales sunt, quæ constant utraque ex dimidio diametrorum Solis & Lunæ in solari, atque Lunæ & umbræ in lunari eclipsi, et A D est latitudo Lunæ uera uel uisa in medio eclipsis. Cum igitur quod ex A D fit quadratũ, subtraxerimus ab ipsius A B quadrato, relinquitur quod ex B D: dabitur ergo B D longitudine. Quod cum diuiserimus per horariũ Lunæ motũ uerũ in ipsius defectu, uel uisibilẽ in solari, habebimus tempus dimidiæ durationis. Sed quoniam Luna sæpenumero morã facit in medijs tenebris, quod accidit, quãdo dimidiũ aggregati diametrorũ Lunæ & umbræ excesserit latitudinẽ Lunæ plus quàm fuerit dimetiens eius, ut diximus. Cũ igitur posuerimus E centrũ Lunæ in principio totius

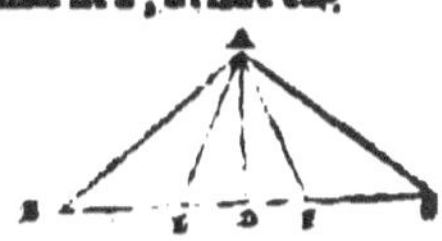

obscurati

obscurationis, ubi Luna circumcurrentem umbram contingit intrinsecus, atque in altero contactu, ubi primum emergit. Cõnexis A B, A F declarabitur eodẽ modo quo prius, B D, D F esse dimidias moræ in tenebris, propterea quod A D est latitudo Lunæ cognita, & A B, siue A F, q umbræ dimidia diametros maior est Lunæ dimidia diametro. Cõstabit ergo B D siue D F, quę rursus diuisa per motũ uerum Lunæ horariũ, habebimus tempus dimidiæ moræ quod quærebatur. Verumtamen animaduertendum est hic, quod cum Luna in orbe suo mouetur, nõ secat partes longitudinis circuli signorũ omnino æquales eis quæ in orbe proprio, mediantibus circulis, qui per polos sunt signiferi. Est tamen differentia perexigua, quæ in tota distantia partiũ XII. ab ecliptica sectione, sub quibus extremus ferè limes est deliquiorum Solis & Lunæ, nõ excedunt se inuicem circumferentię ipsorum orbiũ in duobus scrup. quæ facerent XV. partes horæ. Ea propter utimur sæpe altera pro altera, tanquam eisdem. Ita quoque utimur latitudine Lunæ eadem in terminis defectuum, qua in medio eclipsis, quanquã ipsa latitudo Lunæ semper crescit uel decrescit, fiuntque propterea incidentiæ & expurgationis spacia

non penitus æqualia, sed differentia tam modica ut frustra triuisse tempus uideretur, exactius ista scrutantes. Hoc quidem modo tempora, durationes, & magnitudines eclipsium secundum diametros sunt explicata. Sed quoniã multorum est sententia, non penes diametros, sed superficies oportere decerni deficientium partes, non enim lineæ sed superficies deficiunt. Sit igitur A B C D Solis circulus uel umbræ, cuius cẽtrum sit E, Lunaris quoque A F C G, cuius centrum sit I, qui se inuicem secẽt in A C punctis, & agatur per utrumque centrum recta B E I F, & cõnectantur A E, E C, I A, I C, & A K C ad rectos angulos ipsi A F. Volumus ex his scrutari, quanta fuerit superficies obscurata A D C G, quotue unciarum sit totius plani, orbis Solis uel Lunæ deficientis in parte. Quoniam igitur ex superioribus utriusque orbis dimetiens A E, A I datur, distantia quoque centrorum, siue latitudo Lunaris E I. Habemus triangulum

triangulum A E I datorum laterum, & propterea datorum angulorum per demonstrata superius, cui similis est & æqualis E I C. Erunt igitur A D C, & A G C, circumferentiæ datæ in partibus, quibus circumcurrens circulus est CCCLX. Porrò Archimedes Syracusanus in dimensionibus circuli prodidit circumcurrentem ad diametrum minorem admittere rationem, quam triplam sesquiseptimam, maiorem uero quàm triplam superpartientem septuagesimas primas decē. Inter has mediam assumit Ptol. ut trium scrup. prima VIII. secūda XXX. ad unum. Qua ratiōe etiam A G C, & A D C circumferentiæ, patebunt in eisdem partibus, quarū erant illorum diametri siue A E & A I, & cōtenta sub ipsis E A, A D, & sub I A, A G æqualia sectoribus A E C, & A I C alterum alteri. Sed & triangulorum Isoscelium A E C, & A I C, datur basis communis A K C, & perpendiculares E K, K I. Quod igitur sub ipsis A K, K E datur, & est continentia trianguli A E C, similiter quod sub A K, K I, trianguli A C I planum. Cum igitur utraque triangula, ab utrisque suis sectoribus dirempta fuerint, remanebunt segmenta circulorum A F C, & A C D, quibus constat totum A D C G quæsita. Quin etiam totum circuli planum, quod sub B E, & B A D continetur in eclipsi Solis, siue quod sub F I, & F A G in lunari eclipsi datur. Quot igitur unciarum fuerit ipsum A D C G, deficiens à toto circulo siue Solis siue Lunæ fiet manifestum. Hæc de Luna modo sufficiant, quæ apud alios sunt latius pertractata, festinamus enim ad reliquorum quinque siderum reuolutiones, quæ in sequentibus dicentur.

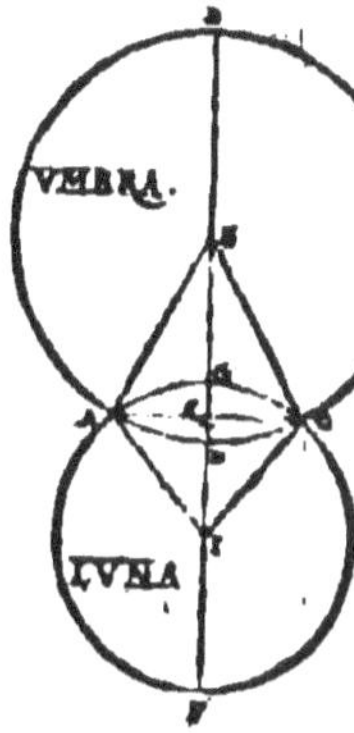

Finis libri quarti reuolutionum.

NICOLAI COPERNICI REVOLVTIONVM

LIBER QVINTVS.

HACTENVS terræ circa Solem, ac Lunæ circa terram absoluimus reuolutiones. Aggredimur modo quinque errantium stellarum motus, quorum orbium ordinem & magnitudines ipsa terræ mobilitas consensu mirabili, ac certa symmetria connectit, ut in primo libro summatim recensuimus, dum ostenderemus, quod orbes ipsi non circa terram, sed magis circa Solem centra sua haberent. Superest igitur, ut hæc omnia singillatim, & euidentius demonstremus, faciamusque promissis, quantum in nobis est, satis, adhibitis præsertim apparentibus experimentis, quæ cum ab antiquis, tum à nostris temporibus accepimus, quibus ratio ipsorum motuũ certior habeatur. Denominantur autem hæc quinque sidera apud Timæum Platonis secundum suã quãque speciem, Saturnus Phænon, quasi lucentem uel apparentem diceres. latet enim minime cæteris, citiusque emergit occultatus à Sole. Iupiter à splendore Phaëton. Mars Pyrois ab igneo candore. Venus quandoque φωσφόρος, quandoque ἕσπερος, hoc est Lucifer & Vesperugo, prout eadem mane uel uespere fulserit. Denique Mercurius à micante uibranteque lumine Stilbon. Feruntur & ipsi in longitudinem & latitudinem maiori differentia quàm Luna.

De reuolutionibus eorũ, & medijs motibus. Caput I.

BINI longitudinis motus plurimum differentes apparent in ipsis. Vnus est propter motum terræ quẽ diximus. Alter cuiusque proprius. Primum non iniuria motum commutationis dicere placuit, cum ipse sit qui in omnibus illis stationes, progressiones, & regressus fa

cis appacis apparere, non quòd planeta sic distrahatur, qui motu suo semper procedit, sed quòd per modum commutationis sic appareat, quam efficit motus terræ pro differentia & magnitudine illorum orbium. Patet igitur, quòd Saturni, Iouis, & Martis uera loca tunc tantummodo nobis conspicua fiunt, quando fuerint ἀκρόνυχοι, quod accidit ferè in medio repedationum. Coincidunt enim tunc medio loco Solis in lineam rectam, illa commutatione exuti. Porrò in Venere & Mercurio alia ratio est. Latent enim tunc hypaugi existentes, ostenduntque solum suas quas faciunt à Sole hincinde expatiationes, ut absque commutatione hæc nunquam inueniantur. Est ergo priuatim cuiusque planetæ sua reuolutio commutationis, motum dico terræ ad planetam, quem ipsi inter sese explicant. Nam motum commutationis nihil aliud esse dicimus, nisi eum in quo motus terræ æqualis illorum motum excedit, ut in Saturno, Ioue, Marte: uel exceditur, ut in Venere & Mercurio. Quoniam uero tales periodi commutationum reperiantur inæquales differentia manifesta, cognouerunt prisci illorum quoque motus siderum esse inæquales, & absides habere circulorum ad quas inæqualitas eorum reuerteretur, easque rati sunt perpetuas habere sedes in non errantium stellarum sphæra. Quo argumento ad medios illorum motus ac periodos æquales perdiscendas patuit ingressus. Cùm enim locum alicuius secundum certam à Sole & stella fixa distantiam memoriæ proditum haberent, & post temporis interuallum sidus ipsum ad eundem locum peruenisse comperirent cum simili Solis distantia, uisus est planeta omnem inæqualitatem peragrasse, & per omnia ad statum rediisse priorem cum terra. Sicque per tempus quod intercessit ratiocinati sunt numerum reuolutionum integrarum & æqualium, & ex eis motus sideris particulares. Recensuit autem Ptolemæus hos circuitus sub numero annorum solarium, prout ab Hipparcho fatetur se recepisse. Annos autem Solares uult intelligi, qui ab æquinoctio uel solstitio capiuntur. Sed iam patuit tales annos adeo-dum æquales non esse, illis propterea nos utemur, qui à stellis fixis capiuntur, quibus etiam emendatiores horum quinque siderum motus à nobis sunt restituti, prout hoc nostro tempore in-

inuenimus defeciſſe aliq̃d ex eis, uel abundaſſe hoc modo. Nam ad Saturnum quinquagies ſepties reuoluitur terra: quem motum commutationis diximus, in LXIX ſolaribus noſtris, die uno, ſcrupulis primis VII. ſecundis XVIII. fere, in quo tempore ſtella motu proprio bis circuit, adiecto gradu uno, ſcrupulis primis V. ſecundis L. fere. Iupiter LXV. ſuperatur à terra in annis ſolaribus LXXI. à quibus deſunt dies V. ſcrup. prima IIII. ſecunda XIII. ſub quibus ſtella reuoluitur ſexies, deficit enim bus partibus V. ſcrup. primis XLII. ſecundis XXXII. Martis reuolutiones commutationum ſunt XXXVII. in annis ſolaribus LXXIX. diebus duobus, ſcrupulis primis XXIII. ſecundis XLV. In quibus ſtella motu ſuo complevit XLII. periodis adijcit gradus II. ſcrup. prima XXI. ſecunda XLIIII. Venus quinquies ſuperat motum telluris, in annis ſolaribus VIII. demptis diebus II. ſcrup. primis XXVI. ſecundis XLIIII. Nempe per hoc tempus Solem circuit XIII. minus duobus gradibus ſcrupulis primis XXIII. ſecundis XXIX. Mercurius demũ CXLV periodos facit commutationum in annis ſolaribus XLVI. additis die ſcrupulis primis XXV. quibus & ipſe ſuperat motum terrae, cum qua circa Solem reuertitur centies nonagesies & ſemel, adiectis ſcrupulis primis XXI. ſecundis LIIII. Sunt igitur ſingulis, ſinguli circuitus commutationum. Saturno in diebus CCCLXXVIII. ſcrup. primis quinq;, ſecũdis XXXII. tertijs [illegible]. Ioui in diebus CCCXCVIII. ſcrup. primis LIII. ſecundis III. tertijs LVIII. Marti in diebus DCCLXXIX. ſcrup. primis LVI. ſecundis XLII. tertijs LV. Veneri dierum DLXXXIII. ſcrup. LV. ſecundorum XVII. tertiorum L. Mercurio dierum CXV. ſcrup. prim. LII. ſecund. XXXVIII. tert. LIX. Quos reſolutos in circuli gradus, & multiplicatos in CCCLXV. cum partiti fuerimus per numerum dierum & ſcrupulorum ſuorum, habebimus annuũ motũ Saturni graduum CCCXLVII. ſcrup. prim. XXXII. ſecund. III. tertiorum IX. quart. IIII. Iouis graduum CCCXXIX. ſcrup. XXV. ſecundorum VIII. tertiorum XV. quart. VI. Martis graduum CLXVIII. ſcrup. XXVIII. XXIX. XXXVI. IIII. Veneris graduum CCXXV. ſcrup. I. XLV. III. XL. Mercurij poſt tres reuolutiones graduum LIII. ſcrup. LVII. XXIII. VI. XXX. Horum

trecenteſi-

trecentesima sexagesima quinta pars, est motus diurnus. Saturni scrup. LVII. VII. XLIIII. V. Iouis scrup. LIIII. IX. III. XLIX. Martis scrup. XXVII. XLI. XL. XXII. Veneris scrup. XXXVI. LIX. XXVIII. XXXV. Mercurij graduū III. scrup. VI. XXIIII. XIII. XL. Prout in tabulis ad instar Solis & Lunæ mediorum motuum, exposita sunt, quæ sequuntur. Proprios autem motus eorum sic extendisse, existimauimus esse superfluum. Constant enim ablatione istorum à medio motu Solis, quem illi componunt, ut diximus. At his non contentus aliquis, potest pro libito suo facere. Est enim annuus Saturni motus proprius ad nō errantium stellarum sphæram, graduum XII. scrup. XII. XLV. LVII. XXIIII. Iouis grad. XXX. XIX. XL. LI. LVIII. Martis grad. CXCI. XVI. XVIII. XXX. XXXVI. In Venere autē & Mercurio, quoniam non apparent nobis, ipse motus Solis, pro eis nobis usu uenit, suppletq; modo, per quem apparentiæ eorum pernoscuntur & demonstrantur, ut infra.

Saturni motus commutationis in annis & sexagenis annoru[m]

Anni Egyp.	MOTVS.				
1	5	47	32	3	9
2	5	35	4	6	19
3	5	22	36	9	29
4	5	10	8	12	38
5	4	57	40	15	48
6	4	45	12	18	58
7	4	32	44	22	7
8	4	20	16	25	17
9	4	7	48	28	27
10	3	55	20	31	36
11	3	42	52	34	46
12	3	30	24	37	56
13	3	17	56	41	5
14	3	5	28	44	15
15	2	53	0	47	25
16	2	40	32	50	34
17	2	28	4	53	44
18	2	15	36	56	54
19	2	3	9	0	3
20	1	50	41	3	13
21	1	38	13	6	23
22	1	25	45	9	32
23	1	13	17	12	42
24	1	0	49	15	52
25	0	48	21	19	1
26	0	35	53	22	11
27	0	23	25	25	21
28	0	10	57	28	30
29	5	58	29	31	40
30	5	46	1	34	50

Anni Egyp.	MOTVS.				
31	5	33	33	37	59
32	5	21	5	41	9
33	5	8	37	44	19
34	4	56	9	47	28
35	4	43	41	50	38
36	4	31	13	53	48
37	4	18	45	56	57
38	4	6	18	0	7
39	3	53	50	3	17
40	3	41	22	6	26
41	3	28	54	9	36
42	3	16	26	12	46
43	3	3	58	15	55
44	2	51	30	19	5
45	2	39	2	22	15
46	2	26	34	25	24
47	2	14	6	28	34
48	2	1	38	31	44
49	1	49	10	34	53
50	1	36	42	38	3
51	1	24	14	41	13
52	1	11	46	44	22
53	0	59	18	47	32
54	0	46	50	50	42
55	0	34	22	53	51
56	0	21	54	57	1
57	0	9	27	0	11
58	5	56	59	3	20
59	5	44	31	6	30
60	5	32	3	9	40

Satu

Saturni motus commutationis in diebus sexagenis & scrupul.

Dies	MOTVS					Dies	MOTVS				
1	0	0	57	7	44	31	0	29	30	59	46
2	0	1	54	15	28	32	0	30	28	7	30
3	0	2	51	23	12	33	0	31	25	15	14
4	0	3	48	30	56	34	0	32	22	22	58
5	0	4	45	38	40	35	0	33	19	30	42
6	0	5	42	46	24	36	0	34	16	38	26
7	0	6	39	54	8	37	0	35	13	46	1
8	0	7	37	1	52	38	0	36	10	53	55
9	0	8	34	9	36	39	0	37	8	1	39
10	0	9	31	17	20	40	0	38	5	9	23
11	0	10	28	25	4	41	0	39	2	17	7
12	0	11	25	32	49	42	0	39	59	24	51
13	0	12	22	40	33	43	0	40	56	32	35
14	0	13	19	48	17	44	0	41	53	40	19
15	0	14	16	56	1	45	0	42	50	48	3
16	0	15	14	3	45	46	0	43	47	55	47
17	0	16	11	11	29	47	0	44	45	3	31
18	0	17	8	19	13	48	0	45	42	11	16
19	0	18	5	26	57	49	0	46	39	19	0
20	0	19	2	34	41	50	0	47	36	26	44
21	0	19	59	42	25	51	0	48	33	34	28
22	0	20	56	50	9	52	0	49	30	42	12
23	0	21	53	57	53	53	0	50	27	49	56
24	0	22	51	5	38	54	0	51	24	57	40
25	0	23	48	13	22	55	0	52	22	5	24
26	0	24	45	21	6	56	0	53	19	13	8
27	0	25	42	28	50	57	0	54	16	20	52
28	0	26	39	36	34	58	0	55	13	28	36
20	0	27	36	44	18	59	0	56	10	36	20
30	0	28	33	52	2	60	0	57	7	44	5

Iouis

Iouis motus commutationum in annis & sexagenis annorum

Anni	MOTVS				
1	5	29	25	8	15
2	4	58	50	16	30
3	4	28	15	24	45
4	3	57	40	33	0
5	3	27	5	41	15
6	2	56	30	49	30
7	2	25	55	57	45
8	1	55	21	6	0
9	1	24	46	14	15
10	0	54	11	22	31
11	0	23	36	30	46
12	5	53	1	39	1
13	5	22	26	47	16
14	4	51	51	55	31
15	4	21	17	3	46
16	3	50	42	12	1
17	3	20	7	20	16
18	2	49	32	28	31
19	2	18	57	36	46
20	1	48	22	45	2
21	1	17	47	53	17
22	0	47	13	1	32
23	0	16	38	9	47
24	5	46	3	18	2
25	5	15	28	26	17
26	4	44	53	34	32
27	4	14	18	42	47
28	3	43	43	51	2
20	3	13	8	59	17
30	2	42	34	7	33

Anni	MOTVS				
31	2	11	59	15	48
32	1	41	24	24	3
33	1	10	49	32	18
34	0	40	14	40	33
35	0	9	39	48	48
30	5	39	4	57	3
37	5	8	30	5	18
38	4	37	55	13	33
39	4	7	20	21	48
40	3	36	45	30	4
41	3	6	10	38	19
42	2	35	35	46	34
43	2	5	0	54	49
44	1	34	20	3	4
45	1	3	51	11	19
40	0	33	16	19	34
47	0	2	41	27	49
48	5	32	6	30	4
49	5	1	31	44	19
50	4	30	56	52	34
51	4	0	22	0	50
52	3	29	47	9	5
53	2	59	12	17	20
54	2	28	37	25	35
55	1	58	2	33	50
56	1	27	27	42	5
57	0	56	52	50	20
58	0	26	17	58	35
59	5	55	43	6	50
60	5	25	8	15	6

Iouis

Iouis motus commutationis in diebus sexagenis & scrupul.

Dies	MOTVS					Dies	MOTVS				
1	0	0	54	9	3	31	0	27	58	40	58
2	0	1	49	18	7	32	0	28	52	50	2
3	0	2	43	27	11	33	0	29	40	59	5
4	0	3	36	36	15	34	0	30	41	8	9
5	0	4	30	45	19	35	0	31	35	17	13
6	0	5	24	54	22	36	0	32	29	26	17
7	0	6	19	3	26	37	0	33	23	35	21
8	0	7	13	12	30	38	0	34	17	44	25
9	0	8	7	21	34	39	0	35	11	53	29
10	0	9	1	30	38	40	0	36	6	2	32
11	0	9	55	39	41	41	0	37	0	11	36
12	0	10	49	48	45	42	0	37	54	20	40
13	0	11	43	57	49	43	0	38	48	29	44
14	0	12	38	6	53	44	0	39	42	38	47
15	0	13	32	15	57	45	0	40	36	47	51
16	0	14	26	25	1	40	0	41	30	56	55
17	0	15	20	34	4	47	0	42	25	5	59
18	0	16	14	43	8	48	0	43	19	15	3
19	0	17	8	52	12	49	0	44	13	24	6
20	0	18	3	1	16	50	0	45	7	33	10
21	0	18	57	10	20	51	0	40	1	42	14
22	0	19	51	19	23	52	0	46	55	51	18
23	0	20	45	28	27	53	0	47	50	0	22
24	0	21	39	37	31	54	0	48	44	9	26
25	0	22	33	46	35	55	0	49	38	18	29
26	0	23	27	55	39	50	0	50	32	27	33
27	0	24	22	4	43	57	0	51	26	36	37
28	0	25	16	13	46	58	0	52	20	45	41
20	0	26	10	22	50	59	0	53	14	54	45
30	0	27	4	31	54	60	0	54	9	3	49

M Martis

Martis motus commutationis in annis & sexagenis annorum.

Anni Ægyp	MOTVS					Anni Ægyp	MOTVS				
1	2	48	28	30	36	31	3	2	43	48	38
2	5	36	57	1	12	32	5	51	12	19	14
3	2	25	25	31	48	33	2	39	40	49	50
4	5	13	54	2	24	34	5	28	9	20	26
5	2	2	22	33	0	35	2	16	37	51	2
6	4	50	51	3	36	36	5	5	6	21	38
7	1	39	19	34	12	37	1	53	34	52	14
8	4	27	48	4	48	38	4	42	3	22	50
9	1	16	16	35	24	39	1	30	31	53	26
10	4	4	45	6	0	40	4	19	0	24	2
11	0	53	13	36	36	41	1	7	28	54	38
12	3	41	42	7	12	42	3	55	57	25	14
13	0	30	10	37	48	43	0	44	25	55	50
14	3	18	39	8	24	44	3	32	54	26	26
15	0	7	7	39	1	45	0	21	22	57	3
16	2	55	36	9	37	46	3	9	51	27	39
17	5	44	4	40	13	47	5	58	10	58	15
18	2	32	33	10	49	48	2	46	48	28	51
19	5	21	1	41	25	49	5	35	16	59	27
20	2	9	30	12	1	50	2	23	45	30	3
21	4	57	58	42	37	51	5	12	14	0	39
22	1	46	27	13	13	52	2	0	42	31	15
23	4	34	55	43	49	53	4	49	11	1	51
24	1	23	24	14	25	54	1	37	39	32	27
25	4	11	52	45	1	55	4	26	8	3	3
26	1	0	21	15	37	56	1	14	36	33	39
27	3	48	49	46	13	57	4	3	5	4	15
28	0	37	18	16	49	58	0	51	33	34	51
29	3	25	46	47	25	59	3	40	2	5	27
30	0	14	15	18	2	60	0	28	30	36	4

Martis motus cõmutationis in diebus sexagenis & scrupulis.

Dies	MOTVS				
1	0	0	27	41	40
2	0	0	55	23	20
3	0	1	23	5	1
4	0	1	50	46	41
5	0	2	18	28	21
6	0	2	46	10	2
7	0	3	13	51	42
8	0	3	41	33	22
9	0	4	9	15	3
10	0	4	36	56	43
11	0	5	4	38	24
12	0	5	32	20	4
13	0	6	0	1	44
14	0	6	27	43	25
15	0	6	55	25	5
16	0	7	23	6	45
17	0	7	50	48	26
18	0	8	18	30	6
19	0	8	46	11	47
20	0	9	13	53	27
21	0	9	41	35	7
22	0	10	9	16	48
23	0	10	36	58	28
24	0	11	4	40	8
25	0	11	32	21	48
26	0	12	0	3	29
27	0	12	27	45	9
28	0	12	59	26	50
29	0	13	23	8	30
30	0	13	50	50	11
31	0	14	18	31	51
32	0	14	46	13	31
33	0	15	14	55	12
34	0	15	41	36	52
35	0	16	9	18	32
36	0	16	37	0	13
37	0	17	4	41	53
38	0	17	32	23	33
39	0	18	0	5	14
40	0	18	27	40	54
41	0	18	55	28	35
42	0	19	23	10	15
43	0	19	50	51	55
44	0	20	18	33	36
45	0	20	46	15	16
46	0	21	13	56	56
47	0	21	41	38	37
48	0	22	9	20	17
49	0	22	37	1	57
50	0	23	4	43	38
51	0	23	32	25	18
52	0	24	0	6	59
53	0	24	27	48	39
54	0	24	55	30	19
55	0	25	23	12	0
56	0	25	50	53	40
57	0	26	18	35	20
58	0	26	46	17	1
59	0	27	13	58	41
60	0	27	41	40	23

M ħ Vens

Veneris motus commutationis in annis & sexagenis annorum

Anni Aegyp.	MOTVS.					
1		3	45	1	45	3
2		1	30	3	30	7
3		5	15	5	15	11
4		3	0	7	0	14
5		0	45	8	45	18
6		4	30	10	30	22
7		2	15	12	15	25
8		0	0	14	0	29
9		3	45	15	45	33
10		1	30	17	30	36
11		5	15	19	15	40
12		3	0	21	0	44
13		0	45	22	45	47
14		4	30	24	30	51
15		2	15	26	15	55
16		0	0	28	0	58
17		3	45	29	46	2
18		1	30	31	31	6
19		5	15	33	16	9
20		3	0	35	1	13
21		0	45	36	46	17
22		4	30	38	31	20
23		2	15	40	16	24
24		0	0	42	1	28
25		3	45	43	46	31
26		1	30	45	31	35
27		5	15	47	16	39
28		3	0	49	1	42
29		0	45	50	46	46
30		4	30	52	31	50

Anni Aegyp.	MOTVS.					
31		2	15	54	16	53
32		0	0	56	1	57
33		3	45	57	47	1
34		1	30	59	32	4
35		5	16	1	17	8
36		3	1	3	2	12
37		0	46	4	47	15
38		4	31	6	32	19
39		2	16	8	17	23
40		0	1	10	2	26
41		3	46	11	47	30
42		1	31	13	32	34
43		5	16	15	17	37
44		3	1	17	2	41
45		0	46	18	47	45
46		4	31	20	32	48
47		2	16	22	17	52
48		0	1	24	2	56
49		3	46	25	47	59
50		1	31	27	33	3
51		5	16	29	18	7
52		3	1	31	3	10
53		0	46	32	48	14
54		4	31	34	33	18
55		2	16	36	18	21
56		0	1	38	3	25
57		3	46	39	48	29
58		1	31	41	33	32
59		5	16	43	18	36
60		3	1	45	3	40

Veneris motus cõmutationis in diebus sexagenis & scrupul.

Dies	MOTVS				
1	0	0	36	59	28
2	0	1	13	58	57
3	0	1	50	58	25
4	0	2	27	57	54
5	0	3	4	57	22
6	0	3	41	56	51
7	0	4	18	56	20
8	0	4	55	55	48
9	0	5	32	55	17
10	0	6	9	54	45
11	0	6	46	54	14
12	0	7	23	53	43
13	0	8	0	53	11
14	0	8	37	52	40
15	0	9	14	52	8
16	0	9	51	51	37
17	0	10	28	51	5
18	0	11	5	50	34
19	0	11	42	50	2
20	0	12	19	49	31
21	0	12	56	48	59
22	0	13	33	48	28
23	0	14	0	47	57
24	0	14	47	47	26
25	0	15	24	46	54
26	0	16	1	40	23
27	0	16	38	45	51
28	0	17	15	45	20
29	0	17	52	44	48
30	0	18	29	44	17
31	0	19	6	43	46
32	0	19	43	43	14
33	0	20	20	42	43
34	0	20	57	42	11
35	0	21	34	41	40
36	0	22	11	41	9
37	0	22	48	40	37
38	0	23	25	40	6
39	0	24	2	39	34
40	0	24	39	39	3
41	0	25	16	38	31
42	0	25	53	38	0
43	0	26	30	37	29
44	0	27	7	36	57
45	0	27	44	36	26
46	0	28	21	35	54
47	0	28	58	35	23
48	0	29	35	34	52
49	0	30	12	34	20
50	0	30	49	33	49
51	0	31	26	33	17
52	0	32	3	32	46
53	0	32	40	32	14
54	0	33	17	31	43
55	0	33	54	31	12
56	0	34	31	30	40
57	0	35	8	30	9
58	0	35	45	29	37
59	0	36	22	29	6
60	0	36	59	28	35

Mercurij motus cõmutationis in diebus sexagenis & scrupul.

Dies	MOTVS				
1	0	3	6	24	13
2	0	6	12	48	27
3	0	9	19	12	41
4	0	12	25	36	54
5	0	15	32	1	8
6	0	18	38	25	22
7	0	21	44	49	35
8	0	24	51	13	49
9	0	27	57	38	3
10	0	31	4	2	16
11	0	34	10	26	30
12	0	37	10	50	44
13	0	40	23	14	57
14	0	43	29	39	11
15	0	46	36	3	25
16	0	49	42	27	38
17	0	52	48	51	52
18	0	55	55	16	6
19	0	59	1	40	19
20	1	2	8	4	33
21	1	5	14	28	47
22	1	8	20	53	0
23	1	11	27	17	14
24	1	14	33	41	28
25	1	17	40	5	41
26	1	20	46	29	55
27	1	23	52	54	9
28	1	26	59	18	22
29	1	30	5	42	36
30	1	33	12	6	50

Dies	MOTVS				
31	1	36	18	31	3
32	1	39	24	55	17
33	1	42	31	19	31
34	1	45	37	43	44
35	1	48	44	7	58
36	1	51	50	32	12
37	1	54	56	56	25
38	1	58	3	20	39
39	2	1	9	44	53
40	2	4	16	9	6
41	2	7	22	33	20
42	2	10	28	57	34
43	2	13	35	21	47
44	2	16	41	46	1
45	2	19	48	10	15
46	2	22	54	34	28
47	2	26	0	58	42
48	2	29	7	22	56
49	2	32	13	47	9
50	2	35	20	11	23
51	2	38	26	35	37
52	2	41	32	59	50
53	2	44	39	24	4
54	2	47	45	48	18
55	2	50	52	12	31
56	2	53	58	36	45
57	2	57	5	0	59
58	3	0	11	25	12
59	3	3	17	49	26
60	3	6	24	13	40

Æqua

Æqualitatis & apparentiæ ipsorum siderum demonstratio, opinione priscorum. Cap. II.

Edĳ igitur motus eorum hoc modo se habent, nunc ad apparentem inæqualitatem conuertamur. Prisci Mathematici, qui immobilem tenebãt terram, imaginati sunt in Saturno, Ioue, Marte, & Venere eccentrepicyclos, & præterea alium eccentrum ad quem epicyclus æqualiter moueretur, ac planeta in epicyclo. Quemadmodum si fuerit eccentrus A B circulus, cuius centrũ sit C, dimetiens autem A C B, in quo centrũ terræ D, ut sit apogæum in A, perigæum in B, secta quoq; D C bifariam in E, quo facto centro describatur alter eccentros priori æqualis F G, in quo sumpto utcunq; H centro, designetur epicyclus I K, & agatur per centrum eius recta linea I H K C, similiter & L H M E. Intelligantur autem eccentri inclinati ad planum signiferi, atq; epicyclus ad eccẽtri planum, propter latitudines quas facit planeta, sed hic tanquam sint in uno plano ob demonstrationis commoditatẽ. Aiunt igitur totum hoc planum moueri circa D centrum orbis signorum, cum E C punctis ad motum stellarum fixarum, per quod uolunt intelligi ratas hæc habere sedes in non errantiũ stellarum sphæra, epicyclum quoq; in consequentia in F H G circulo, sed penes I H C, lineam ad quam etiam stella reuoluatur æqualiter in ipso I K epicyclo. Constat autem quòd æqualitas epicycli fieri debuit ad E centrum sui differentis, & planetæ reuolutio ad L M E lineam. Concedunt igitur & hic motus circularis æqualitatem fieri posse circa centrum alienum & non proprium. Similiter etiã in Mercurio hoc magis accidere. Sed iam circa Lunam id sufficienter refutatum est. Hæc & similia nobis occasionem præstiterunt de mobilitate terræ, alijsq; modis cogitandi, quibus æqualitas & principia artis permanerent, & ratio inæqualitatis apparentis reddatur constantior.

Generalis

Generalis demonstratio inæqualitatis apparentis propter motum terræ Cap. III.

DVabus igitur existentibus causis, quibus planetæ æqualis motus apparet inæq̃lis, cũ propter motũ terræ, cum etiã propter motum proprium: utrunq; eorũ in genere declarabimus, & separatim oculari demonstratione, quo melius inuicem discernantur, incipiẽtes ab eo qui omnibus illis sese commiscet propter motum terræ. Et primo circa Venerem & Mercurium, qui terræ circulo comprehenduntur. Sit ergo circulus A B eccentrus à Sole, quẽ centrum terræ descripserit annuo circuitu, iuxta modum superius traditum, centrum sit C. Nũc autem ponamus quasi nullam aliam habuerit inæqualitatem planeta præter hanc, quod erit, si homocentrũ fecerimus ipsi A B, qui sit D E, siue Veneris siue Mercurij, quẽ propter latitudinem inclinem esse oportet ipsi A B. Sed commodioris causa demonstrationis cogitentur, ac si sint in eodẽ plano, & assumatur in A signo, terra, à quo educantur uisus A F L & A G M, contingentes circulum planetæ, in F G signis, & dimetiens A C B utriusq; communis. Sit autem utriusq; motus, terræ inquam & planetæ, in easdem parteis, hoc est in consequentia, sed uelociore existente planeta, quàm terra. Apparebit ergo C, & ipsa linea A C B secundum Solis medium motum ferri, oculo in A delato: sidus autem in D F G circulo, tanquã in epicyclo maiori tempore pertransibit F D G circumferentiam in consequentia, quàm reliquam G E F in præcedentia, & illic totum F A G angulum addet medio motui Solis, hic auferet eundẽ.

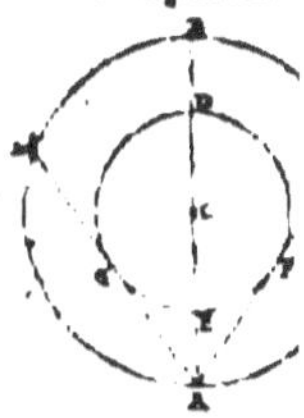

Vbi igitur motus stellæ ablatiuus, præsertim circa E perigæũ maior fuerit adiectiuo ipsius C secundum uincentem, uidetur repedare ipsi A, quod accidit in his stellis, quibus in C E linea, ad A E lineam plus fuerit in ratiõe, quàm in motu A; ad cursum planetæ, secundum demonstrata Apolonij Pergæi, ut postea dicetur. Vbi uero motus ablatiuus par fuerit adiectiuo, cõpensatis inuicem, stationem facere uidebitur, quæ omnia comperiunt apparentijs. Si igitur alia non fuisset in motu stellæ differentia, ut opinabatur Apolonius, poterant ista sufficere. Sed maximæ elongationes à loco Solis medio, quæ intelliguntur per angulos F A B, & G A E, matutinæ et uespertinæ horum siderum non inueniuntur ubiq; æquales, neq; altera alteri, neq; coniunctim, & ad se inuicem, euidenti coniectura, quod cursus eorum non sint in homocentris cum terreno circulo, sed in alijs quibusdã quibus efficiunt diuersitatem secundam. Idem quoq; demonstratur in tribus superioribus Saturno, Ioue, Marte, qui ambiunt undiq; terram. Repetito enim terræ circulo priori assumatur exterior D E homocentrus, tanquam in eodem plano, in quo

locus planetæ sumatur utcunq; in D signo, a quo rectæ lineæ agantur D F, D G, contingentes orbem terræ in F G signis, & D A C B E dimetiens communis. Manifestum est, quod ex A solummodo uerus locus planetæ in linea D E medij motus Solis apparebit, existens acronychus, & terræ proximus. Nam ex opposito in B existente terra, quamuis in eadem linea, minime apparebit, hypaugus factus, propter Solis ad C cognationem. Ipse uero cursus terræ maior existens, quo superat motum planetæ, per apogæam F B G circumferentiam apponere uidebitur motui stellæ totum angulum G D F, ac in reliqua G A F eundem auferre, sed tempore minori iuxta G A F circumferentiã minorem. Et ubi motus ablatiuus terræ superauerit motum adiunctiuum stellæ circa A præsertim, uidebitur ipsa à terra deſtitui, & in præcedentia moueri, & ibi stationem facere, ubi minima fuerit differentia ipsorum motuum contrariorum secundũ uisum. Sicq; rursus manifestum est, ea omnia accidere per unum motum terræ, quæ prisci quæsiuerunt per epicyclia singulorũ. Sed quoniam motus stellæ non inuenitur æqualis præter opinionem Apolonij & antiquorum, prodẽte id inæquali ad stellam reuolutione terræ, non igitur in homocentro feruntur planetæ, sed alio modo, quem protinus etiam demonstrabimus.

Quibus

Quibus modis errantium motus proprij appareant inæquales. Cap. IIII.

Voniam uero motus eorũ ſecundũ lõgitudinẽ proprij eundem ferè modum habẽt, excepto Mercurio, qui uidetur ab illis differre, Quamobrẽ de illis quatuor cõiunctim tractabitur, Mercurio alius deputatus eſt locus. Quòd igitur priſci unũ motum in duobus eccentris (ut recenſitũ eſt) poſuerunt, nos duos eſſe motus cenſemus æquales, quibus inæqualitas apparentiæ componitur, ſiue ꝑ eccentri eccentrũ, ſiue ꝑ epicycli epicycliũ, ſiue etiam mixtim ꝑ eccẽtrepicycliũ, quæ eandẽ poſſunt inæqualitatem efficere, uti ſuperius circa Solem & Lunã demõſtrauimus.

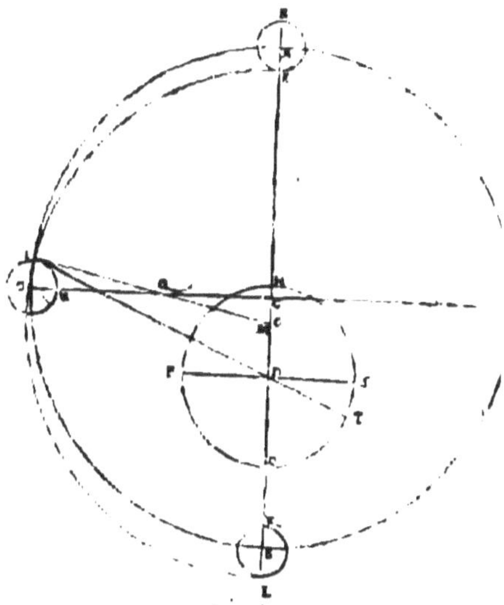

Sit igitur eccentrus A B circulo circa C cẽtrum, dimetiens A C B medij loci Solis per ſummã ac infimã abſida planetæ, in qua centrũ orbis terreni ſit D, facto ĝ in ſumma abſide A. Diſtantiæ aũt tertiæ ꝑtis C D, deſcribatur epicycliũ E F, in cuius perigæo quod ſit F, planeta cõſtituatur. Sit aũt motus epicyclij per A B eccentrũ in cõſequentia. Planetæ uero in circũferẽtia epicycli ſuperiori ſimiliter in consequentia, in reliquis ad praecedentia, ac utriusq; epicyclij inaequantis & planetae paribus inuicem reuolutionibus. Accidet propterea, ut cũ epicyclium in summa abside fuerit eccentri, & planeta in perigaeo epicyclij ex opposito, permutẽtur ad inuicem in contrarias parteis, cum utrumq; totum peregerit hemicyclium. At in quadrantibus utrisq; medijs, utrumq; absidẽ suam mediam habebit, & tunc solũ epicyclij diametros erit ad A B lineã, ac rursus bis dimidiatis, recta ad eandẽ A B. Caeterũ annuens semp & abnuens, quae omnia ex ipsorũ motuũ consequentia facile intelliguntur. Hinc etiã demonstrabitur, quod sidus hoc motu composito, nõ describit circulũ perfectum iuxta priscorũ sententiã Mathematicorũ, differẽtia insensibili. Repetatur enim idẽ epicycliũ in B cẽtro, quod sit K L. ac desumpto quadrãte circuli A G, in ipso G, epicycliũ H I, & trifariam secta C D, sit C M triens, aequalis ipsi G I, cõnectanturq; G C, I M, quae secent se in Q. Quoniã igitur A G, circũferentia similis est ex praescripto H I circũferentiae, & angulus qui sub A C G, rectus est. Rectus igitur & H G I angulus. Et qui ad Q uerticẽ, sunt etiã aequales, aequiangula sunt igitur triangula, G I Q, & Q C M, sed & aequaliũ laterũ, alterũ alteri. Quoniã G I basis ponitur aequalis C M basi, & maior est subtensa Q I, ipsi G Q, sicut etiã Q M, ipsi Q C. Tota ergo I Q M maior est tota G Q C. Sed F M, M L, A C, C G, sunt inuicẽ aequales. Descriptus ergo circulus in M centro per F L, signa, ac perinde aequalis ipsi A B circulo secabit I M lineã. Eodem modo demõstrabitur ex opposito, ac altero quadrãte. Planetes igitur p aequales motus epicyclij in eccentro, & ipse in epicyclio non describit circulũ perfectum, sed quasi, quod erit demonstrandum.

Describatur modo in D cẽtro orbis terrę annuus, qui sit N O, & extendatur I D R, insuper & P D S, parallelus ipsi C G; erit igitur I D R recta linea ueri motus planetae, G C medij & aequalis, atq; in R uerũ terrae apogaeũ ad planetã, in S mediũ. Angulus enim R D S, siue C D F, est utriusq; differentia inter aequalẽ apparentemq; motũ, nempe inter A C G angulũ & C D I. Quòd si loco A B eccentri caperemus ipsi aequalẽ in D homocentrũ, qui deferat epicycliũ, cuius quae ex centro fuerit aequalis ipsi D C, in hoc ipso quoq; alterum epicyclium, cuius dimetiens sit dimidiũ ipsius D P. Moue-

atur auatur autem primus epicyclus in consequentia, secundus tantundem in diversum, in quo demum planetes duplicato reflectatur motu, accident eadem, quæ iam diximus. Nec multo aliter, q̃ circa Lunam, siue etiam per quemlibet aliorũ modorum supra dictorum. Sed elegimus hic eccentri epicyclũ, eo quod manente semper inter Solem & c cẽtrum, o interim mutasse reperitur, ut in solaribus apparentijs ostensum est. Cui quidem mutationi cæteris pariter non obsequentibus, necesse est in illis aliquã sequi differentiam, quæ tametsi permodica sit, in Marte tamen & Venere percipitur. Quód igitur hæ hypotheses apparentijs sufficiant, ammodo ex obseruatis demonstrabimus, idq; primum de Saturno, Ioue, & Marte, in quibus præcipuũ est, atq; difficillimum apogæi locum & c o distantiam inuenisse, quoniam per ea cætera facile demonstrantur. In his autem eo fere modo utemur, quo circa Lunam usi fuimus. Nempe trium oppositionum solarium antiquarum, ad totidem nouarum facta comparatione, quas acronychias ipsarum fulsiones Græci appellant, nos extrema noctis, dum uidelicet planeta lineam rectam medij motus Solis inciderit, Soli oppositus, ubi omni illa differentia, quam motus telluris ingerit, exuitur. Talia quippe loca ex obseruationibus capiuntur per instrumenta astrolabica, ut supra expositum est. Adhibita etiam supputatione Solis, donec constiterit ad eius oppositum planetam peruenisse.

Saturnini motus demonstrationes. Cap. v.

INcipiamus igitur à Saturno, assumptis tribus locis acronychijs olim ab Ptolemæo obseruatis. Quorum primus erat anno xi. Adriani, mense Mechyr, die eius septimo, prima hora noctis. Christi anno cxxvii. die septimo Calendis Aprilis, horis xvii. æqualibus, à media nocte transactis, ad meridianum Cracouiensem habita ratione, quem una hora distare ab Alexandria inuenimus. Inuentus est autem locus stellæ partibus clxxiiii. scrup. xl. fere, ad fixarum stellarum sphæram (ad quã hæc omnia referimus, tanquã principiũ æqualitatis) quo-

niam Sol motu simplici erat tũc ex opposito in part. c
scrup. XL. à cornu Arietis sumpto exordio. Secundus
Adriani XVII. mense Epiphy, die eius XVIII, secun
ptios. Christi uero, secundũ Romanos CXXXIII. die
nonas Iunij, undecim horis à media nocte æquinoc
reperitq; stellam in part. CCXLIII. scrup. III. dum esset
dio motu in part. LXIII. scrup. III. horis quindecim à m
cte. Tertiam deinde prodidit anno eiusdem Adriani
se Mesury, secundũ Ægyptios, die mensis XXIIII. quo
no Christi CXXXVI. die octauo ante Idus Iulij, à me
horis undecim, & dimidia secundum meridianum Cr
sertin part. CCLXXVII. scrup. XXXVII. dum Sol med
esset in part. XCVII. scrup. XXXVII. Sunt igitur in prin
uallo anni VI. dies LXX. scrup. LV. sub quibus mota es
cundum uisum part. LVIII. scrup. XXIII. medius tellur
à stella, & est commutationis part. CCCLII. scrup. XLIII
quæ deficiunt à circulo part. VII. scrup. XVI. accrescunt m
lis motui, ut sit partiũ LXXV. scrup. XXXIX. In secund
uallo sunt anni Ægyptij III. dies XXXV. scrup. L. Mot
rens planetæ partiũ XXXIIII. scrup. XXXIIII. commu
part. CCCLVI. scrup. XLIII. e quibus etiam reliquæ circul
III. scrup. XVII. adijciuntur motui sideris apparenti,
medio eius motu partiũ XXXVII. scrup. LI. Quibus sic
tis, describatur circulus planetæ eccentrus A B C, cuius ce
D, dimetiens F D G, in quo fuerit E centrũ orbis magni te
antẽ A centrũ epicyclij in prima noctis summitate, B in
C in tertia. In quibus describatur idẽ epicycliũ secundũ d
tertiæ partis ipsius D E, & ipsa A, B, C, centra iungãtur cũ D
lineis, quę secabunt epicyclij circumcurrentẽ in K L M sign
plantur similes circumferentiæ K N ipsi A F, L O ipsi B F,
ipsi F B C, cõnectãturq; B N, B O, B P. Est igitũ A B circũferẽn
dũ numerationẽ part. LXXV. scru. XXXIX. B C part. L X
scru. L I. Angulus aũt apparẽtiæ N B O part. LXVIII. scru.
& q sub O B P, part. XXXIIII. scru. XXXIIII. Propositũ
mum scrutari, summæ ac infimæ absidis loca, hoc est, ipsi
cũ distãtia centrorũ D E, sine quibus æqualẽ apparentem

tum discernendi non est modus, sed occurrit hic quoq; difficultas non minor quã apud Ptolemæum in hac parte. Quoniã si N E O, angulus datus cõprehenderet A B circumferentiã datam, & O E F, ipsam B C, iam pateret aditus ad demonstrandum ea quæ quęrimus. Sed A B circumferentia cognita subeundi: A E B angulũ ignotũ, & similiter sub B C nota, latet angulus B E C. oportebat aũt utraque nota esse. Sed nec angulorũ differentiæ A E N, B E O, & C E P, percipi possũt, nisi prius cõstiterint A F, F B, & F B C, circũferentiæ similes eis quæ sunt epicyclij, adeoq; dependentia sunt hæc inuicẽ, ut simul lateãt uel patescãt.

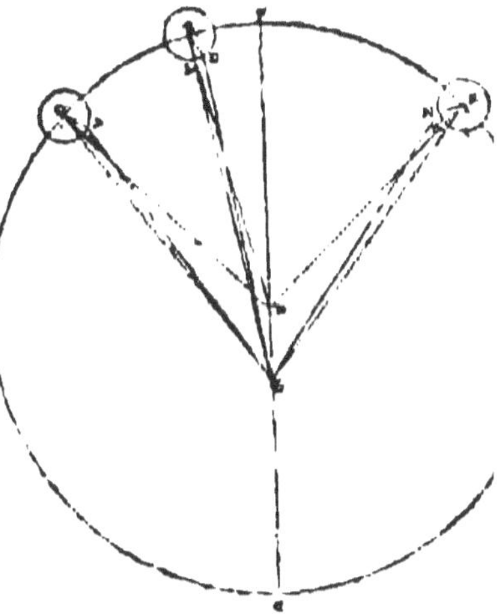

Illi ergo demonstrationũ medijs destituti à posteriori ac per ambages adnixi sunt, ad quæ recta & à priori non patuit accessus. Ita Ptolemæus in his exequẽdis prolixo sermone, in ingentẽ numerorum multitudinem se diffudit, quæ recensere molestum censeo, & superuacaneũ, eo præsertim quòd etiam in nostris quæ sequuntur, eundẽ ferè modũ sumus imitaturi. Inuenit enim tandem in retractatione numerorũ A F circũferentiã esse partiũ L VII. scrup. I. F B part. X VIII. scrup. XXXVII. F B C part. L VI. s. Distãtiã uero centrorũ part. VI. scru. I. Quarum D F fuerit L X. sed quarum in nostris numeris D F est decem millium, sunt 1016. Ex his dodrantem accepimus D E, partium 854, reliquum quadrantẽ partium 285 epicyclio dedimus, quibus sic assumptis & accommodatis ad nostrã hypothesim, demonstra-

demonſtrabimus ea congruere apparentijs obſeruatis. Quoni
am in primo acronychio trianguli A D E, latus A D datur partium
10000. & D E partium earundem 864. cum A D E angulo reliquo
ex A D F, è quibus per demõſtrata triangulorum planorum A E,
conſtat partibus ſimilibus 10480. & reliqui anguli D E A, part.
LIII. ſcrup. VI. D A E part. III. ſcru. L V. quibus quatuor recti ſunt
CCCLX. ſed angulus E A N æqualis ipſi A D F, partium eſt earundem L VII. ſcru. I. Totus ergo N A E partium eſt L X. ſcrup. L VI.
In triangulo igitur N A E, duo latera data ſunt A E part. 10480. &
N A part. 285. quarum erat A D decem milium cum angulo N A E.
dabitur etiam qui ſub A E N, & eſt partis unius, ſcrup. X X II. & re
liquus N E D partium L I. ſcrup. X L IIII. Similiter in ſecũdo acro
nychio. Nam trianguli E D B, datur latus D E partium 864. quare
B D, eſt 10000. cum angulo B D E, reliquo ex B D F partium C L X I.
ſcrup. X X II. fiet & ipſe datorum angulorum & laterum B E latus
partium 10832. quarum erat B D 10000. & angulus D B E partis
unius, ſcrup. X X V II. & reliquus B E D part. X V II. ſcrup. X I. Sed
& O B L angulus æqualis ipſi B D F partiũ erat X V III. ſcru. X X V I.
Totus ergo E B O partium eſt earundem X X. ſcrup. V. In triangulo igitur E B O duo latera data ſunt B E partium 10832 & B O
part. 285. cum angulo E B O, datur per demõſtrata triangulorũ
planorum, reliquus qui ſub B E O ſcrup. primorum X X X II. Remanet B E O igitur part. X V I, ſcrup. X X X I X. In acronychio q́ꝫ
tertio trianguli C D E, duo latera C D, D E data ſunt, ut prius, & an
gulus C D E part. L VI. ſcrup. X X I X. per quartum planorum præ
ceptum datur baſis C E, part. 10512. quarum eſt C D, 10000. & an
gulus D C E part. III. ſcrup. L III. cum reliquo C E D, partium L II.
ſcrup. X X X V I. totus ergo qui ſub E C P partium eſt L X. ſcrup.
X X II. quarum quatuor recti ſunt CCCLX. Sic etiam trianguli E
C P duo latera data ſunt cum angulo E C P. Datur etiam C E P angulus, & eſt partis unius, ſcrup. X X II. unde & P E D, reliquus parti
eſt L I. ſcrup. X IIII. Hinc totus angulus O E N apparentiæ colligi
tur part. L X V III. ſcru. X X III. & O E P part. X X X IIII. ſcru. X X X V
qui conſentiunt obſeruatis. Et F ſummæ abſidis locus eccentri
ad partes CCX X V I. ſcrup. X X. pertingit, à capite Arietis, quibus ſi adijciantur partes ſex, ſcrup. X L. præceſsionis æquinoctij

Verni

Verni, tunc existẽtis proueniret ad XXIII. gradum Scorpij, iuxta Ptolemaei sententiam. Erat enim locus stellae apparens in hoc tertio acronychio, ut recitatum est, part. CCXXVII. scrup. XIIII. quibus si auferantur part. LI. scrup. XIIII. iuxta angulum apparentiae PDF ut demonstratũ est, remanet ipse locus summae absidis eccentri in part. CCXXVI. scrup. XXIII. Explicetur iam quoq; orbis terrae annuus, RST, qui secabit PR lineam, in R signo, & agetur dimetiens SRT, iuxta CD lineam medij motus planetae. Aequalibus igitur angulis SRD, ipsi CDF, erit SRX angulus

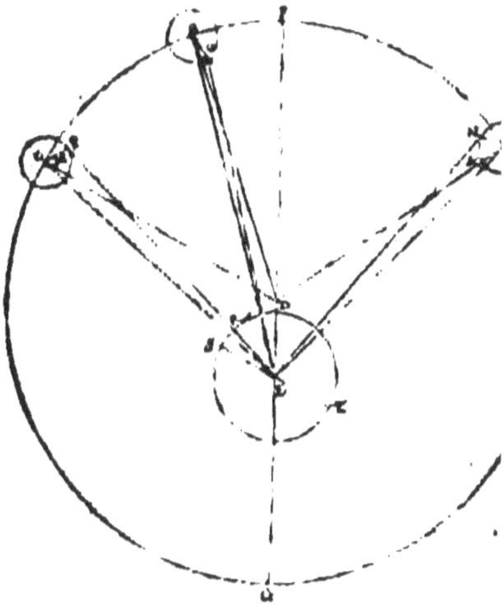

differentia & prosthaphaeresis inter apparentem mediumq; motum, hoc est, inter CDF, & PRD angulos partium V. scrup. XVI. atq; eadem inter medium uerumq; commutationis motum, q̃ dempta ex semicirculo relinquit RT circumferẽtiã CLXXIIII. scrup. XLIIII. ac motum aequalem commutationis à signo T sum pto principio, id est, à media Solis & stellae coniunctione usq; ad hanc tertiam noctis extremitatem, Siue ueram terrae & stellae oppositionem. Habemus igitur iam, quod hora huius obseruationis, anno uidelicet XX. Imperij Adriani, Christi uero CXXXVI. octauo Idus Iulij, XI. horis à media nocte, anomaliã Saturni à summa abside eccentri sui part. LVI. S. mediumq; motum commutationis part. CLXXIIII. scrup. XLIIII. Quae demõstrasse propter sequentia fuerit opportunum.

De alijs tribus recentius obseruatis circa Saturnum acronychijs. Cap. VI.

CVm autem supputatio motus Saturni à Ptolemæo tradita haud parum discrepet nostris temporibus, neq; statim potuerit intelligi, in qua parte lateret error, coacti sumus nouas obseruationes adhibere, è quibus iterum accepimus tres extremitates eius nocturnas. Primam anno Christi M. D. XIIII. tertio nonas Maij, hora una & quinta ante mediū noctis, in qua repertus est Saturnus in part. CCV. scru. XXIIII. Altera erat anno Christi M. D. XX. tertio Idus Iulij in meridie, in partibus CCLXXII. scru. XXV. Tertia quoq; anno eiusdem M. D. XXVI. sexto Idus Octobris, sex horis & duabus quintis à media nocte in VII. scrup. unius partis à cornu Arietis. Sunt igitur inter primam & secundam anni Ægyptij sex, dies LXX. scrup. XXXIII. In qbus motus est Saturnus secundum apparentiam part. LXXVIII. scrup. I. A secunda ad tertiam sunt anni Ægyptij septē, dies LXXXIX. scrup. XLVI. & motus stellæ apparens part. LXXXVI. scrup. XLII. Et medius motus in primo interuallo part. LXXV. scrup. XXXIX. In secundo part. LXXXVIII. scrup. XXIX. Igitur in inquisitione summæ absidis & eccentrotetis agendum est primū, iuxta præceptū Ptolemæi, ac si stella in simplici eccentro moueretur. Quod quamuis non sufficiat, attamē cominus adducti, facilius ad uerū peruenimus. Sit igitur ipse circulus ABC, tanquā is, in quo planeta æqualiter moueatur, & sit in A signo primū acronychium, in B secundū, in C tertium, & suscipiatur in ipso centrum terræ, quod sit D, cui cōnectantur AD, BD, CD, atq; ex his una quælibet extendatur in rectam lineam ad oppositas circumferentiæ parteis, quemadmodum CDE, & coniunganturAE, BE. Quoniam igitur angulus BDC datus est partium LXXXVI. scrup. XLII. quarum ad centrū duo recti sunt CLXXX. Erit reliquus BDE angulus, part. XCIII. scrup. XVIII. Sed quarum CCCLX. sunt duo recti, erit partium CLXXXVI. scrup. XXXVI. & a BD secundū BC circumferentiam part. LXXXVIII. scrup. XXIX. Et reliquus igitur, qui sub DBE

part.

part. LXXXIIII. scrup. LV. Trianguli igitur BDE datorum angulorum dantur latera per Canonem, BE part. 19953. & DE part. 13501. quarum dimetiens circumscribentis triangulum fuerit 20000. Similiter in triangulo ADE, quoniam ADC, datur part. CLIIII. scru. XLIII. quarum duo recti sunt CLXXX. Et reliquus ADE part. XXV. scru. XVII. Sed quarum CCCLX sunt duo recti, erit part. L. scrup. XXXIIII. quarum etiam ADE iuxta ABC circumferentiam, est part. CLXIIII. scru. VIII. & reliquus sub DAE, part. CXLV. scru. XVIII. Proinde & latera constant DE, part. 19090. & AE part. 8542. quarum dimetiens ipsum ADE circumscribentis triangulum fuit 20000. Sed quarum DE dabatur partium 13506. talium erit AE, part. 6043. quarum erat etiam BE, 19953. Inde etiam in triangulo

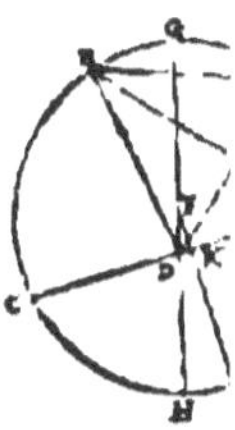

ABE habemus duo latera data sunt, BE & EA, cum angulo AEB, qui constat part. LXXV. scrup. XXXVIII. secundum circumferentiam AB, per demonstrata igitur triangulorum planorum AB, part. est 15647. quarum erat BE, part. 19968. Secundum uero quod AB subtenditur datae circumferentiae part. 32166. quarum dimetiens eccentri fuerit 20000. erit ipsa BE, part. 35664. & DB 30599. Per subtensam igitur BE, datur iam BAE circumferentia part. CIII. scrup. VII. Hinc tota EABC, part. CXCI. scrup. XXXVI. & reliqua circuli CE, part. CLXXXVIII. scru. XXIIII. ac per eam subtensa CDE part. 39898. & CD excessus part. 9299. Iamque manifestum est, quod si ipsa CDE, fuisset dimetiens eccentri, in ipsam caderent summae ac infimae absidis loca, pateretque centrorum distantia, sed quia maius est segmentum EABC, in ipso erit centrum, sitque ipsum F, per quod atque D extendatur dimetiens GFDH, & ipsi CDE ad angulos rectos FKL. Manifestum est autem, quod rectangulum quod sub CDE continetur, aequale est ei, quod GD, DH. Sed quod GD, DH, cum eo quod ex FD, fit quadrato, aequale est ei quod à dimidia ipsius GDH, quae est FDH. Ablato igitur dimidij diametri quadrato ab eo quod sub GD, DH, siue aequali quod sub CD, DE rectangulo, remanebit ex FD quadratum. Dabitur ergo longitudine ipsa FD, & est partium 1200, quarum quae ex centro fuerit 10000. Sed quarum GF fuerit partium 60. fuisset FT part. 7.

O ij scrup.

scrup. 52, quae parum distant à Ptolemaeo. Quoniam uero CDE est semissis totius CDE part. 9949. & CD demonstrata est part. 9299. reliqua ergo DE partiũ est 650. quarũ GF ponitur 10000. & FD, 1200. sed quarum FD fuerit 10000. erit DE part. 5417. quae pro semisse subtẽdentis duplum anguli DFE, est ipse angulus ge. XXXII. scrup. XLV. Quorum quatuor recti sunt CCCLX. Atq; his similes in EL circumferentia subtẽdit in centro existẽtis circuli. Sed tota CEL medietas ipsius CL E ge. est LXXXIIII. scrup. XIII. ergo residua CE, ab acronychio tertio ad perigaeum est part. LI. scrup. XXVIII. quae dempta à semicirculo relinquunt CBF circũferẽtiã part. CXXVIII. scru. XXXII. à summa abside ad acronychium tertium. Cumq; fuerit CB circumferentiae part. LXXXVIII. scrup. XXIX. erit residua BF part. XL. scru. III. à summa abside ad acronychium secundum. Deinde quae sequitur BFA circumferentia part. LXX. scrup. XXXIX. supplet AF quod erat ab acronychio primo ad apogaeum F part. XXXV. scrup. XXXVI. Sit iam ABC circulus, cuius dimetiens sit FDEG, centrũ D, apogaeũ F, perigaeũ G, circũferẽtia AF part. XXXV. scru. XXXVI. FB part. XL. scru. III. FBC part. CXXVIII. scru. XXXII. Capiatur autem ex iam demõstrata cẽtrorũ distãtia DE dodrãs part. 900. & quadrãs, qui reliquus est part. 300. quarũ quae ex cẽtro FD fuerint 10000. secũdũ quẽ quadrantẽ in ABC cẽtris epicycliũ describatur & cõpleatur figura iuxta propositã hypothesin. Quibus sic dispositis si elicere uoluerimus obseruata loca Saturni p

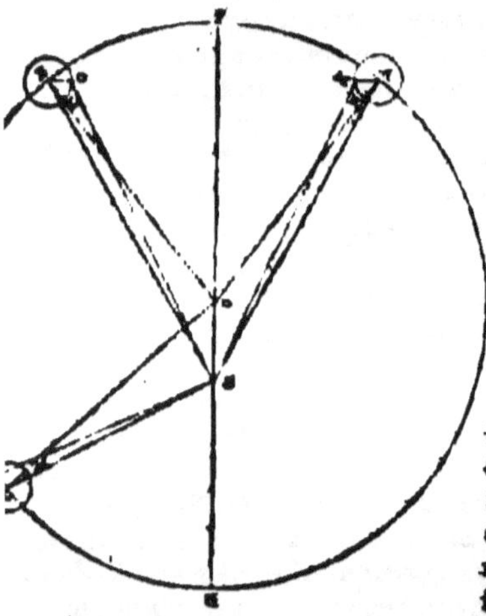

modũ ſupius traditũ, ac mox repetẽdũ, inueniemus nõnihil di
ſcrepãda. Et, ut ſummatim dicã, ne pluribus lectorẽ oneremus,
neúe plus laboraſſe uideamur in deuijs indicãdis, ꝙ ꝓtinus re
cta monſtrãda uia, ꝑducũt haec neceſſario ꝑ triangulorꝫ demõ
ſtratiões ad N B O, angulũ part. LXVII. ſcru. XXXV. & alterũ qui
ſub O B N, part. LXXXVII. ſcru. XII. atq; hic apparẽti maior eſt ſe
migradu, & ille XXVI. ſcru. minor. At tũc ſolũ quadrare inuicẽ
cõperimus, ſi ꝓmoto aliquãtulũ apogaeo cõſtituerimus A F pt.
XXXVIII. ſcru. L. ac deinceps F B circũferẽtiã part. XXXVI. ſcru.
XLIX. F B C pt. CXXV. ſcru. XVIII. Cẽtrorũ q̃q; D E diſtãtiã, part.
854. atq; eã q̃ ex cẽtro epicycli, part. 285. quarũ F D fuerit 10000.
quae ferè cõſentiũt Ptolemaeo, ut ſupius eſt expoſitũ. Quod enĩ
hae magnitudines apparẽtijs cõuentãt, ac tribus fulſionibus no-
cturnis obſeruatis, exinde ꝑſpicuũ fiet, quoniã ſub acronychio
primo in triangulo A D E, latus D E daĩ partibus 854. qbus A D eſt
10000. Et angulus A D E part. CXLI. ſcru. X. q̃rũ circa cẽtrũ cũ A D
F, ſunt duo recti. Demõſtraĩ ex his reliquũ latus A E part. 10679
quarꝫ q̃ ex cẽtro F D erat 10000. Et reliq angulli D A E, part. II. ſcru.
LII. & D E A part. XXXV. ſcru. LVIII. Similiter in triangulo A E N
q̃niã q ſub E A N, aeq̃lis eſt ipſi A D F, erit iã totus E A N part. XLI.
ſcru. XLII. & latus A N, part. 285. quarũ erat A E part. 10679. De-
mõſtrabitur angulus A E N, unius eſſe ptis, ſcru. III. ſed totus D E
A, cõſtat part. XXXV. ſcru. LVIII. reliquus igiĩ, q ſub D E N, part.
erit XXXIIII. ſcru. LV. In altera q̃q; ſomme noctis fulſiõe trian
gulũ E B D duorꝫ laterũ datorꝫ eſt, nã D E pt. 854. q̃liũ D B 10000.
cũ angulo B D E, erit idcirco & B E illarũ ptiũ 10697. angulus D B
E part. II. ſcru. XLV. & reliquus B E D part. XXXIIII. ſcru. IIII. Sed
q ſub L B O aeq̃lis eſt ipſi B D F, totus ergo E B O part. erit XXXIX.
ſcru. XXXIIII. ad cẽtrũ. Hũc aũt ſuſcipiũt data latera B O pt. 285.
& B E part. 10697. Quibus demõſtratur B E O ſcrupul. eſſe LIX. q̃
dẽpta ab angulo B E D, relinqt O E D, pt. XXXIII. ſcru. V. Iã uero
demõſtratũ eſt in prima fulſiõe angulũ D E N fuiſſe pt XXXIIII.
ſcru. LV. totus ergo O E N, angulus erit pt. LXVIII. ꝑ quẽ apparu
it diſtãtia fulſiõis primae à ſecũda, ac obſeruatiõibus conſenta-
nea. Similiĩ erit oſtẽdei de tertio acronychio. Quoniã triangu
li C D E angulus C D E daĩ pt. LIIII. ſcru. XLII. & latera C D, D E quae

 prius

prius, quibus demonstratur tertium B G latus earũdem esse par
tium 9532. & reliqui anguli G B D partium CXXI. scrup. V. D C B
part. IIII. scrup. XIIII. totus ergo P C B, part. CXXIX. scrup. XXXI
Ita rursus B P C, trianguli duo latera P C, C B data sunt cum angu
lo P C B, quibus ostenditur angulus P B C partis unius, scrupul.
XVIII. qui demptus ex C B D, relinquit angulũ P B D part. CXIX.
scrup. XLVII. à summa abside eccentri ad locũ planetæ in acro
nychio tertio. Ostensum est autem, quod in secundo erant par
tes XXXIII. scrup. V. remanent igi
tur inter secundam tertiamq; summæ
noctis Saturni fulsionẽ, pres LXXXVI
scrup. XLII. quæ etiam congruentes ad
stipulantur obseruationibus. Erat autẽ
locus Saturni per considerationẽ tunc
inuentus in VIII. scrup. unius partis à
prima stella Arietis sumpto exordio,
& ab ipso ad infimam absida eccentri
ostensum est partes fuisse LX. scrupul.
XIII. peruenit igitur ipsa infima absis
ad LX. grad. & unius ferè trientẽ, atq;
summæ absidis locus è diametro in
part. CCXL. & trientem unius. Expo

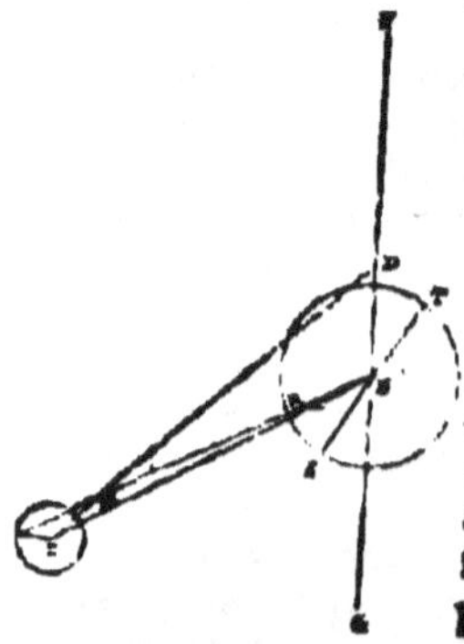

natur iam orbis terræ magnus R S T, in
E centro suo, cuius dimetiens S E T ad C D lineã medij motus cõ
pareatur, factis angulis F D C, & D E S inuicẽ æqualibus, erit ergo
terra & uisus noster in P E linea, ut puta in R signo: angulus autẽ
P E S, siue R S, circũferẽtia, qua differt F D C angulus à D E P, æqua
litatis ab apparenti, qui demonstratus est part. V. scrup. XXXI.
quæ cum subductæ fuerint à semicirculo, relinquunt R T, circũ
ferentiã part. CLXXIIII. scrup. XXIX. distãtia sideris ab apogæo
orbis quod est T, tanq; à loco Solis medio. Sicq; demonstratũ
habemus, quod anno Christi M. D. XXVII. sexto Idus Octobris,
sex horis & duabus quintis fuerit Saturni motus anomaliæ à
summa abside eccẽtri pt. CXXV. scru. XVIII. Motus aũt cõmu
tatiõis part. CLXXIIII. scru. XXIX. Et locus summæ absidis in
part. CCXL. scru. XXI. à prima stella Arietis inhærentium stella
rum sphæra.

Demo

De motus Saturni examinatione. Cap. VII.

OStensum est autem, quòd Saturnus tempore ultimæ
trium considerationum Ptolemæi, secundũ cõmuta
tiõis suæ motũ fuerit in part. CLXXIIII. scru. XLIIII.
Locus antẽ summæ absidis eccẽtri in part. CCXXVI.
scru. XXIII. à capite Arietis stellati. Patet igitur quòd in medio
tempore utriusq; obseruationis Saturnus cõmutationũ suarum
æqualiũ compleuit reuolutiões M. CCC. XLIIII. minus quadrãte
unius gradus. Sunt aũt à XX. anno Adriani, à XXIIII. die men
sis Mesury Ægyptiorũ, una hora ante meridiẽ, usq; ad annum
Christi M. D. XXVII. sextum Idus Octobris, sex horas, huius cõ
sideratiõis, anni Ægyptij M. CCCXCII. dies LXXV. scru. XLVIII.
Quibus etiã si ex canone colligere uoluerimus motũ ipsum, inueniemus similiter graduũ sexagenas quinq;. gradus LIX. scru.
XLVIII. quæ superfluũt à reuolutionibus cõmutationũ, M. CCC
XXIII. Recte se igitur habẽt, quę exposita sunt de medijs Satur
ni motibus. In quo etiã tempore ga motus Solis simplex est par
tium LXXXII. scru. XXX. à quibus demptis grad. CCCLIX. scru.
XLV. remanent partes LXXXII. scrup. XLV. motus Saturni me
dij, quæ iam excrescunt in XLVII. eius reuolutionem supputati
oni congruentia. Interim quoq; & summæ absidis locus eccen
tri promotus est XIII. grad. & LVIII. scrup. sub non errantium
stellarũ sphæra, quem credebat Ptolemæus eodẽ modo fixum,
at nunc apparet ipsum moueri in centum annis per gradum u-
num ferè.

De Saturni locis constituendis. Cap. VIII.

SVnt autem à principio annorum Christi ad annum
XX. Adriani, XXIIII. diem, mensis Mesury, una hora ante meridiẽ obseruationis Ptolemæi, anni Ægy
ptij CXXXV. dies CCXXII. scrup. XXVII. in quibus
motus Saturni cõmutationis est part. CCCXXVIII. scru. LV. q̃ re-
lecta ex part. CLXXIIII. scru. XLIIII. relinquunt part. CCV. scrup.
XLIX. locũ

XLIX. locum distantiæ medij loci Solis à medio Saturni, & est motus commutationis eius in media nocte ad Calend. Ianuarij. Ad hunc locum à prima Olympiade anni Ægyptij DCCLXXV dies XII S. comprehendunt motum præter integras reuolutiones part. LXX. scrup. LV. Qui reiectus à part. CCV. scrup. XLIX. relinquit partes CXXXIII. scrup. LIIII. ad principium Olympiadum in meridie primi diei mensis ἑκατομβαιῶνος. Exinde post annos CCCLI. dies CCXLVII. præter integros circuitus sunt partes XIII. scrup. VII. appositæ prioribus colligentes Alexandri Magni locum part. CXLVIII. scrup. I. ad primum diem in meridie mensis Thoth Ægyptiorum. Et ad Cæsarē anni CCLXXVIII. dies CXVIII S. Motus autem part. CCXLVII. scrup. XX, constituens locū part. XXXV. scrup. XXI. in media nocte ad Calend. Ianuarij.

De Saturni commutationibus, quæ ab orbe terræ annuo proficiscuntur, & quanta illius sit distantia. Cap. IX.

MOtus Saturni longitudinis æquales unà cum apparentibus sunt hoc modo demonstrati. Cætera enim quæ illi accidunt apparentia, commutationes sunt, ut diximus, ab orbe terræ annuo proficiscentes. Quoniam sicut terræ magnitudo ad Lunæ distantiam parallaxes facit, ita & orbis illius, in quo annuo reuoluitur circa quinque errantes stellas habet efficere, sed pro magnitudine eius longè euidentiores. Tales autem commutationes accipi nequeunt, nisi prius altitudo stellæ innotuerit. Quam tamen per unā quamlibet commutationis considerationem possibile est deprehendere. Qualem circa Saturnum habuimus anno Christi M. D. XIIII. sexto Calend. Martij à media nocte præcedente V. horis æquinoctialibus. Visus est enim Saturnus in linea recta stellarum, quæ sunt in fronte Scorpij, nempe secunda & tertia, quæ eandem longitudinem habentes, sunt in CCIX. part. adhærentium stellarum sphęrę. Patuit igitur & Saturni locus per easdē. Sunt autem à principio annorum Christi ad hanc horam anni Ægyptij M. D. XIIII. dies LXXVII. scru. XIII. & idcirco secundū

numeratio

[illegible] part. [illegible] scrup. [illegible]
[illegible], locus [illegible] medius in part. [illegible] scrup. [illegible]
[illegible] Saturni part. C X V I I. scrup. [illegible] ac
[illegible] Saturni medius part. [illegible] scrup. [illegible]
[illegible] eccentri in partibus C C X L, [illegible]
secundum propositum modum circulus [illegible]
[illegible], & in dimetiente [illegible], sit apogeum, perigeum [illegible],
[illegible] orbis terrae [illegible], connectantur [illegible], & [illegible]
distantiae autem [illegible] ipsius D E, [illegible]
describatur epicyclium, in quo [illegible] sit [illegible]
stellae, facto D A E angulo aequali ipsi A D B,
& in centro [illegible] orbis terrae exponatur [illegible],
quasi in eodem fuerit plano ipsius A B C cir
culi, cuius dimetiens parallelus existat ip
si A D, ut intelligatur respectu planetae apo
geum orbis in [illegible], perigaeum in [illegible]. Decide
tur autem ex ipso orbe circumferentia [illegible]
[illegible], partium C X V I. scrup. X X X I. iuxta supe
putationem anomaliae commutationis,
connectantur [illegible], & [illegible] produ
cta secet utramque orbis circumferentiam.
Quoniam igitur A D B angulus [illegible] est X L
scrup. X. qualium [illegible] qui sub D A F ex hy
pothesi, & reliquus [illegible] part. C X X X V I I I.
scrup. [illegible] part. est 8 9 4. qualium est A D 10000, quibus [illegible]
angulo A D B, demonstratur [illegible] etiam [illegible]
dem 10067. angulus [illegible] part. X X X V I I I. scrup. I X. & reliquus
sub B A D, part. [illegible] scrup. [illegible] ergo [illegible]. scrup.
X L. Sic rursus in triangulo F A B, latus F A, datur part. 285. quibus
[illegible]
[illegible] scrup. V. [illegible]
dem 10465. & [illegible]
est igitur, quod [illegible]
[illegible] part. [illegible] scrup. [illegible] V I. quae [illegible]
[illegible] Quae [illegible] scrup. X V I. ab
[illegible]
Arietis [illegible] part. V. scrup
[illegible], uisus est in partibus C C V. Differentiae part. V. scrup

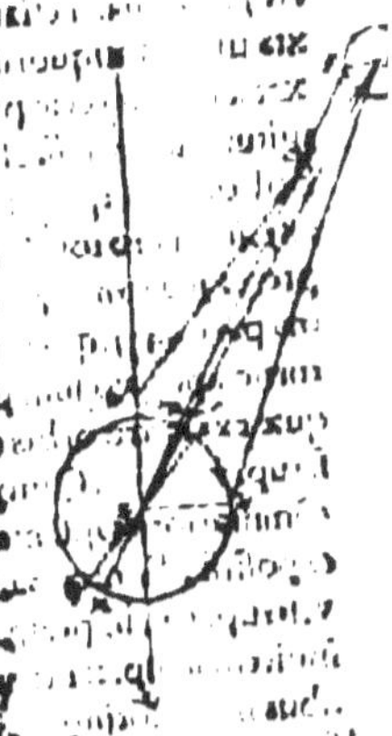

 X L I I I I

triangulo A B E duobus lateribus datis B A, 10774. qualium est A E, 1129. & angulo B A E, partes sexaginta, angulus A B E partis unius, scru. XVII. Hinc etiam qui reliquus est, sub E B D, partiũ erit LXXII. scrup. X. Similiter ostendetur in triangulo B E D, manent enim

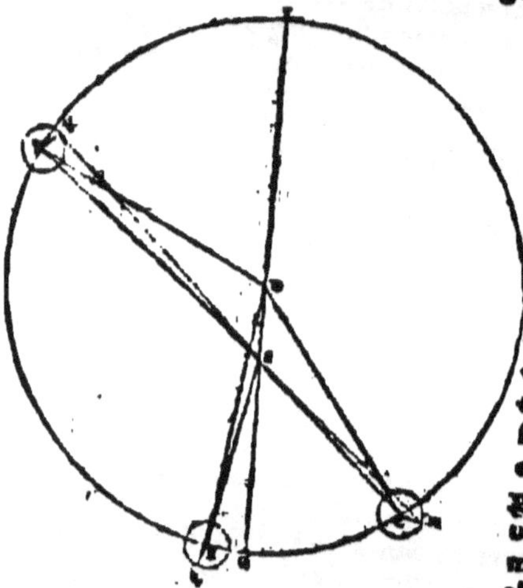

semper æqualia prioribus latera B D, D E. Sed angulus B D E, datur partiũ II. scru. L. exhibit propterea B E basis part. 9314. qualiũ est D B, 10000. Et angulum D B E partis unius scru. XII. Sicque rursus in triangulo B L E, duo latera sunt data, & totus E B L angul' pt. CLXXVII. scrup. XXII. dabitur etiã qui sub L E B angulus, scrup. IIII. unius partis. Collecta simul scrup. XVI. cum ablata fuerint ab F B E angulo, relinquũt part. CLXXVI. scrup. LIIII. Quæ sunt anguli F B L, à quo cũ ablatus fuerit E B D, part. LXXII. scrup. X. supersunt partes CIIII. scrup. XLIIII. Suntque ipsius E B L, anguli apparentiæ inter primum & secundum observatorum terminorum congruentes ferè. Itidem tertio loco per triangulum C D E datis lateribus C D, D E, cum angulo C D E, qui erat part. XXX. scrup. XXXVI. Demonstrabitur E C basis part. 9410. & angulus D C E, part. II. scru. VIII unde totus E C M part. CXLVII. scrup. XLIIII. in triangulo E C M, quibus ostenditur C E M angulum, scrup. XXXIX. & exterior qui sub D E E æqualis ambobus interioribus E C E, & C E E, opposito part. II. scrup. XLVII. quibus D E M, minor est ipsi F D C, ut sit G E M, reliquum part. XXXIII. scrup. XXIII. & totus L E M, part. XXXVI.

XXXVI. scrup. XXXIX. qui erat à secunda fulsione ad tertiam consentiens etiam obseruatis. At quoniam hæc tertia summæ noctis fulsio inuenta erat in VII. grad. & XLV. scrup. sequens infimam absida, partibus (ut ostensum est) XXXIII. scru. XXIII declarat summæ absidis locum fuisse per id quod superest semicirculi, in part. CLIIII. scrup. XXX. fixarum sphæræ. Exponatur iam circa E orbis terræ annuus R S T cum diametro S E T, comparata ad D Q lineam. Patuit autem quod angulus G D Q fuerit part. XXX. scrup. XXXVI. cui æqualis est G E S, & quod angulus D E B, siue æqualis ei R E S, atque R S circumferentia est partium duarum, scru. XLVII. distantiæ planetæ à perigæo orbis medio, per quam tota T S R à summa abside orbis extat part. CLXXXII. scrup. XLVII. Et per hoc confirmatur, quod in hac hora tertij acronychij Iouis adnotati anno primo Antonini, die XX. mẽsis Athyr Ægyptiorum, quinque horis à media nocte subsecuta, Iouis stella fuerit secundum anomaliã cõmutationis in partib. CLXXXII. scrup. XLVII. Locus eius æqualis secundum longitudinem in part. IIII. scrup. LVIII. Ac summæ absidis eccentri locus in part. CLIIII. scrup. XXII. quæ omnia huic quoque nostræ hypothesi mobilitatis terræ, atque æqualitatis absolutissime planè sunt conuenientia.

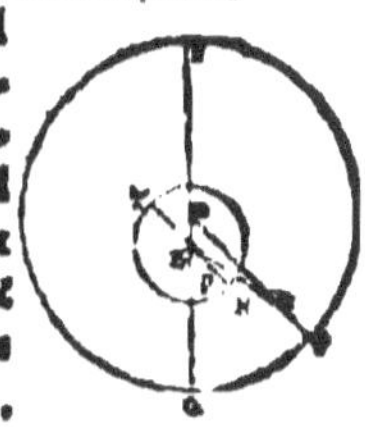

De alijs tribus acronychijs Iouis recentius obseruatis. Cap. XI.

TRibus locis stellæ Iouis olim proditis atque hoc modo taxatis, alia tria substituemus, quę etiam summa diligentia obseruauimus ipsi Iouis acronychi. Primũ anno Christi M. D. XX. pridie Calẽd. Maij, à media nocte p̃cedẽte horis XI. in grad. CC. scru. XVIII. fixarũ sphæræ. Secundũ anno Christi M. D. XXVI. quarto Calend. Decembris à media nocte horis tribus, in grad. XL VIII. scru. XXXIIII. Tertiũ uero anno eiusdẽ M. D. XXIX. ipsis Calẽd. Februarij, horis XIX. à media nocte transactis, in grad. CXIII. scruo. XLIIII.

atq; aliis circuli circumferentiis non eodem modo, quod, quæritur prouenire. Nec aliter Iouis motum æqualitatis & apparentiæ possibile erat componere in his tribus terminis propositis, ac deinde omnibus, nisi sequeremur totam centrorum egressionem eccentrotetis à Ptolemæo proditam part. v. scrup. xxx. quarum quæ ex centro eccentri fuerint lx. sed quarum fuerint 10000. sunt 917. Quodq; sint circumferentiæ à summa abside ad acronychium primum part. xlv. scrup. ii. ab infima abside ad secundum part. lxiiii. scrup. xl. & à tertio acronychio ad summam absida part. xli. scrup. viii. Repetatur enim figura superior eccentrepicycli, quatenus tamen huic exemplo congruat. Exit igitur pro dodrante totius distantiæ centrorum iuxta hypothesim nostram in DA part 687. & pro reliquo quadrante in epicyclio part. 229. quarum AD fuerit 10000. Cum igitur ADF angulus fuerit partium xlv. scrup. ii. erit triangulum ADE duorum laterum datorum AD, DE, cum angulo ADE, quibus ostendetur AE tertium latus esse part. 10496. quarum est AD 10000. Et DAE angulus duæ partes, xxxix. scrupula. Et quoniam angulus DAE ponitur æqualis ipsi ADF, erit totus EAK part. xlvii. scrup. xxxxi. cum quo etiam duo latera dantur AE, AB, trianguli ABE, quæ reddunt angulum AEB, scrup. viii. qui cum ablatus fuerit ex ADF, una cum eo qui sub DAE relinquit EAB part. xli. scrup. xxvi. in prima luminis noctis fulsione. Similiter ostendetur in triangulo BDE,

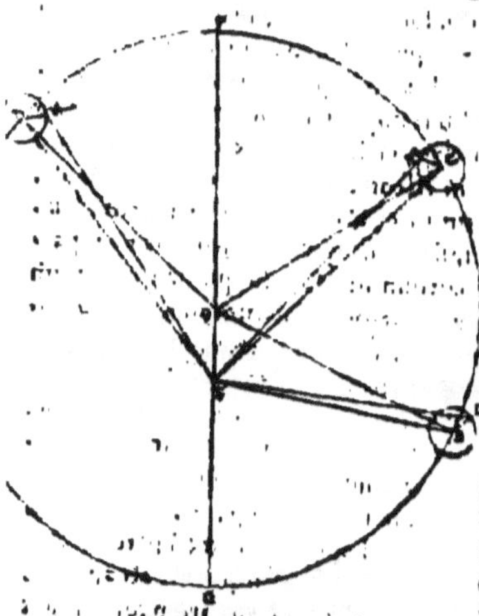

quoniam

quoniam duo latera B D, D E data sunt, & angulus B D E partium
L X I I I I. scrup. X L I I. erit etiam hic tertium latus B E notũ, part.
97 à 5. quibus est E D, 10000. Et angulus B D E part. I I I. scrup. X L.
Proinde & in triangulo B E L, duo quoque latera B E, & E L data sunt,
cum toto angulo B E L, partiũ C X V I I I. scrup. L V I I I. fiet etiã B E L
datus partis unius scrup. X. atque ex his q sub D E L, part. C X. scru.
X X V I I I. Sed iam patuit etiam A E D part. X L I. scrup. X X V I. Totus ergo K E L colligit partes C L I. scrup. L I I I I. exinde quæ restãt
à quatuor rectis part. C C C L X. sunt partes C C V I I I. scrup. X I. appa
rentiæ inter primam secundamque fulsionem congruentes obser
uatis. Tertio denique loco dantur eodẽ modo D C, D E latera trian
guli C D E, angulus quoque C D E part. C X X X. scrup. L I I. propter
F O D datum tertium latus D E prodibit partiũ 10463, quarũ etiã
est C D, 10000. & angulus D C E part. I I. scrup. L I. Totus ergo E C
M part. L I. scrup. L I X. Proinde etiam trianguli E C M duo latera
C M, & C E data sunt, & angulus M C E, manifestabitur & M E C, qui
est ptis unius, & ipsi cũ D C E, prius inuẽto æquales sunt differen
tiæ inter F D C, & D E M, angulos æqualitatis & apparentiæ, ac pe
inde ipse D E M partiũ erit X L V. scru. X V I I. in acronychio tertio.
Sed iam demonstratũ est D E L, fuisse part. C X. scrup. X X V I I I. E-
rit igitur qui mediat L E M, part. L X V. scrup. X. à secunda ad terti
am obseruatam fulsionem, cõueniens etiam obseruationibus. Quoniã uero tertius ipse Iouis locus
uisus est in part. C X I I I. scrup. X L I I I I. non errantiũ
sphæræ, ostendit summæ absidis Iouianæ locũ in
part. C L I X. ferè. Quod si iam circa E descripserimus orbem terræ R S T, cuius dimetiens R E S sit ad
D C, tunc manifestum est, quòd in acronychio Iouis
tertio angulus F D A fuerit part. X L I X. scru. V I I I. cui
est æqualis D E I, quòdque in A sit apogæũ æqualitatis
ad commutationem. At nunc peracto terra semicir
culo cum S T circumferentia coniunxit se Ioui acro
nychio, quæ quidẽ S T circumferẽtia partiũ est I I I.
scrup. L I. prout S E T angulus ad eum numerũ est

demonstratus. Itaque perspicuum est ex his, quòd anno Christi
M. D. X X I X. Februarij Calend. à media nocte, horis X I X. ano-

malię cōmutatiōis Iouis æqualis fuerit in partibus CLXXXIII. scrup. suo uero motu in part. CIX. scrup. LII. Et quod apogæum eccentri iam sit in CLIX. ferè partibus à cornu Arietis stellari, quod erat inquirendum.

Comprobatio æqualis motus Iouis. Cap. XII.

ET iam superius uisum est, quòd in ultima triū summæ noctis fulsionum à Ptolemæo consideratarum, Iouis stella fuerit motu suo medio in quatuor part. LVIII. scrup. cum anomalia commutationum part. CLXXXII. scrup. XLVII. Quibus cōstat, quòd in medio tempore utriusque obseruatiōis effluxerint in motu cōmutatiōis Iouis supra plenas reuolutiones pars una, scrup. V. & in motu suo partes ferè CIIII. scrup. LIIII. Tempus autem quod intercidit ab anno primo Antonini, die XX. mēsis Athyr Ægyptiorū, post horas quinque à media nocte sequenti, usque ad annum Christi M. D. XXIX. ac ipsas Calend. Februarij, horas XIX. post medium noctis præcedentis, sunt anni Ægyptij M. CCC. XCII. dies XCIX. scrup. diei XXXVII. cui etiam tempori secundum numerum supra expositū respondet similiter gradus unus, scrup. V. post reuolutiones integras, q̄bus terra Iouē æqualibus millies bis centies, bisque trigesies septies cōsecuta præoccupauit, sicque numerus uisu cōpertis cōsentiens certus examinatusque habetur. Sub hoc quoque tempore manifestū iam est, quòd summa infimaque absis eccētri permutatæ sunt in cōsequentia grad. IIII. s. Distributio coæquata concedit trecentis annis, gradum unum proxime.

Loca motus Iouis assignanda. Cap. XIII.

QVoniam uero tempus ab ultima trium obseruationum anno primo Antonini, XX. die mēsis Athyr, quatuor horis à media nocte sequente, ascendendo ad principium annorum Christi, sunt anni Ægyptij CXXXVI. dies CCC. XIIII. scrup. X. sub quibus medius commutationum motus sunt partes LXXIIII. scrup. XXXI. Quæ cum abla cum ablata fuerint partibus CLXXXII. scru. XLVII. manēt part. XCVIII. scrup. XVI. pro media nocte ad Calend. Ianuarij principio annorum Christi. Hinc ad primam Olympiadem in annis Ægyptijs DCCLXXV. diebus XII. s. numerantur in motu præter integros circulos part. LXX. scru. LVIII. detracta à part. XCVIII. scrup. XVI. dimittunt part. XXVII. scrup. XVIII. loco Olympiadico. A quo sub descendētibus annis CCCCLI. diebus CCXLVII. excrescunt partes CX. scrup. LII. Quæ cum Olympiadicis conflant part. CXXXVIII. scrup. X. Alexandri loco ad meridiem primi diei mensis Thoth apud Ægyptios, atq; hoc modo in quibuslibet alijs.

De Iouis cōmutationibus percipiēdis, & eius altitudine pro ratione orbis reuolutionis terrenæ. Cap. XIIII.

VT autem & cætera circa Iouem apparentia percipiantur quæ commutationis sunt, obseruauimus diligentissime locum eius anno Christi M.D.XX. XII. Calend. Martij, sex horis ante meridiem. Vidimus per instrumentū, quod Iupiter præcederet primā stellā in fronte Scorpij, magis fulgentem, per gradus quatuor, scru. XXXI. & quoniā locus stellæ fixæ erat in part. CCIX. scrup. XL. patet locū Iouis fuisse in part. CCV. scrup. IX. ad non errantiū stellarū sphęram. Sunt igitur à principio annorū Christi M.D.XX. æquales, dies LXII. scrup. XV. usq; ad horam huius considerationis, à q̄ motus Solis medius deducitur ad ptes CCCIX. scru. XVI. ac anomalia commutationis ad partes CXI. scrup. XV. quibus constituitur medius stellæ Iouis locus in partes CXCVIII. scrup. I. & q̄niam locus summæ absidis eccentri hoc tempore nostro repertus in partibus cētū quinquaginta nouē, erat anomalia Iouis eccentri in part. XXXIX. scrup. uno. Hoc exemplo, descriptus sit circulus eccentrus A B C, cuius centrū sit D, dimetiens A D C, in A sit apogæum, in C perigæū, & propterea in D C sit E centrū orbis terræ annui. Capiatur autē A B circumferentia part. XXXIX. scrup. unius, atq; in ipso B facto centro epicycliū describatur, p̄ tertia B F parte ipsius D E distātiæ. Fiat etiā D B F angulus æqualis ipsi

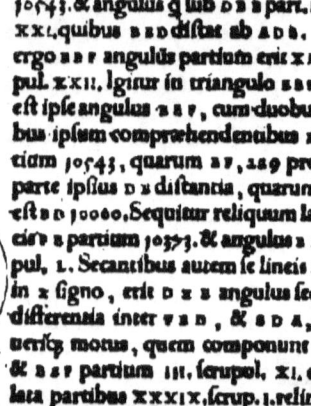

ADB, & connectantur rectae lineae BD, BE, FE. Quoniam igitur in triangulo BDE duo latera data sunt DE part. 687, quarum BD est 10000, comprehendentia datum angulum BDE part. CXL. scrup. LIX. Demõstrabitur ex eis BE, basis partiũ earundẽ esse 10543. & angulus qui sub DBE part. II. scru. XXI. quibus BED distat ab ADB. Totus ergo EBF angulus partium erit XLI. scrupul. XXII. Igitur in triangulo EBF, datus est ipse angulus EBF, cum duobus lateribus ipsum comprehendentibus EB partium 10543, quarum BF, 229 pro tertia parte ipsius DE distantia, quarum etiam est BD 10000. Sequitur reliquum latus ex eis FE partium 10373. & angulus BEF scrupul. L. Secantibus autem se lineis BD, FE, in X signo, erit DXE angulus sectionis differentia inter FED, & BDA, medij uerique motus, quem componunt DBE, & BEF partium III. scrupul. XI. quae ablata partibus XXXIX. scrup. I. relinquunt FED, angulum partium XXXV. scrupul. L. à summa abside eccentri ad stellam. Sed summae absidis, locus erat in part. CLX. faciunt coniunctim partium CXCIIII. scrupul. L. Hic erat uerus locus Iouis respectu E centri, sed uisus est in partibus CCV. scrupul. IX. differentiae igitur partium X. scrupul. XIX. sunt commutationis. Explicetur iam orbis terrae circa E centrum RST, cuius dimetiens RET, ad DB comparetur, ut sit R apogaeum commutationis. Assumatur quoque RS circumferentia secundum mensuram mediae anomaliae commutationis partium CXI. scrup. XV. & extendatur FEV in rectam lineam per utramque circumferentiam orbis terrae, eritque in V apogaeum uerum planetae, & angulus differentiae REV, aequalis ipsi DXE, constituit totam VRS circumferentiam partium CXIIII. scrupul. XXVI. ac reliquum VES partiũ LXV. scrupul.

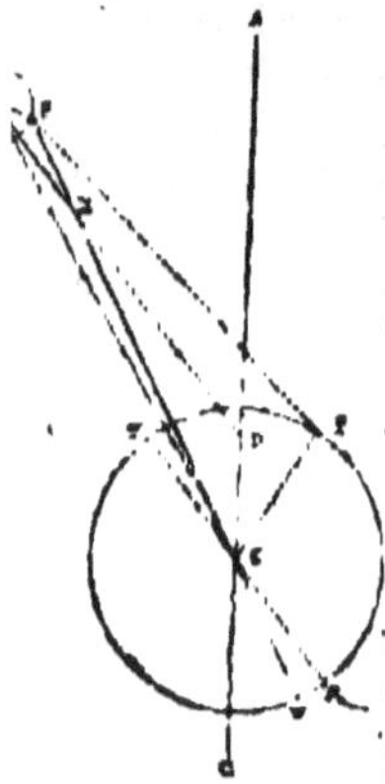

scrupul, XXXIIII. Sed quoniam B F E, inuentus est partium X. scrupul. XIX. reliquus qui sub F E B, partium CIIII. scrupul VII. erit in triangulo E F B datorum angulorum ratio laterum data, F B ad E B, sicut 9698 ad 1791, quarum igitur est F B, 10373, talium erit E B, 1916, quarum etiam est B D 10000. Ptolemæus autem inuenit B E, partium XI. scrupul. XXX. quarum quæ ex centro eccentri est partium LX. estque eadem ferè ratio eorum, quæ part. 10000. ad 1916, in quo propterea nihil ab illo uidemur differre. Est igitur A D C, dimetiens, ad B E F dimetientem, ut partes V. scrupul. XIII. ad unam. Similiter A D ad B E, siue ad B E, ut partes V. scrupul. XIII. secund. IX ad unum, sic erit D E scrupul. primorum XXI. secundorum XXIX. & E F scrupul. primorum VII. secundorum X. Tota igitur A D E minus E F existente apogæo Ioue erit ad semidiametrum orbis terræ, ut part. V. scrupul. prima XXVII. secunda XXIX. ad unum, & reliqua E C unà cum E F in perigæo, ut part. IIII. scrupul. prima LVIII. secunda XLIX. ac in medijs locis pro ut conuenit, quibus habetur quòd Iupiter apogæus maximam commutationem facit partium X. scrupul. XXXV. Perigæus autem partium XI. scrup. XXXV. Estque inter eas differentia gradus unus. Proinde & Iouis motus æquales unà cum apparentibus sunt demonstrati.

De stella Martis. Caput XV.

NVnc Martis sunt nobis inspiciendæ reuolutiones, assumptis tribus illius extremæ noctis fulsionibus antiquis, quibus etiam illi coniungamus mobilitatis terrenæ antiquitatẽ. Ex eis igitur, quas prodidit Ptolemæus, prima erat anno XV Adriani, die XXVI. mensis Tybi Ægyptiorũ quīti, post mediũ noctis sequẽtis, una hora æquinoctiali, aitque eã fuisse in XXI. part. Geminorũ, sed ad fixarũ sphærã stellarũ cõparatiõe, erat in pt. LXXIIII. scru. XX.

Secundam notauit eiusdē anno xix. sexto die Pharmuti, mensis Ægyptiorū octaui, ante mediū noctis sequentis tribus horis, xxviii. part. L. scru. Leonis, sed nō erraticū sphæræ in pt. cxlii. scrup. x. Tertiam uero anno secundo Antonini xii. die mēsis Epiphy Ægyptiorū undecimi, ante mediū noctis sequentia, duabus horis æquinoctialibus, in duabus partibus, xxxiiii. scrup. Sagittarij. Sed ad adhærentiū stellarum sphærā in part. ccxxxv. scrup. liiii. Sunt igitur inter primā & secundā anni Ægyptij iiii. dies lxix. horæ xx. siue scrup. diei L. & motus stellæ apparens post integras reuolutiones part. lxvii. scrup. L. A secunda uero fulsione ad tertiam iiii. anni, xcvi. dies, & una hora, & motus stellæ apparens part. xciii. scrup. xliiii. Motus autem medius in primo interuallo præter integras circuitiões part. lxxxi. scrup. xliiii. In secūdo part. xcv. scru. xxviii. Totam deinde centrorum distantiam inuenit part. xii. quarum quæ ex centro eccentri essent lx. sed quarum fuerint 10000, proportionales sunt 2000, atq; in medijs motibus à prima fulsione ad summam absidem xli. scrup. xxxiii. ac deinde aliud ex alio secundam fulsionem à summa abside in part. xl. scrup. xi. & tertia fulsione ad infimam absida part. xliiii. scrup. xxi. Secundum uero nostrā hypothesim æqualium motuum erunt inter centrum eccentri & orbis terræ, pro dodrante illarum partium 1500, & qui superest quadrans 500, pro semidiametro epicyclij. Exponatur iam hoc modo circulus eccentrus a b c, cuius centrum sit d, dimetiens per utramq; absida f d g, in qua sit e centrum orbis annuæ reuolutionis, suntq; ex ordine signa obseruatarum fulsionum a b c, sed a f circumferentia part. xli. scrup. xxxiiii. f b part. xl. scrup. xi. & c g part. xliiii. scrup. xxi. & in singulis a b c punctis epicycliū describatur per tertia parte distantiæ d e, & cōiungantur a d, b d, c d. Et in Epicyclio a l, b m, c n, ita tamen, ut anguli d a l, d b m, d c n, æquales sint ipsis a d f, b d f, c d f. Quoniam igitur in triangulo a d e, angulus a d e datur part. cxxxviii. propter angulū f d a datum, & duo latera a d, d e, nempe d e, part. 1500. quarū est a d, 10000. sequitur ex eis reliquum a e latus, earundem partium 11172. & angulus qui sub d a e, part. v. scrup. vii. Totus igitur qui sub

e a l part.

E A L, part. XLVI. scrup. XL. Sic quoque in triangulo E A L, datus est angulus E A L, cum duobus lateribus A E, part. 11172, & A L part. 500, qualium erat A D 10000. Dabitur etiam angulus E A L part. unius, scrup. LVI, qui cum D A E, angulo efficit totam differentiam inter A D F & A E D, partiū VII. scrup. III. atque D E A, part. XXXIIII. S. Similiter in secūda noctis extrema triangu li B D E datus est angulus B D E partium CXXXIX. scr. XLIX. & D E latus part. 150, qualiū est B D 10000, efficiūt latus B E par. 11188, & angulum E B D partium XXXV. scrupu. XIII. & reliquum D E B part. IIII. scrup. LVIII. Totus ergo B E M, part. XLV. scrup. XIII. datis B E & E M compræhēsus

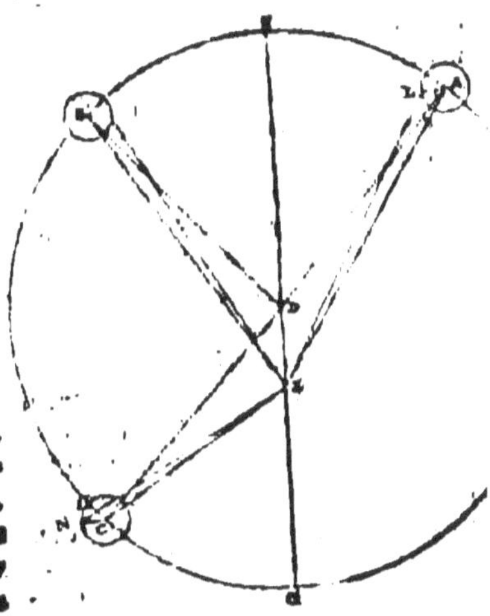

lateribus, quibus sequitur angulus E B M, part. unius, scrupul. LIII. & reliquus D E M, part. XXXIII. scrup. XX. Totus igitur B M partiū est LXVII. scrup. L. per quem etiam visus est motus stellæ à prima noctis fulsione ad secundam, & consonat experientiæ numerus. Rursus quoniā in tertia noctis extremitate trianguli C D E, duorū laterū C D, D E, datorū, est comprehendentium angulū C D E, part. XLIIII. scrup. XXI. quæ basim C E, pduntur angulū C D E, part. XLIIII. scrup. XXI. quæ basim C E part. 9988, quarū est C E 10000, sicut D E 150, & angulū C E D part. XXXVII. scrup. XXXIX. cum reliquo D C E, partium VI. scrup. XLII. Sic rursus in triangulo C E N totus E C N angulus partis um CXLII. scrupul. XXI. notis E C N comprehensus est lateri bus, quibus dabitur etiam angulus C E N part. unius, scrup. LII.

Remanet

Remanet ergo reliquus N E D, part. CXXVII. scrup. V. in summitate noctis tertiæ. Iam uero ostensum est, quod D E A part. erat XXXIIII. scrup. XX. relinquitur A E N part. XCII. scrup. XLV. Et est angulus apparentiæ inter secundã & tertiã noctis extremitatem, in quibus etiam satis congruit numerus cũ obseruatis. At quoniam in hac ultima Martis obseruata fulsione, uisa est stella in part. CCXXXV. scrup. LIIII. distans ab apogæo eccentri part. (ut demonstratũ est) CXXVII. scrup. V. Erat ergo locus apogæi eccentri Martis in partibus cẽtum octo, scrup. L. non errãtium stellarũ sphæræ. Explicetur iam orbis terræ annuus circa S centrum, R S T cum diametro R S T, parallelo ipsi D C, quatenus R sit apogæum commutationis, T perigæum. Quoniam igitur uisus planeta erat in S X, ad

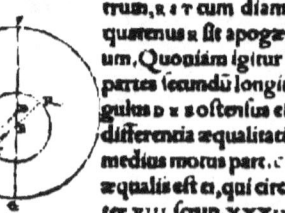

partes secundũ longitudinem 235. scrup. 54. & angulus D X S ostensus est part. VIII. scrup. XXXIIII. differentia æqualitatis & apparentiæ, & propterea medius motus part. CCXLIIII. Sed angulus D X S æqualis est ei, qui circa centrum S S T, partiũ similiter VIII. scrup. XXXIIII. Si igitur S T circumferẽtia part. VIII. scrup. XXXIIII. auferatur à semicirculo, habebimus medium motum commutationis stellæ, & est R S circumferẽtia part. CLXXI. scrup. XXVI. Proinde etiam inter cætera demonstratum habemus per hãc hypothesim mobilitatis terræ, quod anno secundo Antonini, XII. die mensis Epiphy Ægyptiorum, X. horis à meridie æqualibus stella Martis secundum motum longitudinis medium fuerit in part. CCXLIIII. & anomalia cõmutationis in part. CXXI. scrup. XXVI.

De alijs tribus extremæ noctis fulsionibus, circa stellam Martis nouiter obseruatis. Cap. XVI.

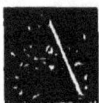

AD has quoq; Ptolemæi circa Martem considerationes cõparauimus tres alias, quas nõ sine diligẽtia accepimus. Primã anno Christi M. D. XII. nonis Iunij una hora à media nocte. Inuentusq; est locus Martis in part. CC, XXXV. scrup. XXXIII. pro ut Sol ex opposito erat in

su secunda anni Ægyptij VI. dies CXCI. scru
ertiã anni IIII. dies LXXII. scrup. XXIII.
rimo temporis interuallo part. CLXXXVII.
s autẽ part. CLXVIII. scrup. VII. In secundo
tus apparens part. LXX. scrup. XVIII. æqua
epetatur modo eccentrus Martis circulus,
tiũ CLXVIII. scru. VII. & B C part. LXXXIII.
ut illorũ numerorũ multitudinẽ inuoluēdo
o prætereamus) quo circa Saturnũ & Iouẽ
s demũ & in Marte apogæũ in B C circum.
in A B nõ potuerit esse, ex eo manifestũ est,
maior fuerit medio, partibus quippe XIX.
nec in C A, quoniã etsi minor existat præce-
ori tamen discrimine motum excedit appa
d quemadmodũ supra demonstratũ est, in
s circa apogæa cõtingit, ac diminutus. Re
tur in ipsa B C apogæũ, quod sit F, & dime-
quo etiã centrũ orbis terræ sit. Inuenimus
t V. scru. XXIX. ac deinde quæ sequũtur B F
VIII. F C part. XVI. scrup. XXXVI. Centrorũ
60. quarũ quæ ex cẽtro D F sunt 10000. atq;
imetri earundẽ part. 500. quibus apparens
nonstrãtur inuicẽ cohærere, ac planè cõsen
ompleatur ergo figura ut antea. Ostende-
tera A D, D E, trianguli A D E, sint cognita, cũ
t à primo Martis acronychio ad perigæũ
II. exeũt angulus D A E, pt. VII. scru. XXIIII.
CXVIII. scru. V. Tertiũ quoq; latus A E pt.
tẽ D A L angulus ipsi F D A, ex hypothesi. To
est CXXXII. scru. LIII. Ita quoq; in triangu
A, A L, data sunt, angulũ A datũ compræ-
R hendentia

hendentia. Reliquum igitur A E L, est part. II. scrup. XII. relinquitur qui sub L E D part. CXV. scrup. LIII. Similiter in acronychio secundo ostendetur, quòd cum in triangulo E D B duo latera data E D, D B, comprehendant angulum E D B, part. CXIII. scrup. XXXV. angulus D B E per demonstrata triangulorũ planorũ fuerit gr. VII. scrup. XI. & reliquus D E B gr. LIX. scru. XIII. basis quoque E B, partiũ 10668, quarum D B est 10000. et B M, 500. Totus quoque E B M gr. LXXIII. scrup. XXXVI. Sic quoque in triangulo E B M datorũ laterũ datũ angulum cõprahendentiũ, demonstrabitur qui sub B E M, angulus part. II. scru. XXXVI. à quo relinquitur D E M part. LVI. scru. XXXVIII. Deinde qui subest exterior à perigeo M E G part. est CXXIII. scru. XXII. sed iam demonstratũ est, quod angulus L E D, fuerit part. CXV. scru. LIII. qui sequitur ipsum, exterior, qui sub L E G, partiũ erit LXIIII scrup. VII. quibus cũ G E M iam inuẽto colligis part. CLXXXVII. scrup. XXIX. quarum CCCLX. sunt quatuor recti, quæ congruunt distantiæ apparẽti à primo acronychio ad secundũ. Est etiã pari modo uidere in acronychio tertio. Demõstratur enim D C E angulus part. II. scrup. VI. & E C latus partiũ 11407. quarum est C D 10000. Toto igitur angulo E C N existente part. XVIII. scru. XLII. datisque iam C E, C N, lateribus trianguli E C N, constabit angulus

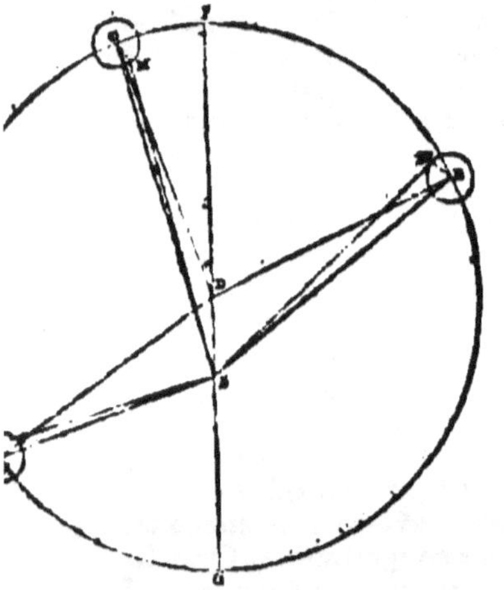

Comprobatio motus Martis. Cap. xvii.

PAtuit autem ſupra, quòd in ultima trium obſeruationum Ptolemæi Mars fuerit medio curſu in part. ccxliiii.s. & anomalia commutationis in part. clxxi. ſcru. xxvi. Igitur in medio tempore poſt integras reuolutiones, excreuerint grad. v. ſcrup. xxxviii. Sunt autem à ſecundo anno Antonini, duodecimo die menſis Epiphy Ægyptiorum undecimi, ix horis à meridie, hoc eſt iii. horis æquinoctialibus ante medium noctis ſubſequentis reſpectu meridiani Cracouienſis, uſq; ad annum Chriſti m. d. xxiii. octauũ Calend. Martij, vii. horis ante meridiem, anni Ægyptij m. ccc. lxxxiiii. dies ccli. ſcrup. xix. In quo tempore ueniunt ſecundum numerum ſupra expoſitum anomaliæ cõmutationis grad. v. ſcrup. xxxviii. completis eius reuolutionibus dc. xlviii. Solis autem opinatus motus penes æqualitatem eſt part. cclvii.s. à quo deducti grad. v. ſcrup. xxxviii. motus cõmutationis, ſuperſunt grad. ccli. ſcrup. lii. medius Martis motus ſecundum longitudinem, quæ omnia ferè conſentiunt eis, quæ modo expoſita ſunt.

Locorum Martis præfixio. Cap. xviii.

NVmerantur autem à principio annorum Chriſti, ad annum ſecundum Antonini, xii. diem menſis Epiphy Ægyptiorum, & iii. horas ante medium noctis anni Ægyptij cxxxviii. dies clxxx. ſcrup. lii. Motus commutationis in eis part. ccxciii. ſcrup. xxii. quæ cũ auferantur à part. clxxi. ſcru. xxvi. obſeruationis ultimæ Ptolemæi, mutuata reuolutiõe integra, remanẽt pt. ccxxxviii. ſcrup. xxii. in annum primum Chriſti, media nocte ad Calẽd. Ianuarij. Ad hunc locum à prima Olympiade ſunt anni Ægyptij dcc. lxxv. dies xii.s. ſub quibus motus commutationis eſt part. ccliiii. ſcru. i. Quæ ſimiliter ablata part. ccxxxviii. ſcrup. xxii. mutuato circulo relinquunt primæ Olympiadis

locum

locum part. CCCXLIII. scru. XXI. Similiter iuxta interualla temporum aliorum motus concernendo, habebimus annorum Alexandri locum part. CXX. scrupul. XXXIX. Caesaris part. CXI scrup. XXV.

Quantus sit orbis Martis in partibus, quarum orbis terrae annuus fuerit una. Cap. XIX.

AD haec etiã obseruauimus coniunctionẽ Martis cũ stella fulgente prima Chelarũ, Austrina uocata Chelae, factã anno Christi M. D. XII. in ipsis Calend. Ianuarij. Vidimus enim mane horis sex ante meridiẽ illius diei aequinoctialibus, Martẽ à stella fixa distantẽ quarta parte unius gradus: Sed in ortũ solstitialem deflexũ, quo significabatur, ꝙ Mars iam separatus esset à stella secundũ longitudinẽ in consequẽtia per octauã partẽ unius gradus, sed latitudinẽ Boream quinta. Constat aũt locus stellae à prima Arietis in part. CXCI. scrup. XX. cum latitudine Borea scrup. XL. Patuit etiam Martis locus in part. CXCI. scrup. XXVIII. habentis latitudinẽ Boream scrup. LI. Huic aũt tempori secundũ numerationẽ anomalia cõmutatiõis est pt. XCVIII. scrup. XXVIII. Solis locus medius in pt. CCLXII. ac medius Martis part. CLXIII. scru. XXXII. anomaliae eccẽtri pt. XLIII. scru. LII. Quibus sic ꝓpositis describatur eccẽtrus ABC, centrũ eius D, dimetiens ADC, apogaeum A, perigaeum C, eccẽtrotetes DE, part. 1460. quarum est AD, 10000. Datur autem AB circumferentia part. XLIII. scrup. LII. facto in B centro. Distãtia uero BF part. 500. quarum est etiã AD, 10000. epicyclium describatur, ut angulus DBF, sit aequalis ipsi ADB, & coniungantur BD, BE, FE. In E quoq; centro explicetur orbis magnus terrae, qui sit RST, cum dimetiente suo RET, ad BD, in quo sit R apogaeum commutatiõis planetae, T perigaeum aequalitatis eius. Sit autem in S terra, & secundum RS circumferentiã anomalia commutatiõis aequalis, quae numeratur part. XCVIII. scru. XXVIII. extendatur etiã FE in rectam lineam FEV, quae secet BD in X signo, atq; in V circumferentiam conuexam orbis terrae, in q̃ apogaeũ cõmutatiõis uerũ. Quoniã igitur trianguli BDE,

R iii duo

duo latera data sunt D E part. 1460, quarum est A D 10000. continentia angulum A D E datum in part. CXXXVI. scrup. VIII. interiorem ipsius A D E dati part. XLIII. scrup. LII. Demonstrabitur ex eis tertium A E latus illarum partium 11097. & angulus D A E, partium V. scrupul. XIII. Sed angulus qui sub D A F aequalis est ei, qui sub A E D per hypothesim, erit totus E A F partium XLIX. scrup. V. contentus datis E A, A F lateribus. Habebimus propterea angulum A E F duarum partium, & reliquum latus F E partium 10776. quarum D E est 10000. igitur qui sub D E F partium est VII. scrupul. XIII. ipsum enim colligunt E A E, & E E D interiores & oppositi. Haec est prosthaphaeresis ablatiua, qua angulus A D E maior erat ipsi E E D, & locus Martis medius uero. Medius autem numeratus est partium CLXIII. scrup. XXXII. praecessit ergo uerus in part. CLVI. scrupul. XIX. Sed apparuit in part. CXCI. scrupul. XXVIII. circa E aspicientibus ipsum.

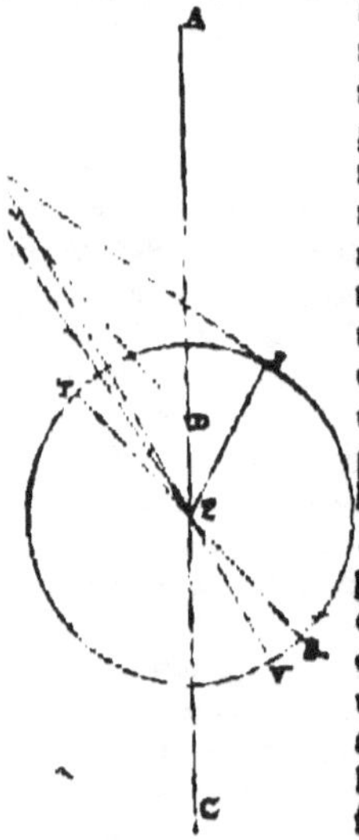

Facta est ergo eius parallaxis, siue commutatio partium XXXV. scrupul. IX. in consequentia. Patet ergo E F E angulus partium XXXV. scrup. IX. Parallelo autem existente E T ipsi E D, erat D E B angulus ipsi E B V aequalis, & B V circumferentia similiter partium VII. scrup. XIII. Sic tota V B E, partium est CV. scrupul. XLI. anomalia commutationis coaequatae. Quibus constat angulus V E F, exterior trianguli F E B. Exinde etiam datur angulus interior ex opposito F E B, partium LXX. scrup. XXXII. ac omnes in iisdem partibus, quibus CLXXX. sunt duo recti. Sed trianguli datorum angulorum datur ratio laterum, ergo longitudine F E part. 9428. E B, 5757. quarum dimetiens circuli circumscribentis triangulum fuerit 10000. Quarum igitur E F fuerit 10776. erit E B. 6580. fere. quamrum BD est 10000. in medio quoq; à Ptolemaico inuento, ac idem ferè. Tota uero ADE earundẽ part. est 11460. & reliquę EB 8540. Et quas aufert epicycliũ in A part. 500. summa abside eccẽtri, eas reddit in infima, ut maneant illic part 10960 summæ, hic 9040. infimæ. Quatenus igitur dimidia diametri orbis terræ fuerit pars una, erunt in apogæo Martis ac summa distantia pars una, scru. XXXVIII. secũda LVII. In infima pars una, scru. XXII. secunda XXVI. In media pars una, scrup. XXXI. secunda XI. Ita quoq; & in Marte motus magnitudinis & distantiæ ratione certa per terræmotum explicata sunt.

De stella Veneris. Cap. XX.

TRium superiorum Saturni, Iouis & Martis ambiẽtium terram expositis motibus, nunc de eis, quos ipsa terra circuit, occurrit dicere. Et primo de Venere: Quæ sui motus demonstrationem faciliorem, quàm illi, euidentioremq; admittit, si modo obseruationes necessariæ quorundam locorum non defuerint. Quoniam si maximæ illius à loco Solis medio hinc inde distantiæ, matutina & uespertina, inueniantur inuicem æquales, iam certum habemus in medio duorum ipsorum locorum Solis, Veneris summam esse uel infimam absida eccentri, quæ discernuntur ex eo, quod minores fiunt circa apogæum, maiores in opposito, tales digressionum paritates. In cæteris demum locis per differentias ipsarum, quibus sese excedunt, quantum à summa uel infima abside distet orbis Veneris, ac eius eccẽtrotes, percipitur absq; dubio, pro ut hæc à Ptolemæo sunt apertissime tradita, ut ea sigillatim repetisse non fuerit opus, nisi quatenus ipsa etiam nostræ hypothesi mobilitatis terrenæ applicentur ex eisdem Ptolemæi considerationibus. Quarum primum accepit à Theone Alexandrino Mathematico factam anno, ut inquit, XVI. Adriani, die XXI. Pharmuthi mensis, prima hora noctis subsequentis, quod erat anno Christi, CXXXII. in crepusculo, octauo Idus Martij. Visaq; est Venus in maxima distantia uespertina à loco Solis medio, partium XLVII.

cum quar

cum quadrante partis. Dum esset ipse locus Solis medius secundum numerationem in part. cccxxxvii. scrup. xli. fixarum sphæræ. Ad hanc suam connulit aliã obseruationem, quam dicit se habuisse anno Antonini quarto, xii. die mensis Thoth, illucescente siquidem anno Christi cxlii. in diluculo, iii. Calend. Augusti, in qua rursus ait fuisse maximũ Veneris matutinæ limitem, part. xlvii. scrup. xv. atq; priori æqualem à loco Solis medio, qui erat in part. cxix. adhærentium stellarum sphæræ, qui pridem erat in part. cccxxxvii. scrup. xli. Manifestũ est, quod inter hęc loca, media sint absidũ, part. xlviii. & ccxxviii. cum trientibus suis inuicem opposita, quæ quidẽ adiectis utrobiq; part. vi. & duabus tertijs præcessionis æquinoctiorũ, incidũt in partes xxv. Tauri & Scorpij, ex sententia Ptolemæi, in quibus è diametro summã ac infimã absidas Veneris esse oportebat. Rursus ad maiorem huius rei affirmationem assumit aliud à Theone obseruatũ anno iiii. Adriani, diluculo diei uicesimi, mensis Athyr, q erat à natiuitate Christi annus cxix. quarto Idus Octobris mane, ubi reperta est denuo Venus in maxima distantia part. xlvii. scru. xxxii. à loco Solis medio, existente in part. cxci. scrup. xiii. Cui subiungit suũ obseruatũ anno xxi. Adriani, qui erat Cristi annus cxxxvi. nono die mensis Mechir Ægyptij, Romanis autẽ octauo Calend. Ianuarij, hora prima noctis sequentis, in quo rursum uespertina distantia reperiebatur part. xlvii. scrup. xxxii. à Sole medio in part. cclxv. Sed in præcedente Theonis consideratione erat locus Solis medius in part. cxci. scrup. xiii. Inter hæc media loca cadũt iterũ in pt. xliii. scru. xx. & ccxxviii. scrup. xx. quasi, in quibus oportet esse apogæum & perigæũ. Suntq; ab æquinoctijs part. xxv. Tauri & Scorpij. Quæ deinde per alias duas considerationes separauit sequentes. Vna earum erat Theonis, anno xiii. Adriani, diei iii. mẽsis Epiphy, Sed annorum Christi erat cxxix. xii. Calend. Iunij diluculo, in qua repperit extremũ Veneris matutinæ limitẽ part. xliiii. scru. xlviii. dũ Sol esset medio motu in pt xlviii. & dextante, & Venus apparens in part. iiii. fixarum sphæræ. Alteram accepit ipse Ptolemæus anno xxi. Adriani, secundo die mensis

Tybi Ægyptiorum, quibus colligimus annū Romanorum à nato Christo CXXXVI. quinto Calend. Ianuarij, una hora noctis sequentis, Sole existente medio motu in part. CCXXVIII. scrup. LIIII. à quo Venus plurimum distabat uespertina part. XLVII. scrup. XVI. apparēs ipsa in part. CCLXXVI. & sextante. Quibus discretæ sunt absides inuicem, nempe summa in part. XLVIII. cum triente, ubi breuiores accidunt Veneris euagationes, & infima in part. CCXXVIII. & triente, ubi maiores, quod erat demonstrandum.

Quæ sit ratio dimetientium orbis terræ & Veneris. Cap. XXI.

PRoinde etiam ex his ratio constabit diametrorum orbis terræ, & Veneris. Describatur enim orbis terræ A B, in centro C, dimetiens eius A C B per utranq; absida, in qua capiatur D centrum orbis Veneris, eccentri ad A B circulum. Sit autē apogæi locus A, in quo existente terra plurimum distabat centrum orbis Veneris, dum esset ipsa A B medij motus Solis linea, ad part. XIII. & tertiam. In B uero ad part. CCXXVIII. & tertiam. Agantur etiam rectæ lineæ A E, B F, contingentes orbem Veneris in E F signis, & connectantur D E, D F. Quoniam igitur qui sub D A E, angulus subtendit ad centrum circuli partes circumferentiæ XLIIII. & quatuor quintas. Et angulus A E D est rectus, erit triangulum D A E datorum angulorum, ac deinde laterum, nempe D E, tanquam dimidia subtendentis duplū D A E part. 7046, quarū A D est 10000. Eodem modo in triangulo rectangulo B D F, datus est angulus D B F part. XLVII. & trientis, erit quoq; subtensa D F part. 7346, quarum fuerit A D, 10000. Quibus igitur D F æqualis ipsi D E fuerit part. 7046, erit B D earundem 9582. Hinc tota A C B, 19582, & A C dimidia 9791, & reliqua C D, 205. Quatenus igitur A C fuerit unus

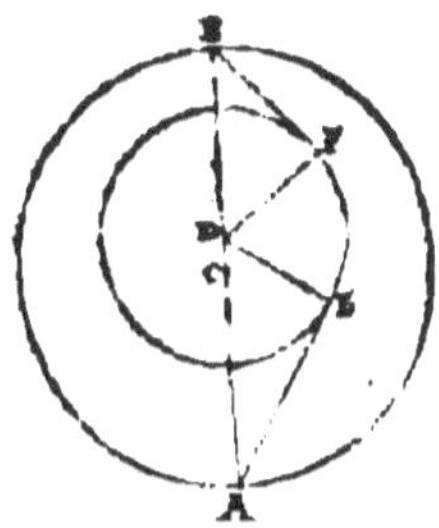

ris una pars, erit D E scrupul. XLIII. & sextans scrupuli, & C D scrup. unum cum quarta ferè, & qualium A E fuerit 10000, erit D E, siue D F, 7193, & C D, 208. ferè, quod erat demonstrandum.

De gemino Veneris motu. Cap. XXII.

Ttamen circa D non est aequalitas Veneris simplex duarum maxime Ptolemaei considerationum argumento. Quarum unam habuit anno XVIII. Adriani, secundo die mensis Pharmuti Ægyptiorũ, sed secundum Romanos erat annus à nato Christo CXXXIIII. in diluculo XII. Calend. Martij. Tunc enim Sole medio motu in part. CCCXVIII. & dextante unius existente, Venus matutina apparens in part. signiferi CCXXV. & quadrante, attigerat extremum digressionis suae limitem part. XLIII. scrup. XXXV. Secundam accepit anno III. Antonini eodem mense Pharmuti, die eius quarto secũdum Ægyptios, quod erat anno Christi secundum Romanos CXL. in crepusculo XII. diei ante Calend. Martij. Tũc quoque erat locus Solis medius in part. CCCXVIII. cum dextante, ac Venus in maxima ab illo distantia uespertina part. XLVIII. & tertia, uisa in parte longitudinis VII. & dextante unius. His ita expositis suscipiatur in eodem orbe terreno G signum, in quo fuerit terra, ut sit A G quadrans circuli, per quem Sol ex opposito in utraque obseruatione secundũ motum suũ medium praecedere uisus est apogæũ eccentri Veneris, & cõiungatur G C, cui D K parallelus excitetur, & cõtingẽtes orbẽ Veneris G E, G F, cõnectãturque D E, D F, D G. Quoniã igitur angulus E G D matutinę elongatiõis in obseruatiõe priori partiũ erat XLIII. scru. XXXV. ac in altera uespertina C G F, pt. XLVIII. & tertia, colligũt ambo totũ E G F, part. XCI. cũ deunce unius pis. Et idcirco dimidius D G F, partiũ est XLV. scrup. LVII. S. Et reliquus C G D, part. duarum, scrup. XXIII. Sed D C G rectus est, igitur trianguli C G D datorum angulorũ datur ratio laterum, & C D longitudine 416. quarum C G est 10000. Primus autem ostensus est, quod ipsa centrorum distantia fuerit earundem partium 208, iam duplo ferè maior facta. Secta igitur bifariam C D in M signo, erit similiter tes 2 [illegible], tota differentia huius accessus & recessus. Haec si utrinque dissecta fuerit in N, uidebitur esse media aequalitatis huius motus. Proinde ut in tribus superioribus, accidit etiam Veneri motus è duobus aequalibus compositus, siue per eccentri epicyclium id fiat, ut illic, siue aliquo modorum praedictorum. Habet tamen haec stella aliquid diuersitatis ab illis in ordine & commensuratione ipsorum motuum, idque facilius & commodius, ut opinor, per eccentri eccentrum demonstrabitur. Quemadmodū si circa N centrum, distantia uero DN, circulum paruum descripserimus, in quo orbis Veneris circumferatur ac permutetur, ea lege, ut quandocunque terra inciderit AC diametrum, in qua est summa ac infima absis eccentri, centrum orbis planetae sit semper in minima distantia, id est, in M signo. In media uero abside, ut est E, centrum orbis ad D signum, & maximam distāciam CD perueniat. Quibus datur intelligi, quod eo tempore, quo terra semel circuit orbem suum centrum orbis planetae geminatas faciat reuolutiones circa N cētrum, ac in easdem partes ad quas terra, idque in consequentia. Per talem enim circa Venerem hypothesim omnimodis exemplis consentiunt aequalitas & apparentia, ut mox apparebit. Inueniuntur autem haec omnia quae hactenus de Venere demonstrata sunt etiam nostris consentanea tēporibus, ut quae prius erat tota part. 416. nunc sit 350. quod nos multae obseruationes docent.

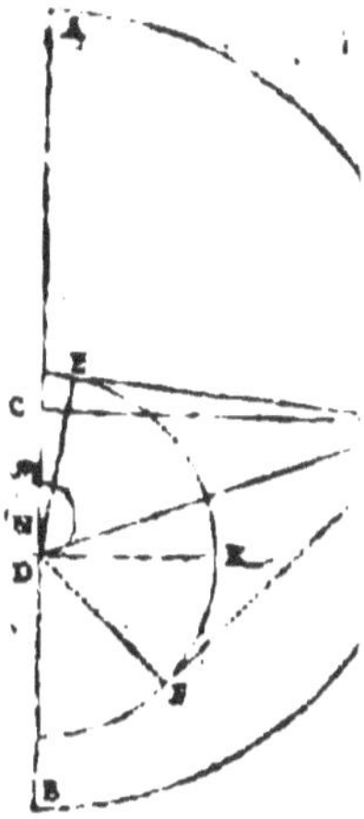

De motu Veneris examinando. Cap. XXIII.

IQuibus assumpsimus duo loca accuratissime obseruata, unum à Timochari sub anno XIII. Ptolemaei Philadelphi, ab Alexandri morte anno LII, in diluculo diei XVIII. Mesori mensis Ægyptiorum, in qua proditum est, quod Venus uisa fuit occupasse stellam fixam præcedenté ex IIII. quæ in sinistra ala sunt Virginis, estq; sexta in descriptione ipsius signi, cuius longitudine est part. CLI. s. latitudo Bor. partis unius, & sextantis, magnitudinis tertiæ. Erat igitur & ipse Veneris locus sic manifestus. Locus autẽ Solis medius secundum numerationé in part. CXCIIII. scrup. XXIII. quo exemplo in descripta figura & signo A, in part. XLVIII. scrup. XX manente, erit A E circumferentia part. CXLVI. scrup. III. & reliq; B E pt. XXXIII. scrup. LVII. angulus quoq; C E O distãtiæ planetæ à Solis loco medio pt. XLII. scru. LIII. Quoniam igitur linea C D part. est 312. quarũ C E 10000. & angulus D C E partium XXXIII. scrupu. LVII. erunt reliqui in

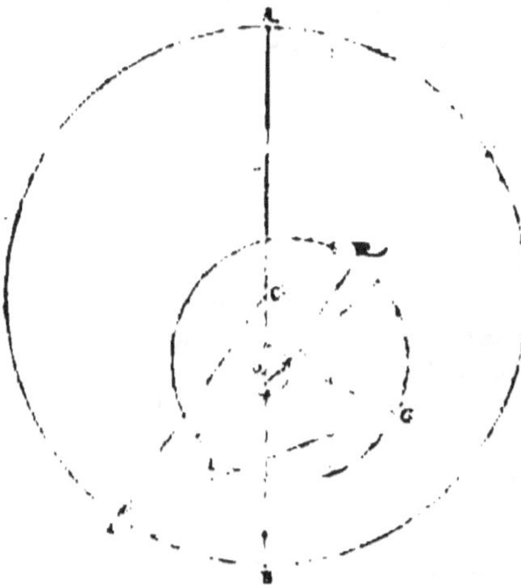

triangulo C D E, angulus C E D partis unius, scrup. I. & D E tertiũ latus 9743. Sed angulus C D F duplus ipsius E C B, part. est LXVII. scrup. LIIII. Relinquetẽ semicirculo B D F angulũ part. CXII. scru. VI. & qui sub B D E exterior trianguli C D E part. XXXIII. scrup. LVIII. Quibus constat totus E D F part. CXLIIII. scrup. IIII. & D F dat 104. quarũ est D E, 9743. erit etiã in triangulo D E F, angulus D E F scru. XX. ac totus C E F pars una, scru. XXI. & latus E F part. 9831. At iã patuit totũ C E G esse part. XLII. scru. LIII. Reliquus igitur F E G, partiũ erit, XLI. scru. XXXII. Et quæ ex cẽtro orbis F G est part. 7193, quarũ est E F, 9831. Igitur in triangulo E F G per datã rationẽ laterũ, & angulũ F E G dãtur anguli reliqui, & E F G part. XXXII. scru. V. quibus adiectis semicirculo colliguntur pt. CC XII. scru. V. circūferentiæ E D O, à summa abside ipsius orbis. Sic q̄ quod demōstratū habemus, quod anno XIII. Ptolemæi Philadelphi in diluculo diei XVIII. mēsis Mesory fuerit anomalia cōmutationis Veneris, pt. CCXII. scru. V. Alterū locū Veneris obseruauimus ipsi, anno Christi M. D. XXIX. quarto Idus Martij, una hora post occasum Solis, ac in principio horæ octauæ à meridie. Vidimus quod Luna cœpit occultare Venerē in pte tenebrosa secundū mediā distanciā utriusq; cornu, durauitq; occultatio hęc usq; ad finē ipsius horæ, donec uideret planeta ex altera parte in medio gibbositatis cornuū, uersus occasum emergere. Patet igitur quod in medio huius horę, uel circiter fuerit secundū centra coitus Lunæ & Veneris, idq; Fruebergi nacti sumus spectaculū. Erat aūt Venus in augmento adhuc uespertino, ac citrà cōtactū orbis. Sunt igitur à nato Christo anni Ægyptij M. D. XXIX. dies LXXXVII. horæ VII. s. secūdū tempus apparēs, æquali uero horæ VII. scru. XXXIIII. Et locus quidē Solis simpliciter medius puenit ad pt. CCCXXXII. scru. XI, præcessio æquinoctiorū pt. XXVII. scru. XXIIII. Lunæ motus æqlis à Sole part. XXXIII. scr. LVII. anomaliæ æqualis pt. CCV. scru. I. Latitudinis LXXI. scru. LIX. Ex his numeratus est uerus Lunæ locus in pt. X. sed ab æquinoctio in pt. VII. scru. XXIIII. Tauri, cū latitudine Borea ptis unius, scru. XIII. At quoniā XV. part. Libræ oriebantur, erat ppterea parallaxis Lunæ lōgitudinis scru. XLVIII. latitudinis XXXII. & ideo locus uisus in pt. VI. scru. XXVI. Tauri, sed fixarū sphæræ lōgitudo pt. IX. scru. XI, cū latitudine Borea, scru. XLI. atq; idē Veneris locus apparēs uespertinæ distātiæ à Solis loco medio pt. XXXXII. scru. I. Distātia terræ ad summā absida Veneris LXXVI. Repetatur iā figura secundū præcedētis modū cōstructiōis, nisi quod E A circūferētia siue angulus E C A sit part. LXXVI. scru. IX. cui duplus existat C D F, part. CLII. scru. XVIII. eccentrotes uero C D, qualis hodiernis temporibus inuenitur pt. 246 & D F, 104, quarū C E est 10000. Habemus ergo in triangulo C D E, datū angulū, reliquū D C E part. CIII. scru. LI. datis cōprahēsum lateribus, è quibus demōstrabitur angulus C E D parte una, scrupu. XV. & D E tertium latus 10056. & reliquus angulus C D E part.

LXXIIII. scrup. LIIII. Sed CDE duplus est ipsi ACB partium CLII. scrup. XVIII. à quibus si aufero ODB angulum, superest BDF part. LXXVII. scru. XXIIII. Sic rursus in triangulo DBF, duo latera DF, partium 104, quarum est DC, 10056. compræhēdunt angulum BDF datū. Datur etiam DBF angulus scru. XXXV. & reliquum latus BF 10024. hinc totus angulus CBF pars una, scru. L. Deinde quoniam angulus totus CBG, pt. est XXXVII scru. unius, secundū quem planeta distare uisus est à medio loco Solis, à quo dū ablatus fuerit CBF, relinquitur FBG part. XXXV. scru. XI. Proinde etiam in triangulo BFG cum angulo B dato, dantur etiam duo latera BF pt.

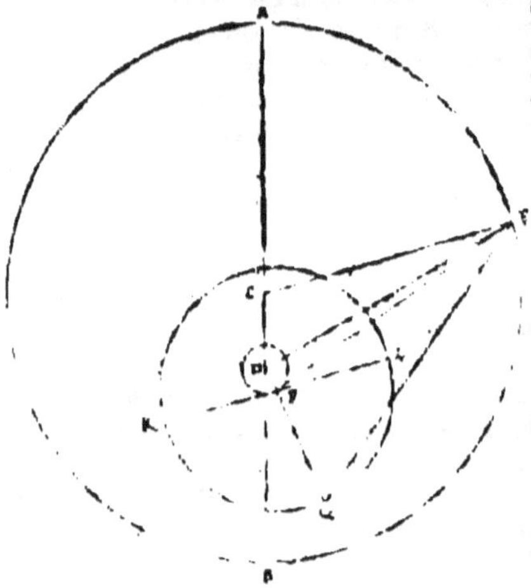

10034. quarum est FG, 7192 hinc anguli etiam reliqui numerati uenient, BGF part. LIII.S. & BFG part. XCI. scrup. XIX. quibus distabat planeta à perigæo uero sui orbis. Sed cum KFL, dimetiens parallelus ipsi CB actu fuerit, ut sit K apogæum æqualitatis, & L perigæū, sublato EFL, angulo æquali ipsi CBF, remanebit LFG angulus, & LG circumferentia part. LXXXIX. scru. XXIX. & reliqua KG semicirculi part. XC. scrup. XXXI. anomalia commutationis planetæ à summa abside sui orbis æquali deducta, quam inquirebamus ad hanc horam obseruationis nostræ. Sed in Timochareos obseruatione erant part. CCLII. scrup. V. Sunt igitur in medio tempore ultra completas reuolutiones MCXV. partes CLXXXVIII. scrup. XXVI. Tempus autem ab anno Ptolemæi

lemæi Philadelphi, I. diluculo, diei XVIII. Mesury mẽsis ad annum Christi M. D. XXIX. IIII. Idus Martij, horas VII. a. post meridiem, sunt anni Ægyptij M. DCCC. dies CCXXXVI. scrup. XL. ferè. Cum igitur multiplicauerimus motũ reuolutionũ M. CXV. part. CLXXXVIII. scrup. XXVI. per dies CCCLXV. & collectũ diuiserimus p annos M. DCCC. dies CCXXXVI. scru. XL. habebimus annuũ motũ grad. sexag. III. grad. XLV. scrup. prim. I. secund. XLV. tert. III. quart. XL. Hęc rursus distributa p dies CCCLXV. relinquũt diurnũ motũ scru. primorũ XXXVI. secũd. LIX. tert. XXVIII. Quibus expansus est Canon, quem supra exposuimus

De locis anomaliæ Veneris. Cap. XXIIII.

SVnt autem à prima Olympiade ad annũ XIII. Ptolemæi Philadelphi ad diluculũ XVIII. diei mensis Mesury, anni Ægyptij DIII, dies CCXXVIII. scrup. XL. In quibus numeratur motus part. CCXC. scrup. XXXIX. quæ si auferantur à part. CCLII. scrup. V. repetita una reuolutione, remanent part. CCCXXI. scrup. XXVI. primæ Olympiadis locus, à quo reliqua loca pro ratione motus & temporis iam sæpe dicti Alexandri part. LXXXI. scru. LII. Cæsaris part. LXX. scrup. XXVI. Christi CXXVI. scrup. XLV.

De Mercurio. Cap. XXV.

QVibus modis Venus motui telluris alligetur, & sub qua ratione circulorum æqualitas eius lateat, ostensum est, superest Mercurius, qui proculdubio eidẽ quoq; assumpto principio sese præbebit. Quanquã pluribus uagatur obuolutionibus, q̃ illa, uel aliquis ex supra dictis. Illud sanè cõstat experiẽtia priscorũ obseruatorũ, q in signo Libræ minimas faciat Mercurius à Sole digressiões, ac maiores in eius opposito, ut par est. Non tamẽ hoc loco maximas sed in alijs quibusdam, utpote in Geminis & Aquario, tempore præsertim Antonini, secundum Ptolemæi sentẽtiam, q̃d in nullo alio sidere contingit. Huius rei causam prisci Mathematici credentes

dentes immobilem esse terram, & Mercurium in epicyclo suo magno moueri per eccentrum, cum animaduerterẽt quòd unus ac simplex eccentrus hisce apparentijs satisfacere non posset, cõcesso etiam, quòd eccentrus ipse in non suo, sed alieno cẽtro moueretur, coacti sunt insuper admittere eundem eccẽtrum in alio quodam paruo circulo moueri epicyclum deferentẽ, qualem circa Lunae eccentrũ admittebant, adeoq́ tribus existentibus centris, nempe eccentri deferentis epicyclũ, altero parui circuli, & tertio eius (quem recentiores appellant aequantem) circuli, duobus prioribus praeteritis non nisi circa aequantis centrum aequaliter ferri epicyclium concesserunt, quod erat à uero centro & eius ratione, ac utriusq́ praeexistentibus centris alienissimum. Neq́ uero alia ratione huius stellae apparentia seruari posse rati sunt, ut diffusius in construct. Ptolemaica declaratur. Vt autẽ & hoc ultimũ sidus à detrahentium iniuria & occasionibus uindicetur, pateatq́ non minus quàm aliorum praecedentium eius aequalitas sub mobilitate terrae, assignabimus etiam illi eccentri eccentrum, pro eo quem opinabatur antiquitas epicyclum; Sed modo quodam diuerso, quàm in Venere, & nihilo minus epicyclium quoddam in ipso eccentro moueatur, in quo stella non secundum circumferentiam, sed diametrum eius sursum deorsumq́ feratur, quod fieri potest etiam ex aequalibus circularibus motibus, uti supra circa aequinoctiorum praecessionem est expositum. Nec mirum, quoniam & Proclus in expositione Elementorum Euclidis fatetur pluribus etiam motibus rectam lineam describi posse, Quibus omnibus eius apparentiae demonstrabuntur, sed ut apertius hypotheses accipiantur, sit orbis terrae magnus A B, centrum eius C, dimetiens A C B, in quo assumpto D centro, inter B C signa, Distantia autem tertiae partis C D describatur paruus circulus E F, ut sit in F maxima distantia ab ipso C, & in E minima. Ac super F cẽtro explicetur orbis Mercurij, q sit H I, deinde in I summa abside facto cẽtro, superaddatur epicyclũ quod planeta percurrat. Fiat H I orbis eccentri eccentrus existẽs eccentrepicyclus. Hoc modo exposita figura cadãt haec omnia ex ordine in lineam rectã A H C E D F K I L B, interim uero planeta in K, hoc est in minima à centro distantia, quae est K L, constituatur.

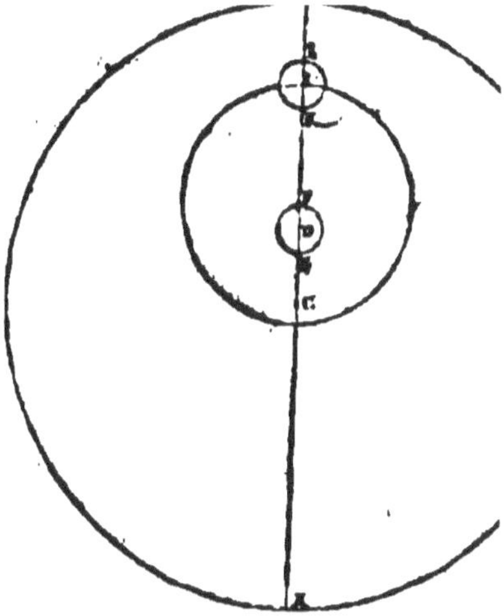

g i. Sequitur enim ex his, quod quādocunq; terra fuerit in A, uel B, centrum orbis Mercurij sit in Z, ac remotissimo à C spacio. In medijs uero quadrantibus existēte terra sit in E proximo, ac secundū hoc contrario modo quàm in Venere. Hac quoq; lege Mercurius diametrū epicycli E L, percurrens, proximo centro orbis deferētis epicyclium existit, quod est in E, quando terra in A B diametrum incidit. Ac in locis utrobiq; medijs ad L longissimum locum sidus perueniet. Fiunt hoc modo centri orbis in circumferentia parui circuli E Z, atq; stellæ per diametrum E L, duæ ac geminæ reuolutiones inuicē æquales, & annuo spacio telluris commēsurabiles. Interim uero epicyclium, siue Z I linea, mouetur motu suo proprio secūdum E I orbem, & cētrum ipsius æqualiter in LXXXVIII. ferè diebus, unā absoluendo reuolutionem simpliciter & ad fixarū stellarū sphæram. Sed in eo, quo motū terræ superat, quē cōmutationis motum uocamus, reuertitur ad ipsam, sub diebus CXVI. prout exactius ex Canone mediorum motuum elici potest. Proinde sequitur quòd Mercurius motu suo proprio haud eandẽ semper circumcurrentẽ circuli describit, sed pro ratione distantiæ à centro orbis sui plurimũ differẽtem, minimã quidẽ in K signo, maximã in L, ac mediã per I. eodem prope modo quẽ in lunari epicycli epicyclio licet animaduertere. Sed quod Luna per circumferẽtiam, hoc Mercurius per diametrũ facit motu reciproco, ex æqualibus tamen cõposito. Qui quomodo fiat, supra circa præcessiones æquinoctiorũ ostendimus. Sed de his alia quædã ac plura infra circa latitudines adferemus. Atq; hæc hypothesis apparentijs omnibus, quæ uidentur Mercurij, sufficit, quod ex historia obseruationum Ptolemæi, ac aliorum fiet manifestum.

De loco absidum summæ & infimæ Mercurij. Cap. XXVI.

OBseruauit enim Mercuriũ Ptolemæus primo anno Antonini post occasum XX. diei mensis Epiphi, dũ esset planeta in maxima distantia uespertinus à Solis loco medio. Erant autẽ ad hoc tempus anni Christi CXXXVII. dies CLXXXVIII. scru. XLII. s. Cracouiæ, & idcirco locus Solis medius secũdũ numerationẽ nostrã part. LXIII. scrup. L. & stella per instrumẽtũ in VII. part. ut inquit, Cancri. Sed deducta præcessione æquinoctiorũ, quæ tũc erat part. VI. scrup. XL. patuit locus Mercurij part. XC. scrup. XX. à principio Arietis fixarum sphæræ, ac elongatio maxima à Sole medio part. XXVI. s. Alteram accepit considerationem anno IIII. Antonini, decimanono die mensis Phamenoth illucescente, cũ transissent à principio annorũ Christi anni CXL. dies LXVII. scrup. XII. ferè, Sole existẽte medio in pt. CCCIII. scru. XIX. Mercurius autẽ apparebat per instrumentũ in XIII. parte & semi Capricorni. Sed à principio Arietis fixo erat in part. CCLXXVI. scrup. XLIX. ferè. Et idcirco maxima distantia matutinalis erat similiter part. XXVI. s. Cũ igitur æquales hinc inde fuerint digressionũ limites à loco Solis medio, necesse est, ut utrobiq; in medio ipsorũ locorũ fuerint Mercurij absides, hoc est inter pt. LXIII. scru. L. et CX. scru. XX. Et sunt ptes III. scr. XXXIIII. & CLXXXIII scr. XXXIIII. è diametro, in quibus oportuit esse Mercurij utrãq; absida,

abſida, ſupremam & infimam, quæ diſcernun-tur, ut in Venere, per duas obſeruationes, quarum primã habuit anno XIX. Adriani, in diluculo diei XV. menſis Athyr, dum Solis locus medius eſſet in part. CLXXXII. ſcrupul. XXXVIII. erat maxima ab eo diſtantia Mercurij matutina part. XIX. ſcrup. III. Quoniam locus apparens Mercurij erat in part. CXLIII ſcrup. XXXV. At eodem anno Adriani, qui erat à nato Christo M. CCCV. ſub crepuſculo XIX. diei menſis Pachon ſecundum Ægyptios, inuentus eſt Mercurius adminiculo inſtrumẽti in XXVII. part. XLIII. ſcrup. fixarũ ſphæræ, dum eſſet Sol medio motu in part. IIII. ſcrup. XXVIII. Patuit maxima rurſus ueſpertina ſtellæ diſtantia, part. XXIII. ſcrup. XV. ac priori maior. Vnde ſatis perſpicuũ erat, Mercurij apogæũ nõ eſſe, niſi in part. CLXXXIII. & orientis ferè ipſo tempore, quod erat notandum.

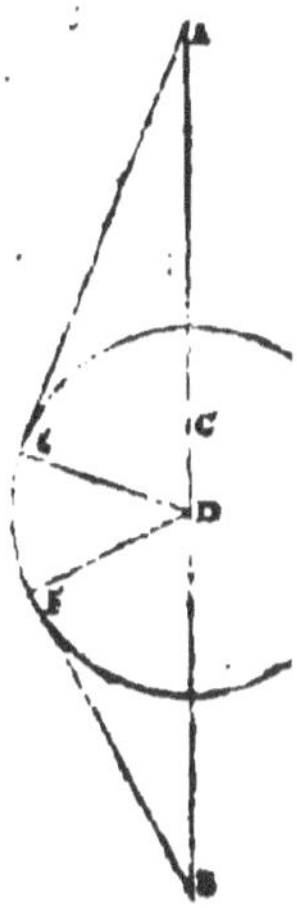

Quanta ſit eccentrotes Mercurij, & quam habeat orbium ſymmetriam. Cap. XXVII.

PEr quæ ſimul etiam demonſtrantur centrorum diſtantia & orbium magnitudines. Sit enim AB, recta linea per abſidas Mercurij, A ſummam, & B infimam tranſiens, & ipſa dimetiens magni circuli, cuius centrum ſit C, aſſumptoq; centro D, deſcribatur orbis planetæ. Excitentur ergo lineæ contingentes orbem AE, BF, & connectantur DE, DF. Quoniam igitur in priori duarum obſeruationum præcedentium uiſa erat maxima diſtantia matutina part. XIX. ſcrup. III. erat propterea CAE angulus part. XIX. ſcrup. III. In altera uero conſideratione uidebatur maxima ueſpertina part. XXIII. cum quadrante. Igitur in utroq; triangulo orthogonio AED, & BFD datorum angulorum, erunt etiam

 laterum

Iterum datae rationes, ut quarum A D, fuerit part. 10000, fit B D, quae ex centro orbis part. 32639. Sed quarum A D fuerit part. 10000. erat F D talium partium 39474. Sed secundum partes quibus est F D, aequalis ipsi B D, nempe ex centro circuli part. 32639, quarum etiam erat A D, part. 10000. erit reliqua o a, pt. 182685. hinc dimidia A C, part. 91342. ac reliqua C D, part. 8658 distãtia centrorum. Quarũ autẽ A C fuerit pars una siue L X. scrup. erit quae ex centro orbis Mercurij scrup. X X I. secũd. X X V I. & C D, scrup. V. secund. X L I. Et quarũ A C est 10000. earum est D F part. 35722. & C D 9479. quod erat demonstrandũ. Sed hae quoque magnitudines non manent ubique eaedem, distantque plurimum ab eis, quae circa medias accidunt absides, quod apparentes matutinae & uespertinae in illis locis obseruatae longitudines docẽt, quales à Theone & Ptolemaeo ꝓdun tur. Obseruauit enim Theon uespertinã Mercurij limitẽ anno Adriani X I I I I. die X V I I I. mensis Mesuri, post occasum Solis, & sunt à natiuitate Christi anni C X X I X, dies C C X V I. scru. X L V. dũ locus Solis medius esset in pt. X C I I I. s. id est, media ferè abside Mercurij. Visus est aũt planeta per instrumentũ ꝓcedere Leonis Basiliscũ, tribus partibus, & dextante unius, eratque ꝓpterea locus eius part. C X I X. & dodrãs, & maxima eius uespertina distantia part. X X V I. & quadrantis. Alterũ uero limitẽ Ptolemaeus à se ꝓditi obseruatũ anno I I. Antonini, X X I. die mẽsis Mesuri diluculo, quo tempore erant anni Christi C X X X V I I I. dies C C X I X. scrup. X I I. Locus isidem Solis medius part. X C I I I. scrup.

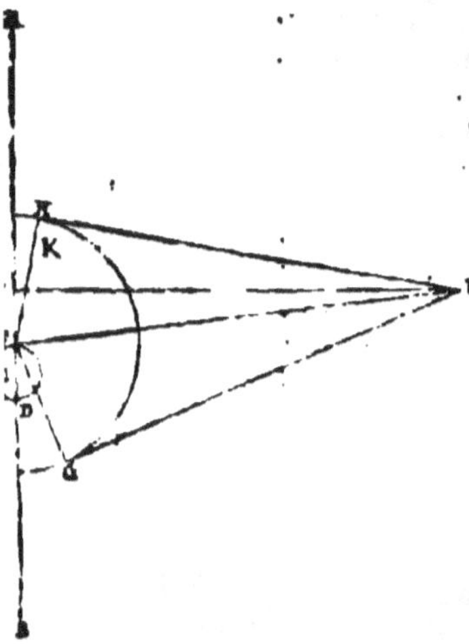

XXXIX. à quo maximam distantiam matutinam Mercurij inuenit pt. XX. & quadrantis. Visus est enim in pt. LXXIII. & duabus quintis fixarum sphaerae. Repetatur ergo A C D B dimetiens magni orbis, per absidas Mercurij transiens, qui prius. Et à puncto C excitetur ad rectos angulos linea medij motus Solis, quae sit C E, atque inter C D, suscipiatur F signum, in quo describatur orbis Mercurij, quem contingant E H, E G, rectae lineae. Et coniungantur F G, F H, E F. Propositum est iterum inuenire F punctum, & eam quae ex centro F G, quam habeat rationem ad A C. Quoniam enim datus est angulus C E G, part. XXVI. cum quadrante, & qui sub C E H, part. XX. cum quadrante. Totus igitur H E G part. XLVI.s. dimidius H E F, part. XXIII. & quadrantis. Reliquus igitur qui sub C E F habebit tres partes, ea propter trianguli C E F rectanguli dantur latera C F part. D.XXIIII. & subtensa F E, 10014. quarum est C E aequalis ipsi A C, part. 10000. Prius autem ostensum est, quod tota C D fuerit partium earundem 948. dum esset terra in summa uel infima abside planetae, erit D F excessus, dimetiens parui circuli, quem centrum orbis Mercurij descripserit part. 424, & quae ex centro I F, part. 212. Hinc tota C F, 736. Similiter & in triangulo H E F, angulo H recto, datur etiam H E F part. XXIII. & quadrantis, è quibus constat F H pt. 3947. quarum fuerit E F, 10000. Sed quarum E F fuerit 10014, qualium est etiam C E pt. 10000. erit ipsa F H part. 3953. Supra autem ostensum est eam fuisse partium earundem 3573. cui sit aequalis F K. Erit ergo reliqua H K pt. 380. maxima differentia elongationis stellae ab F centro sui orbis, quae à summa & infima abside ad medias contingit, propter quam elongationem & eius diuersitatem circa F centrum orbis sui stella inaequales circulos describet secundum diuersas distantias, minimam part. 3573. maximam pt. 3953. Inter quas mediam esse oportet 3763. quod erat demonstrandum.

Cur digressiones Mercurij maiores appareant circa hexagoni latus, quam quae in perigaeo contingunt. Cap. XXVIII.

Hinc etiam minus mirum uidebitur, quòd Mercurius circa hexagoni circuli latera maiores faciat digressiones, quàm in perigaeo, quoniam etiam maiores eis quas iam demonstrauimus, ut in una reuolutione terrae bis fieri orbis eius terrae proximus crederetur a priscis. Constituatur enim A C B angulus part. LX. erit propterea A F I angulus part. CXX. ponitur enim F duplam facere revolutionem ad unam ipsius E terrae. Connectantur ergo E F, E I. Quoniam

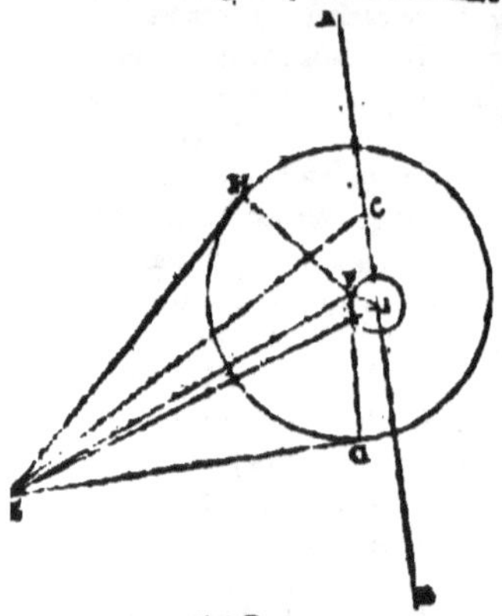

igitur C I ostensa est partium 736, quales sunt in E C, 10000. & angulus E C I datur part. LX. erit propterea trianguli E C I reliquum latus E I, partium 9655, & angulus C E I, part. III. scrup. XLVII. fere, quo C I E minor est quam A C E, sed ipse datur part. CXX. erit igitur C I E part. CXVI. scrup. XIII. Sed & angulus F I B partium est CXX. duplus enim ex praestructione ipsi E C I, & qui sequitur semicirculum C I F, part. LX. relinquitur E I F part. LVI. scrupul. XIII. Sed I F osten-

sa est part. 212, quarum C E I partium est 9655. comprehendentes angulum E I F datum, e quibus elicitur F E I angulus partis unius, scrup. IIII. quibus super est C E F, part. II. scrup. XLIIII. quo discernitur centrum orbis planetae a medio loco Solis, & reliquum latus E F part. 9540. Exponatur iam ad F centrum orbis Mercurii G H, & excitentur ab E contingentes orbem E G, E H, & connectantur F G, F H. Scrutandum est nobis primum quanta fuerit quae ex centro F G, sive F H, in hac habitudine, quod sic faciemus. Assumatur enim circulus parvus, cuius diameter K L, habeat partes 380, quarum A C fuerit 10000, per quam diametrum sive ei aequalem stella in F G vel F H recta linea annuere, vel abnuere ipsi F centro intelligatur, per modum quem supra circa praecessionem aequinoctiorum exposuimus. Et iuxta hypothesim quam A C B part. LX. circumferentiae subtendit. Capiatur K M in similibus partibus CXX. & agatur M N ad rectos angulos ipsi K L, quae dimidia subtensa dupli K M, sive M L, resecabit L N quadrantem diametri part. XCV. quod per duo-

decimam.

decimā XIII. cōniuncta decimaquinta quinti Elementorū Euclidis demonstratam. Reliqua ergo III. part. ipsius E H, erūt pt. 285. q̄ cū minima distantia stellæ colligit 3858. hoc loco lineā F G uel F H quæsitā. Quarū similiter A C sunt part. 10000. qualiū etiā E F ostensa est part. 9540. Quapropter trianguli F E G, siue F E H rectangulo duo latera data sunt, erit propterea angulus F E G, uel F E H, etiā notatus. Quarū enim E F fuerit part. 10000, erit F G uel F H part. 4054. subtēdentiū angulū part. XXIII. scru. LII. quibus totus G E H erit part. XLVII. scru. XLV. Sed in infima abside uisę sunt partes solūmodo XLVI. s. in media similiter pt. XLVI. s. Factus est igitur hic utroque maior in parte una, scru. XIIII. Nō quod orbis planetæ propinquior sit terræ, quam fuerit in perigæo, sed quod planeta maiorē hic circulū describit, quam illic. Quę oīa tā p̄sentibus quam p̄teritis obseruatiōibus sunt cōsentanea, & ex æq̄libus motibus cōfluunt.

Medij motus Mercurij examinatio. Cap. XXIX.

INuenitur enim in antiquioribus cōsiderationibus, quod anno XXI. Ptolemæi Philadelphi in diluculo diei XIX. mēsis Thoth. secundū Ægyptios apparuerit Mercurius à linea recta transeunte per primā & secundam stellarū Scorpij in fronte eius existentiū, separatus in cōsequentia per duas diametros lunares, & à prima stella per unā Lunæ diametrū Boreā uersus. Patet autē, quod locus primæ stellæ est partiū lōgitudinis CCIX. medietatis & sextæ, latitudinis Boreæ partis unius cū triente. Secundæ uero lōgitudinis part. CCIX. latitudinis Austrinæ part. I. mediæ & tertiæ, siue dextāte, è quibus cōijciebatur Mercurij locus lōgitudinis part. CCX. medietatis & sextæ, latitudinis Boreæ pars una & dextans ferè. Erant aūt ab Alexandri morte anni LIX. dies XVII. scru. XLV. & locus Solis medius secūdū numerationē nostrā pt. CCXXVIII. scru. VIII. & distātiæ stellæ matutina part. XVII. scru. XXVIII. crescēs adhuc quod in subsequētibus IIII. diebus notabat, quod certū erat planetā nondum peruenisse in extremū matutinū limitē, neque ad orbis sui cōtactū, sed in inferiori adhuc circūferētia & propinquiore terræ uersari. Quoniam uero summa absis erat in pt. CLXXXIII. scru. XX. erant ad mediū Solis locū part. XLIIII. scru. XLVIII. Sit ergo rursus diameter orbis magni A C B, qui ſupra, & C centro educatur linea medij motus Solis C E, ut angulus A C E, partium ſit XLIIII. ſcru. XLVIII. & in I centro paruus circulus, in quo centrum eccentri feratur, quod ſit F, & capiatur E I F angulus, ſecundum hypotheſim. Duplus ipſi A C E part. LXXXIX. ſcru. XXXVI. & coniungantur E F, E I. Quoniam igitur in triangulo E C I duo latera data ſunt, C I part. 7364. quarum C E eſt 10000. comprehendentia datum angulum E C I part. CXXXV. ſcrup. XII. continuum ei qui ſub A C E, erit reliquum E I latus part. 10534, & angulus C E I part. II. ſcrup. XLIX. quo minor eſt E I C ipſi A C E. Datur ergo & C I E part. XLI. ſcrupul. LIX. Sed & C I F, qui ſuccedit ipſi E I F prius eſt XC. ſcru. XXIIII. Totus ergo E I F eſt pa. CXXXII ſcrup. XXIII. quem etiam data latera comprehendunt trianguli E F I, nempe E I part. 10534. & I F part. 2114. quarum A C ponitur 10000. Quibus innoteſcit angulus F E I ſcru. L. cum reliquo

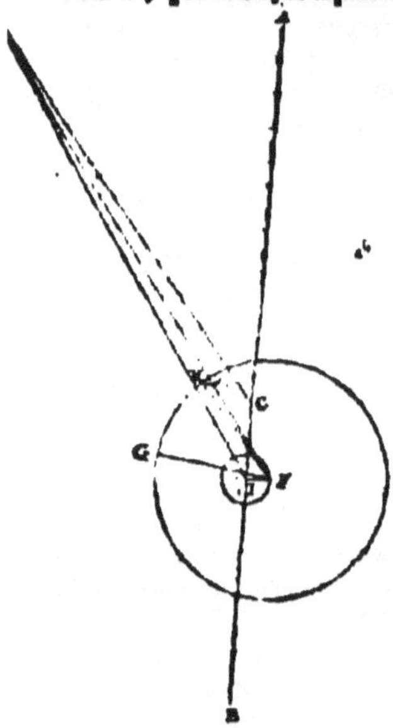

latere E F, part. 10678. & qui ſupereſt C E F angulus partis unius, ſcrup. LIX. Capiatur modo circulus paruus L M, cuius dimetiens L M ſit partiũ 380. quarũ A C ſunt 10000. & circũferentia L N ſit part. LXXXIX. ſcrup. XXXVI. iuxta hypotheſim. & agatur eius ſubtenſa L N, atque N R perpendicularis ipſi L M. Quoniam igitur quod ab L N æquale eſt ei, quod ſub L M, L R, ſecundum quã datam rationem datur utique & L R, longitudine part. 189. ferè, quarum dimetiens L M, 380. ſecundum quam lineam rectam, ſiue ei æqualem, Dignoſcitur planeta diuulſus ab F centro ſui orbis, à tempore quo E C linea, A C E angulum compleuerit. Hæ igitur partes tur partes cũ adiectæ fuerint ipsis 3573 minimæ distantiæ, colligũt hoc loco part. 3762. Cẽtro igitur F, distãtia aũt pũctũ 3762 describatur circulus, & agatur E G, quæ secet conuexã circumferentiã in G signo. Ita tamen ut C E G angulus sit part. XVII. scru. XXVIII. quibus stella à medio loco Solis elõgata uidebatur, & cõiungatur F G, & F K, parallelus ipsi C E. Cum autẽ C E F, angulũ resecuerimus à toto C E G, reliquum sub F E G, partiũ erit XV. scrup. XXIX. Hinc trianguli E F G duo latera data sunt E F, part. 10678. & F G, 3762. Angulus quoq; F E G part. XV. scru. XXIX. Quibus constabit angulus E F G, part. XXXIII. scrup. XLVI. À quo dempto E F K æquali ipsi C E F relinquitur K F G, & K G circumferentia part. XXXI. scrup. XLVII. Distantiæ stellæ à perigæo medio sui orbis, qđ est K, cui si addatur semicirculus, colligũtur part. CCXI. scrup. XLVII. medij motum anomaliæ commutationis in hac obseruatione, quod erat demonstrandum.

De recentioribus Mercurij motibus obseruatis, Cap. XXX.

HAnc sanè uiam huius stellæ cursum examinandi prisci nobis præmonstrarunt, sed cœlo adiuti sereniori, nempe ubi Nilus, ut ferunt, non spirat auras, quales apud nos Vistula. Nobis enim rigentiorẽ plagam inhabitantibus, illam commoditatem natura negauit, ubi tranquillitas aëris rarior, ac insuper ob magnam sphæræ obliquitatẽ rarius sinit uidere Mercuriũ. Quamuis in maxima Solis distãtia, siquidem in Ariete & Piscibus, nõ oritur cõspectui nostro, nec rursus occidit in Virgine & Libra. Sed neq; in Cancro, uel Geminis se repræsentat quoq; modo, quãdo crepusculũ noctis solũ, uel diluculũ est, nox uero nunq;, nisi Sol in bonam partem Leonis recesserit. Multis propterea ambagibus & labore nos torsit hoc sidus, ut eius errores scrutaremur. Mutuauimus propterea tria loca ex eis, quæ Norimbergæ diligẽter sunt obseruata. Primum à Bernardo Vualthero, Regiomontani discipulo, anno Christi M.CCCC.XCI. V. Idus Septẽbris, à media nocte quinq; horis æqualibus per armillas astrolabicas ad palilicium comparatis, & uidit Mercuriũ in part. XIII. & dimidia

Virginis, cũ latitudine Borea part. I. medietate & tertia, eratq;
tunc stella in principio occultationis matutinæ, dũ per præcedentes dies continue decreuisset matutina. Erat igitur à princi
pio annorũ Christi anni M.CCCC.XCI. Ægyptij, dies CCLVIII.
scrup. XII.s. & locus Solis medius simplex part. CXLIX. scrup.
XLVIII. Sed ab æquinoctio Verno in XXVI. Virginis, scrup.
XLVII. unde & distantia Mercurij erat part. XIII. & quarta ferè.
Secundus erat anno Christi M.D.IIII. V. Idus Ianuarij, horis à
media nocte VI.s. dum cœlũ mediaret Norimbergæ X. Scorpij, obseruatus à Ioanne Schonero, cui apparuit stella in part.
III. & tertia Capricorni, Borea scrup. XLV. Erat aũt Solis, secun
dum numerationẽ, locus medius ab æquinoctio Verno in part.
XXVII. & scrup. VII. Aquarij, quẽ Mercurius matutinus præcedebat, part. XXIII. scrup. XLII. Tertia quoq; ab eodem Ioanne
obseruatio, eodemq; anno M.D.IIII. XV. Calend. Aprilis, qua
inuenit Mercuriũ in part. XXVI. cum decima unius grad. Arie
tis, Boreum tribus ferè gradibus, dũ cœlũ Norimbergæ medi
aret XXV. Cancri per armillas ad eandẽ pallilicij stellã compa-
ratas, horis à meridie VII.s. in q tẽpore Solis locus medius ab
æquinoctio Verno part. V. scrup. XXXIX. Arietis, ad quẽ Mercurius uespertinus à Sole part. XXI. scru. XVII. Sunt igitur à pri
mo loco ad secundũ anni Ægyptij XII. dies CXXV. scrup. III. se
cund. XLV. in quibus motus Solis simplex est part. CXX. scrup.
XIIII. anomaliæ cõmutationis Mercurij CCCXVI. scrup. I. In secundo interuallo sunt dies LXIX. scru. XXXI. secund. XLV. locus Solis medius simplex part. LXVIII. scru. XXXII. anomalia
Mercurij media commutationis part. CCXVI. Ex his igitur tribus obseruatis uolumus pro hodierno tempore Mercurij cursus examinare, in quibus concedendum putamus cõmensurati-
ones circulorũ mansisse à Ptolemæo etiã nunc, cũ & in alijs non
inueniantur in hac parte fefellisse priores bonos authores, si cũ
his etiã absidis eccentri locũ habuerimus, nihil præterea deside
raretur, in apparente motu huius quoq; stellæ. Assumpsimus
autẽ summæ absidis locũ in part. CCXI.s. hoc est in XXVIII.s.
grad. signi Scorpij, neq; enim minorẽ licuit accipere sine præ-
iudicio obseruatorũ. Ita siquidem habebimus anomaliã eccẽtri,
distantiã

distantiam inquam medij motus Solis ab apogaeo in primo termino part. CCXCVIII. scrup. XV. In secundo part. LVIII. scru. XXIX. In tertio part. CXXVII. scrup. I. Describatur ergo figura secundum modum priorem, nisi quod AEB angulus constituatur part. LXI. scru. XLV.

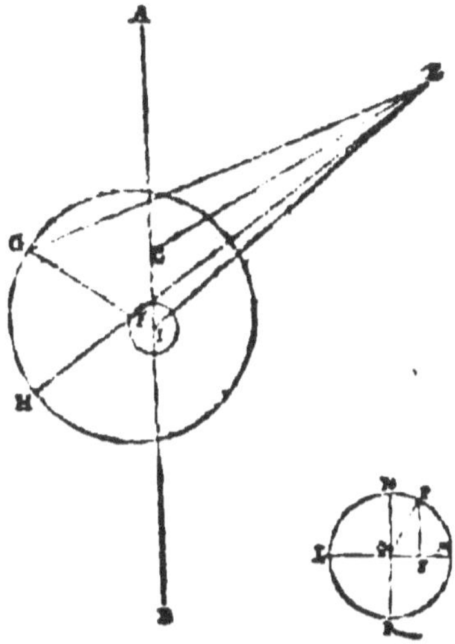

Quibus linea medij motus Solis praecedebat apogaeũ in prima obseruatione, & caetera quae deinde sequuntur, iuxta hypothesim. Et quoniam EC datur part. 736½. quibus est AC, 10000, & angulus qui sub ECI in triangulo ECI, dabitur etiam angulus CEI, & est part. III. scrup. XXXV. Atq; IE latus, 10369. q̃lium est EC, 10000. qualiũ est etiã IF, 211½. Sunt igitur & in triangulo EFI, duo latera, rationem habentia datam. Angulus autẽ EIF, part. CXXIII. S. nempe duplum ipsi ACE ex praestructis, & q; sequitur CIF, part. LVI. S. Totus ergo EIF partiũ est CXVIII. scru. XL. Igitur & sub IEF partis est unius, scrup. V. & latus EF part. 10371. hinc & angulus CEF part. II. S. Ut aũt sciamus quantũ per motũ accessus & recessus accreuerit orbis, cuius centrũ est F, ab apogaeo uel perigaeo, exponatur circulus paruulus quadrifariã sectus per diametros LM, NR, in centro O, & capiatur angulus POM, duplus ipsi ACE, nempe part. CXXIII. S. & à P signo perpendicularis agatur ipsi LM, quae sit PS. Erit igitur, secundum rationem datã, OP siue aequalis ei LO ad OS, id est 10000, ad 8349, & 990 ad 505, quae simul constituũt LS, part. 295, qualiũ sunt AC,

10000. quibus stella eminētior facta est ab F cētro. Hæc cū addita fuerint ptibus 3573, minimæ distantiæ, colligitur 3868. præsentē, secundū quam in F cētro circulus describatur B G, cōiungatur E G & E F, extendantur in rectas lineas E F H. Quoniā igitur G E F angulus demōstratur part. II. S. quos sub C E G, obseruauimus part. XIII & quartæ partis distantiæ stellæ matutinæ à medio Sole. Erit ergo totus F E G part. XV. cū dodrāte. Sed & ratio E F ad F G trianguli E F G, ut 10371. ad 3868 cū angulo est dato, ostēdit nobis etiā E G F angulū pt. XLIX. scrup. VIII. Huic & reliquus exterior erit part. LXIIII. sc. LIII. quæ à toto circulo deductæ, relinquūt part. CCXCV. scru. VII. anomaliæ cōmutatiōis ueræ. Cui si addas angulū C E F, exibit media æqualisq; pt. CCXCVII. scr. XXXVII. quā quærebam⁹, cui si adiiciātur part. CCCXVI. scrup. I. habebimus secūdæ obseruationis anomaliā cōmutationis æqualē part. CCLXIII. scru. XXXVIII. quā etiā ostēdemus esse certā & obseruatiōi cōsonam. Ponamus enim angulū A C B pro modo anomaliæ eccentri secūdæ pt. LVIII. scru. XXIX. Tūc quoq; in triangulo C B I duo latera dantur I C, 736. qualiū est B C, 10000. & angulus B C I part. CXXI. scrup. XXXI. Et tertiū igit latus B I earundē partiū 10404, atq; angulus C B I, part. III. scru. XXVIII. Similiter in triangulo O I F, quoniā angulus B I F partiū est CXVIII. scrup. III. & latus I F, 211½, qualium est I B, 10404, erit tertium B F latus taliū 10505. atq; sub I B F angulus scrup. LXI. & reliquus igitur F B C, part. II. scrup. XXVII. quæ est prosthaphæresis eccētri, quæq; addita cōmutationis motui medio colligit uerā part. CCLVI. scrup. V. Iam quoq; capiamus in epicyclio accessus

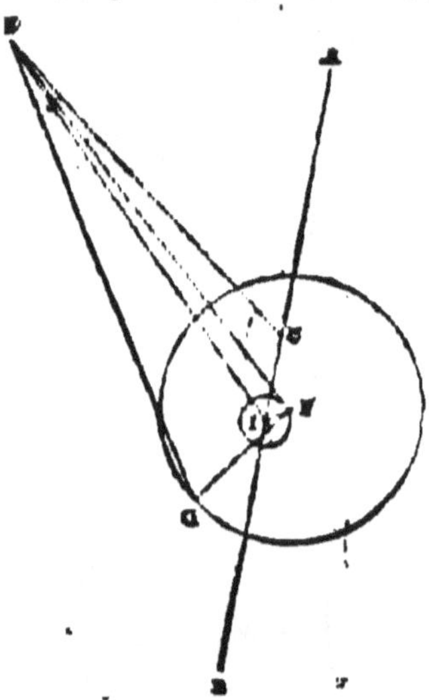

cessus & recessus circumferentiā L P, siue angulū sub L O P, duplū ipsi A C B, part. CXVI. scru. LVIII. Tunc quoque trianguli rectanguli A P S, per rationē datam laterū O P ad O S, sicut 10000. ad 4535. erit ipsum O S, 85. qualium O P, siue L O, 190. & tota L O S longitudine 276, quæ addita minimæ distantiæ 3573. colligit 3849. Secundum quam distantiam in F centro circulus describatur R O, ut sit apogæum commutationis in R signo, à quo stella distet per circumferentiam R O præcedentem part. CIII. scrup. LV. quibus deficit tota reuolutio à motu commutationis examinatæ, quæ erat part. CCLVI. estque propterea qui sequitur angulus R F O part. LXXVI. scru. V. sic rursus in triangulo R F O, duo latera data sunt F O, 3849. qualium est R F, 10505. Erit propterea F R O angulus part. XXI. scrup. XIX. qui cum C R F faciat totum C R O, partium XXIII. scru. XLVI. & est distantiæ apparentis inter centrū orbis magni C & O planetā, quæ etiam parum differunt ab obseruato. Quod etiamnum tertio confirmabitur, dum posuerimus angulum A C B, part. CXXVII. scrup. I. siue sequentem B C D, part. LII. scrup. LIX. habebimus rursus triangulum, cuius duo latera nota sunt, C I, part. 736½. quarum sunt D C, 10000. comprehendentia angulum D C I, part. LII. scrup. LIX. quibus demonstratur C I D angulus esse part. III. scrup. XXXI. & latus I D, 9575. qualium D C, 10000. Et quoniam angulus D I F ex præstructione datur part. XLIX. scru. XXVIII. datis etiam comprehensis lateribus F I, 211½. qualium D I, 9575. erit etiam reliquum latus, talium 9440. & angulus I D F, scrupul. LIX. quæ à toto I D C dempta, relinquunt eum, qui sub F D C, reliquum part. II. scrup. XXXII. & est prosthaphæresis ablatiua anomaliæ eccentri, quæ cum addita fuerit anomaliæ commutationis mediæ, quam numerauimus part. CIX. scrup. XXXIII. cum adiecerimus partes CCXVI. secundæ, exibit uera part. CXII. scrupul. X. Sumatur iam in epicyclio angulus L O P, duplus ipsi D C I, part. CV. scrupul. LVIII. habebimus hic quoque pro ratione P O ad O S, ipsum O S, 52, ut tota L O S sit 242, quæ cum addiderimus minimæ distantiæ 3573. habebimus adæquatā 3815. secundū quam in cētro F describatur circulus, in quo summa absis cōmutationū sit R, in rectam extensione facta ipsius D F R lineæ, atque pro modo anomaliæ cō commutationis uerae capiatur circumferentia B O, part. CXI. scru. X. & coniungantur O F, erit ergo sequens sub O F B angulus, part. LXVII. scrup. L. quem cõprehendunt data latera O F, 3915, qualium B F, 9440, quibus constabit angulus F B O partiũ XXIII. scrup. L. à deducta O B F prosthaphaeresi, remanet O B O, part. XXI. scrupu. XVIII. apparẽtiæ inter stellam uespertinam & centrũ orbis magni, qualis ferè p obseruationem reperta est distantia. Hæc ergo tria locorum obseruatis consonantia attestãtur procul dubio ipsum esse locum summæ absidis eccentri, quem assumebamus part. CCXL. o. sub fixarũ sphæra hoc tempore nostro, ac deinde quæ sequuntur esse certa, anomaliam uidelicet cõmutatiõis æqualẽ in primo loco part. CCXCVII. scru. XXXVII. In secundo part. CCLIII. scru.

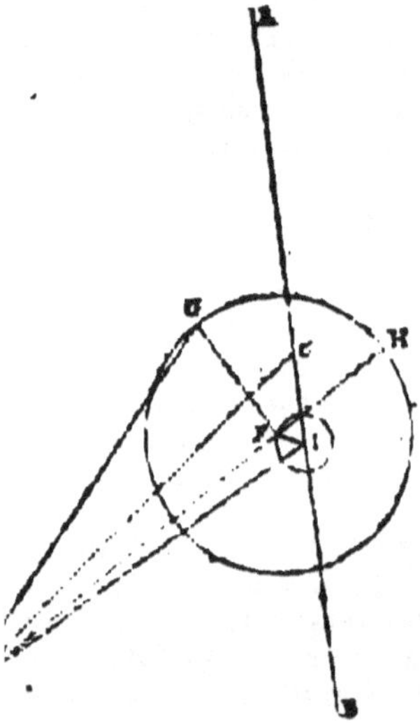

XXXVIII. In tertio CIX. pt. XXXVIII. scru. q̃ erãt ingrẽda. In illa uero cõsideratiõe antiq̃ anno XXI. Ptolemæi Philadelphi in diluculo diei XIX. mẽsis primi Thot secũdũ Ægyptios, erat summæ absidis eccẽtri locus Ptolemæi sentẽtia ad fixarũ sphærã in pt. CLXXXII. scru. XX. anomaliæ uero cõmutatiõis æqlis in pt. CCXI. scru. XLVII. Tempus aũt inter hãc nouissimã & illã antiquã obseruationem sunt anni Ægyptij M. DCC. LXVIII. dies CC. scrup. XXXIII. in q̃ tpe summa absis eccẽtri mota est sub nõ errãtiũ stellare sphæra, pt. XXVIII. scru. X. & cõmutatiõis motus ultra integras reuolutiões, quæ sunt V̄. DL. XX. pt. CCLVII. scru. LI. siqdẽ in XX. annis complentur complectitur periodi LXIII. ferè, quæ colligunt in M. DCC. LX. annis periodos V. D. XLIIII. & in reliquis VIII. annis & diebus reuolutiones XVI. Proinde in V. D. LXVIII. annis, CC. diebus, XXXIII. scrupulis excreuerunt post reuolutiones V. D. LXX. pt. CCLVII. scrup. LI. quibus differunt obseruata loca, primus ille antiquus à nostro, quæ etiam consentiunt numeris, quos exposuimus in tabulis. Dum autem part. XXVIII. scrup. X. cōparauerimus ad hoc tēpus, qbus apogæū ecccētri motū est, uidebitur in LXIII. annis p unū gradū fuisse motū, si modo æqualis fuerit.

De præficiendis locis Mercurij. Cap. XXXI.

QVoniã igitur à principio annorū Christi usq; ad ultimã obseruationē sunt anni Ægyptij M. D. IIII. dies LXXXVII. scrup. XLVIII. in quibus est anomaliæ cōmutatiōis Mercurij motus part. LXIII. scru. XIII. reiectis integris reuolutiōibus, quæ dū ablata fuerint à pt. CIX. scru. XXXVIII. remanēt part. XLVI. scru. XXIIII. locus anomaliæ cōmutationis Mercurij ad principiū anni Christi, à quo rursus ad principiū primæ Olympiadis sunt anni Ægyptij DCC. LXXV. dies XII. s. in qbus numerant pt. XCV. scru. III. post integras reuolutiones, quæ à loco Christi deducta mutuata reuolutione una, remanet ad primã Olympiadem locus part. CCCXI. scru. XXI. Huic quoq; ad Alexandri mortem in annis CCCCLI. diebus CCXLVII. supputatiōe facta puenit locus ad partes CCXIII. scrup. III.

De alia quadam ratione accessus ac recessus. Cap. XXXII.

PRius autem quàm recedamus à Mercurio, placuit alium adhuc modum recensere priore non minus credibilem, per quem accessus & recessus ille fieri ac intelligi possit. Sit enim circulus quadrifariam sectus O E K P in F cētro, cui etiã paruus inscribatur circulus homocētrus L M, ac rursus cētro L, distãtiæ uero L F O, æquali ipsi F O, uel F M, alius circulus O R. Ponatur autem, quòd tota hæc forma circulorum tulorum feratur circa F centrum in consequentia, cũ suis O F R, & N F P sectionibus; quotidie per part. circiter II. scrup. VII. quantum uidelicet motus cõmutationis stellæ superat telluris motũ

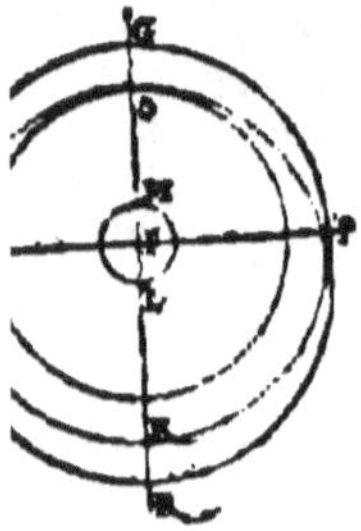

in zodiaco, ab apogæo eccẽtri stellæ, quæ interim reliquum à O signo motũ per O R circulum proprium cõmutationis suppleat, similem ferè motui terreno. Assumatur etiam quod in hac eademq; reuolutione, id est annua cẽtrũ orbis O R stellã deferentis, feratur motu liberationis per L F M diametrũ, duplo maiorem eo quàm prius posuimus reciprocãdo, ut supra dictũ est. Quibus sic cõstitutis, cũ posuerimus terrã medio motu contra apogæũ centri stellæ moueri, & eo tempore centrum orbis, stellã deferẽtis in L, ipsam uero stellã in O signo, quæ tũc in minima ab F distantia describet motu totius minimũ circulũ, cuius quæ ex cẽtro fuerit F O, & quæ deinde sequũtur. Vt cũ terra fuerit circa mediã absida, stella in N signũ cadens, secundũ maximã ad F distantiã, describet maximos anfractus, nempe secũdũ circulũ, cuius centrũ est F. cõgruet enim tũc deferẽs qui O R, cũ G N orbe propter unitatẽ centri in F, hinc pergẽte terra in partes perigæi, & cẽtro orbis O R, in alterum extremorũ, quod est M, attollitur etiã orbis ipse supra O K, atque stella in R incidet rursus in minimã distantiã ipsi F, & accidẽt ei quæ à principio. Cõcurrũt enim hic tres reuolutiões inuicẽ æquales, utpote, terræ in apogæũ orbis eccentri Mercurij. Libratio centri secundũ L M diametrũ, atque planetæ ab F O linea in eandem, à quibus solũ differt motus sectionũ O R, N P, ab abside centri, uti diximus. Ita sanè circa hoc sidus, & tam admirabili uarietate lusit natura, quã tamẽ ordine perpetuo, certo, & immutabili cõfirmauit. Sed est hic animaduertendũ, quòd in medijs spacijs quadrantũ O N, R P, sidus non pertransit absque longitudinis differentia, siquidem centrorum diuersitas interueniens, necessario faciet prosthaphæresim aliquam, sed obstat centri illius instabilitas. Si enim, uerbi gratia, cẽtro in L, permanente, stella ex O procederet, maximã circa N admitteret differẽtiã pro modo

eccentrotetis

eccentrotetis F L. Sed ex assumptis sequitur, quod stella ex O progressa ordiatur quidem promissis differentiam, quam F L centrorum distantia habet efficere. Sed accedente centro mobili ad F mediam, detrahitur magis ac magis promissæ diversitati, frustraturque adeo, ut circa medias E F sectiones tota evanescat, ubi maxima debebat expectari. Et nihilominus, quod fatemur, facta etiam parva sub radijs Solis occultatur, Atq; in Oriente uel Occidente sidere matutino uespertinoue non cernitur, penitus sub anfractibus circuli. Et hūc quidem modum præterire noluimus, non minus rationabilem priori, quiq; circa latitudinum discessus apertissime usui ueniet.

De tabulis prosthaphæreseon quinque errantium stellarum. Cap. XXXIII.

HÆc de Mercurij ac cæterorum errantium stellarum motu æqualitatis & apparentiæ sic demonstrata, & numeris exposita sunt, quorum exemplis ad quælibet alia loca, differentias motuum calculandi uia patebit, atq; ad hunc usum Canones parauimus, cuiq; proprios, sex ordinum, uersuum uero XXX, per triades graduum uti solemus. Primo, duo ordines numeros habebunt communes, tam anomaliæ eccentri quàm commutationū. Tertius prosthaphæreses eccentri collectas, totas inquam differentias, quæ cadunt inter æqualem diuersumq; motum illorū orbium. Quarto scrupula proportionum, quæ sunt sexagesimæ, quibus commutationes ob maiorem minoremue terræ distantiam augentur uel minuuntur. Quinto prosthaphæreses ipsæ, quæ sunt commutationes in summa abside eccentri planetæ, ab orbe magno contingentes. Sexto & ultimo excessus, quibus superant eas, quæ fiunt in infima abside eccentri, & sunt Canones isti.

Saturni prosthaphæreses.

Numeri communes.		Prosthaphæreses eccentri.		Scrup. proportionum	Parallaxes orbis.		Excessus parallaxeos.	
Gra.	Gra.	Gra.	scr.	scru.	G.	scr.	G.	scru.
3	357	0	20	0	0	17	0	2
6	354	0	40	0	0	34	0	4
9	351	0	58	0	0	51	0	6
12	348	1	17	0	1	3	0	8
15	345	1	36	1	1	23	0	10
18	342	1	55	1	1	40	0	12
21	339	2	13	1	1	56	0	14
24	336	2	31	2	2	11	0	16
27	333	2	49	2	2	26	0	18
30	330	3	6	3	2	42	0	19
33	327	3	33	3	2	56	0	21
36	324	3	39	4	3	10	0	23
39	321	3	55	4	3	25	0	24
42	318	4	10	5	3	38	0	26
45	315	4	25	6	3	52	0	27
48	312	4	39	7	4	5	0	29
51	309	4	52	8	4	17	0	31
54	306	5	5	9	4	28	0	33
57	303	5	17	10	4	38	0	34
60	300	5	29	11	4	49	0	35
63	297	5	41	12	4	59	0	36
66	294	5	50	13	5	8	0	37
69	291	5	59	14	5	17	0	38
72	288	6	7	16	5	24	0	38
75	285	6	14	17	5	31	0	39
78	282	6	19	18	5	37	0	39
81	279	6	23	19	5	42	0	40
84	276	6	27	21	5	46	0	41
87	273	6	29	22	5	50	0	42
90	270	6	31	23	5	52	0	42

Saturni

ceſſus.

parallaxes orbis.		Exceſſus parallax.	
G.	ſcr.	G.	ſcr.
5	52	0	43
5	53	0	44
5	53	0	45
5	51	0	46
5	48	0	46
5	45	0	45
5	40	0	45
5	36	0	44
5	29	0	43
5	22	0	42
5	13	0	41
5	3	0	40
4	52	0	39
4	41	0	37
4	29	0	35
4	15	0	34
4	1	0	32
3	46	0	30
3	30	0	28
3	13	0	26
2	56	0	24
2	38	0	22
2	21	0	19
2	2	0	17
1	43	0	14
1	22	0	12
1	2	0	9
0	42	0	7
0	21	0	4
0	0	0	0

Iouis prosthaphaereses.

Numeri communes.		Prosthaphaereses eccentri.		Scrup. proportionum		Parallaxes orbis.		Excessus parallaxeos.	
Gra.	Gra.	Gra.	scr.	scr.	2"	G.	scr.	G.	scru.
3	357	0	16	0	3	0	28	0	2
6	354	0	31	0	12	0	56	0	4
9	351	0	47	0	18	1	25	0	6
12	348	1	2	0	30	1	53	0	8
15	345	1	18	0	45	2	19	0	10
18	342	1	33	1	3	2	46	0	13
21	339	1	48	1	23	3	13	0	15
24	330	2	2	1	48	3	40	0	17
27	333	2	17	2	18	4	0	0	19
30	530	2	31	2	50	4	32	0	21
33	327	2	44	3	26	4	57	0	23
36	324	2	58	4	10	5	22	0	25
39	321	3	11	5	40	5	47	0	27
42	318	3	23	6	43	6	11	0	29
45	315	3	35	7	48	6	34	0	31
48	312	3	47	8	50	6	56	0	34
51	309	3	58	9	53	7	18	0	36
54	306	4	8	10	57	7	39	0	38
57	303	4	17	12	0	7	58	0	40
60	300	4	26	13	10	8	17	0	42
63	297	4	35	14	20	8	35	0	44
66	294	4	42	15	30	8	52	0	46
69	291	4	50	16	50	9	8	0	48
72	288	4	56	18	10	9	22	0	50
75	285	5	1	19	17	9	35	0	52
78	282	5	5	20	40	9	47	0	54
81	279	5	9	22	20	9	59	0	55
84	276	5	12	23	50	10	8	0	56
87	273	5	14	25	23	10	17	0	57
90	270	5	15	26	57	10	24	0	58

Iouis

Iouis prosthaphæreses.

Numeri communes.		Prosthaphæreses eccentri.		Scrupula proportionum.		parallaxes orbis.		Excessus parallaxis.	
Gra.	Gra.	G.	scr.	scr.	2	G.	scr.	G.	scr.
93	267	5	15	28	33	10	25	0	59
96	264	5	15	30	12	10	33	1	0
99	261	5	14	31	43	10	34	1	1
102	258	5	12	33	17	10	34	1	1
105	255	5	10	34	50	10	33	1	2
108	252	5	6	36	21	10	29	1	3
111	249	5	1	37	47	10	23	1	3
114	246	4	55	39	0	10	15	1	3
117	243	4	49	40	25	10	5	1	3
120	240	4	41	41	56	9	54	1	2
123	237	4	32	43	18	9	41	1	1
126	234	4	23	44	46	9	25	1	0
129	231	4	13	46	11	9	8	0	59
132	228	4	2	47	37	8	56	0	58
135	225	3	50	49	2	8	27	0	57
138	222	3	38	50	22	8	5	0	55
141	219	3	25	51	40	7	39	0	53
144	216	3	13	53	6	7	12	0	50
147	213	2	59	54	10	6	43	0	47
150	210	2	45	55	15	6	13	0	43
153	207	2	30	56	12	5	41	0	39
156	204	2	15	57	0	5	7	0	35
159	201	1	50	57	37	4	32	0	31
162	198	1	43	58	6	3	56	0	27
165	195	1	27	58	34	3	18	0	23
168	192	1	11	59	3	2	40	0	19
171	189	0	53	59	30	2	0	0	15
174	186	0	35	59	58	1	20	0	11
177	183	0	17	60	0	0	40	0	6
180	180	0	0	60	0	0	0	0	0

Martis prosthaphaereses.

Numeri communes.		Prosthaphaereses eccentri.		Scrup. proportionum		Parallaxes orbis.		Excessus parallaxeos.	
Gra.	Gra.	Gra.	scr.	scr.	2"	G.	scr.	G.	scru.
3	357	0	32	0	0	1	8	0	8
6	354	1	5	0	2	2	16	0	17
9	351	1	37	0	7	3	24	0	25
12	348	2	8	0	15	4	31	0	33
15	345	2	39	0	28	5	38	0	41
18	342	3	10	0	42	6	45	0	50
21	339	3	41	0	57	7	52	0	59
24	336	4	11	1	13	8	58	1	8
27	333	4	41	1	34	10	5	1	16
30	330	5	10	2	1	11	11	1	25
33	327	5	38	2	31	12	16	1	34
36	324	6	6	3	2	13	22	1	43
39	321	6	32	3	32	14	20	1	52
42	318	6	58	4	3	15	31	2	2
45	315	7	23	4	37	16	35	2	11
48	312	7	47	5	16	17	39	2	20
51	309	8	10	6	2	18	42	2	30
54	306	8	32	6	50	19	45	2	40
57	303	8	53	7	39	20	47	2	50
60	300	9	12	8	30	21	40	3	0
63	297	9	30	9	27	22	[illegible]	3	11
66	204	9	47	10	25	23	48	3	22
69	201	10	3	11	28	24	47	3	34
72	288	10	19	12	33	25	44	3	46
75	285	10	32	13	38	20	40	3	59
78	282	10	42	14	46	27	35	4	11
81	279	10	50	16	4	28	29	4	24
84	276	10	56	17	24	29	21	4	36
87	273	11	1	18	45	30	12	4	50
90	270	11	5	20	8	31	0	5	5

Martis

Martis prosthaphæreses.

Numeri communes.		Prosthaphæresis eccentri.		Scrupula proportionum.		parallaxes orbis.		Excessus parallaxis.	
Gra.	Gra.	G.	scr.	scr.	2	G.	scr.	G.	scr.
93	267	11	7	21	32	31	45	5	26
96	264	11	8	22	58	32	30	5	35
99	261	11	7	24	32	33	13	5	51
102	258	11	5	26	7	33	53	6	7
105	255	11	1	27	43	34	30	6	25
108	252	10	56	29	21	35	3	6	45
111	249	10	45	31	2	35	34	7	4
114	246	10	33	32	40	35	59	7	25
117	243	10	11	34	41	36	21	7	46
120	240	10	7	36	16	36	37	8	11
123	237	9	51	38	1	36	49	8	34
126	234	9	33	39	46	36	54	8	59
129	231	9	13	41	30	36	53	9	24
132	228	8	50	43	12	36	45	9	49
135	225	8	27	44	50	36	25	10	17
138	222	8	2	46	26	35	59	10	47
141	219	7	36	48	1	35	25	11	15
144	216	7	7	49	35	34	30	11	45
147	213	6	37	51	2	33	24	12	12
150	210	6	7	52	22	32	3	12	35
153	207	5	34	53	38	30	26	12	54
156	204	5	0	54	50	28	5	13	28
159	201	4	25	56	0	26	8	13	7
162	198	3	49	57	6	23	28	12	47
165	195	3	12	57	54	20	21	12	12
168	192	2	35	58	22	16	51	10	59
171	189	1	57	58	50	13	1	9	1
174	186	1	18	59	11	8	51	6	40
177	183	0	39	59	44	4	32	3	28
180	180	0	0	60	0	0	0	0	0

Veneris

Veneris prosthaphæreses.

Numeri communes.		Aequatio eccentri.		Scrup. proportionum		Parallaxes orbis.		Excessus parallaxeos.	
Gra.	Gra.	Gra.	scr.	scr.	2	G.	scr.	G.	scru
3	357	0	6	0	0	1	15	0	1
6	354	0	13	0	0	2	30	0	2
9	351	0	19	0	10	3	45	0	3
12	348	0	25	0	39	4	59	0	5
15	345	0	31	0	58	6	13	0	6
18	342	0	36	1	20	7	28	0	7
21	339	0	42	1	39	8	42	0	9
24	336	0	48	2	23	9	56	0	11
27	333	0	53	2	59	11	10	0	12
30	330	0	59	3	38	12	24	0	12
33	327	1	4	4	18	13	37	0	14
36	324	1	10	5	3	14	50	0	10
39	321	1	15	5	45	16	3	0	17
42	318	1	20	6	32	17	16	0	18
45	315	1	25	7	22	18	28	0	20
48	312	1	29	8	18	19	40	0	21
51	309	1	33	9	31	20	52	0	22
54	306	1	36	10	48	22	3	0	24
57	303	1	40	12	8	23	14	0	26
68	300	1	43	13	32	24	24	0	27
63	297	1	46	15	8	25	34	0	28
66	294	1	49	16	35	26	43	0	30
69	291	1	52	18	0	27	52	0	32
72	288	1	54	19	33	28	57	0	34
75	285	1	56	21	8	30	4	0	36
78	282	1	58	22	32	31	9	0	38
81	279	1	59	24	7	32	13	0	41
84	276	2	0	25	30	33	17	0	43
87	273	2	0	27	5	34	20	0	45
90	270	2	0	28	28	35	21	0	47

Veneris

Veneris prosthaphæreses.

Numeri communes.		Aequatio eccentri.		Scrupu. proportionum.		parallaxes orbis.		Excessus parallax.	
Gra.	Gra.	G.	scr.	scr.	2"	G.	scr.	G.	scr.
93	267	2	0	29	58	36	20	0	50
96	264	2	0	31	28	37	17	0	53
99	261	1	59	32	57	38	13	0	55
102	258	1	58	34	26	39	7	0	58
105	255	1	57	35	55	40	0	1	0
108	252	1	55	37	23	40	49	1	4
111	249	1	53	38	52	41	36	1	8
114	246	1	51	40	19	42	18	1	11
117	243	1	48	41	45	42	59	1	14
120	240	1	45	43	10	43	35	1	18
123	237	1	42	44	37	44	7	1	22
126	234	1	39	46	6	44	32	1	26
129	231	1	35	47	36	44	49	1	50
132	228	1	31	49	6	45	4	1	36
135	225	1	27	50	12	45	10	1	41
138	222	1	22	51	17	45	5	1	47
141	219	1	17	52	33	44	51	1	53
144	216	1	12	53	48	44	22	2	0
147	213	1	7	54	28	43	36	2	6
150	210	1	1	55	0	42	34	2	13
153	207	0	55	55	57	41	12	2	19
156	204	0	49	56	47	39	20	2	34
159	201	0	43	57	33	36	58	2	27
162	198	0	37	58	16	33	58	2	27
165	195	0	31	58	59	30	14	2	27
168	192	0	25	59	39	25	42	2	16
171	189	0	19	59	43	20	20	1	56
174	186	0	13	59	54	14	7	1	26
177	183	0	7	59	58	7	16	0	46
180	180	0	0	60	0	0	10	0	0

Mercurij prosthaphæreses.

Numeri communes.		Aequatio eccentri.		Scrup. proportionum		Parallaxes orbis.		Excessus parallaxeos.	
Gra.	Gra.	Gra.	scr.	scr.	2	G.	scr.	G.	scru.
3	357	0	8	0	3	0	44	0	8
6	354	0	17	0	12	1	28	0	15
9	351	0	26	0	24	2	12	0	23
12	348	0	34	0	50	2	56	0	31
15	345	0	43	1	43	3	41	0	38
18	342	0	51	2	42	4	25	0	45
21	339	0	59	3	51	5	8	0	53
24	336	1	8	5	10	5	51	1	1
27	333	1	16	6	41	6	34	1	8
30	330	1	24	8	29	7	15	1	16
33	327	1	32	10	35	7	57	1	24
36	324	1	39	12	50	8	38	1	32
39	321	1	46	15	7	9	18	1	40
42	318	1	53	17	26	9	59	1	47
45	315	2	0	19	47	10	38	1	55
48	312	2	6	22	8	11	17	2	2
51	309	2	12	24	31	11	54	2	10
54	306	2	18	26	17	12	31	2	18
57	303	2	24	29	17	13	7	2	26
60	300	2	29	31	39	13	41	2	34
63	297	2	34	33	59	14	14	2	42
66	294	2	38	36	12	14	46	2	51
69	291	2	43	38	29	15	17	2	59
72	288	2	47	40	45	15	46	3	8
75	285	2	50	42	58	16	14	3	16
78	282	2	53	45	6	16	40	3	24
81	279	2	56	46	59	17	4	3	32
84	276	2	58	48	50	17	27	3	40
87	273	2	59	50	36	17	48	3	48
90	270	3	0	52	2	18	6	3	56

Mercurij

Numeri commu nes.		Aequatio eccẽtri.		Scrupu. propor. tionum.		Parallaxes orbis.		Excessus parallax.	
Gra.	Gra.	G.	scr.	scr.	2	G.	scr.	G.	scr.
93	267	3	0	53	43	18	23	4	3
96	264	3	1	55	4	18	37	4	11
99	261	3	0	56	14	18	48	4	19
102	258	2	59	57	14	18	56	4	27
105	255	2	58	58	1	19	2	4	34
108	252	2	56	58	40	19	3	4	42
111	249	2	55	59	14	19	3	4	49
114	240	2	53	59	40	18	59	4	54
117	243	2	49	59	57	18	53	4	58
120	240	2	44	60	0	18	42	5	2
123	237	2	39	59	49	18	27	5	4
126	234	2	34	59	35	18	8	5	6
129	231	2	28	59	19	17	44	5	9
132	228	2	22	58	59	17	17	5	9
135	225	2	10	58	32	16	44	5	6
138	222	2	10	57	50	16	7	5	3
141	219	2	3	56	41	15	25	4	59
144	216	1	55	55	27	14	38	4	52
147	213	1	47	54	55	13	47	4	41
150	210	1	38	54	25	12	52	4	26
153	207	1	29	53	54	11	51	4	10
156	204	1	19	53	23	10	44	3	53
159	201	1	10	52	54	9	34	3	33
162	198	1	0	52	33	8	20	3	10
165	195	0	51	52	18	7	4	2	43
168	192	0	41	52	8	5	43	2	14
171	189	0	31	52	3	4	19	1	43
174	186	0	21	52	2	2	54	1	9
177	183	0	10	52	2	1	27	0	35
180	180	0	0	52	2	0	0	0	0

Quomodo horum quinque siderum loca numerentur in longitudine. Cap. XXXIIII.

Per hos ergo Canones sic à nobis expositos, horum quinque errantium siderum loca longitudinis, absque difficultate numerabimus. Est enim in omnibus his idem ferè supputationis modus, In quo tamen illi exteriores à Venere & Mercurio aliquantulum differunt. Prius ergo dicamus de Saturno, Ioue, & Marte. Quorum calculatio talis est, ut ad tempus quodlibet propositum quærantur medij motus, Solis inquam simplex, & cõmutationis planetæ, per modum supra traditum. Deinde locus summæ absidis eccentri planetæ, auferatur à loco Solis simplici, atque ab eo quod remanserit, commutationis anomaliam, quod deinde reliquum fuerit, est anomalia eccentri stellæ, cuius numerum inter communes quæremus, in alterutro primorum ordinum canonis, & ex aduerso in tertia columnella capiemus æquationem eccentri, & sequentia scrupula proportionum. Æquationem hanc addemus anomaliæ commutationis, & auferemus ab anomalia eccentri, si numerus quo intrauerimus in prima serie repertus fuerit, & econuerso auferemus ab anomalia commutationis, & addemus anomaliæ eccentri, si ordinem tenuerit secundum, quodque collectum relictúmue fuerit, erunt anomaliæ commutationis & eccentri æquatæ, seruatis interim scrupulis proportionũ in usum mox dicendum. Porrò anomaliam commutationis sic æquatam quæremus etiam inter priores numeros communes, ac è regione in quinta columnella, commutationis prosthaphæresim capiemus cum eius excessu in fine apposito, à quo excessu accipiemus partem proportionalem iuxta numerum scrupulorum proportionum, quam semper addemus prosthaphæresi, & colliget uerum planetæ commutationem, auferẽdam ab anomalia commutationis æquata, si ipsa minor fuerit semicirculo, uel addendam in semicirculo maiore. Ita enim habebimus ueram apparentemque à Solis loco medio stellæ distantiam in præcedentia, quam eius à Sole reiecerimus, relinquetur locus stellæ

quæsitus

quæsitus, ad non errantium sphæram. Cui demum si præcessio æquinoctiorum apposita fuerit, à sectione verna locum eius determinabit. In Venere & Mercurio pro anomalia eccentri eo utimur, quod à summa absyde ad locum Solis medium existit, per quam anomaliam adæquamus motum commutationis & ipsam eccentri anomaliam, uti iam dictum est. Sed prosthaphæresis eccentri unà cum parallaxi æquata, si unius fuerint affectionis uel speciei, simul adduntur uel auferuntur à loco Solis medio. Sin autem diuersarum fuerint specierum, auferatur à maiore minor, & cum eo quod reliquum fuerit, fiat quod modo diximus, secundum maioris numeri proprietatem adiectiuam uel ablatiuam, & exibit eius qui quæritur locus apparens.

De stationibus & repedationibus quinq; errantium siderum. Cap. XXXV.

AD rationem quoq; motus, qui secundum longitudinem est, pertinere uidetur, stationum, regressionum, & repedationum eorum, notitia ubi, quando, quantæq; fiant. De quibus etiam non pauca tractarunt Mathematici, præsertim Apolonius Pergæus. Sed eo modo quasi una dūtaxat inæqualitate, & ea qua respectu Solis stellæ ipsæ mouerentur, quam nos commutationem diximus, propter motum orbis magni terræ. Quoniam si stellarum circuli, fuerint orbi magno terræ homocētri, quibus dispari cursu stellæ feruntur omnes in easdem partes, hoc est, in consequentia, & aliqua stella in orbe suo, & intra orbem magnum, ut Venus & Mercurius uelocior fuerit quàm motus terræ, ex qua acta quædam recta linea, sic secet orbem stellæ, ut assumpta ipsius sectionis in orbe dimidia, ad eam quæ à uisu nostro, quod est terræ usq; ad inferiorem, repandamq; secti orbis circumferētiam rationem habeat, quam motus terræ ad stellæ uelocitatem. Factū tunc signum à sic acta linea, ad perigæum circuli stellæ circumferentiam discernit repedationem à progressu, adeo ut sidus in eo loco constitutum, stationis faciat æstimationem. Similiter in cæteris tribus exterioribus, quorum motus tardior est uelo-

 citate

uitate terræ, acta recta linea per uisum nostrum, orbem magnū sic secet, ut dimidia sectionis quæ in orbe, ad eam quæ à stella ad uisum nostrum in propinquiori & conuexa orbis superficie constitutū rationē habeat, quam motus stellæ ad terræ uelocitatem, eo tunc loci uisui nostro stantis imaginem stella præseferet. Quod si sectionis dimidia, quæ in circulo, sicut dictū est, maiorem habuerit rationem ad reliquum exterius segmentū, quàm uelocitas terræ, ad uelocitatem Veneris uel Mercurij, siue motus aliquorum trium superiorum ad uelocitatem terræ, progreditur sidus in consequētia. Sin minor ratio fuerit, retrocedet in præcedentia. Quibus demonstrandis Apolonius lemmation quoddam assumit, sed ad immobilitatis terræ hypothesim, quod nihilo secius etiam nostris congruit principijs in mobilitate telluris, quo propterea nos etiam utemur. Et possumus ipsum pronunciare in hanc formam. Si trianguli maius latus ita secetur, ut unum segmentorum non sit minus lateri sibi coniuncto, erit ipsius segmenti ad reliquum segmentum maior ratio, quàm angulorum ad ipsum latus sectum constitutorum ordine reciproco. Sit inquā trianguli ABC, maius latus BC, in quo si capiatur CD, non minus quàm AC, aio quod CD ad BD maiorem rationem habebit, quàm sub ABC angulus, ad eum qui sub BCA angulum. Demonstratur autem hoc modo. Compleatur enim parallelogrammum ADCE, & extensæ BA & CE coincidant in F signo. Quoniam igitur AE non est minor ipsi AC, centro igitur A distātiaq; AE descriptus circulus, per C transibit uel supra ipsum, transeat modo per C, qui sit GEC. Cumq; maius sit AEF triangulum ipsi AEG sectori; minus autem AEC triangulum sectori AEC, maiorem habet rationem AEF triangulum ad AEC, quàm AEG sector ad AEC sectorem. Sed ut AEF triangulum ad AEC, sic FE basis ad EC. maiorem ergo rationem habet FE ad EC, quàm sub FAE angulus, ad EAC angulum. Sed ut FE ad EC, ita CD ad DB. æqualis enim est FAE angulus ipsi ABC, qui uero sub EAC ipsi BCA. Igitur

& CD ad DB maiorem habet rationem, quàm sub ABC angulus, ad eum qui sub ACB. Manifestum est autem, quòd multo maior erit ratio, si nō æqualis assumatur CD ipsi AC, hoc est AB, sed maior illi ponitur. Esto iam circulus Veneris uel Mercurij ABC super D centro, & extra circulum terra E circa idē centrum D mobilis, & ex E uisu nostro agatur per centrū circuli recta linea ECDA, sitq́ A remotissimus à terra locus, C proximus, & ponatur DC ad CE maiorē rationē habere q̃ motus uisus ad uelocitatē stellæ. Possibile igitur est lineā inuenire EFB, sic se habentē, ut dimidia BF ad FE rationē habeat, quam motus uisus ad cursum stellæ. ipsa enim EFB linea à centro D remota in FE minuitur, & in BF augetur, donec occurrat postulata. Dico quòd in F signo sidus constitutū stationis speciem nobis efficiet, & quantulumcūq desumpserimus ab utraq parte ipsius F circūferentiā, uersus apogæum quidem sumptam progressiuā inueniemus, ad perigæū uero regressiuam.

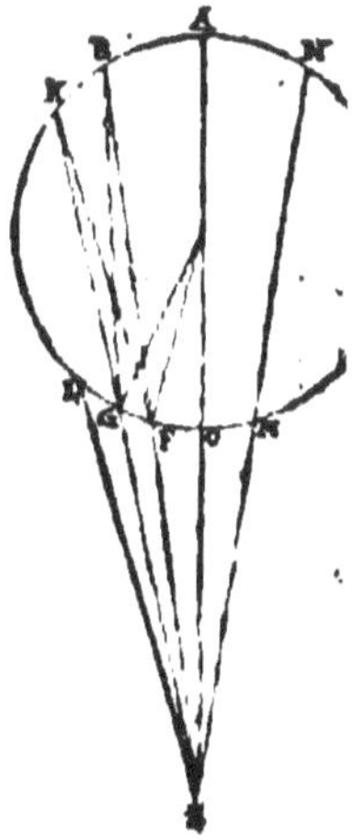

Capiatur enim primū uersus apogæū contingens FG circumferentia, & extendatur EGK, & cōnectantur BG, DG, DF. Quoniam igitur trianguli BGE maioris BE lateris, maius est segmentum BF q̃ BG, maiorem rationē habet BF ad EF, quàm sub FEG angulus ad eū qui sub GBF angulū. Proinde & dimidia ipsius BF ad FE maiorem habet rationē, q̃ sub FEG angulus, ad duplū GBF anguli, id est GDF angulum: ratio aūt dimidiæ ipsius BF ad FE, eadem est quæ motus terræ ad cursum sideris, minorē ergo rationē habet q sub FEG angulus ad GDF, q̃ uelocitas terræ ad uelocitatē sideris. Angulus igitur qui eandem rationem habet ad FDG angulum, quam motus terræ ad sideris cursum, maior est ipsi FEG. Sit igitur FEL æqualis, in tempore igitur quo GF circūferentiā orbis stella pertrāsiuit, existimabitur in eo uisus noster posterius contrarium illius spacium pertransisse, quod est inter lineas B F & B L. Manifestum, quod in æquali tempore quo G F circumferentia ad visum nostrum stellam in præcedentia transtulit sub angulum F B G minore, telluris transitus retraxit eam in consequentia sub F B L maiore, adeo ut stella relicta adhuc sub G B L angulo, & postposita, nondum stetisse videatur. Manifestum est autem, quod per eadem media demonstrabitur cõtrarium. Si in eadem descriptione, ipsius G K dimidiam ad G B posuerimus, habere rationem, quam habet motus terræ ad velocitatem planetæ. Circumferentiam vero G F, perigæum versus ab B K recta linea assumpserimus, cõnexa enim K F facienteque triangulũ K B F, in quo G B designatur maior quàm B F, minorem habebit rationẽ K G ad G B, quàm F B G angulus ad F K G. Sic quoque dimidia ipsius K G ad G F, minorem habet rationem quàm F B G angulus ad duplum ipsius F K G, hoc est, ad G D F angulum vicissim ut prius est demonstratum. Et colligetur per eadem, quod G D F angulus minorem habeat rationem ad F B G angulum, quàm stellæ velocitas ad visus velocitatem. Itaque eandem habentibus rationem, facto maiore ei qui sub G D F angulo, maiorem quoque in præcedentia gressum quàm progressio poscit, stella perficiet. Ex his etiam manifestum est, quod si assumpserimus circumferentias æquales F C & C L, erit in L signo statio secunda, ducta si quidem linea B L M, erit quoque mediata L M ad L B eadem ratio, quæ velocitatis terræ ad stellæ velocitatem, sicut erat dimidia K F ad F B, & idcirco F & L signa utrasque stationes comprehendẽt, totamque F C L circumferentiam regressivam determinabunt, & reliquam circuli progressivã. Sequitur etiam in quibus distantijs non maiorem habuerit rationem D C ad C B, quàm velocitas terrę ad velocitatem stellę, neque possibile erit aliam rectam lineam ducere in ratione æquali huic, neque stare vel antecedere stella videbitur. Cum enim in triangulo D B G assumpta fuerit D G recta, eo minor ipsi B G, minorem rationem habebit C B G angulus ad C D G, quàm D C recta ad C B, sed ipsarum D C ad C B non est maior ratio quàm velocitas terræ ad velocitatem stellæ, minorem igitur rationem habebit etiam C B G angulus ad C D G, quàm velocitas terræ ad velocitatem stellæ. Quod ubi cõtigerit progre-

diatur

ditatur ſtella, nec uſq̃ in orbe planetæ circumferẽtiã, p quã repedare uideretur, inueniemus. Hæc de Venere & Mercurio, q̃ intra orbẽ magnũ ſunt. De cæteris tribus exterioribus eodẽ modo demõſtrabũtur, ea deniq; deſcriptiõe, mutatis ſolũ nominibus, ut ᴀ ʙ ᴄ orbẽ magnũ terræ ponamus, ac uiſus noſtri circulationẽ, in ᴇ uero ſtellã, cuius motus in orbe ſuo minor eſt quàm uiſus noſtri celeritas in orbe magno. Cæterum procedet demonſtratio per omnia quæ prius.

Quomodo tempora, loca, & circumferentiæ regreſsionum diſceruuntur. Cap. XXXVI.

Porrò ſi iam orbis, q̃bus ſidera feruntur, errãtia eſſent homocẽtri magno orbi, facile cõſtarẽt quæ demonſtratiões pollicẽtur, eadẽ ſemp exiſtẽte ratiõe celeritatis ſtellę ad uiſus celeritatẽ, ſed eccẽtri ſunt, & exinde motus ſecundũ apparẽtiã diuerſi. Quã ob cauſam oportebit nos diſcretos adæq̃tosq; motus ubiq; eorũ uelocitatis differẽtias aſſumere, eisq; in demõſtratiõibus uti, & non ſimplicibus & æq̃libus, niſi circa medias lõgitudines cõtingat eſſe ſtellã, ubi ſolũmodo mediocri motu ferri uidet̃ in orbe ſuo. Oſtẽdemus aũt hęc Martis exẽplo, q̃ reliq̃rũ etiã repedatiões exemplo fiãt apertiores. Sit enim orbis magnus ᴀ ʙ ᴄ, in q̃ uiſus noſter uerſat̃: ſtella aũt in ᴇ ſigno, unde agat̃ p centrũ orbis recta linea ᴇ ᴄ ᴅ ᴀ, & ᴇ ꜰ ʙ, habueritq; dimidia ʙ ꜰ ad ᴇ ꜰ rationẽ, quã uelocitas ſtellæ diſcreta ad uelocitatẽ uiſus, qua ſtellã ſupat. Propoſitũ eſt nobis cõperire ꜰ ᴄ circũferẽtiã, dimidię retroceſsionis ſiue ᴀ ʙ ꜰ, ut ſciamus quantũ ſtella deſtiterit à remotiſsimo ᴀ ᴅ, à loco ſtationẽ faciẽs, atq; angulũ ſub ꜰ ᴇ ᴄ cõprehẽſum. ex his enĩ tempus & locũ talis affectiõis ſtellæ p̃dicemus. Ponat̃ aũt ſtella circa mediã abſida

eccẽtri, ubi motus lõgitudinis & anomaliæ parũ differũt ab æq̃libus. Cũ igit̃ in ſtella Martis q̃tenus mediocris eius motus fue

erit partium, scru. VIII. secūda VII. hoc est medietas lineæ B F, cu
centus cōmutatiōis motus, id est, uisus nostri ad stellæ mediocrē
motū colligit partis unius, & est B F recta, ut sit tota A B taliū pt. III.
scru. XVI. secūd. XIIII. & sub ipsis A B F cōprehēsum rectangulū
eorūdē pt. III. scru. XVI. secūd. XIIII. Demōstrauimus aūt, quod D
A, quæ ex cētro orbis sit 6580, qualiū est D B, 10000. Sed qualiū D A fuerit
60, erit ad talium 39.29. & tota A B ad B C, sicut 99.29 ad 20.31. &
sub ipsis cōprehēsum rectangulū 2041.4. cui intelligit æquale quod
sub B B F. Quæ igit ex parabola proueniūt, facta inq̄ diuisiōe ipsorum 2041.4. per 3.16.14. prouenīūt nobis 624.4. & latus eius 24.58.
52. quod est E F in partibus, quibus proponebat 60. D B, qualiū autē fuerit
10000, erit ipsa E F 4163, qualiū est etiā D F 6580. Trianguli igit D B
F datorum laterū, habebimus D B F angulū pt. XXVII. scr. XV. q an
gulus est regressiōis sideris, & angulū C D F anomaliæ cōmutatiōis pt. XVI. scru. L. Cū igit ad primā stationē sidus apparuerit
in B E linea, & ipsa stella acronyctus in B C, si neq̄ moueretur
stella in cōsequētia, ipsæ C F circūferētiæ pt. XVI. scru. L. cōprehē
derēt regressiōis partes inuētas XXVII. scru. XV. sub A B F angulo,
sed penes expositā rationē uelocitatis stellæ ad uelocitatē uisus
respōdēt ipsis anomaliæ cōmutatiōis sectiōibus XVI. L. lōgitudinis stellæ pt. XIX. VI. XXXIX. ferè, quibus ablatis à XXVII. XV
relinquunt ab altera stationū ad acronycton partes VIII. scr. VIII.
& dies XXXVI. s. ferè, sub quibus partes illæ lōgitudinis cōficiunt
XIX. VI. XXXIX. ac deinde totā regressionem pt. XVI. XVI. sub
diebus LXXIII. Hæc in lōgitudinibus eccētri medijs, quæ similit in
alijs locis demōstrant, sed adhibita stellæ discreta semper uelocita
te, prout locus ipse dederit, ut diximus. Proinde & in Saturno, Io
ue, Marte, patet idē demōstratiōis modus, nec minus in Vene
re & Mercurio, dūmodo pro stella uisum, & pro uisu stellā capiamus: accidūt nimirū cōuersa hæc in orbibus, qui terra ambiunt,
ab his qui terrā ambiūt. & idcirco ne eādē cātilenā itentidē repeta

NICOLAI COPER-NICI REVOLVTIONVM.

LIBER SEXTVS.

QVANTUM effectumque haberet assumpta reuolutio terræ in motu apparente longitudinis errantium siderum, & in quem ea omnia cogat ordinem, nempe certum & necessarium pro eo ac potuimus, indicauimus. Reliquum est, ut circa transitus illorum siderum, quibus in latitudinem digrediuntur, occupemur, ostēdamusque quomodo etiam in his eadem terræ mobilitas exercet imperia, legesque præscripsit illis etiam in hac parte. Est autem & hæc pars scientiæ necessaria, quòd digressiones ipsorum siderum, haud paruam efficiunt circa Ortum & Occasum apparitiones, occultationes, atque alia, quæ in uniuersum supra exposita sunt, differentiam. Quin etiam uera loca ipsorum tunc cognita dicuntur, quando longitudo simul cum latitudine à signorum circulo cō stiterit. Quæ igitur prisci Mathematici hic etiam per stabilitatem terræ demonstrasse rati sunt, eadem per assumptam eius mobilitatem maiori fortasse compendio, ac magis apposite facturi sumus.

De in latitudinem digressu quinque errantium expositio generalis. Caput I.

DVplices in omnibus his latitudinis expatiationes inuenerunt prisci, duplici cuiusquam ipsorum longitudinis inæqualitati respondentes. Et aliam fieri occasione orbium eccentrorum, aliam penes epicyclos, quorum loco epicyclorum unum orbem terræ magnum iam sæpe repetitum accepimus. Non quòd orbis ipse aliquo modo declinet à signiferi plano semel in perpetuum obtento, cum idem sint, sed quòd orbes illorum siderum ad hoc inclinen

 tur obli

tur obliquitate non fixa. Quæ quidem varietas ad motum ac revolutiones orbis magni terræ regulatur. Quoniam vero tres superiores, Saturnus, Iupiter & Mars, alijs quibusdam legibus feruntur in longitudinem, quàm reliqui duo: ita quoque in latitudinis motu non parum differunt. Scrutati sunt igitur primum ubi nam essent, & quanti illorum extremi limites Boreæ latitudinis, Quos invenit Ptolemæus in Saturno & Ioue circa principium Libræ, In Marte vero circa finem Cancri in apogæo, propemodum eccentri. Nostris autem temporibus invenimus hos terminos Septentrionales, Saturno in VII. Scorpij, Ioui in XXVII. Libræ, Marti in XXVII. Leonis, prout etiam apogæa ad nos usque permutata sunt. Ipsum namque motum orbium illorum inclinationes & cardines latitudinum sequuntur, inter hos terminos per quadrantes circulorum secundum distantias æquatas, sive apparentes nullum prorsus videntur facere latitudinis abscessum, ubicunque contigerit tunc esse terram. In his ergo medijs longitudinibus intelliguntur esse in sectione communi suorum orbiũ cũ signifero nõ aliter quàm Luna in sectionibus eclipticis, quas hic vocat Ptolemæus nodos, ascendentẽ à quo stella ingreditur partes Septentrionales: descendentẽ, quo transmigrat in Austros. Nõ quòd orbis terræ magnus idẽ semper in plano signiferi manens latitudinẽ eis adducat aliquã, Sed omnis latitudinis digressus ex illis est, qui in alijs ab his locis plurimũ variat, quibus appropinquanti terræ, quãdo Soli videntur oppositi ac acronycti, maiori semper excurrũt abscessu, quàm in quacunque alia terræ positione, In hemicyclio Boreo in Boream, in Austrino in Austrum, Idque maiori discrimine quàm terræ accessus & recessus postulat. Qua occasione cognitũ est, inclinationẽ illorum orbiũ non esse fixam, sed quæ mutetur quodã librationis motu revolutionibus orbis magni terræ cõmensurabili, ut paulo inferius dicetur. Venus autem & Mercurius alijs quibusdam modis videntur excurrere, certa tamen lege observata ad absidas medias, extremas, & infimas. Nam in medijs longitudinibus, quando videlicet linea medij motus Solis per quadrantes distiterit à summa vel infima illorũ abside, ipsique stellæ ab eadẽ linea medij motus abfuerint per quadrantes suorũ orbiũ vesper-

tini vel

tini uel matutini, nullū in eis inuenerūt ab orbe signorū abscissum, per q̄d intellexerunt eos tūc esse in sectione cōmuni orbium signorū & signiferi, quæ sectio transit per illorū apogæa & perigæa. Et idcirco superiores uel inferiores respectu terræ existentes, egressiones tunc faciunt manifestas. Maximas uero in summa à terra distantia, hoc est, circa emersionem uespertinam uel occultationem matutinam, ubi Venus maxime Borea uidetur, Mercurius Austrinus. Ac alternatim in propinquiori terræ loco, quando uespertini occultantur, uel emergunt matutini, Venus Austrina est, Mercurius Boreus. Vice uersa in loco huic opposito existente terra, atq; in altera abside media, dum uidelicet anomalia eccentri fuerit part. CCLXX. apparet Venus in maiori à terra distantia Austrina, Mercurius Boreus, ac circa propinquiorē terræ locum Venus Borea, Mercurius Austrinus. In conuersione uero terræ ad apogæa horū siderū, inuenit Ptolemæus Veneri matutinæ latitudinē Boream, uespertinæ Austrinam. Id quoq; uicissim in Mercurio matutino Austrinā, uespertino Boream. Quæ similiter in opposito perigæi loco cōuertūtur, ut Venus Lucifer Austrina uideatur, Vesperugo Borea, Ac Mercurius matutinus Boreus, uespertinus Austrinus. Atqui in his utrisq; locis inuenerūt Veneris abscessum Boreū semper maiorem, quàm Austrinū, Mercurij maiorem Austrinum q̄ Boreum. Qua occasione duplicē hoc loco rationati sunt latitudinē, & tres in uniuersum. Primā, quæ in medijs longitudinibus, Inclinationē uocarūt. Alterā, quæ in summa ac intima abside, Obliquationē. Ac reliquā huic coniunctā, Deuiationē, Veneri Boreā semper, Mercurio Austrinā. Inter hos quatuor terminos inuicē cōmiscent, ac alternatim crescunt & decrescunt, mutuoq; cedūt, q̄bus oībus cōuenientes assignabimus occasiōes.

Hypotheses circulorum, quibus hæ stellæ in latitudinem feruntur. Cap. II.

Ssumendū est igitur in his quinq; stellis, orbes eorum ad planum signiferi inclinari, quorū sectio communis sit p diametrum ipsius signiferi inclinatione uersabili sed regulari. Quoniam in Saturno, Ioue, & Marte angulos sectionis, in sectione illa tanquam axe librationem quandam accipit, qualem circa praecessionem aequinoctiorū demonstrauimus, Sed simplicem & motui commutationis commensurabilem, sub quo augetur & minuitur certo interuallo. Vt quotiescunque terra proxima fuerit planetae, nempe acronycto, maxima contingat orbis planetae inclinatio, in opposito minima, in medio mediocris: ut cum fuerit planeta in limite maximae latitudinis Boreae siue Austrinae, multo maior apparet eius latitudo in propinquitate terrae, quàm eius maxima distantia. Et quamuis haec sola posset esse causa huiusce diuersitatis inaequalis terrae distātia, secundum quod propinquiora maiora uidentur remotioribus, sed maiori differentia excrescunt deficiuntque harum stellarum latitudines, quod fieri non potest, nisi etiam orbes illorum in obliquitate sua librētur. Sed ut antea diximus in his quae librantur, oportet medium quoddam extremorum accipere. Quae ut apertiora fiant, Sit orbis magnus, qui in plano signiferi A B C D, centrum habens E, ad quem inclinatus sit orbis planetae, qui sit F G K L, mediae ac permanentis declinationis, cuius limes latitudinis Boreus F, Austrinus K, descendens sectionis nodus G, ascēdens L, Sectio cōmunis B E D, quae extendatur in rectas lineas G B, D L. Qui quidem quatuor termini non mutentur, nisi ad motum absidum. Intelligatur autem, quòd motus stellae longitudinis non feratur sub plano ipsius F G circuli, sed sub alio quodā obliquo ipsi F G homócentro, qui sit O P, qui se inuicem secent in eadem

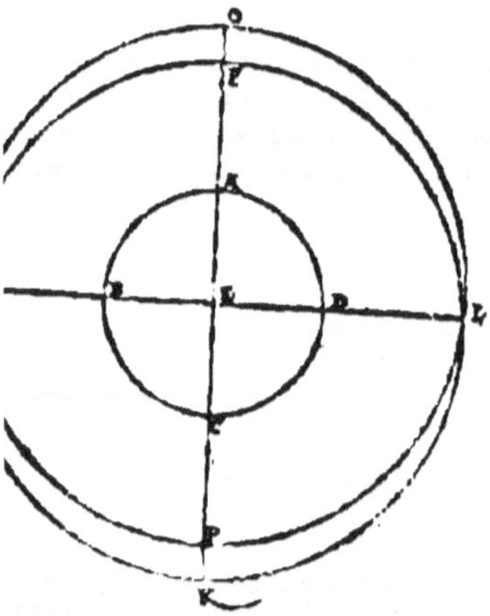

G B, D L re-

ut b, d l recta linea. Dum ergo stella sub o p orbe feratur, & ipsi
interdum motu librationis coincidens ipsi f k plano, transmigrat in utramque partem, facitque ob id latitudinem apparere variã.
Sit enim primũ stella in maxima latitudine Borea sub o signo
proxima terræ, in a existenti, & excrescet tunc ipsa latitudo stel
læ penes angulum o g f maximæ inclinationis o g p orbis. Cuius motus accessus & recessus, quia motui commutationis com
mensurabilis existit per hypothesim, si tunc terra fuerit in b, con
grues o in f, & minor apparebit stellæ latitudo in eodem loco
quàm prius. Multo etiam minor si terra in c signo fuerit. trans-
migrabit enim o in extremam & diversam librationis suæ partem, & relinquet tantum, quantum à libratione ablatiua latitudinis Boreæ superfuerit, nempe ab angulo æquali ipsi o g f.
Exinde per reliquũ hemicycliũ c d a, crescet latitudo stellæ Bo
rea, existẽtis circa f, donec ad primũ a signũ redierit, unde exi-
uerat. Idem processus atque modus erit in stella meridiana circa
k signum constituta, sumpto à c terræ motus exordio. Quod
si stella in altero o uel l nodo fuerit, acronychus uel sub Sole
latens, quamuis tunc plurima inclinatione destiterint inuicem orbes f k & o p, nulla propterea latitudo stellæ sentietur,
utpote quæ sectionem orbium communem tenuerit. Ex quibus, ut arbitror, facile intelligitur, quomodo latitudo planetæ Borea decrescat, ab f ad o, & Austrina à o ad k augeatur,
quæ ad l tota euanescit transeatque in Septentriones. Et tres illi
superiores hoc modo se habẽt. A quibus ut in lõgitudine sic in lati
tudinibus nõ parũ differũt Venus & Mercurius, quòd sectiões or
biũ cõmunes per apogæa habeant & perigæa collocatas, eorũ
uero maximæ inclinationes ad medias absidas cõuertuntur libramẽto mutabiles, ut illorũ superiorũ, sed aliã insuper hi libra
tionem subeũt priori dissimilẽ. Ambæ tamẽ reuolutionibus tel
luris sunt cõmensurabiles, sed nõ uno modo. Nã prima libratio
hoc habet, quod reuoluta semel terra ad illorũ absides motus li
brationis ipsæ bis reuoluit, axẽ habẽs pmanentẽ, sectionẽ quã
diximus p apogæa & perigæa, ut quãdocunque linea medij motus
Solis fuerit in perigæo siue apogæo illorum, maximus accidat
angulus sectiõis, in medijs autẽ lõgitudinibus, minimus semper.

Secunda

Secunda uero libratio huic superueniens differt ab illa, in eo, quòd mobilem axem habens efficit, ut in media longitudine constituta terra, siue Veneris, siue Mercurij, planeta semper sit in axe, id est, in sectione communi huius libramenti. Maxima uero deuiat, quādo apogaeum uel perigaeum eius respexerit terram, Venus in Boream semper, ut dictum est, Mercurius in Austrum: cum tamen propter priorem ac simpliciorem inclinationem latitudine tūc carere debuissent. Vt exempli gratia. Dum medius Solis motus fuerit ad apogaeum Veneris, & ipsa in eodem loco, manifestum est, quòd secundum simpliciorem inflexionem primamq; librationem in communi sectione sui orbis cū plano signiferi nullam tunc admisisset latitudinem, sed secunda libratio deuiationem suam super inducit ei maximam, habens sectionem siue axem per transuersam diametrum orbis eccentri, secans eam quae per summam ac infimam absida ad angulos rectos. Si uero eodem tempore fuerit in alterutro quadrante, ac circa absidas medias sui orbis, tunc axis huius libramēti congruet cum linea medij motus Solis. Et ipsa Venus addet reflexioni Boreae deuiationem maximam, quàm Austrinae reflexioni auferet, minoremq; relinquet: atq; hoc modo libratio deuiationis motui telluris commensuratur.

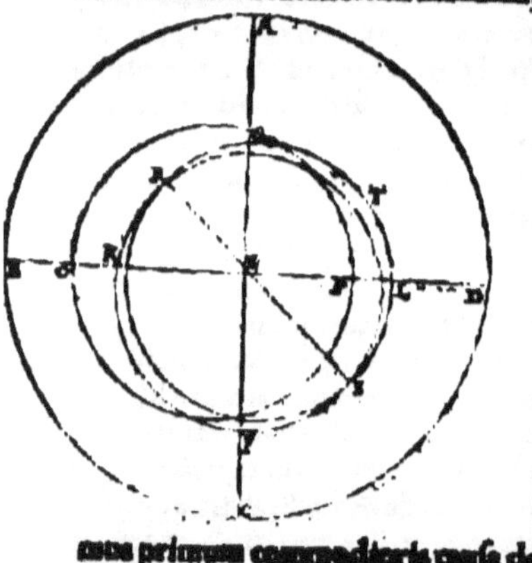

Quae ut etiam facilius capiatur, repetatur orbis magnus A B C D, orbis Veneris uel Mercurij eccentrus & obliquus ad A B C circulum, secundum inclinationem aequalem F G, K L. Horum sectio communis F G per apogaeum orbis, quod sit F, & perigaeum G. Ponamus primum commodioris causa demonstrationis ipsius G K F orbis eccentri inclinationem, tanquam simplicem & fixam, uel dum placet mediam inter minimam & maximam, nisi quòd s

G sectio communis secundū perigaei & apogaei motum permutatur; In qua dum fuerit terra, nempe in A uel C, atq; in eadem linea planeta, manifestū est, quod nullā tunc faceret latitudinem, quando omnis latitudo ī lateribus est. In hemicyclijs G K F & F L G, quibus planeta in Boreā uel Austros facit accessus, ut dictū est, pro modo inflexionis ipsius F K G circuli ad zodiaci planum. Vocant autem hunc planetae digressum obliquationē, alij reflexionem. Cum uero terra fuerit in B uel D, hoc est ad medias absidas planetae, erunt eaedē latitudines supra & infra F K G, & G L F, quas uocant declinationes, itaq; nomine potius q̄ re differunt à prioribus, quibus etiā nominibus in locis medijs cōmiscentur. Sed quoniam angulus inclinationis horum circulorum in obliquatione, reperitur esse maior quàm in declinatione, intellexerunt per quandam librationem id fieri, inflectentem se in F G sectiōe, tanquā axe, uti dictum est in superioribus. Cum igitur utrobiq; talem sectionis angulū notū habuerimus, facile ex eorū differentia intelligeremus, quanta fuerit ipsa libratio à minima ad maximā. Intelligatur iam alius circulus deuiationis, obliquus ipsi G K F L, homocentrus quidem in Venere, eccentrus sub eccentri in Mercurio, ut postea dicetur, quorū sectio cōmunis sit R S, tanquā axis huius librationis in circuitu mobilis, ea ratione, ut dum terra in A uel B fuerit, planeta sit in extremo limite deuiationis, ubicunq; fuerit in T signo, & quantū ex A terra progressum fuerit, tantum planeta subintelligatur à T remoueri, decrescente interim obliquitate circuli deuiationis, ut dum terra eam fuerit quadrantem A B, intelligatur planeta ad nodum peruenisse huius latitudinis, id est in R. Sed coincidentibus tunc planis in medio librationis momento ac in diuersum nitentibus, reliquū hemicyclium deuiationis, quod prius erat Austrinum, erumpit in Boream, in quod succedens Venus Austro neglecto Septētriões repetit, nunq̄ appetitura Austrum per hanc librationē. Sicut Mercurius cōtrarias sectando partes Austrinus permanet, qui etiā in eo differt, quod non in homocentro eccentri, sed eccentri eccentro libratur. Pro quo circa lōgitudinis motū epicyclio usi sumus in inaequalitatis demonstratione. Verum quoniā illic lōgitudo sine latitudine, hic lati-

Aa tudo

tudo sine longitudine cōsideratur, quae tum una eademq; restitutio comprehendat pariterq; reducat, satis apparet unum esse motum, eandemq; librationem, quae potuit utramq; varietatē efficere, eccentra & obliqua simul existente. Nec aliā praeter hanc, quam modo diximus hypothesim, de qua plura infra.

Quanta sit inclinatio orbiū Saturni, Iovis & Martis. Cap. III.

POst hypotheses digressionum quinq; planetarū expositas, ad res ipsas descendendū nobis est, discernēdaq; singula, atq; in primis, quantae sint singulorū circulorū inclinationes, quas per eum qui per polos est circuli inclinati, & ad rectos angulos ei qui per mediū signorū est descriptus, maximū circulū ratiocinamur, ad quē secundū latitudinem transitus cōsiderantur. His enim perceptis via cognoscendarū cuiusq; latitudinū, aperiet, incipientibus iterū à tribus superioribus, quae in extremis limitibus latitudinū Austrinis, expositiōe Ptolemaica, patent abscessus Saturni acronycti grad. III. scru. V. Iovis grad. II. scru. VII. Martis grad. VII. In locis aūt oppositis, dū videlicet Soli cōmeāt, Saturni grad. II. scrup. II. Iovis grad. I. scru. V. Martis scrup. dūtaxat V. adeo ut pene cōtingat signorū circulū, prout ex eis, quae circa occultationes illorū & emersus observavit, latitudinibus licebat animadvertere. Quibus ita ppositis, esto in plano quod fuerit ad rectos angulos signorū circulo, & per cētrū sectio communis zodiaci A B, eccētri vero cuiuslibet triū superiorū C D, per maximos Austrinos & Boreos limites, cētrū quoq; zodiaci E, & magni orbis terrae dimetiēs F E G. Sit aūt D Austrina latitudo, C Borea, quibus cōiūgātur C F, C G, D F, D G. Iā vero supra circa singulos demōstratae sunt rationes E G, orbis magni terrae, ad E D eccētri planetae ad quaelibet loca eorū pposita. Sed & maximarū latitudinū loca data sunt ex observatiōibus. Cū ergo E G D angulus maximae latitudinis Austrinae datus fuerit, exterior trianguli E G D, dabit etiā per demōstrata triangulorū planorū interior & oppositus angulus G E D, Inclinatiōis eccētri maximae Austrinae ad zodiaci planū. Similit' per minimā latitudinē Austrinā demōstrabim' minimā inclinationē, utpote per angulū

E F D, quo

E F D, quoniam in triangulo E F D, datur ratio laterum E F ad F D, cũ angulo E F D, habebimus angulum exteriorem datũ D F G, minimæ inclinationis Austrinæ, hinc per differentiã utriusq; declinationis totã librationẽ contrahi ad zodiacũ. Quibus etiam angulis inclinationũ latitudines Boreas oppositas ratiocinamur, quales uidelicet fuerint anguli A F C, & E G C, qui si obseruatis consenserint, nos minime errasse significabunt. Exemplificabimus autẽ de Marte, eo quòd ipse præ cæteris excedit omnibus in latitudine, cuius latitudinem maximam Austrinam adnotauit Ptolemæus partium ferè VII. atq; hanc in perigæo Martis: Maximam quoq; Boreã part. IIII. scrup. XX. in apogæo. Nos aũt dum accepimus angulum B G D, part. VI. scrup. L. inuenimus ei respondẽtem A F C angulũ part. IIII. scrup. XXX. ferè. Cũ enim ratio data E G ad E D, sit sicut unum ad unum, scrup. XXII. secund. XXVI. habebimus ex eis cum angulo B G D, angulum D E G, part. I. scrup. LI. ferè, inclinationis maximæ Austrinæ. Et quoniam E G ad C E, est sicut unũ ad unũ, scrup. prima. XXXIX secund. LVII. & angulus C E F æqualis ipsi D E G, part. I. scrup. LI. sequetur exterior, quem diximus C F A part. IIII. S. existẽte planeta acronycto. Similiter in opposito loco, dũ cũ Sole currit, si assumpserimus angulum D F E, scrup. V. ex D E & E F datis lateribus, cum angulo E F D, habebimus angulum E D F, & exteriorem D E G scrup. prope IX. minimæ inclinationis, qui etiam aperiet nobis angulum C G E, Boreæ latitudinis scrup. ꝑpe VI. Cũ ergo reiecerimus minimã inclinationẽ à maxima, hoc est IX. scrup. ab una parte, & LI. scrup. relinquitur pars una, scrup. XLI. Estq; libratio huius inclinationis, & dimidia scrup. L. S. ferè. Simili modo aliorũ duorum Iouis & Saturni patentur anguli inclinationũ cũ latitudinibus: Nempe Iouis inclinatio maxima partis unius, scru. XLII. minima, partis unius,

scrup. XVIII. ut tota eius libratio non comprehendat amplius quàm scrup. XXIIII. Saturni autem inclinatio maxima part. II. scrup. XLIIII. minima part. II. scru. XVI. inter ea libratio scrup. XXVIII. Hinc per minimos inclinationum angulos, qui in opposito loco contingunt, dum fuerint sub Sole latentes, exibunt abscessus latitudinis à signorum circulo Saturni part. III. scrup. III. Iouis pars una, scrup. VI. quæ erant ostendenda, ac seruanda pro tabulis infra exponendis.

De cæteris quibuslibet, & in uniuersum latitudinibus exponendis horum trium siderum. Cap. IIII.

EX his deinde sic ostensis patebunt in uniuersum ac singulæ latitudines ipsorum trium siderum. Intelligatur enim quæ prius plani recti ad circulum signorum sectio communis A B, per limites extremarum digressionum. Et sit Boreus limes in A, sectio quoq; cõmunis orbis planetæ recta C D, quæ secet A B, in D signo, quo facto cẽtro describatur orbis magnus terræ E F, & ab acronychio quod est E, capiatur utrinq; E F circũferentia cognita, ab ipsis quoq; F & C, loco stellæ perpendiculares agantur ipsi A B, & sint C A, F G, & connectantur F A, F C. Quærimus primum angulum A D C, inclinationis eccentri, quantus ipse sit in hoc themate. Ostensum est autem tunc maximum fuisse, quando terra fuit in E signo: patuit etiam, quòd tota eius libratio cõmensuratur reuolutioni terræ in E F circulo penes dimetientem E B, pro ut exigit natura librationis. Erit ergo propter E F circumferentiã datã E D ad E G ratio data, & talis est librationis totius ad id quod modo ab angulo A D C decreuit. Datur propterea ad præsens angulus A D C, idcirco triangulum A D C datorum angulorum datur cum omnibus eius lateribus. Sed quoniam C D, rationem habet datam ad E D, ex præcedentibus, datur etiam ad reliqua D G. Igitur C D & A D, ad eãdem G D, hinc & reliqua A G datur, quibus etiã datur F G, est enim dimidia subtendentis duplum E F: duobus ergo lateribus trianguli rectanguli A G F datis, datur subtensa A F, & ratio A F, ad A C, sic demũ duobus lateribus trianguli rectanguli A C F, datis

datis, dabitur angulus A F C, & ipse est latitudinis apparentis, quæ quærebatur. Exemplificabimus hoc rursum de Marte, cuius maximus limes Austrinæ latitudinis sit circa A, quæ ferè in infima eius abside contingit. Sit autem locus planetæ in C, ubi dum esset terra in E signo, demonstratum est A D C angulum inclinationis maximum fuisse, nempe partis unius, scrup. L. Ponamus iam terram in F signo, & motum commutationis secundum E F circumferentiam, part. X L V. Datur ergo F G recta 7071, quarum est E D, 10000. & G E, reliqua eius quæ ex centro part. 2929. Ostensum est autem dimidium librationis A D C anguli esse scrupul. L. S., rationem habens augmenti & diminutionis hoc loco, ut D B ad G B, ita L. S. ad X V. proxime, quæ cum reiecerimus à parte una, scru. L. remanebit pars una, scru. X X X V. angulus inclinationis A D C, in præsenti. Erit propterea triangulum A D C datorum angulorum atque laterum, & quoniam supra ostensum est, C D partium esse 9040, quarū est E D, 6580, erit earundem F G, 4653, A D part. 9036. & reliqua A E G, part. 4383. & A C part. 2498. Trianguli igitur A F G rectanguli perpendicularem A E partium 4383, & basim F G part. 4653. sequitur subtensa A F partium 6392. Sic demum trianguli A C F habentis C A F angulum rectum cum lateribus A C, A F datis, datur angulus A F C part. II. scrup. X V. latitudinis apparentis ad terram in F constitutam. Eodem modo in alijs duobus Saturno & Ioue exercebimus ratiocinationem.

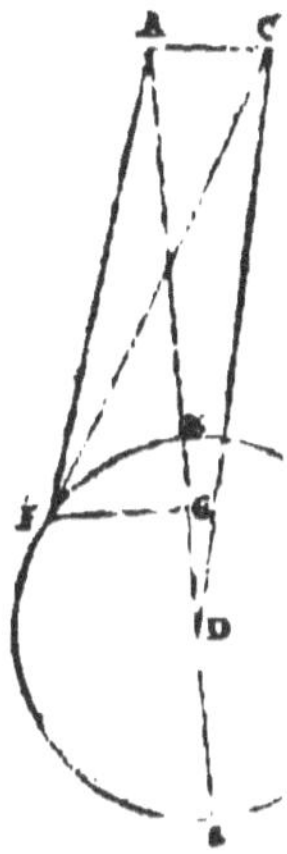

De Veneris & Mercurij latitudinibus. Caput V.

SVperfunt Venus & Mercurius, quorum in latitudinem transitus, latitudinem simul demonstrabuntur tribus, ut diximus, coniugationibus inuolutorum.

Quae ut ſingillatim diſcerni queant, incipiemus ab ea, quam declinationem uocant, tanquam à ſimpliciori tractatione, et ſiquidem Soli accidit, ut à caeteris interdū ſeparetur, quod circa medias longitudines, circaꝗ nodos, ſecundum examinatos longitudinis motus per quadrantes circulorū conſtituta terra ab apogaeo & perigaeo planetae, qui in propinquitate terrae inuenerint latitudinis partes Auſtrinae uel Boreae in Venere, part. VI. ſcru. XXII. in Mercurio part. IIII. ſcrup. V. In maxima uero diſtātia terrae Veneri partem unā ſcrup. II. Mercurio part. I. ſcru. XLV quibus anguli inclinationū in hoc ſitu fiunt manifeſti per expoſitos Canones aequationū, quibus Veneris eo loci in ſumma à terra diſtantia part. I. ſcrup. II. in infima, part. VI. ſcrup. XXII. congruunt, utrobiꝗ circumferentia orbis, part. II. S. proxime. Mercurij uero ſuperne part. I. ſcrup. XLV. inferne part. IIII. ſcrup. V. ſui orbis circumferentiā part. VI. cū quadrante unius poſtulat. Vt ſit angulus inclinationis orbium, Veneris quidem part. II. ſcrup. XXX. Mercurij uero part. VI. cum quadrante, quarum CCCLX. ſunt quatuor recti, quibus in eo ſitu particulares quaeꝗ latitudines, quae ſunt declinationis, poſſunt explicari, uti modo demōſtrabimus & primum in Venere. Sit enim in ſubiecto circulo ſignorum, ac per centrū recti plani ſectio communis ᴀ ʙ ᴄ, ipſa uero ᴅ ʙ ᴇ ſectio communis ſuperficiei orbis Veneris: & eſto centrū quidem terrae ᴀ, orbis autem planetae ʙ, atꝗ ᴀ ʙ ᴇ angulus inclinationis orbis ad ſigniferum, & deſcripto circa ʙ, orbe ᴅ ꜰ ᴇ ɢ, coniungatur ꜰ ʙ ɢ, dimetiens recta ad ᴅ ᴇ dimetientem. Intelligatur autē orbis planū ad aſſumptum rectum ita ſe habere, ut ipſi ᴅ ᴇ, ad rectos angulos in ipſo ductae ſint inuicem paralleli, & circuli ſignorum plano, & in ipſo ſola ꜰ ʙ ɢ. Propoſitum eſt ex ᴀ ʙ, ʙ ᴄ, datis rectis lineis cum angulo inclinationis ᴀ ʙ ᴇ dato, inuenire quantū planeta abierit in latitudinem. Vt uerbi

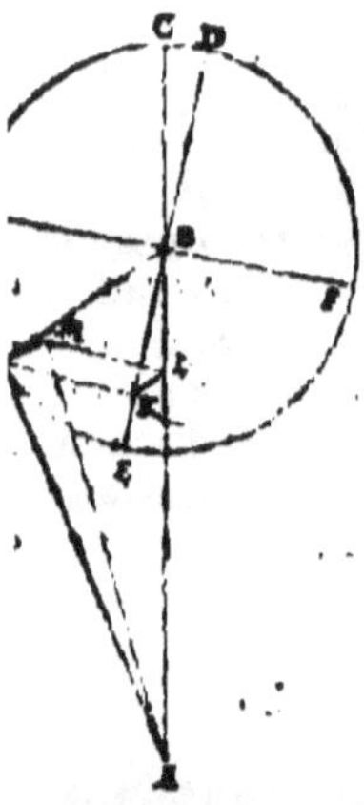

gratia

gratia, dum distiterit ab A signo, terrae proximo part. XLV.
quod idcirco elegimus Ptolemaeum sequi, ut appareat si Veneri uel Mercurio afferat aliquid diuersitatis in longitudine orbis inclinatio. Tales quippe differentias circa media loca inter
D F E G terminos oporteret plurimum uideri, eo maxime, quod
stella in his quatuor terminis constituta easdem efficit longitudines, quas faceret absq; declinatione, ut est de se manifestum.
Capiamus ergo B E circumferentiam, ut dictū est, part. XLV. &
agantur perpendiculares ipsi B C quidē E K, ad planū uero signiferi subiectum E L, & K M, & connectantur K B, L M, A M, & A E, habebimus L E K M quadrangulum parallelogrammum & rectan
gulum, eo quod E K ad planum sit signiferi, nam & L A M, angu
lus longitudinis prosthaphaeresi comprehendit ipsum latus,
latitudinis autem transitum, qui sub E A M angulus, cum etiam
E M in idem signiferi planū cadat perpendicularis. Quoniā igitur angulus E B E datur part. XLV. erit E K semissis subtendentis
duplū E B part. 7071. qualiū est E B, 10000. Similiter trianguli B
K L, angulus K B L datus est part. II. S. & B L K rectus, & subtensa
B K, 7071, qualium etiam B E est 10000. Erunt etiam reliqua latera earundem part. K L part. 308. & B L 7064. Sed quoniam A
B ad B E ex prius ostensis, est ut 10000 ad 7193 proxime, erunt
& reliqua in eisdem partibus E K, 5086, E M aequalis ipsi K L, 221, &
B L, 5081. hinc reliqua L A, 4919. Iam quoq; trianguli A L M
datis lateribus A L, L M, aequali E K, & A L M recto, habebimus
subtensam A M, 7075. & angulum M A L, partium XLV. scrup.
LVIII. quae est prosthaphaeresis, siue commutatio magna Vene
ris secundum numerum. Similiter trianguli datis lateribus A M
part. 7075, & M E aequali K L, constabit angulus M A E, partis unius, scrupul. XLVII. latitudinis declinationis. Quod si
trutinare nō pigeat, quid adferat haec Veneris inclinatio diuersitatis in lōgitudine, capiamus triangulū A L E, cū intelligamus
L E diametrū esse paralleli L E K M. Est enim part. 5091, quarū
A L, 4919: & A L E angulus rectus, è quibus colligetur subtensa
A E, 7079, data igitur ratione laterū, erit angulus E E A L, pt. XLV.
scru. LVIII. Sed A L M, ostensa est part. XLV. scru. LVII. excrescūt
ergo scru. dūtaxat II. q̃ erāt demōstrāda. Rursum in Mercurio
simili

simili ratione declinationis latitudines demonstrabimus per descriptionem praecedenti similem, in qua B E circumferentia ponatur part. XLV. ut utraque rectarū E K, K B, talium iisdem capiatur part. 7071, qualiū est E B, 10000, subtensa. Qualiū igitur fuerit A B ex centro 3573, ac ipsa A D, 9964, hoc loco prout ex pdemonstratae longitudinū differentijs colligi potest. Taliū utraque B K & K H erunt part. 2795. & quiā angulus inclinationis A B K, ostensus est part. VI. scrup. XV. qualiū sunt CCCLX. quatuor recti. Trianguli igitur rectanguli B K L, datorū angulorū datur basis K L, earūdē partiū 304. & perpēdicularis B L, 2778, igit̃ & reliqua A L, 7186. Sed & L M, aequalis ipsi B K, 2795. Trianguli igitur A L M angulo & recto cum duobus datis lateribus A L, L M, habebimus subtensam A M, part. 7710. & angulum L A M part. XXI. scrup. XVI. & ipse est prosthaphaeresis numerata. Similiter trianguli A M N duobus lateribus datis A M, & M N, aequali K L, rectum in angulum cō prehendentibus, cōstabit M A N angulus part. II. scrup. XVI. latitudinis quaesitae. Quod exquiri libeat, quantū uerae & apparenti prosthaphaeresi debeatur, sumpto dimetiente parallelogrammi L K, qui ex lateribus nobis colligitur part. 2817. & A L, part. 7186. quae exhibebunt angulū L A K, part. XXI. scrup. XXIII. prosthaphaeresis apparentis, qui excedit priorem numeratam in scru. ferè VII. quae erant demonstranda.

De secundo in latitudinem transitu Veneris & Mercurij secundum obliquitatem suorum orbium in apogaeo & perigaeo. Cap. VI.

HAec de transitu latitudinis horum siderum, qui circa medias longitudines suorum orbium contingit, quas'cp latitudines, declinationes uocari diximus, Nunc de ijs dicendū est, quae accidūt circa perigaea & apogaea, quibus ille tertius deuiationis excursus cōmiscetur. Non ut in tribus superioribus, sed qui ratione facilius discerni separarique possit, ut sequitur. Obseruauit enim Ptolemaeus latitudines has, tunc maximas apparere, quando stellae fuerint in rectis lineis orbem contingentibus à centro terrae, quod accidit

in maximis

in maximis à sole distãtijs matutinis & uespertinis, ut diximus. Inuenitq; Veneris latitudines Boreas maiores triẽte unius gradus, quàm Austrinas. Mercurij uero Austrinas sesqui grado se ré maiores quàm Boreas. Sed difficultati & labori calculationũ consulere uolens, accepit secundum mediam quandam rationẽ sextertis graduum in diuersas partes latitudinis, quos gradus ad zodiacum recto circa terram latitudines ipsæ subtendunt, per quem latitudines definiuntur, præsertim quòd non euidentem propterea errorem profuturum existimauit, pro ut etiam mox ostendemus. Quod si modo grad. II. s. tantũ à signorum circulo abscessus hinc inde æquales capiamus, excludamusq; interim deuiationem, erunt demonstrationes nostræ simpliciores ac faciliores, donec inflexionum latitudines determinauerimus. Ostendendũ igitur est primum, quòd huius latitudinis excursus circa contactus circuli eccentri maximus contingat, ubi etiam lõgitudinis prosthaphæreses sunt maximæ. Esto enim cõmunis sectio planorũ zodiaci & circuli eccentri siue Veneris, siue Mercurij, per apogæum & perigæũ, in qua capiatur A terræ locus, atq; B centrũ eccẽtri, C D E F G circuli ad signiferũ obliqui, ut uidelicet rectæ lineæ quæcunq; ad rectos angulos ipsi C G, ductæ angulos cõprehendant æquales obliquitati: aganturq; A E quidẽ contingens circulum A D utrunq; secans, ducãtur etiã à D, E, F signis perpendiculares, in C G quidẽ ipsæ D H, E K, F L, in subiectũ uero signiferi planum ipsæ D M, E N, F O, & coniungantur M H, N K, O L, & insuper A N, A O, A M, ipsæ enĩ A O M recta est, cũ tria eius signa in duob' sint planis, nempe medij signorum circuli & ipsius A D M, recto ad planum signiferi. Quoniam igitur in proposita obliquatione longitudinis quidem anguli, qui sub H A M, & K A N, prosthaphæreses harũ stellarũ cõprehendũt. Latitudinis aũt excursus,

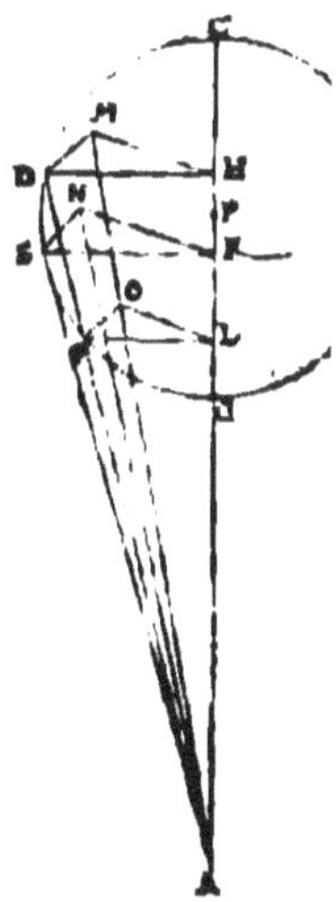

qui sub D A M, & B A N. Aio primum, quòd B A N angulus latitudinis, qui in cõtactu constituitur, sit omnium maximus, ubi etiam fere prosthaphæresis longitudinis maxima existit. Cum enim sub B A K angulus maior sit omnium, ipse K B ad B A maiorẽ rationem habebit, quàm utraque B D, & L F, ad utramque D A & F A, Sed ut B K ad B N, sit H D ad D M, & L F ad F A, æquales enim sunt anguli, sicut diximus, quos subtendũt, & qui circa M H O recti. Igitur & N B ad B A, maiorẽ habet rationẽ, quàm utraque M D, & O F, ad utramque D A, & F A. ac rursus qui sub D M A, & B N A, & O F A sunt anguli recti, maior est igitur & qui sub B A N angulus, ipso D A M, atque omnibus eis, quæ hoc modo constituuntur. Vnde manifestũ est, quòd etiam quæ fiunt ex hac obliquatione secundũ longitudinem inter prosthaphæreses differentiæ, maxima est, quæ in maximo transitu determinantur circa B signum. Nam propter angulos, quos subtendunt æquales H D, K B, & L F, proportionales sunt ad H M, K N, & L O. Cũque maneat eadem ratio earũ ad excessus suos, consequens est excessum B K & K N, maiorẽ habere rationem ad B A, quàm reliquos ad similes ipsi A D. Hinc etiam manifestum est, quòd quã habuerit rationẽ maxima secundũ longitudinem prosthaphæresis, ad latitudinis maximũ transitũ, eandẽ habebunt rationem segmentorũ eccentri secundum longitudinem prosthaphæreses, ad transitus latitudinis. Quoniam ut K B ad B N, sic & omnes similes ipsis L F, & H D, ad similes ipsis F O & D M, quæ demonstranda proponebantur.

Quales sunt anguli obliquationum utriusque sideris Veneris & Mercurij. Cap. VII.

His ita prænotatis, uideamus quantus utriusque sideris sub inflexione planorum angulus contineatur. Repetitis quæ prius dicta sunt, quòd inter maximã minimamque distantiam v. partibus uterque ipsorum ut plurimum, Boreus magis Austrinusque fieret, in contraria iuxta orbis positionẽ. Quandoquidẽ Veneris trãsitus siue differẽtia manifesta maiorẽ & minorẽ v. partiũ per apogæum & perigæum eccentri dispositionẽ facit, Mercurij uero medietate partis plus

plus minusue. Esto igitur quæ prius sectio communis zodiaci & eccentri A B C, & descripto circa B centrū orbe obliquo stellæ ad signiferi planū secundū expositū modū, educatur ex centro terræ A D recta linea tangens orbem in D signo, à quo deducātur perpendiculares in C B E, quidē D F, in subiectum uero signiferi planum D G, & coniungātur B D, F G, A G. Assumatur quoq; sub D A G angulus comprehendens dimidiū expositæ, secundū latitudinem, differentiæ, utriuslibet sideris part. II. S. qualiū secundum quatuor recti sunt CCCLX. Propositū sit angulum obliquitatis planorū utriusq; quantus ipse sit inuenire, hoc est, comprehensum sub D F G angulū. Quoniā igitur in stella Veneris qualium quæ ex centro orbis part. est 7193. demonstrata est distātia maior, quæ in apogæo part. 10208, & minor, quæ in perigæo part. 9792. atq; inter has media part. 10000. quā assumi in hanc demonstrationē placuit Ptolemæo, uolenti consulere difficultati & sectanti, quantū licet, compendia. Vbi enim extrema nō fecerint apertam differentiā, tutius erat mediū sequi. Igitur A B ad B D, rationē habebit, quam 10000 ad 7193, & angulus A D B est rectus, habebemus ergo latus A D, longitudine part. 6947. Simili modo, quoniam ut B A ad A D, sic B D ad D F, & ipsum D F habebimus longitudine part. 4997. Rursus quoniam qui sub D A G angulus, ponitur esse part. II. S, & A G D rectus est, in triangulo igitur datorum angulorum erit D G latus partium earūdem 303, quarum A D est 6947. Sic quoq; duo latera D F, D G data sunt, & D G F angulus rectus, erit angulus inclinationis siue obliquationis D F G, part. III. scrupul. XXIX. At quoniam qui sub D A F anguli excessus ad eum qui sub F A G, differentiam secundum longitudinem commutationis factam comprehendit, illinc & ipsa taxanda est ex deprehensis magnitudinibus. Postquam enim ostensum est, quòd qualium D G partium est 303, talium subtensa A D, 6947, & D F, 4997, cumq; quod ex D G, fit quadratum, ablatum fuerit ab eis quæ ex utrisq; A D & F D, remanent, quæ ab utrisq; A G, & G F sunt quadrata. Dantur ergo latitudine A G part. 6940, F G, 4988. Quibus autem A G fuerit 10000, erit F G, 7187. & angulus F A G part. XLV. scru. LVII. & quarum A D fuerit 10000, erit D F, 7193, & angulus D A F partiū prope XLVI. Deficit ergo

In maxima obliquatione cõmutatiõis prosthaphæresis in scru. III. fere. Patuit autẽ quòd in media abside angulus inclinatiõis orbiũ fuerit II. partiũ cũ dimidia, hic aũt accreuit totus fere gradus, quẽ primus ille librationis motus, de q̃ diximus, adauxit. In Mercurio quoq; demõstratur eodẽ modo, qualiũ enim quæ ex centro orbis fuerit part. 3573, taliũ maxima orbis à terra distantia est 10948, minima uero 9052, inter hæc media 10000. Ipsa quoq; A B ad B D rationẽ habet, quã 10000 ad 3573. habebimus ergo tertiũ earundem A D latus, part. 9340, & quoniã ut A B ad A D, sic B D ad D F, est ergo D F longitudine talium 3337. Cumq; D A G latitudinis angulus positus sit part. II. S. erit etiã D G, 407. qualiũ D F, 3337. Sicq; in triangulo D F G horũ duorũ laterũ data ratione, & angulo G recto, habebimus angulum sub D F G part. VI. proxime. Et ipse est angulus inclinatiõis siue obliquitatis orbis Mercurij à plano signiferi. Sed circa longitudines siue quadrantũ medias ostensus est ipse angulus inclinatiõis part. VI. scru. XV. accesserũt ergo librationis primo motu nũc scru. XLV. Similiter cõcernẽdi causa angulos prosthaphæresis, & eorũ differentiã licet animaduertere, postq̃ ostensum sit D G rectã partiũ esse 407. qualiũ est A D, 9340, & D F, 3337. Si igitur quod ex D G quadratũ auferamus ab eis quæ sunt A D & D F, relinquẽtur ea quæ ex A G, & ex F G, habebimus ergo longitudine A G quidẽ 9331, F G uero 3314, quibus elicitũ angulus prosthaphæresis G A F part. XX. scru. XLVIII. q uero sub D A F part. XX. scru. LVI. à q̃ deficit ille q secundũ obliquationẽ est scru. VIII. quasi. Adhuc superest ut uideamus, si anguli tales obliq̃tionũ, atq; latitudines penes maximã minimãq; orbis distantiã cõformes inueniãtur eis quæ ex obseruatiõibus sunt receptæ. Quãobrẽ assumatur iterũ in eadẽ descriptiõe primũ ad maximã Veneri orbis distantiã A B ratio, ad B D, q̃ 10208 ad 7193. & q̃niã sub A D F rectus est angulus, erit A D lõgitudine earundẽ part. 7238, & ꝓ ratiõe A B ad A D, ut B D ad D F, erit D F longitudine

gitudine taliū 5102, sed angulus obliquitatis D F G, inuētus est pt. III. scru. XXIX. erit reliquū latus D G, 309, qualiū est etiā A D, 7238. Qualiū igitur A D fuerit 10000, taliū erit D G, 427, unde concluditur D A G angulū esse part. II. scru. XXVII. in summa à terra distantia. At iuxta minimā, quoniā qualiū est quæ ex cētro orbis B D, 7193, taliū est A B, 9792, ad quā A D perpendicularis 6644. Et similiter ut A B ad A D, & B D ad D F, datur longitudine D F talium partiū 4883. Sed angulus D F G positus est partiū III. scru. XXIX. datur ergo D G part. 297, qualium est etiam A D, 6644. Et idcirco datorum laterum trianguli datur angulus D A G part. II. scrup. XXXIIII. Sed nec III. scrup. nec IIII. scrup. tanti sunt, quæ instrumentorū Astrolabicorū artificio caperētur, bene ergo se habet, quæ putabatur maxima latitudo deflexionis in stella Veneris. Assumatur itidē maxima distātia orbis Mercurij, hoc est A B ad A D, ratio quæ 10948 ad 3573, ut per similes prioribus demōstratiōes colligamus, A D quidē part. 9452, D F aūt 3085. Sed hic quoque D F G, angulū obliquatiōis proditū habemus part. VII. Rectā uero D G, propterea taliū 376, qualiū est D F, 3085. siue D A, 9452. Igitur & in triangulo D A G rectangulo datorū laterū, habebimus angulum D A G, part. II. scru. XVII. proxime, maximæ digressiōis in latitudinē. In minima uero distātia A B ad B D ratio ponit 9052 ad 3573. ea propter A D pt. est earundē 8317, D F aūt 3283. Cū autē ob eandē obliquatiōē ponit D F ad D G ratio, quam 3283 ad 400. qualiū est etiā A D pt. 8317, unde etiā angulus sub D A G, ptiū est II. scru. XLV. Differt igit ab ea quę secūdū mediā rationē latitudinis digressiōe, hic quoque part. II. s. assumpta, quę in apogęo, ad minimū scru. XIII. quæ uero in perigęo ad maximū scru. XV. pro quibus in calculatiōe iuxta mediā rationē unius ptis quadrantē, secundū sensum ab obseruatis nō differētē hinc inde utemur. His ita demōstratis atque etiā, quod eādē habeāt rationē maximæ lōgitudinis prosthaphæreses ad maximū latitudinis transitū, & in reliquis orbis sectiōibus prosthaphęreseon partes ad singulos latitudinis transitus omnes nobis ad manus uenient latitudinū numeri, quæ per obliquitatem orbis contingunt Veneris & Mercurij. Sed ut diximus, quod medio modo inter apogęū & perigęū, ut diximus, colliguntur, quorū ostēsa est maxima latitudo part. II. s. Prosthaphæreses titem Veneris maxima est part. XLVI. Mercurij uero circiter XXII. Iamq; habemus in tabulis inæqualiũ motuũ singulis orbium sectionibus appositas prosthaphæreses. Quanto igitur quæq; earum minor fuerit maxima, partem illi similẽ in utroq; sidere ex illis II. s. partibus capiemus, ipsam ascribemus Canoni infra exponẽdo suis numeris, & hoc modo particulares quasq; latitudines obliquationum, quæ in summa & infima absides illorum existente terra, habebimus explicatas, pro ut etiam in medijs quadrantibus longitudinibusq; medijs declinationum latitudines exposuimus. Quæ uero inter hos quatuor terminos contingunt, Mathematicæ quidem artis subtilitate ex proposita circulorum hypothesi poterit explicari, non sine labore tamen. Ptolemæus autem, quantum fieri potuit, ubiq; compendiosus, uidens quòd utraq; species harum latitudinum secundũ se tota & in omnibus suis partibus proportionaliter cresceret & decresceret, ad instar latitudinis lunaris. Duodecies igitur sumendo qualibet eius partes, eo quòd maxima eius latitudo quinq; sit partium, quí numerus est XII. pars Sexagesimæ, scrupula proportionum ex eis constituit, quibus non solum in his duabus stellis, uerumetiam in tribus superioribus utendũ putauit, ut infra patebit.

De tertia latitudinis specie Veneris & Mercurij, quã uocant deuiationem. Cap. VIII.

QVibus etiã sic expositis, restat adhuc de tertio latitudinis motu aliqd dicere, quę est deuiatio. Hãc priores q terrã in medio mũdo detinẽt p eccentri simul cũ epicycli declinatiõe fieri existimãt circa centrum terrę, maxime in apogęo uel perigęo cõstituto epicyclio. In Venere p sextantẽ ptis, in Borea semp. Mercurio uero p dodrantẽ semp in Austro, ut ante diximus. Nec tamẽ satis liquet, an æqualem semper eandemq; uoluerint esse talem orbiũ inclinationẽ, id enim numeri illorũ indicant, dum iubent sextam semper partem scrupulorũ proportionaliũ accipi p deuiatione Veneris, Mercurij uero dodrantẽ. Quod locũ non habet, nisi manserit

idem

[illegible] semper angulus inclinationis, prout ratio illorũ scrupulorum exigit, in quo sese fundant. Quin etiã manente eodẽ angulo non poterit intelligi, quomodo hæc latitudo illorũ siderũ à sectiõe cõmuni resiliat in eandẽ repẽte latitudinẽ, quã perdẽ reliquerit, nisi dicas id fieri per modũ refractionis luminũ, ut in opticis. Sed hic de motu agimus, qui instantaneus nõ est, sed ipsi sempte natura cõmensurabilis. Oportet igitur fateri librationem illis inesse, quæ faciat partes circuli permutari in diversa, qualem exposuimus. Quam etiam sequi necesse est, ut illorũ numeri per v. partẽ unius gradus in Mercurio differant. Quo minus mirũ videri debet, si secundũ nostrã quoq; hypothesim variabilis est, nec adeo simplex hæc latitudo, non tamẽ apparentẽ producẽs errorẽ, quę in omnibus differẽtijs sic potest discerni. Esto enĩ in subiecto plano ad signiferũ recto cõmunis sectio, in qua sit A cẽtrũ terræ, B centrũ orbis, in maxima minimaue terræ distantia, qui sit C D F, tanq; per polos ipsius orbis inclinati. Et quoniã in apogæo & perigæo, hoc est, in A B existente centro orbis, stella existis in deviatione maxima ubicunq; fuerit, secundum circulum parallelũ orbi: estoq; D F dimetiens paralleli ad C B E, dimetientẽ orbis, quorũ communes ponuntur sectiones rectorũ ad C D F planũ. Secet autẽ bifariã D F in G, eritq; ipsum G centrũ paralleli, & cõiungãtur B G, A G, A D, & A F, ponamusq; sub B A G angulũ qui cõprehendat sextantẽ unius gradus in summa deviatione Veneris. In triangulo igitur A B G, angulo recto B, habemus rationem laterum A B ad B G, ut 10000 ad 29, sed tota A B C earundem partium est 17193, & A E reliq; 2807, quarũ etiã dimidię subtẽdẽtiũ dupla C D, & E F æquales sunt ipsi B G. Erũt igitur anguli C A D scru. VI. & E A F scru. ferẽ X V. ab eo differẽtes qui sub B A G, illic scrup. duntaxat IIII. hic V. quæ plerunq; contemnuntur ob exiguitatem. Erit igitur apparẽs deviatio Veneris in apogæo & perigæo ipsius cõstituta terra, modico maior uel minor scru. X. in quacunq;

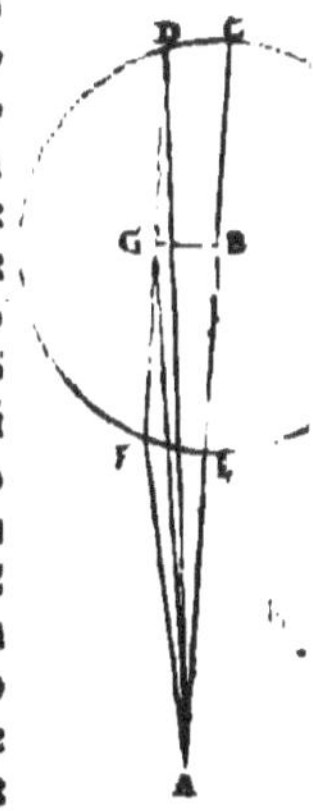

|parte

parte ſui orbis ſtella fuerit. At in Mercurio cum ſtatuerimus angulum B A C dodrantem unius gradus, & A B ad B C, ut 10000 ad 131. atque A B C, 13573. & reliquum A E, 6827. habebis qui ſub C A D angulus ſcrup. XXXIII. B A F autē, ſcrup. prope L XX. Deſunt igitur illic ſcrup. XII. hic abundant ſcrup. X V. attamen hæ differentiæ ſub radijs Solis ferè abſumūtur, priuſquam conſpectui noſtro emergat Mercurius, quamobrem apparentem ſolummodo eius deuiationē ſecuti ſunt priſci, quaſi ſimplicem. Si quis nihilominus etiam latentes illos ſub Sole meatus laboris minime precius exactā rationē ſequi uoluerit, quomodo id fiat hoc modo oſtendemus. Id autem exempli gratia in Mercurio, eo quod inſigniorē faciat deuiationē quā Venus. Sit enī A B recta linea in ſectiōe cōmuni orbis ſtellæ & ſigniferi, dū terra quæſita fuerit in apogæo uel perigæo orbis ſtellæ. Ponamus aūt A B lineam abſque diſcrimine part. 10000, quaſi longitudinem mediā inter maximam minimamque, ut circa obliquationem fecimus. Deſcribatur autē circulus D E F, in C centro, orbi eccentro parallelus ſecundū C B diſtantiam, in quo parallelo ſtella tūc maximam deuiationem facere intelligatur, & ſit dimetiens eius D C F, quam etiā oportebat eſſe ad A B, & ambæ lineæ in eodē plano, ad orbem ſtellæ recto. Aſſumatur ergo E F circūferētia part. uerbi gratia, X L V. ad quā ſcrutamur ſtellæ deuiationem, & agātur perpēdiculares E G ipſi C F, & ad ſubiectū orbis planū E K, G H, cōnexaque H K, cōpleatur parallelogrammū rectangulum, & cōiungantur A E, A K, E C. Cum ergo B C fuerit in Mercurio ſecundum maximam deuiationem part. 131. qualiū ſit A B, 10000. quarū eſt etiam C E, 3573, eſtque triangulū rectangulū datorū angulorū, erit etiā latus E G, ſiue K H earundem 2526. ſed ablata E H, quæ æqualis eſt ipſi E G, ſiue C G, relinquitur A H, 7474. Trianguli igitur A H K, datorū laterū rectū H angulum cōprehendentiū erit ſubtēſa A K 7889. ſed æqualis ipſi C B, ſiue G H, eſt taliū 131. Igitur & in triangulo

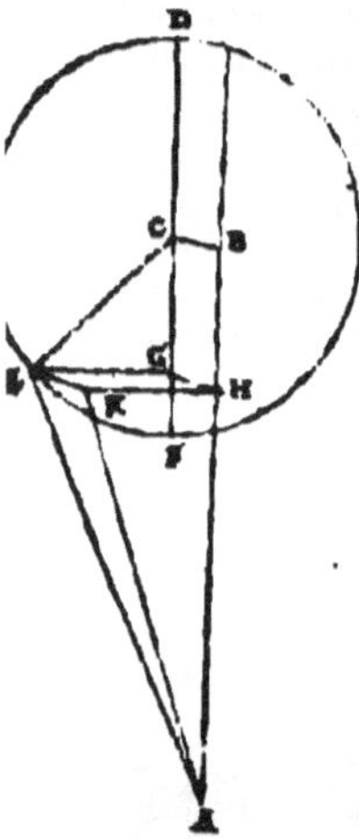

gulo

gulo A K B, duobus lateribus A K, K B datis, & rectũ cõprehendentibus, datur angulus K A B respondens deuiationi ad E F circumferentiam, quam quærebamus, quæ etiã parum discernitur ab obseruata. Similiter in alijs & circa Venerẽ faciemus, cõsignabimusq; in Canone subscribendo. Quibus sic expositis, pro eis quæ inter hos sunt limites deuiationibus tam Veneri quàm Mercurio Sexagesimas siue scrup. proportionũ adaptabimus. Sit enim circulus A B C orbis eccẽtri Veneris uel Mercurij, sintq; A C nodi huius latitudinis motus, B lineæ maximæ deuiationis, quo facto centro circulus paruus describatur D F G, cuius dimetiẽs D B F sit pertransuersum, per quem contingat libratio deuiationis. Et quoniam positum est, quod existẽte terra in apogæo uel perigæo orbis eccentri stellæ, ipsa stella maximã faciat deuiationem, nempe in F signo, & circulus ipsam deferens tunc circulũ paruũ tangebat in F. Sit modo terra utcũq; remota ab apogæo uel perigæo eccẽtri stellæ, secũdũ quẽ motũ capiatur similis circumferẽtia parui circuli, quæ sit F G, & descriptus A G C circulus, q stellam defert paruũ circulũ, secabit & eius diametrũ in E. Sitq; stella in K, eritq; E K circumferẽtia ipsi G F similis iuxta hypothesim, agat etiã K L ꝑpendicularis ad A B C circulũ. Propositũ est ex F G, E K, & B E, inuenire magnitudinẽ K L, id est distãtiã stellæ ab A B C circulo. Quoniã enĩ ꝑ F G circũferentiã, erit E G data, tanq̃ recta minime differẽs à circulari, & E F similiter in ptibus, qbus B F tota, & reliq̃ B E. Est autẽ B F ad B E, sicut subtẽsa dupli C B quadrangulũ ad subtẽsam dupli C E, atq; B E ad K L. Si igit ad numerũ 60. posuerimus, & B F, & etiã quę ex cẽtro C B, habebimus etiã B E in eisdẽ, quæ cũ in se multiplicata fuerit, & procreatũ p 60 diuisum, habebimus K L scrup. proportionũ E K circũferẽtiæ quæsita. Quæ etiã adsignauimus Canoni quinto, & ultimo loco, ut sequitur.

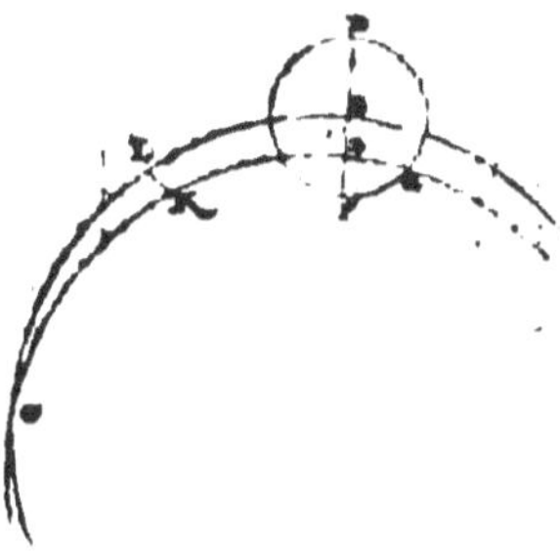

Latitudines Saturni, Iouis, & Martis.

NVMERI communes.		SATVRNI latitud. Bor.		Aust.		IOVIS Bor.		Aust.		MARTIS Bor.		Aust.		Scrupula proportionum.	
G.	G.	g.	scr.	g.	scr.	g.	scr.	g.	scr.	g.	scr.	g.	scr.		
3	357	2	3	2	2	1	6	1	5	0	6	0	5	59	48
6	354	2	4	2	2	1	7	1	5	0	7	0	5	59	36
9	351	2	4	2	3	1	7	1	5	0	9	0	6	59	6
12	348	2	5	2	3	1	8	1	6	0	9	0	6	58	36
15	345	2	5	2	3	1	8	1	6	0	10	0	8	57	48
18	342	2	6	2	3	1	8	1	6	0	11	0	8	57	0
21	339	2	6	2	4	1	9	1	7	0	12	0	9	56	48
24	336	2	7	2	4	1	9	1	7	0	13	0	9	54	36
27	333	2	8	2	5	1	10	1	8	0	14	0	10	53	18
30	330	2	8	2	5	1	10	1	8	0	14	0	11	52	0
33	327	2	9	2	6	1	11	1	9	0	15	0	11	50	12
36	324	2	10	2	7	1	11	1	9	0	16	0	12	48	24
39	321	2	10	2	7	1	12	1	10	0	17	0	12	46	24
42	318	2	11	2	8	1	12	1	10	0	18	0	13	44	24
45	315	2	11	2	9	1	13	1	11	0	19	0	15	42	12
48	312	2	12	2	10	1	13	1	11	0	20	0	16	40	0
51	309	2	13	2	11	1	14	1	12	0	22	0	18	37	36
54	306	2	14	2	13	1	14	1	13	0	23	0	20	35	12
57	303	2	15	2	13	1	15	1	14	0	25	0	22	32	36
60	300	2	16	2	15	1	16	1	16	0	27	0	24	30	0
63	297	2	17	2	16	1	17	1	17	0	29	0	25	27	12
66	294	2	18	2	18	1	18	1	18	0	31	0	27	24	24
69	291	2	20	2	19	1	19	1	19	0	33	0	29	21	24
72	288	2	21	2	21	1	21	1	21	0	35	0	31	18	24
75	285	2	22	2	22	1	22	1	22	0	37	0	34	15	24
78	282	2	24	2	24	1	24	1	24	0	40	0	37	12	24
81	279	2	25	2	26	1	25	1	25	0	42	0	39	9	24
84	276	2	27	2	27	1	27	1	27	0	45	0	42	6	24
87	273	2	28	2	28	1	28	1	28	0	48	0	45	3	12
90	270	2	30	2	30	1	30	1	30	0	51	0	49	0	0

[illegible]	[illegible]	[illegible]	[illegible]	[illegible]	[illegible]	[illegible]	[illegible]	[illegible]	[illegible]	[illegible]
3	1	33	1	33	0	59	0	50	6	24
4	1	34	1	34	1	2	1	0	9	9
5	1	36	1	36	1	6	1	4	12	12
7	1	37	1	37	1	11	1	8	15	15
9	1	39	1	39	1	15	1	12	18	18
0	1	40	1	40	1	19	1	17	21	21
2	1	42	1	42	1	25	1	22	24	24
3	1	43	1	43	1	31	1	28	27	12
5	1	44	1	44	1	36	1	34	30	0
6	1	46	1	46	1	41	1	40	32	37
8	1	47	1	47	1	47	1	47	35	12
9	1	49	1	49	1	54	1	55	37	36
1	1	50	1	51	2	2	2	5	40	6
3	1	53	1	53	2	10	2	15	42	12
4	1	52	1	54	2	19	2	20	44	24
5	1	53	1	55	2	29	2	38	47	24
6	1	55	1	57	2	37	2	48	48	24
7	1	56	1	58	2	47	3	4	50	12
8	1	58	1	59	2	51	3	20	52	0
9	1	59	2	1	3	12	3	32	53	18
0	2	0	2	2	3	23	3	52	54	36
1	2	1	2	3	3	34	4	13	55	48
2	2	2	2	4	3	46	4	36	57	0
3	2	2	2	5	3	57	5	0	57	48
3	2	3	2	5	4	9	5	23	58	36
3	2	3	2	6	4	17	5	48	59	6
4	2	4	2	6	4	23	6	15	59	36
4	2	4	2	7	4	27	6	35	59	48
5	2	4	2	7	4	30	6	50	60	0

Latitudines Veneris & Mercurij.

NVMERI communes		VENERIS Decli.		VENERIS Obliq.		MERCVRI Decli.		MERCVRI Obliq.		Veneris deuiatio		Mercur. deuiatio		Scrupu. proport. deuiat.	
G.	G.	g.	scr.	g.	scr.	g.	scr.	g.	scr.	g.	scr.	g.	scr.		
3	357	1	2	0	4	0	7	1	45	0	5	0	33	59	36
6	354	1	2	0	8	0	7	1	45	0	11	0	33	59	12
9	351	1	1	0	12	0	7	1	45	0	16	0	33	58	25
12	348	1	1	0	16	0	7	1	44	0	22	0	33	57	14
15	345	1	0	0	21	0	7	1	44	0	27	0	33	55	41
18	342	1	0	0	25	0	7	1	43	0	33	0	33	54	9
21	339	0	59	0	29	0	7	1	42	0	38	0	33	52	12
24	336	0	59	0	33	0	7	1	40	0	44	0	34	49	43
27	333	0	58	0	37	0	7	1	38	0	49	0	34	47	21
30	330	0	57	0	41	0	8	1	36	0	55	0	34	45	4
33	327	0	56	0	45	0	8	1	34	1	0	0	34	42	0
36	324	0	55	0	49	0	8	1	30	1	6	0	34	39	15
39	321	0	53	0	53	0	8	1	27	1	11	0	35	35	53
42	318	0	51	0	57	0	8	1	23	1	16	0	35	32	51
45	315	0	49	1	1	0	8	1	19	1	21	0	35	29	41
48	312	0	46	1	5	0	8	1	15	1	26	0	36	26	40
51	309	0	44	1	9	0	8	1	11	1	31	0	36	23	34
54	306	0	41	1	13	0	8	1	8	1	35	0	36	20	39
57	303	0	38	1	17	0	8	1	4	1	40	0	37	17	40
60	300	0	35	1	20	0	8	0	59	1	44	0	38	15	0
63	297	0	32	1	24	0	8	0	54	1	48	0	38	12	20
66	294	0	29	1	28	0	9	0	49	1	52	0	39	9	55
69	291	0	26	1	32	0	9	0	44	1	56	0	39	7	38
72	288	0	23	1	35	0	9	0	38	2	0	0	40	5	39
75	285	0	20	1	38	0	9	0	32	2	3	0	41	3	57
78	282	0	16	1	42	0	9	0	26	2	7	0	42	2	34
81	279	0	12	1	46	0	9	0	21	2	10	0	42	1	28
84	276	0	8	1	50	0	10	0	16	2	14	0	43	0	40
87	273	0	4	1	54	0	10	0	8	2	17	0	44	0	10
90	270	0	0	1	57	0	10	0	0	2	20	0	45	0	0

Latitu

Latitudines Veneris & Mercurij.

Numeri communes.		VENERIS Decli.		VENERIS Obliq.		MERCVRII Decli.		MERCVRII Obliq.		Veneris deuiatio		Mercur. deuiatio		Scrupula proporc. deuiat.	
G.	G.	g.	scr.	g.	scr.	g.	scr.	g.	scr.	g.	scr.	g.	scr.		
93	267	0	5	2	0	0	10	0	8	2	23	0	45	0	10
96	264	0	10	2	3	0	10	0	15	2	25	0	46	0	40
99	261	0	15	2	6	0	10	0	23	2	27	0	47	1	28
102	258	0	20	2	9	0	11	0	31	2	28	0	48	2	34
105	255	0	26	2	12	0	11	0	40	2	29	0	48	3	57
108	252	0	32	2	15	0	11	0	48	2	29	0	49	5	39
111	249	0	38	2	17	0	11	0	57	2	30	0	50	7	38
114	246	0	44	2	20	0	11	1	6	2	30	0	51	9	55
117	243	0	50	2	22	0	11	1	16	2	30	0	51	12	20
120	240	0	59	2	24	0	12	1	25	2	29	0	52	15	0
123	237	1	8	2	26	0	12	1	35	2	28	0	53	17	40
126	234	1	18	2	27	0	12	1	45	2	26	0	54	20	39
129	231	1	28	2	29	0	12	1	55	2	23	0	55	23	34
132	228	1	38	2	30	0	12	2	6	2	20	0	56	26	40
135	225	1	48	2	30	0	13	2	16	2	16	0	57	29	41
138	222	1	59	2	30	0	13	2	27	2	11	0	57	32	51
141	219	2	11	2	29	0	13	2	37	2	6	0	58	35	53
144	216	2	25	2	28	0	13	2	47	2	0	0	59	39	25
147	213	2	43	2	26	0	13	2	57	1	53	1	0	42	0
150	210	3	3	2	22	0	13	3	7	1	46	1	1	45	4
153	207	3	23	2	18	0	13	3	17	1	38	1	2	47	21
156	204	3	44	2	12	0	14	3	26	1	29	1	3	49	43
159	201	4	5	2	4	0	14	3	34	1	20	1	4	52	12
162	198	4	26	1	55	0	14	3	42	1	10	1	5	54	9
165	195	4	49	1	42	0	14	3	48	0	59	1	6	55	41
168	192	5	13	1	27	0	14	3	54	0	48	1	7	57	14
171	189	5	36	1	9	0	14	3	58	0	36	1	7	58	25
174	186	5	52	0	48	0	14	4	2	0	24	1	8	59	13
177	183	6	7	0	25	0	14	4	4	0	12	1	9	59	36
180	180	6	22	0	0	0	14	4	5	0	0	1	10	60	0

De numeratione latitudinum quinque errantium. Cap. IX.

Modus autem supputandarum latitudinum quinque stellarum erraticarum per has tabulas est. Quoniam in Saturno, Ioue, & Marte anomaliam eccentri discretam, siue æquatam, ad numeros communes comparabimus, Martis quidem suam qualis fuerit. Iouis autem facta prius ablatione xx. partium, Saturni uero additis L. partibus. Quæ igitur occurrunt è regione sexagesimæ, siue scrupula proportionum ultimo loco posita notabimus. Similiter per anomaliam commutationis discretam, numerũ cuiusque proprium, capiemus adiacentem latitudinem: primam quidẽ atque Boream, si scrupula proportionum superiora fuerint, quod accidit dum anomalia eccentri minus quàm xc. uel plusquam CCLXX. habuerit. Austrinam uero & ac sequentem latitudinem si inferiora sint scrupula proportionum, hoc est, si plus xc. uel minus CCLXX. partes, in anomalia eccentri, qua intratur, fuissent. Si igitur alteram harum latitudinum per suas sexagesimas multiplicemus, prodibit à circulo signorum distantia in Boream uel Austrum, iuxta denominationem circulorum assumptorum. Sed in Venere & Mercurio assumendæ sunt primum per anomaliam commutationis discretam tres latitudines, declinationis, obliquationis, & deuiationis occurrentes, quæ seorsim signentur, nisi quòd in Mercurio reijciatur decima pars obliquationis, si anomalia eccentri & eius numerus inueniatur in superiori parte tabulæ, uel addatur tantundem si in inferiori, & reliquum uel aggregatum ex eis seruetur. Earum uero denominationes, an Boreæ Austrinæue fuerint, sunt discernendæ. Quoniam si anomalia commutationis discreta fuerit in apogæo semicirculo, hoc est, minor xc. uel plus CCLXX. eccentri quoque anomalia minor semicirculo: Aut rursus si anomalia cõmutatiõis fuerit in circũferẽtia perigæa, nempe plus xv. ac minus CCLXX. & anomalia eccentri semicirculo maior, erit declinatio Veneris Borea, Mercurij Austrina. Si uero anomalia commutationis in perigæa circumferẽtia existente, eccentri anomalia semicirculo minor fuerit, uel cõmutationis anomalia in apogæa pte, & eccentri anomalia plus semicirculo, erit uicissim declinatio Veneris Austrina, Mercurij Borea. In obliquatiõe uero, si anomalia cõmutationis semicirculo minor, & anomalia eccẽtri apogæa, aut anomalia commutationis maior semicirculo, & eccentri anomalia perigæa, erit obliquatio Veneris Borea, Mercurij Austrina, quæ etiam conuertuntur. Deuiationes autem semper manent Veneri Boreæ, Mercurio Austrinæ. Porrò cum anomalia eccentri discreta, capiantur scrupula proportionum, omnibus quinq; communia, quamuis tribus superioribus ascripta, quæ assignentur obliquationi, ac ultimæ deuiationi. Post hæc additis eidem anomaliæ eccentri XC. gradibus, cum ipso aggregato iterum scrupula proportionum communia, quæ occurrunt, applicando latitudini declinationis. His omnibus in ordinem sic positis, multiplicentur singulæ tres latitudines expositæ, per sua quæq; scrupula proportionum, & exibunt ipsæ pro loco & tempore omnes examinatæ. Vt deniq; summam trium latitudinum in his duobus sideribus habeamus, si fuerint omnes unius nominis, simul aggregantur, sin minus, duo saltem, quæ eiusdem sunt nominis coniungũtur, quæ prout maiores minoresue fuerint, tertię latitudini diuersæ ab inuicem auferantur, & remanebit præpollens latitudo quæsita.

Finis libri sexti & ultimi Reuolutionum.

NORIMBERGÆ APVD
IOH. PETREIVM, ANNO
M. D. XLIII.

www.ingramcontent.com/pod-product-compliance
Lightning Source LLC
Chambersburg PA
CBHW032014220426
43664CB00006B/236
* 9 7 8 3 7 4 3 3 9 2 1 3 7 *